BONJOUR, ON VIENT POUR L'AFFAIRE !

EAN : 9782373011388
ISBN : 978-2-37301-138-8

Site Internet : www.editions-jpo.com
Email : shop@editions-jpo.com

Révision : Valérie Éveillé

Alain Hamon

BONJOUR, ON VIENT POUR L'AFFAIRE !

Éditions JPO

À celle que j'ai mal aimée,
à celle que je n'ai pas assez aimée,
à celle que j'ai trop aimée.

À ma mère que j'aimerai toujours… malgré l'absence.

Préface de Jacques Pradel

Je demeure convaincu qu'un journaliste n'est pas un enfant de chœur
et que son rôle ne consiste pas à précéder les processions,
la main plongée dans une corbeille de pétales de roses.
Notre métier n'est pas de faire plaisir, non plus de faire du tort,
il est de porter la plume dans la plaie.

Terre d'Ébène. Albert Londres

Le livre que vous avez actuellement entre les mains, raconte une trajectoire professionnelle. Il évoque des souvenirs intimes, des amitiés, des rencontres improbables, des émotions, des coups de colère, de grandes joies et il apporte aussi bon nombre de révélations !

Il est également une célébration du hasard providentiel, qu'on peut appeler la chance, qui, paraît-il, fait partie du talent dans le métier de journaliste. Surtout pour ceux, comme Alain Hamon, qui consacrent toute leur vie au reportage. Une forme de journalisme qui conduit le reporter sur le terrain, pour rendre compte d'un évènement ou d'une situation particulière. Puis rencontrer les témoins ou les acteurs de cet évènement, afin de raconter ensuite au public ce qui s'est vraiment passé, après avoir vérifié l'exactitude de ses informations. Il faut donc, de la rigueur, de la lucidité et une grande honnêteté. Mais le reportage est aussi le rendu d'une ambiance, la description d'un décor et d'une atmosphère, un regard subjectif autrement dit, qui permet d'aller au-delà de l'analyse des faits, et de faire aussi bien « sentir » que comprendre.

Avant de connaître Alain Hamon, j'ai d'abord découvert sa voix, dans les archives sonores de la rédaction de RTL : j'ai pu entendre alors ses reportages, ses analyses, ses interviews de témoins ou d'enquêteurs, réalisés sur le terrain, lors de faits divers qui ont fait ensuite la Une de l'actualité. Pêle-mêle :

– **Le 9 août 1977**, on apprend dans la soirée qu'un enlèvement manqué a eu lieu à Paris, dans la matinée. M. Bernard Mallet, un banquier de 50 ans, a été kidnappé alors qu'il promenait son chien au bois de Boulogne. Un enlèvement éclair, puisque la victime a été libérée vers 13 heures par la Brigade antigang du commissaire Broussard qui suivait depuis plusieurs semaines les ravisseurs. Sur RTL, Alain Hamon donne les premiers détails sur cet enlèvement déjoué, grâce à l'intervention de plusieurs services de police, dans le Journal de Jean-Claude Larrivoire. Après vérifications, il précisera que la rançon prévue par les ravisseurs aurait été colossale, 4 milliards de centimes de l'époque !

– **Le 1er février 1980** dans la nuit, l'ancien ministre Joseph Fontanet, est assassiné dans la rue, devant son domicile. Alain Hamon arrive boulevard Émile-Augier, dans le 16e arrondissement, en même temps que les policiers et il recueille la première réaction de Pierre Fontanet, le frère de la victime...

– **Le 9 août 1982**, il est rue des Rosiers à Paris, où il décrit la panique indescriptible qui s'est emparée de tout le quartier, après l'attentat antisémite contre le restaurant Jo Goldenberg, qui fera six morts et vingt-deux blessés dont neuf dans un état grave...

– **26 mai 1986, 10 h 40**. Michel Vaujour, gangster multirécidiviste qui s'est déjà évadé plusieurs fois, parvient à s'enfuir de la prison de la Santé, à Paris. C'est sa femme, Nadine Vaujour, qui est venue le chercher en hélicoptère. Récit à chaud, trois heures à peine après les faits, d'Alain Hamon, devant la prison... dans le journal de 13 heures d'Henri Marque...

Au fil de la préparation des émissions *L'Heure du crime* sur RTL, j'ai ainsi écouté avec ma collaboratrice Perrine Suquet, des dizaines de « papiers », d'interviews, de reportages, de ce journaliste qui, en moins de deux minutes, souvent en quelques dizaines de secondes, nous plongeait dans une époque parfois proche, parfois lointaine, et racontait « comme si nous y étions », des histoires dont je n'avais conservé, au mieux, qu'un vague souvenir. J'ai voulu rencontrer ce personnage qui avait le talent de « croquer » une situation en quelques phrases. Un sujet, un verbe, peu d'adjectifs, jamais rien d'inutile ni de ronflant. À chaque fois le but était atteint : informer avec clarté. Mais, au-delà de ces clichés pris sur le vif, il devait y avoir une autre histoire, bien plus riche que les éléments rapportés en quelques secondes, dans le cadre d'un « journal » où prime la concision et, pour en savoir plus, j'ai eu envie de pénétrer avec lui, dans les coulisses de ses reportages. Ce livre est né ainsi, comme l'aboutissement de nombreuses conversations d'après-émissions. C'est un « polar », dont les acteurs ont vraiment existé, qui prouve une fois de plus que la réalité dépasse – et de loin – la fiction. Comme aime à le rappeler Alain, « la radio » ça s'écrit ! La preuve, la voici.

Jacques Pradel.

De la vocation en guise d'avant-propos...

« La mort est mon affaire. C'est grâce à elle que je gagne ma vie. Que je bâtis ma réputation professionnelle. Je la traite avec passion et la précision d'un entrepreneur des pompes funèbres, grave et compatissant quand je suis en présence de personnes victimes d'un deuil, artisan habile quand je suis seul avec elle. J'ai toujours pensé que pour s'occuper de la mort le secret était de la tenir à distance. Ne jamais la laisser vous souffler dans la figure ».

Michael Connelly[1].

Je suis rentré dans le journalisme par effraction. J'en ressortirai vraisemblablement sur la pointe des pieds. Quoique, s'il existe quelques spécialités d'où l'on ne ressort jamais totalement, c'est bien truand, flic, agent de renseignements et... journaliste. Mais lâcher la rampe discrètement, c'est surtout faire en sorte de ne pas finir comme certains ont toujours voulu vivre durant leur carrière : dans la lumière. Or, un journaliste, un reporter en tout cas, n'est pas là pour se mettre en avant, ni pour parler de lui. Son quotidien ce doit être les histoires, les vies, les bonheurs et les malheurs des autres...

Du plus loin que je me souvienne, j'ai toujours voulu être journaliste. Et plus particulièrement reporter... En 1961, à la fête de mon école primaire, je jouais le rôle d'un radioreporter. De là à imaginer que vingt ans plus tard je serais grand-reporter à RTL ! Au lycée, avec un pote qui était porté sur la photo, nous proposions régulièrement et gratuitement quelques sujets à Alain Schneider, responsable des pages « jeunesse » de l'un des trois quotidiens havrais, *Le Havre Presse.* Sans oublier notre journal lycéen.

À treize ans, je me payais un billet de train pour Saint-Lazare, puis pour la banlieue ouest. Je me rendais à Verrières dans l'Essonne. Depuis quelques jours, je lisais dans mes gazettes

1. *Le Poète*, aux Éditions du Seuil 1997.

favorites les comptes rendus de l'enquête sur l'enlèvement du petit Luc Taron. Dans une « chronique des années 1960 », publiée dans *Le Monde* en août 1986, l'historien Michel Winock revenait ainsi sur ce qui aura été le fait divers le plus marquant de la décennie 60-70 : *Le répertoire des faits divers d'une époque peut témoigner des tendances profondes ou accessoires d'une société donnée. Reste le principal, ce qui n'a eu lieu qu'une seule fois, qui tient précisément en haleine le public, l'enchaînement des coïncidences, le fait ignoble, qui laisse pressentir la part cachée de l'humanité, inaccessible à la raison. Il y avait un jour, un infirmier modèle et un enfant qui n'auraient jamais dû avoir la moindre occasion de se rencontrer...*

L'enfant s'appelait donc Luc Taron, son meurtrier Lucien Léger. Il sera condamné à la réclusion perpétuelle. En fait, c'est une photo de *France Soir* qui avait attiré mon attention. Elle montrait les reporters « en planque » devant la maison des parents du gosse. Car, dans toutes les affaires de disparition ou de rapt, s'il est un endroit où l'on revient toujours, c'est bien à l'adresse de la famille de la victime. J'en ferais plus tard mon credo...

Si le reporter de faits divers fréquente moins les aéroports, les hôtels de luxe, Beyrouth, Kaboul ou Bagdad, il peut mieux que quiconque connaître le genre humain. Envoyé à toute heure du jour ou de la nuit, dans un quartier ou un village où il n'a jamais mis les pieds, il doit « débroussailler » une affaire souvent très noire, en partant de rien.

Avant d'écrire des polars, Michael Connelly fut douze ans « crime reporter » dans plusieurs journaux de Floride, dont le prestigieux *Los Angeles Time*. Il définit ainsi le travail des « faits-diversiers » :

L'ironie de ce type de journalisme, peut-être même de tout journalisme, est que les meilleurs articles tournent toujours autour des pires histoires. C'est pour les tragédies et les calamités que vit le journaliste. Ça vous fait monter l'adrénaline dans le sang et peut très vite vous démolir, mais ça n'en reste pas moins la dure réalité de l'affaire. Nos pires journées sont les meilleures.

À l'époque où je courais le pays pour couvrir des affaires et des procès, la bande de faits-diversiers que nous formions se retrouvait dans d'improbables hôtels, et se surveillait en gardant les oreilles grandes ouvertes. Mais les choses ont bien changé : l'agressivité de la télévision et la rapidité de l'information qu'elle impose, ne sont pas des facteurs favorables aux enquêtes qui demandent de la patience et de la discrétion. Les confidences qu'il faut glaner ne peuvent s'obtenir sous l'œil des objectifs des caméras au milieu de la rue.

Un mot sur l'origine du titre de cet ouvrage. Quand je n'étais encore que correspondant de presse dans l'Oise, parmi les nombreux journalistes que j'ai fréquentés figuraient ceux de l'hebdomadaire *Détective*. C'est de leur bouche que j'ai appris la phrase miracle, celle qui fait s'ouvrir la porte des protagonistes d'un dossier criminel :

— *Bonjour, on vient pour l'affaire !*

Souvent suivie d'un commentaire sibyllin, mais tout aussi efficace :

— *Nous sommes là pour rétablir la vérité...*

Cette façon d'aborder les témoins, les familles de victimes et même parfois les auteurs présumés encore en liberté, m'a tant marqué, que j'ai décidé d'en faire le titre de ces 50 ans de faits divers. Car, autant l'avouer, je l'ai plus d'une fois faite mienne...

Pour l'AFP et Le Figaro durant quatre ans, vingt-deux ans pour RTL, et à partir de 1993 pour ma propre agence de presse, j'ai du mal à faire le compte des faits divers que j'ai couverts ainsi que des procès qui les ont sanctionnés. Plus que le rappel de ces faits divers connus, ce livre est le récit des coulisses des reportages qui les ont révélés au public, le « making-of » de ces enquêtes journalistiques. Les scoops et les ratages, les bons et les mauvais moments, les doutes et les certitudes...

Et, pour ne pas perdre la main, il contient aussi quelques révélations sur certaines de ces affaires...

Certains seront peut-être choqués. Mais en fait, durant cinquante ans, j'ai parcouru le théâtre des plus grosses affaires criminelles françaises et étrangères comme s'il s'agissait d'une immense cour de récréation. Je m'y suis amusé comme un fou, mais j'y ai aussi laissé des plumes, passé des nuits agitées, fait des cauchemars dont certains me poursuivent encore. Car, c'est bien connu, si une cour de récré peut être fort joyeuse, elle peut aussi devenir très cruelle...

« Bonjour, on vient pour l'affaire ! »

Où l'on comprend la signification de cette phrase-titre.
Où l'on voit deux journalistes griller la Brigade criminelle en direct.
Où le port de l'imperméable mastic peut jouer un rôle considérable dans l'enquête des reporters...

Il fait sombre et triste le long des voies sur berges ce samedi 8 décembre 1979. Triste, y a de quoi ! Mon pote Jacques Labib, reporter à RTL est à mes côtés. Nous revenons du Havre, des obsèques de mon père. L'enterrement et les heures qui l'ont précédé n'ont pas été si douloureux que j'aurais pu le croire. Faut dire que nous avions bien « chargé la mule », mes copains et moi. Curieuse journée que celle-ci ! Je l'avais un peu oubliée. Elle a ressurgi à l'occasion d'une fête superbement organisée par les journalistes de la rédaction de RTL, pour mon départ définitif de la station de la rue Bayard. C'est Odile Pouget, une adorable et talentueuse consœur de la radio qui m'a rappelé ces instants de funeste mémoire.

— J'étais étudiante, je préparais une thèse sur le fait divers. Tu te souviens ? J'avais pris rendez-vous avec toi. Nous devions nous retrouver chez Pépita, le bistrot d'en face. Apprenant ton deuil, je t'ai proposé de repasser un autre jour. Eh bien non ! Tu as longuement répondu à mes questions. Je t'en remercie encore...

Je m'en suis souvenu, en effet. C'était le milieu de la matinée, la rédaction de RTL était en effervescence, à cause d'un drame particulièrement sanglant. Deux types avaient tué deux policiers dans le 18e. L'un des voyous avait été abattu à son tour par un troisième gardien de la paix. Mais le second était en cavale. Je ne me doutais pas que cette histoire allait vite me rattraper...

Alcoolique faussement repenti, mon géniteur venait de partir, emporté par sa cirrhose. Chaque fois que j'étais allé le voir, il faisait semblant de s'être mis à l'eau. Dans le grenier du petit immeuble gris où il logeait dans un appartement sombre, en compagnie de la femme qui avait remplacé ma mère, on trouva, après sa mort, des bouteilles vides, témoins de son vice caché.

Le téléphone avait gémi sur mon bureau, planqué derrière le local vitré des téléscripteurs des agences de presse, situé au fond de la rédaction. Le plus souvent, quand retentissait la sonnerie, c'était un flic, un gendarme, un ami avocat ou magistrat qui au bout du fil m'entretenait d'un dossier, d'une affaire, d'un fait divers, plus ou moins chaud... ou plus froid. Ou bien il s'agissait d'un collègue, qui m'invitait à partager un repas. Rien de tout cela à cet instant ! Après avoir raccroché, je n'avais ni envie de bouffer, ni même de boire un coup. Le dabe m'avait pourtant recommandé lui-même que ce soit la première chose à faire :

— *Le jour où je glisserai, bois un bon coup en mémoire de moi*, m'avait-il dit en se marrant. Aurait-il prévu une cagnotte à cet effet, qu'il ne m'en aurait sans doute pas révélé la cache, au cas où... De toute façon, sa pauvre retraite de docker ne lui permettait pas ce genre d'épargne.

J'avais quitté la maison de mon enfance au Havre depuis un peu plus de dix ans. Le souvenir de ces toutes dernières années passées en famille, ma mère, mon vieux, mon frère et moi, avait beau n'être que douleur et peine, celui du peu qu'il faisait pour m'accompagner dans ma scolarité avait creusé un fossé entre nous. Mais il restait mon père. Et les meilleures années de mon enfance réussissaient parfois à prendre le pas sur celles de la galère, des violences conjugales dont mon géniteur était trop souvent un adepte et son épouse la victime, et des petits boulots que j'étais obligé de faire pour mettre le beurre qu'il n'apportait pas dans mes épinards. Et puis, une chose était incontournable, mon goût pour la presse, la belle écriture, les bons mots, Pierre Dac, Audiard, Gabin, Blier et tant d'autres, me venait incontestablement de lui. C'était une évidence. D'ailleurs, quand il m'avait su à RTL, puis entendu au fil de mes reportages, il en était fier. Tout comme moi lorsque je lui en racontais les coulisses. L'annonce de son décès me sonna. Les collègues de la radio s'en aperçurent dans l'instant. Pas question de quitter la scène, comme m'y invitait un de mes chefs. Mais il me fallait tout de même organiser l'intendance. La date de la cérémonie fixée, plusieurs potes me firent part de leur soutien. Ils viendraient au cimetière. Du coup, me disant que c'est ainsi que le paternel l'aurait voulu, je les conviai le midi des obsèques, dans un restaurant où nous allions en famille, les jours de fête ou d'anniversaire. Enfin... quand le pécule parental le permettait.

Un établissement spécialisé dans le poisson et les fruits de mer, situé sur les hauteurs du Havre, aux portes de Sainte-Adresse, une commune voisine, ouverte sur la Manche à perte de vue. Elle était devenue, le temps de l'occupation allemande, la capitale de la Belgique. Une chose était certaine : je ne serais pas seul sur la tombe de Bernard Louis Télesphore Hamon. Le regretté Claude Kroës, grand reporter à L'Humanité, Jean Charles Reix du Figaro, Jacques Labib, mon pote de bureau rue Bayard, et Éric Follin, le correspondant du quotidien *L'Aurore*, de l'Agence centrale de presse et de RTL au Quai des Orfèvres, m'accompagneraient.

Je passais les premiers instants de ma stupeur, au comptoir de chez Pépita, la tenancière espagnole du bistrot d'en face, « l'annexe » de la radio, en compagnie de Labib. Ensemble, nous voulions réfléchir au voyage. Le train était la solution la plus raisonnable et ce, d'autant plus, qu'ajoutée à la fatigue et l'émotion, la fin de journée du deuil, avec sa tristesse, risquait fort d'être noyée dans l'alcool. Ça ne faisait aucun doute dans nos esprits. Alors, compte tenu de l'état dans lequel nous pensions être, reprendre la route pour Paris était peu recommandé. C'est pourtant l'automobile que nous avons choisie, pour la souplesse des horaires. Restait à trouver une voiture. Labib et moi n'en avions pas. Il n'était pas question d'en emprunter une à RTL... Nous envisagions la location, mais nous étions pressés par le temps. Nous en étions là de notre réflexion, quand s'approcha de nous une de nos connaissances, Charles Gassot, producteur de films publicitaires. À nos yeux, il était surtout le frère de Philippe Gassot, un confrère qui faisait les belles heures de l'information à RTL, avant de changer de braquet pour aller sur France 2. Surpris de nous trouver un peu tristounets, lui qui avait l'habitude d'entendre nos coups de gueule au comptoir, son frangin s'enquit de notre état de santé. Je lui annonçai la nouvelle qui m'avait cueilli à froid. Et, après les condoléances de rigueur, j'évoquai notre quête d'un moyen de transport pour... le lendemain ! De ce jour, je voue à Charles Gassot, devenu un producteur de cinéma respecté et convoité, depuis son succès avec *La vie est un long fleuve tranquille*, une profonde reconnaissance. Le geste qu'il fit pour nous, pour moi, cet après-midi-là, restera à jamais dans ma mémoire. Charles a tendu des clés :

— *Tenez les gars, c'est un des véhicules de ma société... Elle est garée avenue Montaigne. Laissez-la à la même place à votre retour.*

Merci Charles ! Aujourd'hui encore.

Le lendemain, nous étions en route pour le Havre. Nous avions retrouvé les copains à l'endroit prévu, et avions commencé à enterrer le père Hamon, qui aurait été fier de son fiston tant je savais comment honorer sa mémoire. J'ai toujours le souvenir des plateaux de fruits de mer et du muscadet frappé, amenés sur une table de bout de salle, face à une baie vitrée avec vue plongeante sur la rade du Havre et son immensité grisâtre. Une seule anecdote suffit à situer dans quelles eaux nous nagions à la sortie du restaurant. À l'heure de rejoindre la cérémonie, nous nous sommes trompés trois fois d'endroit ! Le bon, le cimetière Nord, le plus fréquenté des Havrais, s'étale sur 12 hectares d'allées larges et plantées d'arbres, coincés entre la forêt de Montgeon où gosses, nous allions pique-niquer, et le vieux quartier de la Hêtraie. Il est si étendu, que nous avons passé quelques minutes supplémentaires à trouver la concession. Le trou de deux mètres carrés avait été creusé à l'emplacement 6 du rang B de la 37e division. Encore fallait-il le savoir...

Le regard incendiaire de ma tante maternelle, présente devant la sépulture depuis un moment, alors que nous arrivions en retard, a suffi à me faire comprendre que nous devions tous la jouer profil bas. Après une halte caféine renforcée, une petite promenade le long de la plage du Havre à l'iode vivifiante, nous reprenions la route en début de soirée. Labib avait sans doute moins consommé que les autres, car c'est lui qui prit le volant, sans aucune appréhension. En fait, la seule inquiétude qui l'obsédait était de savoir ce que j'allais faire, une fois rentré à Paris. Kroës lui, ne dépassa pas le majestueux pont de Tancarville. À bord d'une 4L, prise sur le contingent des voitures de service de l'Huma, il n'alla pas loin. Il s'endormit sur le parking et se réveilla le lendemain à l'aube. Arrivé aux portes de Paris, puis sur les voies sur berges, Jacques Labib s'inquiétait toujours de savoir ce que j'allais faire de ma soirée et de ma nuit. Il refusa tout net de me laisser rentrer seul chez moi, et m'invita à aller casser une croûte au Châtelet, dans un de nos repères, *Les Agapes*. L'endroit était tenu par un ancien mercenaire, Loulou, qui avait pour habitude, quand il voulait ambiancer son rade, d'ouvrir les bouteilles de champ au sabre de cavalerie et de broyer sa vaisselle. Il jetait les assiettes par piles de trois par-dessus le comptoir. Le nombre dépendait de son taux d'alcool... et de celui des clients qui ne laissaient pas leur part aux chiens.

Nous approchions de la rue des Lavandières Sainte-Opportune, une minuscule artère située derrière le Châtelet, en quête d'une place où se garer, au plus près du bistrot. Pas besoin de chercher Les Agapes dans un guide, il n'existe plus sous ce nom. Au coin de la voie, tandis que Jacques Labib roule au pas, j'aperçois un taxi en travers du trottoir, et une 404 camionnette bâchée. Plusieurs hommes semblent en maintenir deux autres par la force. Dans son costume gris, je crois reconnaître l'un d'entre eux. Mon confrère entame une manœuvre pour se garer.

— *Jacques, t'as vu la même chose que moi ?*

— *Non, j'ai rien vu !*

— *Eh bien, à mon avis, des flics viennent de sauter un mec. Y a un taxi. C'est peut-être le chauffeur qui a été agressé, et les poulets étaient au bon moment au bon endroit...*

Et, j'ajoute :

— *Ce qui me paraît bizarre, c'est cet utilitaire 404. Ils en ont un identique au Quai des Orfèvres, pour les planques. Et puis, y a le mec au costume gris... Je ne suis pas sûr, mais j'me demande si ce n'est pas un chef de groupe de la brigade criminelle...*

Labib n'a rien vu. Je lui dis :

— *Jette-moi là et va te garer. J'te fais signe !*

Notre échange a duré moins d'une minute. Le temps pour moi de descendre de voiture et plus rien ! La petite troupe a déjà disparu. Vite fait, bien fait ! Seules restent sur le trottoir deux péripatéticiennes hors d'âge. C'est la spécialité de la rue des Lavandières Sainte-Opportune à l'époque : les prostituées pour client carte vermeil. Je m'approche de l'une d'elles. Elle doit avoir soixante balais. Peut-être plus. Elle est maquillée telle une moto volée, sèche comme un coup de trique, et balance un sac à main microscopique au bout d'un de ses bras. Je l'entends qui grommelle :

— *Ah ! Ils l'ont eu ce salopard ! Ils l'ont eu !*

— *Ils ont eu qui. Qui a eu qui ?*

— *Les poulets ! Ils viennent de serrer celui qui en a buté deux hier...*

Mon sang ne fait qu'un tour : le tueur de flics ! Quand nous avons quitté Paris ce matin, l'histoire faisait la Une de tous les canards. Avant la nouvelle de la mort de mon père, j'avais même commencé à m'en occuper. Je récupère Jacques Labib et lui raconte ma courte discussion avec la prostituée. Pour elle, pas de doute : l'homme interpellé descendait d'un taxi qui l'avait laissé au coin de la rue et il allait vers l'hôtel Viollet à 50 mètres de là. La présence de ce « fiacre » s'expliquait alors.

Ah l'image traditionnelle des flics ! Grosses godasses, feutre sur la tête et… imperméable ! Le profil du commissaire Maigret aidant, le grand public s'est bloqué sur le cliché du condé d'il y a cinq décennies. C'est peut-être regrettable, mais c'est ainsi. Pour preuve ? Nos trench-coats, que nous avions enfilés vite fait en descendant de voiture, vont nous permettre d'obtenir une exclusivité. « LE » scoop ! L'hôtel Viollet est un établissement assez cossu. Trois étoiles, proche des théâtres du Châtelet et de la Ville, des quais de Seine, de la Cité, importante clientèle de touristes. Jacques et moi, vêtus de nos uniformes à la Colombo, franchissons la porte de l'endroit. Derrière le comptoir la patronne du lieu, l'œil vif et le sourire en coin, semble nous indiquer « qu'on ne va pas la lui faire, à elle ». C'est une petite quinquagénaire bien mise et avenante, qui se tient debout appuyée sur la banque de sa réception, les bras croisés sur la poitrine. Pas question de nous présenter comme des poulets, mais vu notre dégaine, la probloc' de l'hôtel se fait, à tort, une idée de qui nous sommes. Nous profitons donc du quiproquo. C'est une des ficelles du métier : laisser filer la confusion…

— *Bonjour ! Nous venons pour l'affaire de tout à l'heure…*

La petite dame s'en doutait, mais elle tente une diversion.

— *Mais… vos collègues sont déjà passés !*

J'ai bien dit plus haut, pas question de se présenter comme des flics ! Le salut est donc dans l'ambiguïté. Ce ne sera ni la première ni la dernière fois…

— *Ah, mais nous, c'est pas pareil…*

Notre interlocutrice s'en contente. À ses pieds, un immense berger allemand ne bouge pas d'un poil.

Nous commençons notre « interrogatoire » (pardon, notre « interview »), et la dame est bavarde. Elle nous donne le nom de l'interpellé, la confirmation que les policiers sont bien de la brigade criminelle, explique comment s'est déroulée l'arrestation, etc. C'est au moment où, à notre demande, l'hôtelière va se saisir de la clé de la chambre occupée il y a peu par Philippe Maurice, pour nous la faire visiter, qu'un jeune type en blouson pousse la porte. À sa vue, le chien se dresse sur ses pattes et grogne. La gardienne reconnaît l'homme et se tourne vers nous.

— *Ah ben, justement, en voilà un de vos collègues.*

Le temps que notre « collègue » calme la bête, qui n'a apparemment pas les mêmes sentiments pour les flics que pour les reporters, nous avons effectué une prudente retraite et rejoint la rue pour foncer aux « Agapes ». J'ai regardé ma montre, il n'était pas encore 23 heures. J'ai téléphoné à RTL. Au bout du fil : Popaul, le chef des infos de la nuit. Paul Goislard est un ancien de *Paris-Jour*, le premier et seul tabloïd français. Popaul est une fine plume méconnue, doublée d'une crème de mec. Je lui ai à peine annoncé la nouvelle, qu'il s'étonne que je lui parle boulot, car il me croyait absent. Il se reprend vite fait, et me demande dans la foulée si je suis sûr de la fiabilité de mes tuyaux.

Pour l'instant, il n'y a rien sur l'AFP, ajoute-t-il.

Merveilleux Popaul ! Sauf à ce qu'un de nos confrères de l'agence France-Presse ait eu le même coup de bol que nous, l'info ne risquait pas d'être déjà sur les télex. Du coup, après avoir noté tous les détails, Popaul a tenté de pousser l'avantage... un peu trop loin.

— *Bon, t'es en direct dans le flash de 23 heures ?*

— *Pas question !*

Passer à l'antenne le soir de l'enterrement de mon vieux me paraissait insurmontable. J'ai refusé, gentiment, mais fermement. Popaul a bien compris mon état d'esprit, et s'est contenté de m'indiquer que, bien entendu, je participerai à la session d'informations du lendemain matin. Rue Bayard, à l'aube. J'y serai. La tête dans le seau, mais j'y serai !

Car, les craintes et inquiétudes de Jacques Labib de me savoir seul après les obsèques de mon père, ont été vite balayées. Et pour cause ! Ce soir-là, un peu pour oublier, beaucoup pour fêter notre scoop, nous nous sommes pris une biture...

Et une belle !

À la rédaction de RTL, Paul Goislard attendra pas mal de temps la première dépêche de l'AFP. Elle est tombée sur les téléscripteurs bien après que le présentateur du flash de 23 heures eut donné notre info « exclusif RTL » à l'antenne...

J'ai revu Philippe Maurice bien plus tard. J'ai en effet couvert son procès, aux Assises de Paris. Il était défendu par les magnifiques Jean-Louis Pelletier et Philippe Lemaire. J'ai retrouvé l'intégralité des cahiers d'écoliers à petits carreaux que j'ai noircis durant l'audience. Je me rappelle aussi avoir pleuré en douce, au cours de la plaidoirie de Jean-Louis. Cela m'arrivera encore par la suite... Mais il ne serait pas dit que, pour moi, professionnellement, le procès ne serait pas à la hauteur du scoop de l'arrestation. L'accusation était cette fois-ci soutenue par le redoutable Marcel Dorwling-Carter. « *Le seul magistrat du parquet de Paris qu'on vient écouter pour lui-même, comme un maître en Sorbonne* », écrivait l'excellent Philippe Boggio du Monde, dans son papier du 29 octobre 1980. Son compte rendu était titré : « *La guerre sainte de M. Dorwling-Carter* ». Tout est dit. En deux heures quarante-cinq minutes d'un implacable réquisitoire, il réclamait la peine de mort contre Philippe Maurice. Elle ne l'avait pas été depuis deux ans dans cette enceinte. C'est à l'interruption d'audience qui suivit, que je mis mon grain de sable dans le dossier. La grande salle des Assises dans le vieux palais de justice de Paris était prolongée par le bureau du Président, celui des greffiers, le local des délibérés, et une minuscule alcôve qui les précédait. Il arrivait souvent aux chroniqueurs judiciaires et aux magistrats d'y deviser quelques minutes, avant que la sonnette annonce la reprise des débats. Durant toute l'audience, un important détail avait pollué le dossier. Une question grave se posait : Philippe Maurice avait-il tiré de sang-froid sur le second policier, ou avait-il riposté à celui-ci ? La réponse gênait l'avocat général, et il avait réussi à évacuer le problème. Sauf qu'il eut la maladresse de confier son doute à deux d'entre nous, dont moi. Durant les quelques minutes qui précédèrent la reprise, sur ce petit palier au parquet grinçant, il nous assura même qu'il avait parfaitement conscience que l'accusé avait bel et bien agi après que sa seconde victime venait de faire feu sur lui. Je ne me souviens pas ce que fit mon confrère. Pour ma part, sans doute était-ce là mon côté abolitionniste qui ressortait, je fis part de cette confidence du magistrat à maître Pelletier. Ce n'était pas tombé dans l'oreille d'un sourd, mais ça ne servit à rien. Malgré leurs efforts et leur immense talent, les avocats ne purent empêcher le jury, après trois heures trente de délibéré, de condamner Philippe Maurice au châtiment capital, le 28 octobre 1980.

Le 25 mai 1981, il était gracié par François Mitterrand. Sa peine fut commuée en réclusion criminelle à perpétuité. Le 9 mars 2000, il bénéficie d'une libération conditionnelle. En attendant celle-ci en cellule, il est devenu un brillant historien... Je l'ai revu récemment. J'ai essayé de lui parler de son interpellation et de ce que j'avais vécu. Visiblement, il se contrefoutait de tout ce que je voulais lui dire. C'est pourtant un garçon d'une intelligence supérieure dit-on... Ou alors c'est justement pour cela qu'il n'a pas souhaité perdre son temps avec moi...

Le jour où Jacques Labib et moi nous assistons en direct à l'arrestation de Philippe Maurice, j'ai six ans et un mois de RTL derrière moi. Mais l'aventure avait commencé encore bien avant... En 1969 très exactement. Durant un peu plus de quatre ans, j'avais cumulé les correspondances de l'AFP et du Figaro. Courant 1971, j'y avais ajouté celle de RTL. Et déjà, tout avait débuté dans le sang !

Tueur de l'ombre : huit ans de traque

Où l'on comprend que le malheur des uns peut faire la carrière d'un autre.

Où l'on apprend comment Barbeault a été « balancé ».

Où l'on constate que sa femme se doutait qu'il était l'assassin de Nogent-sur-Oise.

Où l'on suit deux reporters à ses trousses pendant plus de huit ans...

Samedi 11 janvier 1969, route de Verberie à Creil, Oise.

Faute d'avoir les moyens d'acquérir une voiture, je fonce sur mon scooter jusqu'à Nogent-sur-Oise. Je ne sais pas comment ce diable de reporter a pu être aussi rapide que ceux du bureau creillois du Parisien départemental. Pourtant, Jacques Bacelon, l'envoyé spécial permanent de France Soir pour l'Oise et le Val-d'Oise est déjà sur place. Leurs titres ne paraîtront que le lendemain matin. Pas d'internet, pas d'éditions électroniques à l'époque ! L'AFP sera donc la première à alerter le reste des médias des évènements de Nogent, un village de Picardie à l'époque. C'est arrivé la veille. Ce 10 janvier, Françoise Lecron presse l'allure de sa mini Austin verte. Il est 19 heures passées quand elle pénètre dans son garage au 130, rue Faidherbe. À l'opposé de chez elle, le pot de Nouvel An s'anime au commissariat de Creil. Mais à 19 heures 15, le téléphone sonne sur la ligne du 17, normalement réservée aux urgences.

— *Police j'écoute !*

Une voix de femme paniquée crie dans son combiné.

—*J'ai entendu des coups de feu ! Rue Faidherbe, à Nogent ! Vite !*

Le fourgon « police-secours » démarre dans la minute. Derrière, dans une berline banalisée, le chef de la sûreté urbaine, l'inspecteur principal (IPP) Courtois accompagné de deux de ses hommes. Un autre témoin apporte des précisions :

— *Venez vite ! Un inconnu a tiré chez Madame Lecron. Je crois qu'elle est blessée !*

Ce 10 janvier 1969, une sanglante histoire débute dans le bassin industriel creillois. Huit ans et onze mois ! Presque dix années de terreur pour les femmes de la région et une incroyable enquête. Commencée sur le terrain par des dizaines de policiers et de gendarmes, elle se poursuivra avec plusieurs centaines et sera résolue par un seul ! Pour moi, modeste pigiste local d'un bihebdomadaire compiégnois, c'est ma première affaire criminelle. Elle va m'ouvrir des portes que je n'aurais jamais imaginé pousser si vite. Correspondant depuis peu de la prestigieuse AFP, et presque concomitamment du Figaro, l'histoire du « tueur de l'ombre » va devenir l'un de mes laissez-passer pour l'avenir. Les projectiles récupérés sont envoyés au labo de la PJ parisienne. C'est à l'occasion de cette affaire que nous allons nous lier d'amitié Jacques Bacelon et moi. Pour France Soir il a tissé un solide réseau d'informateurs. Pas des journalistes ou des apprentis tels que moi. Non, ce sont des flics, des gendarmes, des pompiers qui le rencardent ! Je vais vite faire partie de la petite bande qui l'aidera à aménager sa vieille ferme de Boisserie-l'Aillerie, près de Pontoise. Le scooter dans l'Oise en janvier ! Trop content d'être au chaud, j'accompagne Jacques Bacelon dans sa voiture. Nous allons baguenauder du lieu de la fusillade au commissariat de Creil, jusqu'à l'hôpital où nous tentons de forcer la porte de la chambre de la blessée pour l'interroger. Ni Georges Girard, le chef de l'édition creilloise du *Parisien*, ni Bacelon pour *France Soir*, ni moi pour l'agence France-Presse n'allons faire recette avec cette histoire. Le journal du premier titrera un encadré :

Tentative de meurtre de l'épouse du sous-directeur
de Saint-Gobain à Rantigny.

Bacelon rappelle lui aussi la profession du mari de la victime. Paris-Jour, le premier tabloïd de l'histoire des quotidiens français (il mettra la clé sous le paillasson quatre ans plus tard), penche lui aussi pour une vengeance professionnelle. L'AFP ne me réclame pas de suite, tout en me conseillant de rester sur le coup...

Jeudi 23 janvier 1969, rue des Frères-Perrot à Nogent

Marcel Trumelet cheminot retraité se balade en compagnie de son berger allemand. Il longe la ligne SNCF Paris–Saint-Quentin.

Face au 41 de la rue, une passerelle enjambe les rails. Tout à coup, Rex se met à gémir, pas tranquille. Son maître s'approche un peu plus et tombe en arrêt sur le corps d'une femme en partie dénudé. Le commissaire Hirt et son adjoint Courtois sont vite sur place. Pour le premier, c'est le baptême du feu en matière criminelle. La victime est agenouillée face contre terre. Le souffle d'air provoqué par le passage des trains ne peut absolument pas l'avoir déplacée de cette façon. C'est une mise en scène. Mais c'est surtout le visage en partie caché de la femme qui intrigue le divisionnaire. Il lui semble la reconnaître... Il a raison ! Neuf jours plus tôt, elle est venue solliciter M. Hirt. Dans son bureau, elle a poussé un véritable cri de détresse et d'effroi :

— *Vous avez devant vous une morte !*

Puis elle demande :

— *Avez-vous arrêté l'assassin de la femme de l'industriel ?*

Le commissaire réclame alors des précisions.

— *Je vais être assassinée comme Mme Lecron, avec une 22 Long Rifle.*

— *Mais... qui va vous tuer ?*

— *Le fils de ma voisine. Il a déjà essayé de forcer mes volets. Il m'a menacée. Il m'a brandi un sabre d'abordage sous le nez. Il est fou !*

La morte s'appelle Thérèse Adam. Elle fait profession de représentante en produits de beauté. Ce 24 janvier 1969, en constatant des traces d'un objet contondant défigurant en partie son visage, le flic repense à la déposition.

— *Nom de Dieu, le sabre !*

Le commissaire se précipite chez le voisin de la morte, persuadé qu'il va confondre l'assassin en moins de deux. Une vieille dame intriguée lui ouvre sa porte. Il demande son fils et la femme lui répond qu'il est militaire... en Afrique ! Les vérifications lui apporteront un alibi sans failles. Arrivent de la capitale le commissaire Daudin et ses hommes, accompagnés de ceux de l'identité judiciaire (IJ), la « scientifique » comme on dit aujourd'hui dans les séries télé. Sauf que celle-ci n'intervient jamais sur le terrain ou très exceptionnellement. Durant l'autopsie, une balle tombe sur la paillasse. Une seule ! La cause de la mort vient d'être incidemment trouvée ! Certains policiers essaient de se persuader du contraire, mais la découverte de la balle de 5,5 mm fait bien entendu penser à l'attaque du 11 janvier. La police va alors mettre le paquet ! Les médias ont envahi la ville. À la gare de Creil, la télévision (il n'y a que deux chaînes d'État à cette époque) filme le départ des employés qui vont prendre leur service à Paris. La Une du *Parisien Libéré* fait parler la victime :

La mort rôde sur mes épaules écrivait à sa fille Mme Adam quelques jours avant d'être assassinée par un sadique près de son domicile à Nogent-sur-Oise.

Mercredi 29 janvier 1969, première page de l'*Oise Matin*.

Sur cinq colonnes un constat amer :

Le tueur sadique de Nogent-sur-Oise n'est toujours pas identifié.

Un témoignage est recueilli dont on ne percevra l'importance que bien plus tard. C'est celui d'Annick Delisle qui vit en plein centre de Nogent. Elle rappelle aux policiers que courant 1967, elle s'était fait tirer dessus au calibre 5,5 mm. Les investigations avaient tourné court. Deux ans plus tard, la jolie vendeuse brune imagine cependant avoir été la première cible du tueur. On verra qu'elle avait raison ! L'éminent et inoxydable balisticien Étienne Ceccaldi, directeur du labo de l'IJ de Paris finit par rendre ses conclusions : l'ogive de 5,5 mm logée dans la tête de Thérèse Adam, a été tirée par la même arme que celle utilisée pour agresser Françoise Lecron ! Un tueur récidiviste hante donc bien le bassin creillois. Neuf mois d'angoisse vont continuer d'étreindre les femmes brunes de la région.

Mardi 18 novembre 1969, 100 rue Faidherbe à Nogent-sur-Oise.

La pluie grise et froide, la voiture de Jacques Bacelon devant le pavillon un peu isolé de la famille Mérienne, les autres reporters qui accourent bientôt, tout est resté bien présent dans ma mémoire. Titre de l'édition départementale du Parisien Libéré :

Nouveau drame à Nogent-sur-Oise.

La veille au soir, le rôdeur armé a de nouveau tué ! Mais cette fois-ci, le tueur a laissé un témoin vivant derrière lui, Micheline la fille de la victime. Et dans sa fuite il a abandonné un sac écossais vert. Au fond, divers objets dont un porte-monnaie de plastique vert, une « cramouille ». À l'intérieur... six balles de 22 Long Rifle dans du papier journal. Ce sac constituera un tournant de l'enquête, sans même que l'on s'en doute. De son côté, Micheline Mérienne se souviendra sa vie durant du regard de l'inconnu, la seule chose que laissait apparaître le masque sur son visage : *Des yeux de chat*. Premier constat après cette troisième affaire : l'agresseur frappe toujours à la tombée du jour, le plus souvent quand il pleut. Pour la presse, il devient définitivement « *le tueur de l'ombre* ».

Un journal local publie les confidences d'un policier :

— *L'assassin est domicilié dans un rayon de trois kilomètres autour du lieu de ses crimes. Il étudie les habitudes et la vie de ses cibles. Il s'agit d'un détraqué sexuel qui a une parfaite connaissance des armes à feu.*

Ce flic voit juste.

Le 19 novembre cent quarante gardiens de la paix et gendarmes mobiles montrent au porte-à-porte les objets abandonnés par l'inconnu. En une semaine, la balistique se prononce. Très abîmé, le projectile qui a tué Suzanne Mérienne semble tout de même avoir été tiré par l'arme déjà utilisée. Reste le sac et son contenu. À l'époque, pas d'ADN, pas de spectrométrie, pas de scanner ! La police scientifique, chère aux auteurs d'aujourd'hui, ne balbutiera qu'au milieu des années 80 sous l'autorité d'un grand poulet, Jacques Genthial après que j'ai fait sa connaissance à Toulouse. Il a définitivement tiré sa révérence en mai 2020. Quant à l'identité judiciaire parisienne, elle ne sortira de sa torpeur qu'en 1984 avec l'arrivée à sa tête de Richard Marlet. L'un des objets récupérés chez les Mérienne est un morceau de housse auto. Celle-ci a été dérobée à Creil. Réflexion logique : L'assassin fugitif se double vraisemblablement d'un voleur. Dans *France Soir* Jacques Bacelon écrit :

Le tueur de l'ombre a une double personnalité. Homme tranquille, bon père de famille peut-être, il quitte soudain son travail ou son foyer pour aller tuer. Telle est la conviction des policiers.

Le juge d'instruction de Senlis et les enquêteurs décident de dresser un portrait-robot. L'Identité judicaire n'est pas encore assez au point c'est donc Roland Perez, le dessinateur de France Soir, qui est sollicité. Une aubaine pour lui ! Bacelon et Ladislas de Hoyos ont rendez-vous avec Micheline Mérienne au commissariat de Creil. Pour ce crime outre mon copain Bacelon, le journal a lâché les « pointures » des affaires criminelles.

On verra même se déplacer Roger Colombani, grand reporter à l'accent méridional, et routier des faits divers. Malgré l'épreuve, la fille Mérienne va guider le trait de Pérez avec calme et gentillesse. Elle ne cessera d'insister sur la forme des yeux de son agresseur : *de grands yeux marron, comme des yeux de chat.*

L'hebdomadaire Détective envoie des reporters et des photographes dans toute la région pour un long travail d'enquête, de rencontres, d'entretiens. Le Parisien Libéré fait donner l'artillerie lourde. Pas moins de trois journalistes sont sur place : Jean Querat qui, bien des années plus tard signera des éditoriaux en première page, Georges Girard et Bertrand Sonnois. Sans compter leur rédaction locale et les photographes. *Deux pistes pour retrouver le tueur aux yeux de chat*, annoncent-ils au troisième jour du nouveau drame.

Avec son portrait, France Soir a marqué des points. Tous les journalistes se seraient damnés pour obtenir après ses reporters une interview de la jeune Mérienne. Longtemps, j'ai tenté de la rencontrer. Je l'ai traquée. Dans nos esprits, une seule chose comptait : le témoignage de celle qui avait vu sa mère emmenée par le tueur qui allait l'assassiner. Et puis, je n'en ai plus eu envie. Micheline Mérienne aurait sans doute apporté de précieux détails sur l'agresseur... Mais était-il plus important qu'elle les livre à la presse ou à la police ? Je connais désormais la réponse. Recueillir le seul désespoir d'une fille, d'une mère, d'une victime pour uniquement le montrer et le faire entendre me paraît loin de l'éclairage pur et simple du public. France Soir avait fait un joli coup. Mais le journal n'avait-il pensé qu'à aider les investigations ou au scoop que cela induisait ?

Dès le lendemain des faits, neuf personnes sont entendues. En fait, la psychose fait son chemin. Des voisins se dénoncent entre eux sans vergogne, tel ce couple du troisième âge qui ne se supportait plus. Très rapidement, le procureur Desplan va innover en matière d'appel à témoignages. Il demande au maire de Nogent d'exposer à l'hôtel de ville les objets abandonnés par le criminel. L'énigme de Nogent aurait pu trouver son épilogue à cette époque. À la mairie, plusieurs ouvriers d'une usine de Montataire vont en effet reconnaître le sac. Ils en sont sûrs à 95 %, c'est celui de l'un de leurs compagnons d'atelier surnommé « le grand ».

Mais 95 % ! Cela ne leur suffira pas !

— *On ne dénonce pas un collègue, un copain, si l'on n'est pas certain à 100 %*, se défendront-ils bien plus tard.

Six personnes de plus vont mourir à cause de ce manque de

détermination ! Cinq femmes brunes et... un homme ! Pourtant, il se sera bien passé quelque chose après que ces témoins eurent reconnu les effets de l'assassin. Mais très longtemps après !

Les enquêteurs ne restent pas inactifs, cent gendarmes pour un nouveau ratissage. Dans *L'Aurore*, Jacques Lesinge, que je côtoierais ensuite souvent, ne fait pas dans la dentelle : *Les consignes sont strictes : tirer après sommations.*

Certes, elles ne sont peut-être pas si radicales, mais certains ont parfois la tentation du titre « audacieux ».

De mon côté, je ne rentre même plus chez moi. Nous avons installé nos quartiers à l'Hostellerie des Trois-Rois à Nogent-sur-Oise. Merveilleux endroit où le coucher est aussi agréable que la restauration. Certains s'en étonneront peut-être mais, à cette occasion, et en l'absence d'envoyés spéciaux, je produis double note de frais. L'AFP et le Figaro me remboursent donc tous mes débours, repas et chambres d'hôtel. Seule l'essence ne leur coûtera pas trop cher, ma Vespa ne consomme pas beaucoup ! C'est aussi à l'occasion d'agapes bien arrosées que je fais plus ample connaissance avec les confrères de journaux plus spécialisés, *Détective* notamment. Je vais vite en tirer profit. L'année 1969 se termine sur un échec pour la police. Les pulsions du « *tueur de l'ombre* » vont cependant se taire... un peu moins de trois ans et trois mois durant ! Dès que nos agendas nous en laisseront le loisir, avec mon ami Jacques Bacelon, nous écumerons le dossier du prédateur à Nogent et alentours.

Mercredi 7 février 1973, commissariat de Creil.

À part, *le Parisien Libéré* éditions de l'Oise, *l'Oise Matin*, Jacques Bacelon et moi, il n'y a pas de cameramen empressés, aucun reporter radio. Sauf... moi ! À celles de l'AFP et du Figaro, j'ai ajouté la correspondance de RTL. Ce jour-là, six personnes sont entendues par la PJ, au fond de la cour. La grille est bouclée. Tout a commencé la veille au soir. Nogent-sur-Oise s'était assoupie dans une relative quiétude, le réveil n'en est que plus difficile. Le corps d'une femme a été découvert par... son mari.

Annick Delisle a été tuée d'un coup violent asséné derrière la tête. Le SRPJ de Lille est directement saisi, car depuis 1969 il a ouvert deux antennes, à Amiens et Creil. Mais au fait... Annick Delisle ? C'est bien elle qui s'était fait tirer dessus en 1967, et qui l'avait rappelé aux policiers locaux après la mort de Thérèse Adam ! À la PJ, ce sont des proches et des amis de la victime qui sont interrogés comme témoins. Les médias ne vont pas accrocher. Beaucoup comme moi croient à un drame passionnel. Cette erreur de jugement me hantera longtemps. C'est aussi la première idée des policiers mais notre boulot n'est pas d'entériner leurs hypothèses. Le veuf ressort cependant libre de garde à vue. Le tueur de Nogent s'était légèrement effacé dans l'esprit des habitants. Cependant, les brunes commencent à se teindre en blondes.

Mardi 29 mai 1973, cimetière de Laigneville.

Qui m'a alerté ce jour-là ? Un gendarme, un flic de Creil ou Jacques Bacelon ? Je pencherais plutôt pour cette troisième hypothèse. Je débarque sur ce qui devrait être une scène de crime et je découvre… le grand barnum-circus ! Le secteur est en zone gendarmerie, le cimetière du village est donc envahi d'uniformes de tout grade, venus de partout… Depuis le temps que les gendarmes attendaient une histoire aussi copieuse que celle du tueur de l'ombre, ils n'allaient pas la rater ! Combien sont-ils ? Je comprends mieux pourquoi les gens de PJ les surnomment aussi les doryphores, ces insectes qui attaquent en nuées les champs de patates. Le correspondant local du Parisien Libéré, arrivé le premier de Liancourt, ne se conduit pas mieux. Je n'allais pas le lui reprocher, je faisais le même boulot que lui ! N'empêche que tous les deux, allons participer au massacre des endroits où auraient pu être collectés des indices en évoluant au beau milieu du dispositif. Mais, y en avait-il un ? Un sursaut finit tout de même par pousser un gradé à nous faire éjecter du périmètre. Mais nous avons de quoi raconter !

Peu après l'aube, au cours de sa ronde, le président de la société de chasse locale à découvert avec effroi les corps massacrés par balles d'Eugène Stéphan, 24 ans et de sa petite amie Mauricette Van Hyfte 23 ans. C'est ce jour-là que j'ai compris, à scruter ces pandores piétinant dans la glaise, qu'ils n'étaient pas faits à l'époque pour la police judiciaire. Difficile de faire de la PJ entre les hauts murs d'une caserne, sans baigner quotidiennement dans le « *sirop de rue* » comme les vrais poulets. Enfin ceux d'avant ! Pour ajouter à la confusion, cette fois-ci le ressort judiciaire n'est pas le même ! À Laigneville, la gendarmerie refuse d'emblée l'hypothèse « *meurtrier de Nogent* ». Pour ses limiers c'est une histoire passionnelle. La presse va vite les faire déchanter. D'abord sobrement, *L'Aurore* titre :

Les amoureux de l'Oise ont été assassinés.

Puis *Le Parisien Libéré* pose rapidement la question qui fâche :

Est-ce le tueur insaisissable ?

Relégués au rang d'observateurs, les limiers de la PJ creilloise en sont certains. Pierre Giral leur patron n'est pas un mauvais flic. Il deviendra même un très bon. Bien des années plus tard, avec le fidèle Xavier Périssé, nous l'avons rencontré pour notre document sur les commissaires[1]. Giral était alors à la tête du SRPJ de Clermont-Ferrand. La police judiciaire était son credo et ses troupes le suivaient comme un seul homme. Toutefois, sur le double crime de Laigneville, les gendarmes ont quelques billes pour écarter la thèse du « tireur fou ». La date et l'heure sont inhabituelles pour celui que l'on recherche depuis 1969. De plus, il ne s'est jamais attaqué à un homme ! Mais des balles de 5,5 mm, du 22 LR sont trouvées à l'autopsie ! Et cette fois, la gendarmerie est bien obligée de commencer à manger son chapeau. C'est là qu'intervient un épisode surréaliste dans cette histoire qui, au final, en aura compté pas mal. Nous sommes quelques-uns attablés dans un établissement installé au pied de la côte qui grimpe jusqu'aux hauteurs de Creil. Je connais bien. C'est là-haut que mon oncle maternel tient sa boucherie-charcuterie. Tout môme je l'accompagnais dans ses livraisons aux cantines des usines de Montataire. C'est grâce à cela que je peux apporter à la conclusion de cette histoire une des deux informations inédites que j'ai glanées. Parmi nous ce jour-là, l'équipe des envoyés spéciaux du Parisien Libéré au grand complet. Un reporter de plus venait d'arriver. Un grand gaillard du nom de Serge Télioukine, qui tenait particulièrement bien la bouteille, accompagné d'un dessinateur. Le portrait-robot dressé par le principal concurrent du Parisien, lors de l'affaire Mérienne, est oublié de tous... sauf d'eux ! Mais nos collègues du Parisien Libéré n'ont pas Micheline Mérienne pour leur guider la main. Ils se basent sur les seuls témoignages qu'ils ont recueillis. Le résultat va être à la hauteur de la fiabilité de ceux-ci et du taux d'alcool de notre joyeuse bande. Le lendemain matin, la Direction centrale de la police judiciaire appelle sans tarder Robert Mesini, numéro deux du SRPJ de Lille.

— Alors ? Vous aviez un portrait-robot et vous ne nous en avez rien dit ?

Le divisionnaire est bien obligé de répondre que non, son

1. *Les Seigneurs de l'ordre public* (Belfond-1991).

service et son antenne de Creil n'en ont pas et n'en ont pas fait établir ! À Paris son interlocuteur s'étrangle presque. C'est impossible, il l'a sous les yeux, à la Une du journal ! Arrive ensuite ce que les policiers voulaient justement éviter : des centaines d'appels téléphoniques affluent au commissariat de Creil pour dénoncer tout et n'importe quoi. Et pour cause ! Avant d'attendre la moindre consigne de sa propre hiérarchie ni le plus petit conseil des « Pj'istes », les gens de la sûreté urbaine ont lâché des flics et des gendarmes dans toute la circonscription. Ce portrait, qui n'avait de robot que le nom, à la main, ils le présentent aux habitants. Une façon comme une autre de damer le pion aux « cruchots », autre sobriquet donné par les policiers à leurs concurrents depuis le succès du gendarme de Saint-Tropez. Si les flics avaient su dans quelles conditions ce dessin avait été réalisé, ils ne l'auraient sans doute pas utilisé, si démunis qu'ils fussent...

C'est une fois encore la balistique qui vient au secours de l'enquête. Avec une surprise de taille : les projectiles de 5,5 mm tirés au cimetière de Laigneville, ne proviennent pas de la même arme ! Cette fois-ci il s'agit d'un automatique. Voilà pourquoi Eugène et Mauricette n'ont pas eu le temps de fuir. Du coup, le meurtrier est encore plus dangereux ! Pourtant les gendarmes passeront à côté d'un indice qui se révélera plus tard déterminant. Quelques jours après la mort des amoureux, un habitué du cimetière de Laigneville leur apporte un projectile non percuté. Il l'a retrouvé à l'aplomb d'un robinet installé au bas d'une citerne qui recueille les eaux de pluie. Et il faut être un sacré connaisseur du lieu pour s'y laver les mains et... y égarer une balle ! Qui plus est de nuit ! Mais ça, il n'y a qu'une mentalité de flic pour le déduire. C'est d'ailleurs l'un d'eux qui fera ce rapprochement. Un inspecteur principal. Mais le dossier ne lui sera confié qu'à la victime suivante. Une de plus ! Et pas la dernière...

12 janvier 1974, Nogent-sur-Oise, résidence des Mélèzes.

Retour sur les lieux des crimes. Je suis fier comme pas un. Il y a de quoi ! Depuis un peu plus de sept mois, j'ai intégré la rédaction de RTL. C'est grâce à Claude Fouchier, grand-reporter maison que j'en suis là. L'année précédente, il est venu me voir sur mon secteur pour reprendre le dossier de Nogent. Jean Farran, le « big boss » de la station lui avait demandé pour août une série reprenant des crimes non élucidés. Pour la petite histoire, il était venu accompagné d'un stagiaire, un *fils d'archevêque* disait Claude pour désigner les *fils à papa* parachutés à la rédaction. En quittant la copieuse et bien arrosée table maternelle Fouchier veut consulter la carte Michelin et plante la Fuego bleu nuit aux couleurs jaune d'or de la radio dans un fossé boueux. Le stagiaire s'entend ordonner de pousser. Son costume coûteux et ses Richelieu pleine peau ont morflé grave !

Passons... Mais à cette époque, RTL organise également des stages pour certains de ses pigistes. C'est la plus belle façon d'apprendre la radio ! Claude m'a proposé au responsable de ce dispositif. Arrivé pour un remplacement d'un mois, je vais y rester vingt-deux ans ! Me voilà donc envoyé spécial à Nogent-sur-Oise. Je débarque au 19 rue du Docteur-Roux. Avec l'aide d'un confrère, je me hisse à la verticale de la chambre d'une jeune femme découverte morte chez elle la veille. Cette gymnastique va me permettre de décrire le lieu avec minutie, en n'oubliant pas la grande poupée aux yeux de porcelaine à côté de laquelle est décédée sur son lit Josette Routier. Au premier coup d'œil, à cause de la mise en scène autour du cadavre, les hommes de la PJ s'en étaient persuadés : le « tueur de l'ombre » est à nouveau passé à l'action ! L'examen des quatre munitions tirées par l'assassin confirme : elles l'ont été par la même 22 Long Rifle que celle utilisée à Laigneville ! Le 12 janvier, *Le Parisien Libéré* annonce :

Encore un crime à Nogent-sur-Oise.

Trois jours après, *France Soir* publie une photo plus récente de la jeune morte. L'encadré est intitulé :

La dernière victime du « tueur de l'ombre ».

Les quelques lignes sous le portrait confirment : *Le tueur a seulement changé de carabine. Il utilise une Reina automatique 22 Long Rifle fabriquée par Manufrance.*

Et le lendemain, mon collègue Jacques Bacelon signe un papier titré :

Il veut détruire l'image d'une femme.

Il explique en effet que c'est peut-être délibérément que l'inconnu a laissé un jour partir Micheline Mérienne : parce que seule sa mère correspondait au type de femme que le tireur veut éliminer. La psychologie de l'assassin a été fouillée par des psychiatres, du profilage pour la première fois en France. Méthode qui encore de nos jours ne fait pas l'unanimité dans les rangs de la PJ...

Le 17 janvier Michel Menet revient à la charge dans *France Soir* en racontant :

Au village du « tueur de l'ombre »
les femmes se barricadent.

En septembre 1974, même si elles continuent, les investigations marquent le pas. C'est avec l'arrivée ce mois-là à la PJ d'un nouveau fonctionnaire que la donne va changer. Mais personne ne le sait encore, lui non plus. Malheureusement, il lui faudra deux mortes de plus pour boucler le dossier…

27 novembre 1975, Nogent-sur-Oise, parc Hébert. Vers 16 heures 30, des ouvriers découvrent le corps de Julia Goncalvez.

Roland Roussel le chef de la circonscription de sécurité publique arrive coudes au corps avec l'indéracinable Courtois de la sûreté urbaine, le nouveau patron de la PJ creilloise le commissaire Christian Jacob et un inspecteur principal dont l'histoire de ce fait divers hors du commun retiendra le nom… Daniel Neveu. À part lui, tous essaient de ne pas penser au *dingue à la 22*. Julia a été tuée à une heure différente, et il n'y a pas de traces de balle. Cependant, le *Courrier Picard*, qui tente de conforter depuis peu sa position dans le paysage médiatique départemental, n'en démord pas. Il titre :

Une nouvelle énigme à Nogent-sur-Oise : le corps d'une jeune femme découvert dans un ruisseau du parc de la ville.

RTL a déjà annoncé la nouvelle.

France Soir explique : *Il faudra attendre l'autopsie samedi matin pour savoir si la jeune femme a été tuée d'une balle de 5,5 mm.*

Le Monde ne s'embarrasse pas de précautions :

Le fou de l'Oise a encore tué.

Le commissaire Jacob est un garçon de 29 ans, souriant et volubile. On l'entendra moins quand, bien des années plus tard, numéro deux du SRPJ de Nancy à l'époque de l'affaire Grégory, il devra s'accommoder des frasques de son chef de section criminelle, l'inénarrable et insupportable Jacques Corrazi.

Jacques Bacelon et moi avions déjà nos habitudes dans le préfabriqué de la PJ, au fond de la cour de l'hôtel de police de Creil. Nous nous y fondions même parfois parmi les flics. C'est le cas ce vendredi 28 novembre. Je me pointe durant une réunion de travail. Ailleurs, on m'aurait peut-être prié d'attendre sur le palier. Est-ce parce que je ne suis plus simple correspondant de RTL, mais envoyé spécial, Jacob va tenter de freiner mes ardeurs à évoquer le tueur.

— *Rien dans l'état actuel de l'enquête ne permet d'affirmer que Julia Goncalvez est sa septième victime. Elle a pu être attaquée par un rôdeur... Vous êtes d'accord vous le journaliste ?*

Je retiens ma répartie, mais j'ai l'impression de la penser tout haut :

— *Un rôdeur qui ne lui a rien piqué, même pas son sac à main retrouvé à proximité ?*

Le téléphone du commissaire sonne. Il vient de dire que seule l'autopsie pourra peut-être les aider et voici qu'on lui livre une première constatation.

— *Cette fois-ci, on y est*, lance-t-il à la cantonade en raccrochant.

Je me tasse sur ma chaise. Je ne devrais pas être là, je le sais, ils le savent, mais personne ne moufte. Le commissaire reprend :

— *La nuque était tellement abîmée que personne ne l'avait vu. Le toubib vient de remarquer un trou. Apparemment, c'est du 22...*

Aux infos du soir de RTL présentées par Jacques Paoli, je fais part de mes lourdes présomptions concernant l'auteur de ce dernier crime, tout en préservant le secret. Le lendemain samedi, dans la session du matin, je récidive et je continue à garder pour moi ce que je sais réellement depuis la veille. J'ai promis de ne pas évoquer la balle avant l'examen du légiste. Le journal régional se fourvoie :

Rien ne permet dans l'état actuel du travail des policiers de penser qu'il s'agisse d'un nouveau meurtre du fou de Nogent.

Mais Francis Puyalte dans L'Aurore n'y va pas par quatre chemins. Sans avoir les résultats d'un examen médico-légal qui n'a pas encore eu lieu, le quotidien claironne :

Le nouveau crime du tueur de l'Oise.

Je l'ai un peu saumâtre, mais heureusement j'ai prévenu ma rédaction en chef en expliquant pourquoi j'édulcorais mes commentaires. À partir de là, durant une semaine, les médias vont se déchaîner. Et Nogent-sur-Oise se barricader à nouveau. Michel Menet est venu seconder Bacelon. Un de ses papiers est titré :

Le tueur de l'ombre frappe quand il pleut.

Détective a envoyé deux rédacteurs et quatre photographes ! Quelques jours plus tard, leur enquête s'étale sur deux pages :

Le tueur de l'ombre frappe pour la septième fois.

Ces six-là étaient les premiers de la longue liste des reporters de Détective que j'allais fréquenter des années durant. Mais, comme s'il devait passer les fêtes de Noël et de la Saint-Sylvestre avec les siens, le fou furieux à la carabine va attendre deux mois pour surgir à nouveau du néant.

Mercredi 7 janvier 1976, hôtel de la Gare, Villers-Saint-Paul.

Si Maigret s'occupait de cette affaire, il boirait un coup de calva avec le chef de gare et des p'tits blancs avec les ouvriers du coin. La patronne préparerait un haricot de mouton et l'inviterait à déjeuner. Maigret se sentirait lourd. Il passerait une ou deux nuits ici et ferait plusieurs fois le parcours de la victime. Peut-être bien qu'il trouverait un bouton dans l'herbe et le tour serait joué...

Attablé dans la salle attenante au bar, le flic tape des procès-verbaux en bras de chemise, un demi devant lui. Il vient de s'adresser à Patrick Miller, l'un des envoyés spéciaux de *France Soir*. Jacques Bacelon, la délicieuse Annie Chaussier et l'adorable et efficace photographe Michel Pansu l'accompagnent. Le journaliste venait de demander pourquoi rien ne sortait depuis tant d'années. L'autre lui a fait du Simenon. Problème : il n'y a pas plus de Maigret à Villers-Saint-Paul que d'ordinateur caché dans les placards de l'antenne de Creil du SRPJ de Lille ! C'est la veille que le tueur de l'ombre a encore frappé. En début d'après-midi Annick Joly s'apprêtait à étendre son linge dans le jardin de l'hôtel de la Gare. Horrifiée elle aperçoit soudain deux jambes dissimulées par une cuve de gaz. Elle s'approche et découvre le corps ensanglanté de Françoise Yakubowska, 20 ans. Le lendemain, *Le Parisien Libéré* éditions départementales, qui fait désormais pagination commune avec *L'Oise Matin*, réserve la moitié de sa Une au sujet, mais se fend d'un point d'interrogation dans son surtitre :

Huitième victime du tueur de Nogent ? Françoise (20 ans) assassinée dans un terrain vague derrière la gare de Villers-Saint-Paul. La jeune fille a été tuée d'une balle et poignardée.

Une photo des lieux désigne d'une croix l'endroit où a été découvert le corps. Près de quatre-vingts enquêteurs vont être déployés. Ils arrivent des SRPJ de Lyon, Clermont-Ferrand, Rouen et même Ajaccio. Une CRS met vingt gardiens de la paix à la disposition du commissariat de Creil. Il s'agit surtout de se montrer. D'autres planquent, surveillent. L'Office central de répression du banditisme était déjà venu, il est de retour avec des camionnettes aménagées, les « sous-marins ». Honoré Gévaudan, numéro 2 de la PJ nationale déclare :

— *C'est la plus grosse énigme depuis l'affaire Petiot.*

L'hôtel de la Gare de Villers est envahi par policiers et reporters. Des représentants de chaînes américaines et hollandaises sont là. Toutefois, le chemin de croix de Françoise Jakubowska, c'est une journaliste qui va s'y coller, la talentueuse Annie Chaussier. Elle va le parcourir à la même heure et dans des conditions identiques que la victime, avec Miller et Bacelon en couverture. Voici sa copie originale telle qu'elle l'a dictée aux sténos de la rue Réaumur :

« *Même quand on sait que le trajet de Françoise, on le fera protéger par les copains de France Soir, une seule idée est maîtresse, le tueur de Villers est en liberté, c'est son heure, je suis sur son terrain de chasse (...) six cents mètres environ à parcourir avant d'arriver à la gare. Je marche au milieu de la rue. Personne en vue. Vingt mètres, je me retourne. La voiture qui va me suivre au pas s'est fondue dans l'obscurité (...) devant moi, c'est le vide. Désert (...) un réflexe, comme si je vivais dans cette ville au tueur depuis la première victime. Je me retourne, cherchant des yeux la voiture qui me suit. Un mouvement d'impatience : il est trop loin, il attend trop pour me rattraper. (...) Ensuite, c'est le terrain vague, le talus franchi par Françoise. La barrière derrière laquelle le tueur dissimulé par les hautes herbes, l'a attendue et vue arriver. À partir de là, le chemin devient impraticable pour la voiture qui me suit depuis sept minutes. Nous avons convenu que Patrick Miler prendrait le relais : à pied, il doit venir à ma rencontre, mais dans la nuit, devant moi personne ne se laisse deviner* ».

Malheureusement, Annie Chaussier n'a pas marché sur un bouton providentiel. Elle n'a même pas eu de sauté d'agneau pour la consoler de ses émotions. Le long papier tiré par Patrick Miller de cette reconstitution du dernier parcours de la suppliciée ne fait pas apparaître Annie Chaussier et sa propre peur. Et c'est bien dommage ! Le rédacteur a tout décrit *dans la peau de la victime.* Mais à l'époque je suis bien trop jeune dans le métier pour donner des leçons à qui que ce soit ! *France Soir* va « feuilletonner » durant quatre jours en page 2. En haut sur un bandeau noir où s'étalent les photos de chaque victime le titre de la série : *Les mortes de la nuit.* Quelques années plus tard, dans *Télérama* du 23 août 1989, notre regretté Jacques Chapus, l'ancien directeur de l'information de RTL et présentateur de l'édition de 18 heures de 1978 à 1991, expliquera :

Le fait divers, c'est Simenon, c'est ce qu'on respire, ce qu'on sent, ce qu'on entend, ce qu'on rêve (...) il n'y a qu'une chose qui compte : intéresser les gens (...) Il faut raconter et le roman commence. À France Soir, on m'a appris que d'un fait divers, il faut faire un conte, un feuilleton ou une dramatique.

À lire ce journal après le dernier assassinat du tueur de Nogent, la leçon avait été retenue. À la radio, sous sa houlette, je la suivrais à la lettre... Pour Détective, ils ne sont que deux cette fois-ci. Michel Hermans photographe que j'ai déjà croisé. Et Patrick Faure son rédacteur. Son « poète » comme aurait dit Bernard Charlet, emblématique figure du reportage photographique à France Soir, en parlant des journalistes qui l'accompagnaient.

15 décembre 1976, Hôtel de police de Creil. 10 rue Louis Philippe.

Depuis janvier, la PJ avait dressé une liste d'individus à interpeller en priorité. Parmi eux un habitant de Montataire un certain Marcel Barbeault, 27 ans, ouvrier régleur père de deux enfants, marié à une jolie femme... blonde. C'est l'inspecteur principal Daniel Neveu qui a inscrit son nom sur une fiche. Il a retenu son attention pour plusieurs raisons. D'abord, on s'en souvient, il fallait être un habitué du cimetière de Laigneville pour y perdre une balle, la nuit, au pied d'un robinet quasi introuvable. Et le nom de la famille Barbeault figure sur plusieurs pierres tombales. Ensuite, Neveu en est persuadé : le tueur se double d'un voleur. Or, c'est le cas de Marcel Barbeault. Et puis, principale raison de cette interpellation, Barbeault a été balancé ! Courant janvier un anonyme a demandé la PJ. Au commissaire Jacob qui a décroché l'informateur a dit, sans dévoiler de nom :

— *L'homme que vous recherchez a fait l'Algérie. C'est un ancien de l'usine Rivière de Montataire, il est marié à une blonde, c'est aussi un voleur.*

Autant de détails qui menaient à celui déjà couché avec d'autres sur la liste de l'inspecteur Daniel Neveu. Celui-ci a longtemps soupçonné Barbeault d'être lui-même l'auteur de ce coup de fil. En rédigeant ce chapitre, je lui ai proposé une autre explication inédite à ce jour. On se rappelle que certains employés de Rivière avaient reconnu « à 95 % » le sac et les affaires de leur pote « le grand » exposés en mairie. Aucun n'avait parlé. C'est pourtant l'un d'eux qui apparemment a téléphoné à la police. J'ai obtenu cette info après le procès de Barbeault que j'ai couvert pour RTL en compagnie de Jean-Claude Larrivoire. À l'audience j'ai d'abord eu la chance de faire la connaissance du merveilleux chroniqueur judiciaire du Monde, Jean-Marc Théolleyre[2], que je croiserai ensuite dans bien des palais de justice. C'est aussi là qu'un vieux bonhomme s'est présenté à moi. C'était un retraité de chez Rivière. Il y avait rencontré mon oncle boucher livrant le restaurant d'entreprise. Il m'a alors confié qu'un jour ou l'autre il m'avouerait un secret. J'ai bien entendu tenté de lui forcer la main, car le sujet était encore chaud. Ce n'est qu'avant de rendre l'âme qu'il m'a « balancé la balance ». Sans pour autant me donner de nom car l'homme vivait encore. Daniel Neveu n'a pas été étonné de ma révélation... Et du coup, il m'en a offert une autre : selon lui la femme de l'accusé, qui jusqu'à la cour d'assises a défendu son compagnon, avait fini par admettre qu'après la publication du dernier portrait-robot du suspect n° 1, elle avait fait le rapprochement avec son mari. Elle s'était bien gardée de s'en ouvrir à quiconque. Marcel Barbeault défendu par l'admirable Jean-Louis Pelletier a tout de même été condamné à la réclusion perpétuelle. En juin 2020 il était toujours enfermé à la centrale de Saint-Maur. Daniel Neveu est persuadé que, remis en liberté, il risquerait bien de récidiver. Un de ses codétenus, un solide voyou visité par mon « frérot » Dominique Rizet de BFMTV a un jour confié à ce dernier qu'en prison, le seul qui lui faisait peur, c'était Barbeault !

2. À la suite du décès de JM Théolleyre j'écrivais ma peine à mes confrères du Monde : « *(...) quand l'antenne avait diffusé mes papiers, il ne me restait plus qu'à lire celui de mon grand aîné pour savoir ce que j'aurais dû faire, ce que j'avais (peut-être) raté, pour comprendre qu'il me faudrait encore très longtemps pour me hisser sur la plus basse des marches d'un escalier où il était installé très haut (...) il n'y a plus de "JM Théolleyre" depuis longtemps... J'ai bien peur qu'il ait été le dernier* ». Le directeur du journal lut ma lettre durant les obsèques...

Le mage en son jardin

Où selon les adeptes du mage de Compiègne « son visage n'impressionne pas la pellicule ».

Où les journalistes vont prouver le contraire.

Où l'on croise Lucien Bodard, grand-reporter et écrivain renommé venu tâter du fait divers.

Où un officier de gendarmerie hurle très fort ce que d'autres avaient tu durant des décennies...

Juillet 1969, Compiègne, quartier Saint-Joseph.

Nous rampons côte à côte au travers des jardins du quartier...

Nous avons d'abord longé la lisière de la forêt. Puis nous avons descendu la rue Saint-Joseph sur quelques dizaines de mètres, et abandonné au milieu de la rue de Bourgogne la Volvo rouge flamboyant de mon compagnon, bien trop voyante. À pied, en trois minutes, nous nous sommes rendus jusqu'à la rue Evette, parallèle à la rue Charles-Demonchy, que nous voulons rejoindre. Quelques semaines plus tôt, je ne connaissais pas ce photographe que j'accompagne maintenant dans ce crapahutage peu commun. Il a pourtant décidé de m'accorder sa confiance. Personnellement, la situation ne me gêne pas trop. Ou plutôt, elle me fait marrer, malgré l'appréhension. Sans doute m'excite-t-elle aussi ? J'ai 18 berges et depuis un peu plus d'un an j'ai l'impression d'appartenir à la grande famille des journalistes. À l'époque, je ne suis pourtant qu'un modeste correspondant local de presse. Mais bon Dieu, que j'en suis fier ! Pour le Progrès de l'Oise, je croise le fer sur l'arrondissement de Senlis avec Jean Minart, un géant moustachu titulaire du Parisien Libéré. Un coriace. Une langue de pute aussi. Mais c'est un sport que, dans cette profession, on a du mal à refréner, moi compris. Représentant l'agence France-Presse et Le Figaro dans l'Oise et le Val d'Oise, j'ai dans ma poche la carte de Correspondant France de l'AFP. Sa présentation, aux forces de l'ordre notamment, remplace aisément celle de journaliste que je ne possède pas encore. Minart est un bon et si je ne fais souvent pas le poids face à lui, sur Senlis, je réussis de temps à autre à mettre son titre en difficulté au travers de mes dépêches.

À Compiègne, le chef de l'agence du quotidien s'appelle Gérard Debord. Je me souviens de son courroux quand un jour, depuis Verberie, là même où je réside, j'ai balancé un feuillet et demi sur l'histoire d'un pauvre hère sauvé par son chien d'une noyade certaine dans l'Oise. Je n'avais pas eu de mal à dégoter l'affaire : le premier endroit où s'était précipité le bonhomme encore trempé, en attendant l'ambulance des pompiers, était le bistrot de ma mère où *le ratier*, c'était son surnom, avait ses habitudes depuis longtemps. Et, avant d'être examiné, il nous avait raconté comment son fidèle bâtard rouquin s'était jeté à l'eau pour le tirer par le manteau jusqu'à la rive. Une fois revigoré et à peu près sec, j'avais redescendu le brave homme au bord de la rivière et les avais fait poser tous les deux. Le plus difficile avait été de faire que le chien se tienne tranquille au pied de son maître. Le récit avait bien plu à l'AFP et la dépêche avait couru les rédactions... celle du Parisien Libéré la première. Le siège avait appelé le bureau de Compiègne, non sans faire remarquer qu'il y avait un trou dans leur couverture. Les jours qui suivirent et durant longtemps, Debord n'eut de cesse que de dénigrer mon travail, allant même jusqu'à laisser penser que j'avais monté le coup de bout en bout. De plus, pour l'AFP et le Figaro, j'avais très vite décidé de déborder alentour quand un évènement prendrait le dessus, avec la bénédiction des deux rédactions.

Cependant, le grand type au catogan aux côtés duquel j'en bave en cette belle soirée de juillet 1969, le nez dans les parterres de fleurs et les potagers, n'appartient à aucune rédaction. Jean Odekerken est un photographe indépendant, un *free-lance* d'origine belge. Pour le boulot, il a choisi de s'appeler Ker. Jean Ker. Il n'est pas connu du public. Un peu plus dans la profession, mais encore timidement. Il fait diffuser le fruit de son labeur par une petite agence de presse. Il lui arrive aussi, selon la valeur qu'il accorde au contenu de son enquête, de vendre lui-même directement. Nous nous sommes croisés au début de l'affaire du « tueur de Nogent ». Et nous voici cet été-là, le nez dans les crocus et les rosiers des pimpants jardinets de la cité impériale. Nous avions décidé de passer à l'action à la tombée du jour, après plusieurs nuits et journées de planque, et un maximum de repérages pour savoir quels terrains traverser pour tomber au plus près de la petite cour de l'homme que nous voulions piéger. Le but de la manœuvre ? Tenter d'atteindre le 24 rue Charles-Demonchy à Compiègne par le fond de son jardin. Et après ? Essayer de photographier le mage sans être délogés par ses protecteurs gitans.

C'est là, devant le portail grillagé, tendu entre le mur de briques d'une sombre maison et un garage de béton et de bois, que depuis des dizaines d'années viennent se recueillir les fidèles de René Hénaux, le *plombier-thaumaturge* comme le qualifiera bientôt *France Soir*. L'homme prétend guérir les malades, les éclopés, les accidentés par ses seules incantations. Et bien entendu, sans leur interdire formellement de ne pas se soigner. Prudent et malin, il évite d'entrer dans le champ juridique de l'exercice illégal de la médecine. Il conseille juste à ceux qui le lui demandent de faire comme lui : prier. Sauf que sa méthode a connu des anicroches. Et même des rendez-vous avec la justice !

Le 4 novembre 1966, après le décès du petit Luc Legrand, la cour d'appel d'Amiens avait infligé trois mois de prison avec sursis et 200 francs d'amende à Hénaux. Très grièvement blessé dans un accident, le gosse qui n'avait alors que 2 ans et demi, avait été amené rue Charles-Demonchy par son père, adepte du guérisseur, plutôt que de le transporter dans un hôpital. Il était mort à la porte du mage. Bien d'autres décès, aussi inexpliqués qu'anormaux, ne devaient cependant pas entraîner de nouvelles poursuites. Jusqu'au mercredi 2 juillet 1969… Ce jour-là, Danièle Fleurus, affectueusement surnommée Doudou par les habitants de son village de Crisolles, était emportée par la tuberculose pour avoir préféré les prières du plombier à l'assistance d'un médecin. Elle ne pesait plus que 35 kilos, tuée par une maladie qui se soignait alors presque comme un vulgaire rhume.

Une enquête est ouverte par la gendarmerie. Trois jours plus tard, les médias s'emparent de l'affaire, France Soir en tête, grâce à mon collègue Bacelon.

Même *Le Monde* y va d'un petit papier :

Une jeune femme est morte faute de soins près de Compiègne.

Mardi 8 juillet 1969, France Soir, page 3.

Le journal étale la colère d'un gendarme sur sept colonnes :

La morte de Compiègne : « Vous êtes tous des criminels »
a crié le chef de la gendarmerie à l'enterrement
de Danièle Fleurus (25 ans).

Une photo de dizaines d'adeptes de Hénaux, les mains jointes devant le mur de briques rouges de son pavillon, illustre le propos. Le lendemain, *Le Progrès de l'Oise*, dont je suis un des localiers, ne prend pas de gants. La publication du papier intitulé à la Une : *La justice ne peut rien contre les assassins qui s'ignorent*, est même très courageuse pour une publication départementale bien ancrée à Compiègne. Certains des disciples du mage sont sans doute des lecteurs, voire des abonnés. Dès les premiers mots, Liliane Mermet la rédactrice en chef va droit au but : *Il y a une loi qui punit la non-assistance à personne en danger ; cependant des malades meurent faute de soins ; leurs parents qui ont négligé de faire appel à un médecin, ont en fait tué aussi sûrement qu'avec une arme. Ils seront punis, mais l'instigateur de cette attitude criminelle, on ne peut rien contre lui (...).*

À la faveur d'un reportage précédent sur ce phénomène, Christian Brincourt, grand reporter à RTL, qui deviendra une signature de la télévision, s'était transformé en adepte assez longtemps pour voir sortir Hénaux devant le portail de son pavillon, à portée de micro planqué. Ce qu'il avait enregistré était proprement hallucinant. Je vous fais juge :

— *Un jour que je rentrais du travail couvert de sueur, je suis monté dans ma chambre pour me changer. J'ai alors eu une apparition : c'était une flamme transparente d'un mètre cinquante environ qui traversait la pièce. Elle n'était pas chaude, mais extrêmement lumineuse et faisait le bruit d'une lampe à essence. Son intensité augmentait tellement que j'ai dû fermer les yeux. Pourtant je voyais aussi bien que si je les avais gardés ouverts... Et là, le Bon Dieu m'a annoncé que je pouvais demander son assistance pour guérir les malades, et rétablir l'harmonie.*

Alors que nous cherchions à refaire le même coup pour l'immortaliser au Nikon, à l'heure de sa prière dominicale, Jean Ker et moi n'avions pas eu de chance. Nous avions été grillés, puis virés des abords du pavillon par de gros bras pas très amènes. Nous avions donc décidé... de ramper. Et nous rampons ! Nous rampons, tandis que, de proche en proche, des chiens aboient, des voisins trinquent à une belle fin de dimanche d'été sous leurs tonnelles, sans savoir qu'au fond de leurs jardins, deux énergumènes tentent d'atteindre celui de René Hénaux. L'aventure va durer des heures, tant nous allons nous faire précautionneux. Et puis, nous avons la pétoche. Les gens du voyage qui forment la garde prétorienne de notre client ne comptent pas que des cœurs tendres. Dans ce genre de circonstance, rien ne ressemble plus à un reporter... qu'un autre reporter. À part un flic, peut-être... Nous rampons donc jusqu'à ce que nous nous heurtions au grillage de trop. Impossible d'aller plus loin ! C'était une époque où *Google Earth* n'existait pas. Dommage, cela nous aurait évité cet exercice de biffins mal dégrossis ! Tous les jardins, pourtant imbriqués, n'étaient pas franchissables. Mais comme nous voulions tout de même conserver ce chemin pour peut-être revenir, nous refluons avec autant de précautions qu'à l'aller. Et en y mettant autant de temps. Quand nous avons refait surface, René Hénaux était rentré chez lui depuis belle lurette ! Plus tard, alors que nous nous pensons une fois encore incognito, les adeptes du bonhomme reconnaissent en nous des gens de presse. Ils nous déclarent sans rire :

— *Vous perdez votre temps ! Notre maître ne sera jamais photographié, car son visage n'impressionne pas la pellicule !*

Diantre ! L'information, après avoir fait le tour des dizaines de journalistes débarqués à Compiègne, provoque parmi eux une sorte d'électrochoc. Genre :

— *Ah ! Il n'imprime pas la pelloche ! Eh bien, on va voir ça !*

Les plus nombreux à couvrir cette histoire furent ceux de France Soir. C'était encore le journal de Pierre Lazareff ! Son principal concurrent, *Le Parisien Libéré* a, dans cette affaire comme à Nogent-sur-Oise, un avantage : ses nombreuses éditions locales et départementales. Mais pour cette histoire, le chef de l'agence compiégnoise semble ne pas vouloir trop pousser les feux. Le Progrès venait d'aller bien plus loin que lui ! Au registre de la presse nationale, voici qu'arrive un reporter de *Paris-Jour*, un tabloïd façon britannique, jusque dans la pin-up de la page 3. Il s'appelle Pascal Delobel et roule en cabriolet. Un beau gosse, sûr de lui, que je devais revoir plusieurs fois. Pas assez à mon goût, car c'était un garçon très agréable et efficace. *L'Aurore* s'intéresse aussi au sujet. *Le Figaro*, dont je suis le correspondant, même si les chiens écrasés ne sont pas sa spécialité, n'est pas en reste. Ses pages *informations générales*, jusqu'au nombre de trois selon les jours, rendent compte des affaires criminelles les plus marquantes et des procès les plus retentissants. Plusieurs fois, je fais équipe avec Charles Nupin, un pied noir toujours vêtu d'un blouson de daim marron, qui n'enquête jamais sans son basset dans les bras. Ou bien j'ai accompagné Lucien Miard, le reporter qui semble ne jamais quitter son nœud papillon, souvent conduit par le même pilote, au volant d'une rutilante

R16 ou d'une 504 blanche. Les véhicules de France Soir sont de type identique, mais noir. *Cela fait plus officiel* avait décrété un chef, rue Réaumur. Il en va de même pour ceux de l'AFP. Du coup, ses 404 Peugeot ressemblent à s'y méprendre à celles de la PJ... Pratique pour passer les barrages.

À Compiègne, du jour où la nouvelle que le visage du plombier-thaumaturge n'imprimerait pas la pellicule a couru les rangs de la presse, les envoyés spéciaux de France Soir triplent en nombre. Une douzaine de rédacteurs et d'hommes d'images écument les maisons, les caves, les greniers de témoins pouvant être en possession de photos de René Hénaux. À part Jacques Bacelon, ce reportage me permet de croiser à nouveau Ladislas de Hoyos, dit Ladi's, présent lui aussi quelques semaines plus tôt dans la région de Creil. Celui-ci deviendra plus tard grand-reporter à TF1, puis présentateur de JT. Les bêtisiers télévisuels retentissent chaque année de sa fabuleuse engueulade avec l'éclairagiste de son équipe de tournage.

— *René, tu commences à me faire chier ! J'vois plus rien, j'ai ta lampe dans les yeux (...) Ta gueule René !*

Puis de plier son parapluie et de partir en laissant le caméraman en plan... France Soir finit par récupérer le premier un portrait datant de plusieurs dizaines d'années, qu'il publie à la Une avec un extrait de l'enquête d'un célèbre collaborateur du journal, Lucien Bodard :

René Hénaux est le patron d'une secte d'illuminés dont les pratiques sont dangereuses.

Mais, sans vouloir nous pousser du col dans la chasse à la photo c'est vraisemblablement Jean Ker et moi qui avons remporté le cocotier. Tant en quantité qu'en qualité. En fait, nous avons fini par dégoter les parents du mage. Comment nos confrères et concurrents ne sont-ils pas passés avant nous ? La chance sans doute, sans laquelle mieux vaut ne pas exercer cette profession ! Le vieux couple habitait un triste appartement, dans une HLM grise et malodorante, à quelques pas du *mur des prières*. De ce jour, ma mission aux côtés de Jean Ker, chaque fois qu'il m'emmenait sur un terrain de chasse, était simple. Je légendais ses photos. Faites de sa main, qu'il avait sûre et professionnelle, ou récupérées. Parfois, je rédigeais une sorte de synopsis destiné à vendre son histoire à un magazine. Paris Match était le plus généreux (et le restera longtemps encore), et Ker y avait déjà ses habitudes. Parallèlement, il démarchait les périodiques étrangers, allemands, italiens surtout, friands de faits divers et d'histoires humaines... Et eux aussi payaient bien lorsqu'ils avaient entre les mains de quoi faire deux ou trois belles doubles pages. Dans sa grande bonté, Jean Ker me remboursait mes frais quand je partais avec lui, même hors de mon secteur. En revanche, je ne me souviens pas que ses largesses soient allées jusqu'à partager le prix de ses ventes avec moi, ou de me verser une pige. Pas plus qu'il n'eut à débourser un centime chaque fois qu'il couchait et mangeait dans l'hôtel de ma mère. Je ne me plains de rien, je constate que l'homme était pingre. Mais bon, j'étais jeune, de moins en moins naïf, mais encore un peu, et puis surtout je m'instruisais. C'était pour moi l'essentiel. Chaque sortie avec lui peaufinait mon approche d'un métier dont je ne maîtrisais pas toutes les ficelles, encore moins les embûches. Et avec Ker, j'ai beaucoup appris ! Ce qu'il fallait faire et... ce que l'on doit s'efforcer d'éviter. Ainsi, le jour où les Hénaux mère et père nous ouvrent leur porte, je vais vite comprendre que la récupération des photos personnelles chez les protagonistes d'une affaire, c'est le BA-BA d'un reporter de faits divers de la presse écrite ou d'agence. Mais les archives privées, il est préférable de les demander poliment. À l'époque, les photographes nomment cette pratique la *raflette*. En novembre 2019, Jean Ker a donné un long témoignage face caméra pour une excellente rétrospective sur Netflix de la mort de Gregory. À la faveur de cet enregistrement, il a buté sur un lapsus révélateur à propos de sa façon d'opérer. Au moment où il a voulu raconter comment il *raflait* des documents, sa pensée a dérapé et il a prononcé le mot *racket*...

À Compiègne, avant d'arriver chez les Hénaux, j'ai ainsi vécu la préparation un peu particulière de cette entrevue cruciale. Ker m'envoie d'abord à l'épicerie la plus proche pour acheter le parfait attirail du journaliste en quête d'images, destiné à pénétrer l'intimité de pauvres gens qui n'en ont pas forcément envie. Il me glisse un ou deux billets (pas trop, j'ai déjà expliqué pourquoi plus haut) avec pour consigne :

— *Ramène une bouteille de vin... pour le père, des biscuits... pour la mère, et des bonbons si quelquefois il y avait des gosses autour d'eux...*

Ce qui fut dit fut fait, et nous voici toquant à une porte que des voisins conciliants avaient bien voulu nous désigner. Celle-ci s'ouvre d'autant plus facilement que, nous allions bientôt l'apprendre, la maman du guérisseur ne voyait pas d'un très bon œil les activités post-plomberie de son rejeton... Ajoutez quelques gaufrettes à tremper dans le côtes-du-rhône et, non seulement vous aurez recueilli quelques confidences sur le passé de l'homme qui avait aperçu Marie dans la flamme de sa lampe à souder, mais surtout de précieuses photos pour illustrer un article bien fourni. Les premières, Jean Ker les sort d'une boîte à chaussures, à moins que ce ne soit une boîte à biscuit métallique. Il étale ses prises sur la table de la salle à manger, et fait un petit tas de celles qui l'intéressent. De temps à autre, il en fait tomber une à ses pieds et la récupère subrepticement. Mieux vaut au moment du départ ne pas avoir l'air d'en garder trop... Et tout à coup, le voici tout fébrile lorsqu'il découvre une épreuve en noir et blanc, devenue sépia au fil du temps. Elle date de la Première Guerre mondiale. Deux conscrits posent, accroupis devant une mitrailleuse Hotchkiss. Ker interroge les parents :

— Et ces deux-là, c'est qui ?

L'un d'entre eux n'a aucun intérêt à ses yeux, mais le second ! Le second est René Hénaux, *l'homme de bien*. Une fois ressorti de l'appartement qui sentait la frite et le pipi de chat, Ker me fera comprendre :

— T'imagines ? L'envoyé de Marie sur Terre, celui qui guérit par la prière, devant un engin de mort pareil !

Pour le moment, sur la toile cirée, le tas a grossi. Mais il lui en faut toujours plus. Et alors qu'il me demande de tenir compagnie à nos hôtes, il entreprend de faire le tour du logement, sous prétexte d'une envie pressante. De longues minutes passant, madame Hénaux mère commence à s'inquiéter. Moi aussi d'ailleurs. Je retrouve l'homme de l'art dans la chambre à coucher du couple. Accroché à un mur face au lit, un cadre vitré monumental lui pose pas mal de problèmes. Un de ceux comme on en faisait au début du siècle. Autour des deux grands portraits des parents, une multitude de plus petits représentent chacun des enfants. Et, parmi eux, un jeune adulte à la fine moustache que Ker a reconnu grâce aux autres clichés déjà triés dans la cuisine. Mais impossible de photographier l'image. Le sous-verre produit trop de reflets. Et puis, contretyper ça veut dire abandonner les originaux. Ses rivaux appellent cela la politique de la *terre brûlée*. Cela dit, pas mal d'entre eux en font autant, c'est une autre partie de la leçon que je retiendrai. Au pied du lit parental, mon compagnon d'enquête s'est mis en tête de démonter le cadre afin de pouvoir rouler l'immense tirage, en essayant de ne pas le détériorer. Le pire c'est qu'il finit par y arriver ! Il donne alors très vite le signal du départ, quand la mère du gourou commence à s'inquiéter pour ses trésors d'images. Disons-le tout net, au moment où elle et son mari viennent de comprendre qu'une bouteille de vin et des biscuits secs, c'est peu cher payé. Surtout pour des photos concernant une histoire qui depuis peu remplit tous les soirs l'écran noir et blanc de leur téléviseur, à l'heure du JT vespéral de France 3 Picardie. Nous franchissons le seuil avant que le couple demande à négocier plus formellement. C'est là encore un des constats que je fis très jeune : il y a parmi ceux qui disent des journalistes qu'ils sont des profiteurs, pas mal de gens qui savent s'enrichir grâce à leur capital de souvenirs familiaux !

Presque trois ans plus tard, Ker confirmera qu'il était le meilleur dans ce genre d'exercice. C'était à Bruay-en-Artois, et Brigitte Dewèvre venait d'être assassinée dans les corons. Puis le photographe parachèvera sa réputation douze ans après, à Lépanges-sur-Vologne. Cette fois-ci, la victime était un gosse, beau et rayonnant. Il se prénommait Gregory. Et le roi de l'album de famille s'en donna de nouveau à cœur joie. Jusqu'à être cité dans le dossier d'instruction pour avoir été un peu trop proche de Jean-Marie Villemin, juste avant qu'il tue Bernard Laroche. Dans la Vologne comme dans les cités minières, Jean Ker travaillait exclusivement pour Paris Match, mais... à la commande. Il n'était absolument pas salarié de ce magazine. Pas plus que moi lorsque j'y pigerai durant une paire d'années, avec la bénédiction de mes employeurs à RTL. Et pour cause ! Juste avant de prendre en main les destinées de la radio, ils avaient été les patrons du journal.

Je n'ai pas consacré tout mon temps à Jean Ker sur les malheurs provoqués par le mage Hénaux et ses adeptes. Il me fallait avant tout couvrir l'AFP et Le Progrès de l'Oise, afin de délester ma rédactrice en chef de ce sujet, même si je n'étais pas sur mon secteur senlisien. Cependant, l'affaire prenant une ampleur nationale, l'agence envoya tout de même un *spécial*. Qui vois-je débarquer ? Un beau mec bronzé comme s'il sortait de la plage, un peu play-boy, au volant d'un coupé anglais. Sur le coup, je me suis dit que ça n'allait pas le faire. Et puis j'ai appris ce qu'il avait couvert pour l'agence les années précédentes. En 1968, un an avant de s'intéresser à Compiègne, François Mazure *stringer* de l'AFP était au Biafra. Plus tôt, il avait passé le plus clair de son temps à courir l'Afrique et ses troubles compulsifs, le Congo notamment. Il était aussi allé au Vietnam où, durant l'offensive du Têt, il avait été fait prisonnier par le vietcong, en compagnie de la célèbre photographe Catherine Leroy. De retour à Saïgon, il avait été arrêté par les autorités du Sud puis expulsé. C'était donc un baroudeur que l'AFP avait choisi pour s'attaquer au mage de Compiègne... et c'était moi qui venais de crapahuter au travers des pavillons environnants ! Quelques jours plus tard, les évènements allaient nous prouver qu'il fallait bien un garçon comme celui-là pour faire partie du commando que nous allions composer. D'autant qu'il a retrouvé à Compiègne un vieux pote à lui, un *affreux* du Congo, du Katanga et du Biafra. Un de ces garçons qui n'ont pas froid aux yeux, mal considérés, pas toujours payés, contrairement à leur légende. Parfois beaucoup plus idéalistes qu'il n'y paraît. Et puis, ce Guy Toumi, à part être mercenaire, était surtout un merveilleux compagnon. Il le deviendra pour moi aussi. Souvent, je le reverrai après cette affaire du mage. Sa délicieuse épouse Françoise et lui s'entichèrent de ma maman et de son petit bistrot à la campagne. Nous devions nous y croiser à plusieurs reprises, même après que j'ai quitté le cocon maternel. En attendant, l'histoire continuait à prendre de l'ampleur.

Mercredi 9 juillet 1969, Compiègne, 15 heures hôtel de France.

France soir a demandé à l'une de ses *pointures* de rafraîchir la copie sur l'affaire de Compiègne pour relancer celle-ci. Le journal a envoyé un de ses grands-reporters, et pas n'importe lequel, Lucien Bodard ! Grand-reporter c'est encore à l'époque un titre prestigieux. Normalement, dans un média, *il dépend directement de la rédaction en chef, voire de la direction.* Ainsi à RTL mon mentor Claude Fouchier ne rend-il compte qu'à Jean Farran, le directeur général. Vingt-cinq ans plus tard, l'aura dégagée par ce titre sera déjà bien dévaluée. Dans certaines rédactions, de jeunes journalistes se battront pour l'obtenir pour le seul avantage de ne plus dépendre du planning hebdomadaire de travail... vaste ambition ! Mais quand Lucien Bodard débarque à Compiègne pour relancer le sujet dans les colonnes de *France-Soir*, il tutoie les sommets du métier. Ce n'est donc pas n'importe quel journaliste qui a rendez-vous à l'hôtel de France avec Marcel Janssen, adepte en chef du mage. Cette rencontre a pourtant failli tourner au fiasco. Pour plusieurs raisons. D'abord parce qu'un des autres envoyés spéciaux du journal, n'appréciant pas de se faire marcher sur les pieds par Bodard, nous a balancé l'heure et le lieu de son entretien. Ensuite, parce que nous nous sommes alors tous pointés pour voir le *maître* au travail. Et enfin, parce qu'il y avait parmi nous un autre grand-reporter, celui de France Dimanche. Et pas n'importe quel bonhomme ! Pierre Ledieu avait couvert pour l'AFP l'exil et la mort de Pétain à l'Île d'Yeu. Puis il avait fait les beaux jours de L'Aurore. Maintenant, il terminait gentiment sa carrière au sein de l'hebdomadaire. Mais il n'était pas qu'une plume et un reporter affûté, c'était aussi un gros buveur. Il carburait à la bière, de la Spatenbraü en canettes de 33 cl. Ce jour-là, après un copieux déjeuner, il avait fini de bien *charger la mule* au bar. Campé au coin de celui-ci, il surveillait l'arrivée de Bodard aussi surnommé *Lulu le Chinois.* Celui-ci descend bientôt de sa Jaguar conduite par sa secrétaire. Car le journaliste-écrivain ne prend pas ses notes ni ne tape sa copie lui-même. Son assistante enregistre les interviews en sténo et les met en forme sur une machine à écrire qui ne la quitte pas. Marcel Janssen, l'homme que va rencontrer Lucien Bodard est ingénieur agronome. Il a été vingt-trois ans directeur d'une école d'agriculture. Le voici qui entre dans l'établissement. Il descend les deux ou trois degrés qui séparent le bar d'une salle où sont installées quelques tables. Lui et son épouse qui l'accompagne, s'assoient face au prestigieux journaliste et à son aide. La femme porte un béret. On comprendra mieux plus tard l'intertitre sibyllin ajouté par le journal au milieu d'une des colonnes de l'enquête de son envoyé spécial : *Le béret de la bourgeoise.*

L'interview peut commencer.

À sept mètres de là, Ledieu continue à taquiner la blonde munichoise. C'est la fête de la bière à lui tout seul ! Puis il se met à grommeler, en désignant de la tête le quatuor qui s'anime un peu plus loin. Tout bascule au moment où la fille du couple Janssen rejoint ses parents. L'histoire des disciples du mage veut que les parturientes accouchent parfois en forêt. Elles le font au pied d'un arbre choisi pour sa robustesse, qu'il est censé transmettre à la mère et à sa progéniture. Il se trouve que l'enfant des Janssen, même si elle n'est pas née en pleine nature, n'a pas été gâtée par celle-ci. Et c'est ce qui fait exploser Pierre Ledieu :

— *Eh bien voilà ce que ça donne d'accoucher en forêt ! Pas étonnant ! Mais regardez-moi ça ! Mais elle est...*

La bienséance m'interdit d'aller plus loin... Malaise dans la famille d'adeptes du thaumaturge. Courroux de Bodard. Ses témoins se lèvent, veulent s'éclipser. Il réussit à les retenir. Nous calmons Ledieu, mais *Lulu le Chinois* est obligé d'apprivoiser à nouveau ses invités. Grand moment de solitude. Il n'empêche, son reportage paraît le lendemain.

10 juillet 1969. *France Soir* 7e édition. Dernière heure, page trois, sur huit colonnes.

Le mage de Compiègne est sûr que le monde entier défilera à sa porte. Sous-titre : *Lucien Bodard raconte la légende dorée de René Hénaux.*

L'article ne s'étale que sur la moitié de la page, car le journal a voulu faire une rétrospective complète du phénomène *mages et guérisseurs* en tout genre. Henri Slotine, un autre reporter a rencontré l'un d'eux qui, selon lui, *prétend prémunir du cancer, mais avoue cyniquement qu'à l'heure de la retraite il cherchait surtout un « métier d'appoint »*. Le tout est annoncé en première page :

Un charlatan m'a dit : « Je guérirai votre cancer ».

Quant à la copie de Lucien Bodard on y trouve quelques pépites. Sous l'intertitre, on lit au sujet de Hénaux : *Il y a maintenant toute une légende autour de Hénaux. C'est une légende dorée, comme pour les saints du Moyen Âge.*

De M. Janssen on découvre :

Tout ce qu'il raconte lui paraît naturel. Il parle comme à un procès en béatification. Il est envoûté.

Plus haut on apprend qui sont les adeptes du plombier :

(...) beaucoup d'ouvriers agricoles (...), mais aussi des bourgeois, des notables, des médecins, des prêtres, et même autrefois des magistrats, sont les zélateurs de Hénaux.

Des magistrats ? Est-ce l'explication du peu d'enthousiasme du procureur de Compiègne à lancer d'éventuelles poursuites ? Cela dit, les Janssen ont de quoi tiquer en lisant le chapeau du sujet : *Lucien Bodard a cherché à découvrir qu'elles pouvaient être les motivations des fidèles (...) il n'a découvert que l'absurdité dans sa nudité la plus totale.*

Jeudi 10 juillet 1969, Compiègne, palais de justice.

L'AFP tente d'anticiper une information qui tombera le lendemain. Une dépêche de François Mazure indique : *René Hénaux le « mage » de Compiègne pourrait être inculpé.* Je suis assez satisfait de ne pas être dans ce coup. D'abord parce qu'on m'a souvent recommandé à l'agence de ne pas utiliser le conditionnel. Ensuite parce que cette info se révélera erronée. La dépêche poursuit :

René Hénaux pourrait être inculpé de non-assistance à personne en danger et d'exercice illégal de la médecine à la suite du décès d'une de ses adeptes, indique-t-on mercredi soir de source officieuse à Compiègne (...) dans les textes visant l'exercice illégal de la médecine, il est précisé que ce délit peut être imputé à toute personne non diplômée qui prend part au traitement des maladies par acte personnel, consultation verbale ou écrite ou par tout autre procédé. Il semble donc, qu'à la suite des témoignages de certains de ses anciens adeptes, qui ont affirmé que Hénaux « soufflait en croix » sur ses malades pour les guérir, on puisse l'inculper.

Vendredi 11 juillet 1969, Compiègne, cabinet du procureur.

La pression médiatique est trop forte. Une information judiciaire a été ouverte par le parquet de Compiègne pour tenter de déterminer les responsabilités autour du décès de Crisolles. Un juge d'instruction a été désigné. La presse se déchaîne ! Le lendemain, *Le Monde* annonce qu'après la mort de Danièle Fleurus :

Quatre membres de la famille de la victime sont inculpés.

Mardi 15 juillet 1969.

Dans l'après-midi, la fille de René Hénaux est longuement entendue au palais de justice de la ville. C'est à la suite des déclarations du mari de *Doudou*, morte de tuberculose, qu'a été décidée la comparution de la fille du plombier. Bernard Fleurus a en effet raconté aux gendarmes et au magistrat chargé de l'instruction qu'avant le décès de Danièle, il était allé demander conseil à René Hénaux. La fille de celui-ci l'avait reçu lui proposant deux solutions pour la guérison de son épouse. Ou prier comme son père le préconisait à tous, ou aller consulter. Mais, selon lui, elle lui aurait précisé que les deux étaient inconciliables. Voilà pourquoi la fille Hénaux est auditionnée. Mais elle nous est passée sous le nez. Il faut dire que l'animosité des gitans qui protègent les lieux est devenue telle qu'il nous est impossible de planquer dans la rue Demonchy. Nous avons alors décidé de surveiller chacune de ses extrémités. Nous nous rattrapons en fin d'après-midi quand un véhicule du commissariat la raccompagne à domicile. Pas pour lui être agréable, mais parce que les magistrats veulent faire procéder à une visite domiciliaire par la police. La fille du rebouteux a donc donné son accord pour que des policiers entrent chez elle, fassent le tour du propriétaire et entendent les explications de son père. On est tout de même loin d'une perquisition !

Mercredi 16 juillet 1969. Compiègne, 24 rue Charles-Demonchy.

France Soir n'a pas loupé la photo d'un des gardiens de la paix présents la veille à la grille de René Hénaux. On voit le policier faire face à Geneviève Hénaux qui referme le portail de chez elle. Le journal titre sur cinq colonnes :

Les policiers ont investi la maison du mage...

Et puis, après Ker et moi, nos confrères sont allés visiter la parentèle de René Hénaux. Son visage assez rébarbatif illustre un encadré sollicitant la réaction maternelle :

La mère d'Hénaux : « Je ne crois pas à son don ».

Le vent tournerait-il ? En plus de la mauvaise manière que lui fait sa maman, voilà que sa fille Geneviève est inculpée. Le juge d'instruction Jean-Pierre Ancel retient contre elle le chef de *non-assistance à personne en péril*. Ils sont désormais six à se voir reprocher la même chose que Geneviève Hénaux : Mme et M. Mirota, les parents de la morte de Crisolles, son mari Bernard Fleurus, les De Vuyst c'est-à-dire son beau-frère et sa sœur, et un autre beau-frère M. Montjoin.

Jeudi 17 juillet 1969, Compiègne, hôtel de Flandres.

Dès le matin, une rumeur court les rangs de la presse : René Hénaux sera entendu demain au tribunal par le juge d'instruction. Branle-bas de combat ! À quelle heure, dans quelles conditions ? Comment va-t-il se rendre au palais ? Nous apprenons très vite que les proches et les gitans qui protègent le *saint homme* exigent des autorités de le convoyer eux-mêmes. Ils réclament même une escorte de motards ! Et il est de plus en plus certain qu'ils l'obtiendront ! On marche sur la tête. Nous réussissons à savoir que leur plan est de tout faire pour que leur *maître à penser* ne soit pas photographié. Ce qui paraît inutile puisque selon eux son visage ne peut impressionner une pellicule... Une bonne partie de la trentaine de reporters restés à Compiègne, tandis que d'autres battent la campagne à enquêter autour des inculpés, se réunit le soir à l'hôtel des Flandres. Une fois encore, je ne vais même pas parcourir le peu de kilomètres qui me séparent du domicile maternel. L'AFP et le Figaro vont me rembourser piaule et repas. Le Flandres est la base arrière de Guy Toumi, le pote de Mazure le spécial de l'AFP. Il connaît bien le couple de patrons. Depuis le début de l'histoire, Guy va tenter lui aussi d'obtenir « LA » photo du mage tel qu'il se présente à cette date. François Mazure sait qu'il peut compter sur lui. Mais il lui laisse le loisir de dealer avec un autre journal, car le prix de l'agence sera sans doute en deçà de ce que proposerait France Soir ou Paris Match. L'édition du *Monde* parue le midi confirme l'audition de René Hénaux pour le lendemain. Le quotidien du soir a mis sur le coup celui qui est vraisemblablement le meilleur de sa rédaction, l'âme de celle-ci. Je ferais la connaissance de Jean-Marc Théolleyre bien des années plus tard et m'honorerai de le fréquenter. Il va signer deux articles dont le second sera assassin. Dans le premier, il écrit notamment :

M. René Hénaux (...) demeure un simple témoin pour la justice. La visite domiciliaire effectuée chez lui mardi soir a seulement permis de saisir un certain nombre de lettres que lui ont adressées à des périodes diverses ses nombreux adeptes, documents qui ont été versés au dossier. Pour le reste l'ancien plombier, devenu peut-être un peu malgré lui messie local, déclare n'avoir jamais accompli d'actes pouvant s'apparenter à des actions médicales, de même qu'il assure n'avoir jamais reçu d'argent de ses « fidèles » (...).

Et *Théo* comme le surnomment ses amis, précise même que le lendemain il y aura une confrontation entre Hénaux et certains des inculpés. En l'occurrence un couple qui avait laissé leur fils âgé de sept ans sans soins, alors qu'il était atteint d'un ganglion pulmonaire.

Ce 17 juillet, c'est aussi le jour de parution d'une enquête très fouillée sur René Hénaux par *Détective*. Elle est signée Patrick Eynaud, Pierre Cordier et Jean-Claude Valla. Ils ont bossé les bougres ! Rien à redire. Ils ont même rencontré Marcel Janssen, le témoin de Lucien Bodard bien avant ce dernier. Il leur a raconté comment tout avait commencé pour le plombier. Ça vaut son pesant de mots !

Au printemps 1933, M. Hénaux était dans sa chambre. Soudain, il se trouvait au centre d'un brasier incandescent d'un mètre de diamètre et de plus de trois mètres de haut. Miraculeusement, il ne ressentait aucune chaleur !

Nos collègues de l'hebdo des faits divers avaient aussi retrouvé Mme Ponthieux, la sœur de René Hénaux. Elle leur avait complété l'histoire.

À la fin de 1934, René Hénaux a fait une chute de dix mètres, du haut d'un toit. Le malheureux s'est relevé avec des membres cassés, des trous dans la tête... Il a été voir un guérisseur. Sans médecin, rien qu'en priant avec ce guérisseur, il s'en est très bien remis. Il ne lui reste aucune gêne, aucune cicatrice de ses blessures. Et selon Janssen, ce n'est qu'à la Libération que mon maître a eu enfin la révélation de ses dons de thaumaturge... Le 31 août 1944, Hénaux travaillait chez une jeune femme qui avait eu le pied cassé en tombant dans un escalier. Elle souffrait atrocement. Les médecins l'avaient abandonnée depuis huit mois, ne voyant comme remède que l'amputation ! Elle demanda à son plombier de prier pour sa guérison, ayant été mystérieusement avertie qu'il en avait le pouvoir. M. Hénaux refusa. Ramassant sa sacoche à outils, il se sauva chez lui. Il était extrêmement ému, sachant bien qu'il n'avait parlé à personne de ses étranges apparitions. Il se retira dans sa chambre et se mit à prier à haute voix : Mon Dieu, dit-il, ce n'est pas possible de faire une chose pareille. Alors survint l'inoubliable. Il vit devant lui un homme au visage pâle encadré d'une barbe blonde, vêtu d'une robe bleue. Ses pieds se tenaient à une trentaine de centimètres du sol. C'était le Christ... L'apparition divine ouvrit la bouche, elle dit :

— Si c'est possible, puisque je te l'ai déjà dit ! Si tu veux, adopte un signe sensible.

Bouleversé jusqu'au tréfonds de lui-même, M. Hénaux, s'enquit :

— Est-ce le souffle ?

Et le Christ lui répondit :

— Oui, le souffle !

Et il disparut...

Et Marcel Janssen de poursuivre :

M. Hénaux retourna chez la jeune femme. Il souffla sur son pied blessé. Immédiatement toute souffrance s'évanouit. Quelques jours plus tard, la miraculée venait à pied rue Charles-Demonchy, montrer à M. Hénaux qu'elle était totalement guérie. La miraculée ne tint pas longtemps sa langue. Blessés, éclopés, handicapés affluèrent bientôt devant la demeure de l'entrepreneur en disponibilité divine. Et la légende suggère que leurs rangs grossirent après que René Hénaux eut guéri le fils d'un roi gitan. Non seulement ceux-ci déboulèrent de partout pour prier le plombier, mais ils se bombardèrent un beau jour « garde rapprochée » de leur bienfaiteur. Et, à chaque fois que celui-ci fit parler de lui dans les médias, voilà leurs représentants empêchés d'approcher de trop près le grillage du 24 rue Demonchy.

Grâce à leur enquête exemplaire, illustrée par Georges Paumier, une crème de photographe, bientôt remplacé par Alain Auboiroux, je fis la connaissance de Patrick Hénaux et de Pierre Cordier. D'abord reporters, ils deviendront rédacteur en chef pour le premier, chef des informations pour le second. À la tête de Détective, ils m'employèrent comme correspondant jusqu'à ce que je quitte l'Oise. Le soir de ce 17 juillet 1969, nous décidons de jouer le lendemain un remake de « *la légion saute sur Diên Biên Phu* ». Guy Toumi se régale ! Quarante ans plus tard, à force de raconter cette anecdote à des amis et des collègues, je me la suis rappelée si folle, qu'un jour j'ai commencé à douter. Avais-je rêvé les incroyables évènements de ce 18 juillet 1969 ? Et puis, attelé à ce manuscrit et pianotant de temps à autre sur Facebook, voilà que je tombe sur un confrère qui fut un pilier de la photo au Parisien, Alain Auboiroux. Il avait débuté dans le métier à Détective. À force d'échanger des souvenirs, je lui parle du mage de Compiègne. Je pousse un peu plus avant et je commence à vouloir lui conter cette folle journée. Et Alain de s'exclamer, encore enthousiasmé aujourd'hui par ces péripéties pourtant lointaines :

— *J'y étais ! Je m'en souviens parfaitement !*

Vendredi 18 juillet 1969, Compiègne rue Charles-Demonchy et palais de justice.

Notre dispositif s'est séparé en deux. Un premier groupe mixte rédacteurs-photographes attend au tribunal. Un second composé de façon égale planque au plus près du mage. Depuis 48 heures, au risque de se faire très mal voir, des voisins nous ont ouvert leur maison. En milieu d'après-midi, une camionnette genre tôlé Citroën s'approche du 24. Mais comme il n'y a pas de porte latérale qui aurait permis de se placer contre le portillon grillagé des Hénaux, le chauffeur est obligé de se garer le cul tourné vers celui-ci. La circulation est bloquée dans les deux sens et des automobilistes s'impatientent, à la limite du pugilat. De longues minutes s'écoulent. Puis, une demi-douzaine de baraqués entre dans la cour jusqu'aux marches de la cuisine, sous une marquise de verre. Deux d'entre eux entrent dans la demeure. L'attente dure encore, insupportable. Tout à coup, la porte s'entrebâille à nouveau. Les deux jeunes gens se positionnent devant celle-ci, rejoints par ceux qui patientaient dans la courette. On entend les moteurs des appareils photo ronronner. Et là se déroule sous les yeux ébahis des journalistes et des voisins une scène incroyable. Les cinq ou six personnes présentes font un pas vers le hayon relevé de la camionnette, s'emparent chacun d'un objet difficilement identifiable et... l'ouvrent ! Des parapluies, ce sont des parapluies ! De grands parapluies noirs à l'anglaise. Le temps de réaliser et René Hénaux, protégé par ce mur de toile sombre, s'est engouffré dans le fourgon sans fenêtre. Celui-ci démarre et au bout de la rue deux motards de la gendarmerie le récupèrent. Ils sont là au cas où nous voudrions tenter le sort en cours de route. Mais notre plan est bien plus sophistiqué et osé ! Les quelques journalistes présents roulent à toute allure jusqu'au palais de justice pour rejoindre le reste de la troupe. Nous ne sommes pas nombreux face à la lourde grille que Mesrine franchira quatre ans plus tard, en s'évadant du même palais de justice. En fait, seuls deux ou trois photographes stationnent là. Dans la rue perpendiculaire se trouve l'entrée de la Banque populaire. Et un peu plus loin encore, derrière le palais, au 17 rue Fournier-Sarlovèze, est installé le parking réservé à cette agence. On y accède librement. Guy Toumi connaît les lieux et plusieurs d'entre nous sont allés faire des repérages la veille. Au fond du parc de stationnement, une bicoque pas très haute ferme l'endroit. Sa toiture se termine par une terrasse qui donne... sur la cour du palais ! Rédacteurs et photographes attendent dans la rue le signal des vigies que nous avons postées à proximité du tribunal de grande instance, de façon à voir arriver le véhicule transportant le témoin. Quand celles-ci lancent l'alerte, notre joyeuse bande pénètre dans le parking, le traverse et pour ne pas se faire repérer, grimpe immédiatement jusqu'à la moitié du toit de la maisonnette mitoyenne et patiente. Nous entendons d'abord le grondement des deux motos des gendarmes, puis le halètement du fourgon. En haussant légèrement la tête, nous pouvons l'apercevoir entrer dans la cour du palais. Au moment où il effectue sa dernière manœuvre, nous nous relevons tous et sautons dans l'enceinte de justice ! La consigne est simple ! Les rédacteurs font diversion, le coup de poing s'il le faut, afin que les photographes – peu nombreux – puissent opérer. La surprise est totale ! Les deux gendarmes d'escorte sont vite débordés. Les gitans essaient de jouer du parapluie sur nous. Malheureusement pour eux, ils avaient déjà entrouvert la porte arrière du véhicule. C'est Guy Toumi qui ira le plus loin et au plus près ! Il entre dans le camion. C'est le noir total. Un dernier pébroque fait rempart. Il l'écarte. Il est devant René Hénaux dont le visage est à moitié dissimulé par une large capuche. Guy se place en contre-plongée et flashe. Il n'a droit qu'à une prise puis les gitans évacuent leur protégé. Des gardes accourus en renfort nous jettent du tribunal. La photo est sombre, mais une chose est désormais certaine. René Hénaux impressionne bien la pellicule ! Et ce ne sera pas la dernière fois !

20 octobre 1971, Compiègne.

J'en remets une couche sur le dossier du mage. Ayant ajouté la corde RTL à mon arc cette année, la radio diffuse le long papier qui m'a fait suer sang et eau. En avril une jeune fille est morte d'une tumeur au cerveau. On l'apprend six mois plus tard avec une précision : sa famille et elle priaient au lieu de consulter. J'ai aussi alerté mes autres rédactions. Personne ne reprendra le sujet.

8-10 juillet 1977. Retour rue Demonchy.

Le 5, Claudie B. 16 ans est morte d'une pleurésie dans des conditions déplorables et même suspectes. Pendant deux jours, je vais multiplier les papiers. *Le Monde* va emboîter le pas de RTL. Le journal titre le reportage de son envoyé spécial, Laurent Greisalmer, qui deviendra lui aussi un bon camarade :

Les bonnes affaires du plombier-thaumaturge.

Mon confrère rapporte dans son article les déclarations d'un témoin. Celui-ci explique ce que la justice n'a jamais réussi à reprocher à René Hénaux : *À l'époque de son apogée, dans le sac de courrier qu'il recevait tous les jours, il y avait des mandats en pagaille. On le paye, oui... même grassement.*

La presse magazine va de nouveau s'intéresser à lui. Il est veuf depuis quelque temps lorsqu'un copain et confrère, Jean-Marc Rocca Serra, décide de s'occuper de son cas. Je l'ai connu photographe au Courrier Picard. Mais il a fait du chemin et bosse aussi pour la prestigieuse agence photo Gamma. Le voilà qui filoche René Hénaux les jours où celui-ci se rend sur la tombe de son épouse. Une fois encore le scénario est digne d'un thriller. Comme huit années auparavant, Hénaux, quand il sort de chez lui, a le visage toujours dissimulé par un immense chapeau de pluie. L'unique façon de le shooter est de faire la photo par en dessous. Qu'à cela ne tienne ! Jean-Marc équipe une poussette. L'appareil télécommandé est installé dans un baril de lessive. Celui-ci est planté sur la voiture d'enfant occupée par un poupon de plastique. Dessous, pour plus de réalisme, un filet de pommes de terre. Et voici le reporter allant à la rencontre du vieil homme sur les 300 mètres que celui-ci doit parcourir à pied pour aller se recueillir sur le caveau de sa femme. Le résultat est fugace, mais efficace. C'est définitivement confirmé : les pellicules photographiques réagissent bien au visage du mage de Compiègne…

Rapt à crédit

Où l'on découvre un ravisseur qui enlève un enfant comme on prend un crédit.
Où l'on s'aperçoit que planquer en octobre n'est pas une sinécure.
Où les mots d'un père peuvent toucher les reporters les plus aguerris.
Où la chance frappe à nouveau à la porte de l'auteur...

Samedi 25 octobre 1969, sur la route entre Compiègne et Soissons.

Un sale temps d'automne... Les routes de Picardie sont dangereuses. Dès septembre, les camions et les remorques de tracteurs chargés à la gueule de betteraves sucrières en éparpillent sur l'asphalte. Ajoutez à cela une bonne pluie bien drue, voire un fin crachin, et voilà les automobilistes lâchés sur des patinoires. Ce jour-là, la route qui menait à Vic-sur-Aisne, dans le département voisin, me parut longue sur mon scooter. J'avais décidé de prendre un fait divers en cours, tant les informations lues dans *Le Parisien*, *France Soir*, et entendues à RTL, me passionnaient. Depuis la veille, le village de Saint-Bandry, à une quinzaine de kilomètres de Soissons, retenait son souffle.

Vendredi 24 octobre 1969. Saint-Bandry (Aisne). Flashback.

Il est 4 heures de l'après-midi, Sophie Duguet, 3 ans, va chercher son frère Éric à la sortie de l'école communale, en compagnie de Marie Jeanne Serain, la bonne de ses parents. À l'orée du village, le long d'un transformateur électrique, une DS 19 grise est garée. Dissimulé jusque-là derrière un poteau de pierre, surgit alors, de l'autre côté de la route, un homme d'une trentaine d'années, chemise et pantalon sombres, porteur d'une barbe et d'une moustache. Mais peut-être s'agit-il de postiches ?

Il s'empare de la fillette et repart à toute allure avec elle. Un peu plus tard, les gendarmes découvriront sur un tas de graviers proche, une lettre manuscrite réclamant aux parents de Sophie le prix de sa liberté :

Votre enfant vient d'être enlevée. Nous exigeons une rançon d'un million de nouveaux francs, faute de quoi vous ne reverrez pas l'enfant. Détails suivront.

Toute la presse nationale était sur place le lendemain. RTL, Europe 1, France Inter, France 3, la Une, la Deux, France Soir, Le Parisien, Le Figaro, L'Aurore, Paris Jour. Correspondant du Figaro et de l'AFP pour l'Oise, je n'ai pas grand-chose à faire dans l'Aisne. Mais l'affaire m'a semblé bien trop intéressante pour que je puisse m'en passer. La réciproque n'allant pas forcément de soi...

Et puis, croiser à nouveau l'armada si proche de confrères dont je connaissais maintenant certains, je ne pouvais passer outre. De plus, leurs papiers indiquaient que ce rapt semblait devoir s'installer dans la durée. Qui sait ? Si certains envoyés spéciaux des titres auxquels je collaborais n'avaient pas de relève, peut-être seraient-ils bien contents de recevoir un peu de renfort ? Un brouillard ténu nimbe la région. Saint-Bandry, le village des Duguet est perché à 9 kilomètres de Vic-sur-Aisne. Il y reste une chambre au Lion d'Or que nous avons déjà testé avec ma mère. Mais pas âme qui vive porteuse d'une carte de presse ! Je réserve la piaule qui ne coûte pas trop cher. Pour l'instant je navigue à mes frais mais je ne vois pas comment je pourrais dormir sur ma Vespa !

Les hobereaux du coin ne font pas que dans la betterave sucrière, ils cultivent aussi de la patate qu'ils livrent à l'usine voisine de chips Vico. La famille Duguet règne ici sur deux grosses fermes fortifiées. Le père de la petite kidnappée, Annick, son épouse enceinte et Éric, leur second enfant, sont installés à La Croisette, dans une belle villa en L. Pierre Duguet, le chef du clan, règne sur la sienne à Liverseau où il occupe un manoir. Les Duguet ne sont pas les agriculteurs les plus importants de la région. Ce ne sont pas non plus les moins riches. Le grand-père a la main sur un millier d'hectares de betteraves et de blé, traversés de forêts. Une paysanne du coin confiera à René Backmann, l'envoyé spécial du Nouvel Observateur :

—Entre Villers-Cotterêts et Vic-sur-Aisne, on ne peut ni chasser, ni aller aux girolles, ou tout simplement se promener, sans demander la permission aux Duguet...

Cependant, les ouvriers du secteur sont, pour la plupart, minablement payés au SMIC qui tourne aux alentours de 600 francs (91 euros). N'empêche... pour les gens du coin, les Duguet sont des pièces rapportées. Pierre le patriarche vient en effet du Loiret, où il possède plusieurs centaines d'hectares. Quelques mariages et héritages plus tard, son empire s'est étoffé. C'est également pour cette raison que le rapt va devenir un véritable feuilleton national. Était-ce vraiment l'argent qui était crapuleusement visé ?

Samedi 25 octobre 1969, ferme de la Croisette.

Quand j'arrive sur place, la famille commence à se plaindre de l'insistance des enquêteurs du SRPJ de Lille et des gendarmes dont elle pensait qu'ils iraient plus vite en besogne. Les flics et les « cruchots » sont donc gentiment tenus à l'écart. Pierre Duguet est intervenu pour que le ministre de l'Intérieur demande personnellement à ses troupes de faire discret.

Je fais connaissance avec Robert Djonk, le chef du bureau de l'AFP à Lille et son photographe. L'Aisne est sur son territoire, et le petit bonhomme moustachu, sec comme une ablette, n'est pas du genre à partager. Encore moins avec un pigiste correspondant qui ne travaille qu'avec Paris sur un secteur qui dépend pourtant des Lillois. Son collègue a pour sa part une bonne tête de chti avenant, la joue couperosée, toujours partant pour une bonne gueuze. Je le vérifierai par la suite. Ils attendent un envoyé spécial, Pierre Zanin, un grand-reporter trentenaire enthousiaste, qui a assuré les obsèques de de Gaulle. Une belle plume même si, à l'époque, l'AFP fait d'abord dans l'efficacité avant la prose. Malheureusement, sa carrière sera stoppée net quelques années plus tard, par une crise cardiaque foudroyante. Je ne connais pas le journaliste envoyé par Le Figaro ni son photographe. Ils sont installés dans une R16 blanche avec chauffeur. Tous les journalistes se déplacent à peu près avec les mêmes modèles et avec chauffeur ! Mais il y en a d'autres qu'on ne peut pas louper : les berlines de RTL et d'Europe 1. Les premières sont bicolores le sigle de la radio en blanc sur un grand fond rouge, comme les micros. Celles d'Europe 1 le sont aussi mais orange et noir. Les reporters de RTL roulent, entre autres, dans des Triumph Spitfire (sympa quand tu as 500 bornes à faire et un reportage à effectuer au bout du chemin...). RTL a envoyé François Ponchelet et Christian Brincourt. Du lourd ! Trois mois avant, j'avais croisé ce dernier à Compiègne sur le dossier du mage. Mais j'avais surtout entendu ses sujets dans Paris en fièvre, en mai 68. Dans l'Aisne, il fait cause commune avec les gens de Paris Match, emmenés par le « monteur de coups » de l'hebdomadaire, Jean Durieux. Et ils vont nous en préparer un sévère ! Côté Europe 1, il y a aussi des pointures. Gilles Schneider notamment, un des magnifiques concurrents que je retrouverai plus tard sur d'autres faits divers. Alexandre Fronti, qui deviendra un producteur télé de grand talent. Ponchelet, quand il sera passé de RTL à Europe 1, pour laquelle il sera un des rares journalistes de radio présents à Saïgon le 30 janvier 1975 jour de la chute de la ville. Que dire des sympathiques et très « pros » Denis Astagneau et Jean-François Rabilloud retrouvés sur la toile récemment...

À la porte des Duguet, les confrères maintiennent une veille permanente. Si je veux me distinguer, je suis moi aussi obligé de planquer au plus près. Je dois mon salut à deux reporters de France Soir, Michel Menet et François Luizet. Eux aussi étaient sur l'affaire du mage de Compiègne. Ils m'avaient été présentés par Jacques Bacelon le talentueux, mais trop discret correspondant de leur journal dans l'Oise et le Val-d'Oise, devenu mon ami. Ils m'avaient pris à la bonne, à l'époque. Sur le plateau de Saint-Bandry, ils m'accueillent comme un vieux de la vieille. Je vais passer la plupart de mon temps à l'abri dans la R16 ou la 504 du journal. Michel Mellix, l'un de leurs virtuoses du volant, me couve comme son fils. Tout comme le photographe Bernard Charlet, spécialiste des déplacements du général de Gaulle. Une crème de mec doublé d'un reporter de talent, souvent flanqué de son fidèle Truchon dit « la truche », un modèle de motard. Je me souviens encore de Charlet descendant dans le brouillard jusqu'au Lion d'Or à Vic, pour nous remonter des brocs de soupe aux légumes, bouillante et délicieuse. Le secret c'est que l'Hostellerie du Lion d'Or est tenue à l'époque par le cuisinier Michel Elie, frère de Bernard Elie, correspondant permanent du Monde à Lyon, patrie des gastronomes. La fratrie est connue de tous les journalistes-bourlingueurs.

Nous finissons même par avoir des admiratrices au pied de la ferme Duguet. Deux des sémillants reporters de la troupe qui fait le pied de grue succombent. Dans les 48 heures, ils sont obligés de se faire prescrire des antibiotiques. L'un d'entre eux, marqué il est vrai dans son organisme mais faisant preuve d'un humour en béton, quoique fort peu élégant, surnomme derechef sa conquête d'un soir « hexacycline... »

26 octobre 1969 vers minuit, domicile des Duguet.

Un inconnu téléphone au discret Philippe Duguet, le papa de Sophie pour lui donner de nouvelles instructions. La rançon doit être réunie exclusivement en billets de 50 000 francs[1].

Un message fixant les modalités de la remise de l'argent se trouve dans la cathédrale de Soissons. Et c'est juste après que RTL nous fait la nique.

Lundi 27 octobre 1969 au matin, ferme de la Croisette.

Annick Duguet lance sur cette antenne une supplique aux ravisseurs de sa fille.

— *Surtout, je vous en prie, ne faites pas de mal à ma petite Sophie. Prenez-en soin. Ne lui donnez jamais de lait, ça la rend très très malade. Couvrez-la bien, elle est très fragile. Et ne la laissez pas dans l'obscurité complète, elle a très peur du noir.*

Relancée par le reporter elle ajoute :

— *Surtout, qu'il me la rende en bon état. Ou... qu'il me la rende surtout... vivante.*

Sur cette histoire comme sur d'autres, aucune publication ne passe au travers de quelques dérapages incontrôlés. Parfois, le ravisseur est présumé seul. Une autre fois, il bénéficie de complicités. Certaines *Unes* le décrivent mû par des raisons bassement criminelles. D'autres imaginent des individus politisés.

À la décharge des médias, Pierre Duguet, le grand-père de Sophie, confie un jour à l'AFP :

— *À travers moi, c'est toute une classe de la société, c'est-à-dire la bourgeoisie, que l'on a voulu atteindre (...) Ce pourrait être même, à la rigueur, le fait d'un mouvement extrémiste (...).*

Même Le Monde reprend cette dépêche de l'agence :

Le rapt pourrait avoir été inspiré par un désir de vengeance, contre l'ensemble de la famille Duguet. C'est du moins, dit-on, ce que pourrait suggérer la dernière phrase du premier message des ravisseurs : « Cette lettre concerne toute votre famille, qui doit s'associer à vous ».

Sur sept colonnes, le titre d'un des reportages de Luizet dans *France Soir* penche pour une équipe de malfrats, ignorant pour

1. En anciens francs 50 000 F = 500 NF ou 76 euros.

l'heure que le ravisseur puisse être seul. Mais le sous-titre, lui, est alarmant :

L'enfant court un grave danger.

Quatre jours ! L'attente va durer quatre-vingt-seize heures !

Lundi 27 octobre 1969 au soir, Saint-Bandry, ferme de la Croisette.

Les Duguet achèvent de réunir le montant de la rançon. Ça ne prend pas beaucoup de place, deux mille *Pascal*. Une petite valise y suffit. Vers 20 heures 30, un homme joint Philippe Duguet depuis une cabine téléphonique, proche de la gare de Soissons. L'inconnu est gonflé car, s'il s'agit du même qui a déjà appelé le 6 à Ambleny l'avant-veille depuis un bar d'hôtel, du même quartier. Or, les Duguet ne bénéficient pas encore de l'automatique. Tout appel, dans un sens comme dans l'autre, passe par l'opératrice du central téléphonique soissonnais. Une aubaine pour la PJ ! Il suffit de s'installer au standard des PTT et d'attendre. De plus, les standardistes peuvent facilement savoir d'où appelle la personne qui réclame à être mise en relation avec un abonné. Cette nuit-là, Philippe Duguet commence par douter de l'homme qui lui parle au bout du fil :

— *Qui êtes-vous ?*

— *Le ravisseur de votre fille.*

— *Je ne sais pas si vous êtes le vrai ravisseur. Parce que moi, j'ai l'argent. J'accepte de vous le donner, mais à condition d'avoir la petite, n'est-ce pas ?*

— *Aussitôt...*

— *Le plus vite possible.*

— *Oui oui, oui oui !*

— *Alors, quelle preuve pouvez-vous me donner que vous êtes vraiment le ravisseur ?*

— *Je peux vous décrire comment elle est habillée.*

— *Oui, mais... C'est paru dans le journal...*

— *C'est bien ça !*

— *Vous voulez un habit de l'enfant, quelque chose ?*

— *Heu, ben, si vous n'avez pas d'autre preuve à me donner... oui.*

Tout à coup le ravisseur à une idée :

— *Elle m'a réclamé les lapins de son papa. Les lapins avec lesquels elle joue souvent avec Éric.*

Philippe Duguet comprend que son interlocuteur est le bon et que Sophie va bien. Suivent les détails sur l'endroit exact où doit être déposé l'argent. Comment quitte-t-il la Croisette ce soir-là, vers 23 heures ? Nous ne le saurons pas. Quoi qu'il en soit, le voilà bientôt revenu après avoir abandonné la rançon à un kilomètre de Soissons sur la route de Chauny. À la Croisette, les parents de Sophie, rejoints par Pierre Duguet et son épouse, vont discuter de longues heures dans une semi-pénombre.

28 octobre 1969, vers 3 heures du matin, Saint-Bandry, ferme de la Croisette.

Du plus loin que nous nous trouvions, nous entendons jusque dans la cour de la ferme la voix de Philippe Duguet qui hurle au téléphone :

— *J'arrive tout de suite !*

Pour RTL, François Ponchelet bloque d'abord le grand-père de Sophie avant qu'il prenne le volant :

— *Ça y est, elle est retrouvée ?*

— *Elle est retrouvée. Dans la cour du commissariat à Soissons... Je vais la chercher. J'ai payé la rançon. Les ravisseurs l'ont rapportée.*

Le reporter tend son micro au papa de la petite fille :

— *Je ne sais comment m'exprimer. Elle est en bonne santé.*

Il répond aux questions seulement par des oui hésitants. Il semble sous le choc du bonheur.

— *Un homme arrêté ? Non, on ne sait rien du tout.*

C'est ensuite la grand-mère qui rit de bon cœur :

— *On ne sait rien du tout. On sait que la petite est vivante. Oui, oui, je vais lui téléphoner.*

À un détail près, le grand-père Duguet a tout bon. Sophie n'a en effet pas été déposée dans la cour de l'hôtel de police. L'homme qui l'a accompagnée jusque-là l'a assise sur la banquette d'une Ami 6 Citroën volée un peu plus tôt. Sur le tableau de bord, bien visible au travers du pare-brise, il a laissé un morceau de carton où sont griffonnés quelques mots :

— *Sophie Duguet, le 6 à Ambleny.*

Puis, sans hésiter, il va appuyer sur la sonnette des policiers. Elle ne fonctionne pas ! Sans se départir de son calme, il n'hésite pas à frapper. Et quand il entend les pas du planton se rapprocher dans le couloir, il s'enfuit ! Le gardien de la paix aperçoit immédiatement l'automobile le long du trottoir. Son regard est tout de suite attiré par le panneau cartonné. Et il comprend ! Tout va alors aller à une vitesse folle ! Une partie des journalistes partent comme des dingues derrière la voiture de Philippe Duguet qui va récupérer son enfant. Il roule à toute allure. Très vite. Trop vite, car le brouillard n'a pas faibli. Il parcourt les quinze kilomètres qui le séparent de Soissons à l'allure d'un pilote de rallye. Sur le plateau, je fais partie de ceux qui ont préféré attendre le retour de l'enfant prodigue. Une demi-heure plus tard la voiture du papa de Sophie réapparaît. Et, à l'allure à laquelle il pénètre dans la courée de sa ferme, impossible d'apercevoir la gosse ! Des portes claquent. Encore quelques minutes... et nous allons vivre un moment d'une telle intensité émotionnelle que, cinquante ans plus tard, j'en ai encore les larmes aux yeux, en me remémorant les mots que nous allons entendre. C'est Philippe Duguet qui ouvre les deux grands battants du lourd portail resté clos depuis le début du drame. Il se dirige vers nous et déclare :

— *Du fond du cœur, je remercie la presse, les radios et la télévision pour leur collaboration et leur compréhension. Je pense que leur action a eu un caractère très positif.*

Puis, visiblement très ému, moins assuré, comme si cette fois-ci il ne récitait pas un texte appris à l'avance, il précise sa pensée :

— *Messieurs, tant que vous avez été là, à notre porte, nous gardions espoir. Nous savions que, si vous restiez, c'est que nous pouvions y croire. Pardon d'avoir été obligé de vous mentir parfois. Mais, maintenant, notre maison vous est grande ouverte, entrez !*

Et c'est une bande assez hétéroclite qui, pour la première fois, pénètre dans la partie habitation de la grande ferme. Là, un buffet et du champagne nous attendent. Les questions fusent, les appareils et les caméras tentent de saisir les brefs instants des parents et Sophie. Puis la voici à nouveau « kidnappée »... par l'équipe de Paris Match. C'est la fameuse surprise que nous préparaient nos confrères. En fait, ils ont transformé une pièce de la demeure en véritable studio de prises de vue, afin d'obtenir des images exclusives de la fillette et de sa famille. Match a retardé son bouclage définitif de quelques heures pour pouvoir publier les premières images de la petite en liberté. Dans le grand salon où nous nous entassons, je ne perds pas une miette de ce que je vis, de ce que je vois et de ce que j'entends. Fébrilement je note tout. De temps à autre, je m'enquiers de l'absence du journaliste lillois de l'AFP auprès de son photographe. Plus le temps passe, plus le champagne lui fait de l'effet. Il s'en moque ses premières images sont déjà parties emportées par un motard. Et à chacune de mes questions, lissant sa moustache, il tente de me rassurer :

— *Te casse pas, Robert va arriver !*

C'est ce soir-là que la chance va à nouveau frapper à ma porte. Et pas qu'un peu ! La première de mes opportunités aura été sans le vouloir, tout simple correspondant que j'étais, de me trouver là où se passaient des faits divers d'importance nationale. Après les premiers assauts de Marcel Barbeault, le tueur de l'ombre, il y a eu le mage de Compiègne. Et me voici aux premières loges du retour dans le cocon familial d'une petite fille dont le sort a fait trembler la France durant cinq jours. Je repars à l'assaut du photographe de l'AFP.

— *Tu crois qu'on peut l'appeler à Soissons, Robert ? Il est peut-être au Lion rouge ?*

— *L'emmerde pas, il doit être en train d'envoyer ses dépêches. Mais, il va nous rejoindre.*

Mais Robert Djonck ne réapparaîtra jamais à la ferme de La Croisette... Il n'aura pas vécu, pas senti, pas partagé le bonheur de la famille Duguet serrant son enfant dans ses bras. Quitte à me faire plus malin qu'un autre, je me disais à cet instant que l'ultime papier, c'est peut-être là qu'il était : le retour de Sophie parmi les siens. En regagnant Soissons, je finis de m'en persuader. Arrivé à l'hôtel du Lion rouge, comme un élève bien sage, j'essaie d'entrer en contact avec Robert. Mais Robert n'est ni au bar resté exceptionnellement accessible à la presse, ni dans sa chambre. Au palais de justice, peut-être, puisqu'un juge d'instruction vient d'être désigné par le procureur pour ouvrir une information ? Pas de Robert au tribunal ! Faute de Robert, je me résous à appeler le service reportage de l'agence France-Presse. En souhaitant que mon bienfaiteur Guy Roger, l'homme qui m'avait engagé comme correspondant dans l'Oise, soit là malgré l'heure de la nuit très avancée. On me le passe. Dans la cabine téléphonique de l'hôtel, je lui explique ce qui me tarabuste. J'y mets les formes vis-à-vis du chef du bureau de Lille. Je l'excuse presque de n'avoir pu être au four et au moulin, au commissariat, en train de rédiger sa copie factuelle et avec nous chez les parents Duguet pour l'ambiance. Et je raconte que du coup, je suis le seul rédacteur de l'agence parmi la meute qui a vécu le retour de Sophie au bercail. Et que peut-être ça peut faire un papier. Guy Roger l'a déjà compris. Il me coupe presque le sifflet :

— *Deux feuillets, et tout de suite ! Je vous passe les sténos !*

À l'époque les reporters de presse écrite pondent leurs papiers puis le dictent à des sténodactylographes. Ah, les sténos de l'AFP et du Figaro ! Merveilleuses petites mains aussi rapides que talentueuses, autant journalistes que ceux qui leur téléphonaient la copie. Ce qui leur valait le droit, bien mérité, d'être titulaires de la même carte professionnelle qu'eux. Le nombre de dactylos qui ont sauvé le coup à des rédacteurs ! C'est d'ailleurs ce qui va se passer pour moi. Je dicte d'abord un vague squelette de papier à partir des notes couchées dans mon calepin. Puis je finis par trouver le rythme. Mais je fais trop long et je suis sans doute un peu confus. Jusqu'à ce que ma merveilleuse interlocutrice me relise, me propose telle formule plutôt que celle-ci, une coupe ici, une autre là, et m'annonce :

— *Deux feuillets, nous y sommes ! Je vous relis une dernière fois.*

Et d'ajouter, passé mon assentiment reconnaissant :

— *Merci, je fais partir !*

Qui a repris cette dépêche ensuite, avant de la lâcher sur les téléscripteurs ? Je ne sais pas pourquoi, mais mon petit doigt me dit que, cette fois-ci, Guy Roger qui au service reportage attendait ma prose a fait accélérer le mouvement. C'est le lendemain que je vais comprendre toute l'ampleur de ce qui m'arrive.

28 octobre 1969 dans la matinée, Soissons, hôtel du Lion rouge.

Le motard de l'AFP, en venant chercher les dernières pellicules de la nuit, nous ramène chaque jour les diffusions de l'agence et les différents journaux nationaux. Cette fois-ci l'homme casqué s'approche d'abord de moi et me tend une enveloppe.

— *Tiens, de la part de Guy Roger !*

Je la décachète fébrilement, et je trouve une unique photocopie. Celle d'une dépêche. C'est mon papier in extenso. Tel que nous l'avons peaufiné avec la sténo. Aucune coupure, aucune correction. Mais surtout, tout en haut, sur la largeur de la dépêche, cette mention qui m'a sonné avant de me remplir d'aise et de reconnaissance :

Soissons, de l'un des envoyés spéciaux
de l'AFP Alain Hamon.

J'ai 18 ans, je ne suis pas encore journaliste, même pas titulaire ou stagiaire. Juste correspondant-pigiste en province et je signe une dépêche de l'une des plus grandes agences mondiales de presse ! C'est d'ailleurs aussi ma première fois dans un titre national. Bonheur suprême. Car, en plus de la concision, de la clarté, de la précision, de l'accessibilité pour le lecteur (même si celui-ci est lui aussi journaliste), un télégramme de l'AFP ne doit pas user de clichés et de phrases toutes faites. Et de plus, ne pas utiliser le *Je*. Pas de personnalisation de l'info à l'AFP ! Pas de vedettariat... Ce qui se traduit le plus souvent par une absence de signature qui se résume aux initiales du rédacteur et du reporter, en bas à gauche. Et c'est davantage le cas dans les années 70 ! L'agence France-Presse ou l'école de l'humilité ! Signer entre alors dans la catégorie récompense et je venais de l'obtenir ! Ce paraphe, c'était mon second tableau d'honneur depuis que je collaborais à l'agence. Le premier avait été de recevoir ma belle carte de correspondant.

Mais je ne vais pas tarder à remporter le cocotier ! Robert Djonck étant en effet obligé de regagner Lille pour gérer le bureau, je suis intégré à la couverture de l'affaire aux côtés de Pierre Zanin. Gros avantage : même si les piges risquent d'être maigres, je suis intégralement défrayé. Et je suis alors une bonne partie des confrères pour changer d'hôtel. Nous nous installons au Picardie un trois-étoiles plus récent. Atout précieux : on peut obtenir une ligne directe depuis sa chambre. Le téléphone c'est le nerf de la guerre. Une longue attente commence. Surveiller les flics, la juge d'instruction, le procureur, la tâche n'est pas aisée. Nous ne sommes pas trop de deux. D'autant que les informations sur l'enquête vont continuer à partir dans tous les sens...

28 octobre 1969 dans la journée, Soissons, Compiègne.

Les enquêteurs foncent sur une fausse piste, persuadés de tenir, si ce n'est le ravisseur de Sophie, au moins l'un de ses complices. Sahi Bouziane est employé dans une blanchisserie de Compiègne. Pour son malheur, Guy Jérôme, le patron de l'hôtel du Nord proche de la gare de Soissons, a noté la plaque de son ID19 rouge 592 HT 60, garée devant son établissement. C'est depuis son comptoir que le 27 au soir un inconnu a appelé le 6 à Ambleny, le numéro des Duguet vers 22 heures 30. Et le témoin a déclaré au commissariat avoir entendu l'homme parler de « message », de « carrière », avant de repartir à bord de cette Citroën.

Sahi Bouziane est interpellé et interrogé durant de longues heures. Le lendemain, *France Soir*, comme tous les journaux, a une nuit de retard. La veille, Sophie a été relâchée bien trop tard pour que le grand quotidien puisse l'annoncer dès l'aube. Fort heureusement pour lui, ces années-là, il sort encore plusieurs éditions du matin jusqu'au milieu de l'après-midi.

Mercredi 29 octobre 1969, Saint-Bandry, Soissons.

La libération de Sophie Duguet fait la Une du journal de Pierre Lazareff, mais pas dans la première édition imprimée trop tôt, dans la suivante.

Sophie retrouvée ! Elle est vivante.

Une photo de son frère aîné Éric illustre le propos. En page 3, sur sept colonnes, on peut lire le récit des envoyés spéciaux, Robert Caron, François Luizet et Michel Menet. Une photo de Philippe Duguet souligne une phrase qui se révélera un peu osée : *Il est vraisemblable que les ravisseurs n'ont pas agi seuls et qu'une véritable bande a mis minutieusement au point le scénario du rapt.*

D'autres s'engouffrent aussi dans des culs-de-sac, comme la police ! Quelques heures plus tard, la DH (*dernière heure*) de *France Soir* offre cette fois à la Une l'image de la petite Sophie apeurée, à demi endormie, enveloppée d'une couverture, dans les bras d'Annick Duguet sa maman, aux côtés de son mari Philippe. Le titre clame :

Sophie retrouvée vivante ! Un suspect traqué !

Un autre claque sur sept colonnes en page 3 :

Chasse aux ravisseurs. L'un des suspects serait un habitant de Compiègne disparu de son domicile.

L'édition suivante abandonne le portrait de la fillette pour une information inédite, sur toute la largeur de la première page :

Trois suspects du rapt de Sophie interrogés.

En page 3 on ne sait pas qui sont les deux autres, mais l'un d'entre eux retient toute l'attention des journalistes. Le papier est titré :

Un des suspects du rapt de Sophie a été repéré par un hôtelier de Soissons.

Et le reportage précise : (…) *les policiers sont persuadés que Bouziane est bien l'un des ravisseurs de Sophie* (…). Les envoyés spéciaux de France Soir restent tout de même prudents. Et pour cause, à Compiègne mon copain Bacelon qui est sur son secteur a déjà rencontré le patron du suspect. Celui-ci lui a donné l'emploi du temps de son salarié des derniers jours. Du coup, dans ce papier qui désigne nettement cet homme les confrères ajoutent tout de même : (…) *l'étrange client qui téléphona de l'hôtel du Nord est-il bien Sahi Bouziane ? Les policiers en ont apparemment acquis la certitude. Ce petit homme aux cheveux frisés et grisonnants est un Marocain qui ne ressemble pas au portrait-robot du ravisseur. Son employeur nous a déclaré que Bouziane avait travaillé tous les jours de midi à 21 h 30. Toutefois, la semaine dernière, il avait pris un après-midi de repos, sans doute mercredi, alors que le rapt a eu lieu vendredi après-midi.*

Mercredi 29 octobre 1969 après-midi, Compiègne, Soissons.

Tirer plusieurs versions d'un journal à quelques heures d'intervalle n'est pas une mince affaire. Mais cela peut payer… même pour des personnes soupçonnées d'un crime. C'est ainsi que la dernière édition de *France Soir* ce jour-là, *la huitième toute dernière* blanchit définitivement Sahi Bouziane sur huit colonnes à la Une :

Le suspect du rapt de Sophie a un alibi déclare la police.
Deux autres personnes mises hors de cause.

L'enquête est signée par six reporters : Robert Caron (qui deviendra chef des informations générales), Jean-Joseph Jonas, François Luizet, Michel Menet, Marc Pellerin, Jacques Bacelon. À l'heure à laquelle paraît cette ultime version, Sahi Bouziane est en effet ressorti définitivement libre de ses neuf heures et demie de garde à vue… Que s'est-il passé ? Les policiers ont vite compris. L'homme qui a téléphoné depuis l'hôtel de M. Jérôme est bien remonté dans une ID19 (ou une DS) rouge, portant la même plaque que celle de Sahi Bouziane. Mais cette berline est un véhicule dérobé, maquillé et immatriculé à l'identique. Chez les flics et les voyous, on surnomme ça une *doublette*. La police judiciaire se dit tout de même que le ravisseur semble bien maîtriser le vol de voitures et encore plus l'art de les transformer. Pour le reste, la PJ de Lille est à poil. Il lui reste la description de l'homme qui a appelé les Duguet, taille moyenne, cheveux bruns, moustaches, le véhicule utilisé, une ID19 rouge et les numéros des 2 000 billets de la rançon qui ont été soigneusement relevés… Et enfin, il y a l'enregistrement au magnétophone par Pierre Duguet de la seconde conversation téléphonique avec son interlocuteur.

Jeudi 30 octobre 1969, tribunal de Soissons.

Nous apprenons que l'Ami 6 immatriculée 310 PR 02, dans laquelle a été déposée Sophie à la porte du commissariat de Soissons avait été subtilisée à une habitante de Soissons, la nuit précédant le rapt. Preuve, s'il en fallait une, que le ravisseur a tout de même préparé son coup. La voiture n'a parcouru qu'une trentaine de kilomètres entre le lieu de son vol et l'endroit où Sophie a été abandonnée. Nous passons nos journées entre le palais de justice et le commissariat de Soissons où Pierre Duguet, son fils Philippe, leur bonne et des dizaines de témoins sont convoqués. Sans trop le dire, nous guettons surtout le moment où un billet de la rançon va surgir du néant. Nous allons attendre encore longtemps ! Comble de l'ennui et du vide journalistique, nous en venons même à surveiller certains confrères. Ainsi, l'un des envoyés spéciaux d'Europe 1, Gilles Schneider, semble avoir un contact très personnel avec la jeune et jolie juge chargée de l'instruction. L'affaire Duguet, c'est le premier dossier criminel de celle qui sera nommée près de vingt-cinq ans plus tard, présidente de la première chambre d'accusation du tribunal de Paris. En octobre 1996, *L'Express* titrera :

Martine Anzani : une main de fer dans un gant de boxe.

En 2010, elle deviendra conseillère à la Cour de cassation. À Soissons, quand elle est désignée pour suivre l'enlèvement de Saint-Bandry, elle n'a que 27 ans et très peu de contacts avec la presse. Nous avons donc décidé de nous en accommoder… sauf lorsque nous nous apercevons que certains font peut-être exception… Et principalement Gilles Schneider. Alors, avec le correspondant « images » de France 3 Picardie à Soissons, que j'accompagnerai le plus souvent possible tant il connaît sa région comme sa poche, nous voici filochant Europe 1. Sa voiture n'est pas difficile à repérer. Un soir, nous le voyons faire des emplettes chez un traiteur de la ville. Bientôt il se gare au pied d'un des immeubles. Nous le laissons entrer et nous quittons notre

Mercedes pour aller relever les noms sur les sonnettes. Celui de Martine Anzani y figure ! Nous décidons de planquer et nous ne repartons que lorsque notre confrère ressort... fort tard ce soir-là. Pourtant, aucun scoop tonitruant d'Europe 1 ne vient troubler nos aubes les jours suivants. Nous savons en tout cas où est la véritable concurrence... Pas très glorieux, mais cela a un intérêt : tromper l'ennui qui commence à s'installer. De mon côté je ne suis pas trop inquiet. Pierre Zanin, l'envoyé spécial de l'AFP, a lui aussi de bonnes relations avec la jeune magistrate. Je n'en ai pas fini avec Martine Anzani. Nous allons nous retrouver de longues semaines plus tard. J'affronterai alors son côté *plus sabre au clair que fleurettiste*, comme l'écrira Sylviane Stein dans *L'Express.*

Jeudi 6 novembre 1969
dans l'après-midi, Soissons.

Coup de tonnerre ! Un billet de la rançon a été récupéré la veille dans un établissement bancaire de Saint-Ouen (93). Le procureur de Soissons confirme l'information. Avec mon pote de France 3, nous voici fonçant sur les routes glissantes de l'Aisne, de l'Oise et, bientôt de Seine-Saint-Denis. Lorsque nous arrivons, Jacques Bacelon, de France Soir, est déjà passé. Il est bon celui-là, qu'il est bon ! C'est vrai aussi que depuis Pontoise il est plus près que de Soissons... Selon le parquet, la coupure devait se trouver dans une liasse remise à sa banque par un commerçant soissonnais. Comment est-il arrivé à Saint-Ouen ? Mystère. Mais là n'est plus la question. Dès sa première édition du 7 novembre au matin, *France Soir* balance. Certes, l'essentiel du titre à la Une tourne autour du billet retrouvé. Mais tout de même ! Les deux dernières lignes sont explicites :

Michel Fauqueux, l'évadé de Cambrai, pourrait être
l'homme à la DS qui servit au rapt.

Nous sommes grillés ! Depuis plusieurs jours, les infos en provenance de la PJ s'étaient taries. Et pour cause... lâcher un détail des recherches entreprises, c'est donner l'alerte aux fugitifs. Mais les inspecteurs épluchaient déjà des pistes bien précises. La première, voire la seule, était celle de ce Fauqueux. Cependant, le proverbe dit bien vrai : *Il y a loin de la coupe aux lèvres.* Même si de gros soupçons pèsent sur lui personne ne sait où il se trouve. Plusieurs éléments ont amené les enquêteurs à s'intéresser au personnage. D'abord, s'il a été incarcéré à la prison cambrésienne, c'est pour vols de voitures. Des automobiles qu'il s'était fait une spécialité de maquiller au petit poil, dans son garage de Bertry dans le Nord. Et puis, la PJ a fait son *environnement*. Première découverte : l'existence de sa compagne, Thérèse Lemadre, qui lui a fait deux enfants. La police a aussi découvert que les parents de cette dernière habitent à Cœuvres-et-Valsery, dans l'Aisne, à deux pas des propriétés de la famille Duguet. Plus, même... Ambroise, le père de Thérèse, âgé de 69 ans, a été employé quarante ans durant comme vacher par les Duguet. On passera sur la guéguerre police-gendarmerie qui se disputent la paternité d'avoir ciblé Fauqueux en premier, pour en arriver au véritable nœud de l'affaire. Celui qui fait que la police judiciaire ne le lâche plus depuis le lendemain de la libération de Sophie Duguet : le garagiste évadé a été balancé ! Quand l'entourage d'un suspect est *criblé*, ça commence par sa famille. Viennent ensuite les collègues de travail, les copains, les amis et, lorsqu'il s'agit d'un prisonnier en cavale, ses ex-compagnons de cellule ou de cour de promenade. C'est l'un d'entre eux qui va faire avancer l'enquête. L'homme est un cambrioleur *rangé des brancards*. Il a expliqué aux policiers qui l'ont rencontré à Soissons, où il exerce une profession normale :

— *J'ai rencontré Fauqueux en juillet de cette année*[2]. *Il m'a dit qu'il voulait se faire la belle. Il a ajouté, tu vas bientôt entendre parler de moi, je suis sur un coup à cent briques. Je lui ai déconseillé de s'évader, mais il tenait à revoir sa femme à tout prix. C'est en la surveillant que vous le retrouverez car il ira forcément l'embrasser.*

Cependant, l'ancien codétenu du fuyard oublie de signaler un détail important. Fauqueux lui a en effet dit où sa compagne avait décidé de dissimuler le pognon. Il le gardera pour lui. Pour se justifier d'aider les autorités il conclut :

— *Je suis pas une donneuse. Mais, on a beau être un voyou, on touche pas aux enfants...*

À partir de là, Fauqueux sera la seule piste suivie. Des flics vont planquer jour et nuit au pied du garage de Bertry, où Thérèse Lemadre vit avec ses rejetons. Régulièrement, ils viennent poser des questions à Thérèse. Parfois anodines, juste pour occuper le terrain. Ils n'apercevront jamais le ravisseur présumé de Sophie Duguet. Pourtant, ils apprendront bien plus tard qu'il est venu. À plusieurs reprises ! Dans le numéro daté du 8 novembre 1969, l'envoyé spécial du *Monde*, Jean-Maurice Mercier, persiste dans

2. 1969.

une voie sans issue qu'il n'est pas le seul à évoquer, celle de la bande organisée. On peut se demander d'où sort cette hypothèse. Unique témoin des faits la bonne des Duguet a toujours évoqué un seul agresseur. Reste que la description de l'inconnu qui a téléphoné aux Duguet, depuis le comptoir de l'hôtel du Nord à Soissons, ne correspond pas au portrait-robot confectionné grâce aux explications de la jeune fille. Mais peut-on avoir totalement confiance dans ce croquis ? À l'AFP, nous nous sommes partagé les tâches. Le bureau de Lille suit l'enquête au plus près, grâce à ses contacts au SRPJ. La direction de la PJ est couverte par l'accrédité au ministère de l'Intérieur, l'incontournable André Euloge. Pierre Zanin, l'envoyé spécial, s'occupe de l'instruction et des Duguet. De mon côté, je suis dans la course aux billets de 500 francs. Et elle va durer ! De plus, notre petite troupe va bientôt s'étioler. Les fêtes de Noël approchent et rares sont les reporters vaillants pour les passer loin de leur famille, à attendre que la rançon refasse surface. Pour ma part, je vais devoir retourner d'urgence dans l'Oise. Il semble bien que le « tueur de l'ombre » ait à nouveau fait parler de lui. Mais le mystère Fauqueux va nous rattraper, même si les dernières informations vont provenir de Lille.

Mardi 9 décembre 1969 dans la matinée, Bertry (Nord).

Le domicile de Thérèse Lemadre est perquisitionné trois heures et demie durant. Des documents sont saisis, dont certains rédigés en caractères « script ». Une semaine plus tard le procureur de Soissons lâche qu'une analyse graphologique les a comparés avec la toute première lettre abandonnée à Saint-Bandry, le jour du rapt. Elle a vraisemblablement été écrite par Michel Fauqueux. Ce qui, pour l'heure, n'en fait pas le ravisseur de Sophie Duguet, même s'il reste le suspect N°1. Mon retour de Nogent-sur-Oise à Soissons se fait dans la précipitation...

Vendredi 19 décembre 1969, département du Nord.

Une dizaine de personnes sont interpellées dont Thérèse Lemadre. Elle est transportée au commissariat de Saint-Quentin, dans l'Aisne. La police veut éclaircir dans quelles conditions Michel Fauqueux s'est « arraché » de la prison de Cambrai le

19 août précédent. Et surtout, si Thérèse ne l'a pas aidé dans cette entreprise. Le 22 décembre, après 48 heures de garde à vue, elle et un copain de Fauqueux, coiffeur à Guise, sont présentés à un juge d'instruction de Cambrai. Ils sont inculpés de complicité d'évasion sur-le-champ. Thérèse est conduite en détention provisoire. Mais tout ceci ne semble pas faire avancer beaucoup l'enquête sur l'enlèvement de Saint-Bandry et la cavale de Fauqueux. Même si, à Soissons, le procureur Chirol se fend à l'AFP d'un très bref commentaire concernant les auditions qui viennent de se terminer :

— *Ce n'est pas un échec !*

Est-ce pour autant un succès ? Pas un journaliste ne se hasardera à l'écrire...

Mercredi 24 décembre 1969, hôtel de Picardie, Soissons.

Noël est là et nous ne sommes plus qu'un dernier carré coincé à Soissons ! Je suis le seul représentant de l'AFP et du Figaro. Michel Menet de France-Soir fait lui aussi partie des privés de sapin. Mon copain cameraman de France 3 Amiens peut réveillonner tranquille, c'est le local de l'histoire. Le soir, après un copieux dîner, le patron de l'hôtel de Picardie nous laisse les clés du bar pour aller réveillonner en famille. Grossière erreur ! L'endroit assez cosy va souffrir de cet exil forcé en terre soissonnaise ! Non seulement nous allons copieusement arroser notre isolement, mais dans notre brouillard éthylique nous allons déménager tout le mobilier avant de l'empiler à la réception. Le réveil n'en sera que plus dur le matin de Noël.

Jeudi 25 décembre 1969 au matin, Soissons.

Nos rédactions respectives nous sonnent : entre les douze coups de minuit la veille et trois heures, quatre billets de la rançon ont été écoulés, à une heure d'intervalle. Ils ont été récupérés entre Chivy-lès-Etouvelles, à la sortie de Laon et Jonquières, près de Compiègne, en passant par Senlis et Creil. En fait, pendant que nous refaisions la déco du bar de notre hôtel, le ravisseur de Sophie, ou l'un de ses complices, se trouvait à quelques dizaines de kilomètres de nous ! Mieux : après avoir traversé le périmètre compiégnois vers 3 heures du matin, il est revenu vers nous ! Car dans l'après-midi, il a chargé à Soissons deux autostoppeurs dans sa Citroën grise pour les laisser à Ambleny. À un kilomètre

800 du village des Duguet ! Les deux jeunes gens sont formels. Le conducteur ressemble trait pour trait à Fauqueux... De plus, épinglée sur le tableau de bord de l'automobile, les témoins ont aperçu une photo de Thérèse Lemadre. Sur la banquette arrière, une pile de journaux ; les plus visibles, au-dessus, évoquaient le rapt. Nous sommes soufflés, mais pas autant que les flics et les gendarmes censés surveiller la région et les départements voisins. Et ils sont où leurs barrages ? À chaque fois qu'il a voulu se débarrasser d'un billet, l'homme, qui ressemble à Fauqueux a payé un pompiste avec un de ceux qui sont répertoriés ! Le propriétaire de la voiture, dont le numéro a été maquillé, est vite identifié. Il s'était fait piquer sa bagnole le 17 décembre à Reims. Les festivités familiales de mon collègue caméraman auront été de courte durée ! Il me récupère au Picardie dans un état pire que l'Ohio ! Direction Senlis, Creil et Jonquières, bleds que je connais comme ma poche. Le bistrot de ma mère où je vis est au centre de ce triangle. Nous perdons un peu de temps, chaque fois que je lui demande de s'arrêter quelques instants, afin que je puisse faire la paix avec mon estomac. À la fin, je me contente de baisser la glace et de régler le problème tout en roulant. Ce qui, avec le vent et la vitesse, peut provoquer des retours assez désagréables ! Pour l'Orient Express qui me transperce le crâne, il faudra attendre ! Les routes sont pourries. Il a neigé et quand ce n'est pas la poudreuse, nous essayons d'éviter les plaques de verglas. Fort heureusement mon compagnon est lui aussi habitué des hivers dans les départements que nous traversons. Et il pilote comme un as. Une fois les témoignages des pompistes récupérés, retour à Soissons où une surprise nous attend. Fauqueux a écrit à la Justice ! Le 23 décembre, l'avocat de Thérèse Lemadre a reçu une lettre postée à Valenciennes. Elle était destinée au juge de Cambrai, Monsieur Estienne, qui l'a embastillé. Fauqueux veut la disculper de toute complicité dans son évasion. Dans sa missive il donne des détails sur celle-ci qui semble vérifiés. Du coup, on se demande ce qui justifie encore l'emprisonnement de Thérèse et le placement de ses enfants... Et il va récidiver !

Samedi 27 décembre 1969, tribunal de Cambrai.

Une seconde lettre continue à innocenter Thérèse. Celle-ci est partie de Maubeuge. Fauqueux affirme aussi qu'il n'est pour rien dans l'affaire Duguet, qu'il n'a pas l'intention de se rendre. Il évoque Noël que ses enfants ont fêté sans leur maman...

Une seule chose est certaine : ou il a un complice pour poster son courrier, tandis que lui, au plus court, est passé en Belgique, pays qu'il connaît bien. Ou bien il est super gonflé ! La justice n'a pas attendu sa seconde supplique. La veille, le vendredi 26, Thérèse Lemadre a été remise en liberté. Près de deux mois vont encore s'écouler avant l'hallali. Je suis rentré dans l'Oise et je m'intéresse à nouveau à l'enquête de Nogent. Je suis retourné suivre ses rares développements et assurer le tout-venant de ma correspondance d'arrondissement pour Le Progrès de l'Oise, et départementale pour Le Figaro et l'AFP.

Samedi 21 février 1970, Bertry (Nord).

Au cours de la nuit, Michel Fauqueux a été interpellé chez lui aux alentours d'une heure ! La nouvelle qui va me ramener à Soissons vient de tomber. C'est une fois encore le bureau de l'agence France-Presse à Lille qui la lâche. En fin de matinée, bien rencardé, *France Soir* siffle la fin de la dernière mi-temps, sur toute la largeur et la hauteur de sa première page. Dans la journée, je suis de retour dans l'Aisne. Cette fois-ci, en passant directement à la case palais de justice de Soissons. Dès le soir, après avoir été auditionné sur place par la PJ, Fauqueux est présenté à la juge Anzani qui l'inculpe d'enlèvement de mineur de moins de quinze ans. Thérèse l'est pour complicité. Fauqueux couche à la prison de la ville afin d'être rapidement et facilement interrogé sur le fond par la magistrate. Thérèse Lemadre dort à la maison d'arrêt de Laon. La police judiciaire est tellement fière d'avoir mis la main sur le ravisseur, et d'avoir récupéré la quasi-totalité de la rançon, que les langues se délient, sous le sceau de l'anonymat bien entendu. Tant au SRPJ de Lille qu'à la Direction centrale (DCPJ) à Paris, avant même que Fauqueux soit revu par la juge. Honoré Gévaudan, le numéro deux de la DCPJ ne résistera tout de même pas à l'envie de donner une ou deux interviews. Roselyne, sa fille, est reporter à France Soir. Elle signe Roselyne Arno, mais leur lien parental est un secret de polichinelle dans les rédactions. Bien plus tard, arrivée à RTL, elle deviendra une bonne copine et l'est toujours. Selon elle son flic de père se garde bien de lui glisser trop d'informations. Elle a cependant l'avantage de parler régulièrement avec lui, ce qui lui permet de parfois rectifier les tirs de ses collègues. Ce ne sont pas des infos, juste des *impressions* ou des *orientations*. Des confidences des uns et des autres, il ressort que les deux poulets de Lille qui planquaient dans leur bagnole le garage de

Bertry, ont eu un sacré pot. Car ce n'était pas la première fois, tant s'en faut, que Fauqueux rentrait à la maison ! Et à la moindre alerte, il se glissait dans la cache aménagée par Thérèse, sous leur baignoire ! Il y restait le temps que le coup de chaud passe, tassé contre les billets de la rançon, bien rangés dans du papier journal, un 11,43 mm à portée de main. Cette nuit du 21 février, les deux inspecteurs qui surveillaient la maison du couple ont aperçu une ombre escalader le mur de la cour. En deux temps, trois mouvements, et sans opposer aucune résistance, Michel Fauqueux a été *cravaté*. Et à part lui, le seul qui l'a eu mauvaise en découvrant que le fugitif rentrait très souvent à son domicile, c'est Robert Lassus, le correspondant de RTL dans le Nord. À de nombreuses reprises, il s'était pointé pour parler avec Thérèse Lemadre. Alors, quand il a appris qu'une fois au moins Fauqueux était sans doute là en même temps que lui, planqué dans sa salle d'eau, Lassus a eu du mal à le digérer...

Le second interrogatoire de Fauqueux par la juge Anzani va advenir très rapidement. Est-ce à l'occasion de celui-ci, ou à celle du suivant, la mémoire me fait défaut. Toujours est-il que c'est lors d'un de leur rendez-vous que je vais personnellement affronter la main de fer et le vilain caractère de Martine Anzani. La confiance règne tant que le parquet nous a laissé la possibilité d'attendre la fin de chaque audition dans le couloir de l'instruction. Privilège rarissime qui n'a plus cours depuis longtemps ! Nous voilà donc sagement assis sur des bancs, avant l'issue du tête-à-tête entre Martine et Michel. Mais, échaudé par ce que nous avions découvert durant la cavale du suspect N°1, sur les préférences de la magistrate en matière de journalistes, j'imagine que je ne serai pas forcément le confident qu'elle choisira. Et un après-midi, je suis pris d'une irrésistible envie d'écouter aux portes. Aussitôt dit, aussitôt fait ! Mais celles des cabinets d'instruction sont doublées. Pour entrer, il faut en ouvrir une première capitonnée, avant d'en pousser une seconde. Me suis-je trahi en tirant l'une ou l'autre ? Toujours est-il que me voici, l'oreille collée à l'huis, surpris en flagrant délit par Martine Anzani elle-même. Sentant peut-être une présence, car je ne peux imaginer avoir été « balancé », elle a violemment ouvert. Sa surprise et sa colère s'entendent ! Elle crie à la garde ! Charge les gendarmes présents autour de Fauqueux de se saisir de ma modeste personne et de me maintenir dans son bureau, le temps pour elle d'aller quérir le procureur. Le savon est copieux, mais j'échappe aux poursuites. Du coup, par ma faute, la presse se trouve privée de couloir...

L'instruction du dossier est menée tambour battant. Michel Fauqueux et Thérèse Lemadre vont être appelés à comparaître en septembre suivant. Sept mois après leur inculpation. Un record ! Il faut dire que l'histoire était limpide, même si certains évoquaient encore des complicités, toujours rejetées par Fauqueux, y compris celle de Thérèse. La seule vraie question ressortait de la petite phrase qui intriguait tant le grand-père de Sophie Duguet, en faisant couler beaucoup d'encre :

— *Vous pourrez récupérer votre argent dans quelques années...*

Fauqueux s'en expliqua. Après avoir lu qu'à cette époque, au Mexique, on pouvait placer son cash en touchant des intérêts à 30 %, il avait prévu de s'y réfugier et de confier la rançon à une banque qui la gérerait... Et il semblait ne même pas plaisanter en racontant ceci. Il le répéta jusque durant l'audience qui le jugea. Plus tard, je devais tenter d'obtenir un entretien avec sa femme destiné à un magazine. J'étais à nouveau dans les bagages du photographe Jean Ker. Par la famille de Thérèse, nous avions réussi à la localiser dans une HLM pas loin de Soissons. Surveillances, filature, images au téléobjectif. Ne manquaient plus que la rencontre tant espérée... et l'interview rêvée. Quel souvenir ! Je me rappelle encore la sonner à l'interphone de son immeuble. Planquée derrière son digicode, claquemurée dans son appartement, elle peut nous ignorer. Mais voilà qu'elle nous dit de monter. C'est de cet accueil quasi chaleureux que nous devrions vraiment nous méfier ! La jeune femme a la silhouette tassée et le visage mangé par les épreuves. Elle nous attend sur le pas de sa porte, en haut d'une volée de marches, à mi-étage. Et puis, mes yeux fixent le seau entre ses pieds, et l'imaginent rempli d'eau savonneuse bien sale et grasse, ou bien de pisse. La seconde option est la bonne (n'a-t-elle donc pas de WC ?) mais il nous faut encore une fraction de seconde pour nous en apercevoir. En contrebas, nous ne pouvons même pas savoir si le récipient est vide ou plein. En un geste rapide Thérèse Lemadre se penche, s'en empare avant que nous ne parvenions jusqu'à elle, et elle nous en jette le contenu jaunasse et malodorant au visage ! La rigolade vint plus tard. Sur le coup, nous n'en menions pas large. Grandeur et décadence du métier de fait-diversier !

Lundi 14 septembre 1970.

Ma dernière belle surprise de cette affaire me parvient au téléphone qui vient de sonner sur le bar de la mère Hamon. Il est un peu moins de midi et depuis quelques dizaines de minutes je fais ma tournée de gendarmeries et de commissariats. Je sais qui est l'homme qui se présente à moi. Je ne l'ai jamais rencontré, mais je connais sa signature. Une des plus célèbres de la presse nationale.

— Bonjour, c'est James de Coquet. Pourrais-je parler à Alain Hamon ?

— Bonjour, monsieur, c'est moi !

James de Coquet, est le chroniqueur judiciaire vedette du Figaro parfois secondé par un autre érudit, Pierre Macaigne que je croiserais aussi plus tard sur les bancs de la presse judiciaire. Et, comme il parcourt la France d'une cour d'assises à une autre, James de Coquet en profite pour fréquenter les meilleurs hôtels et les bons restaurants. Partant, il est aussi un critique gastronomique lu, reconnu, craint et respecté. Et voici cette auréole journalistique qui m'appelle, comme si de rien n'était. Et qui me réserve une sacrée surprise.

— Cher confrère (!), je vais couvrir l'audience Fauqueux à Laon. Alors, comme vous avez suivi l'affaire, pourriez-vous nous faire un papier d'avant-procès ? En trois feuillets ?

— Oui, bien entendu, avec plaisir.

Pourvu qu'il ne le perçoive pas... ma voix tremble.

— Et puis, par la même occasion, appelleriez-vous l'hôtel de la Bannière de France de ma part, pour nous réserver deux chambres, pour le temps des Assises. Car, bien entendu, vous couvrez avec moi ?

— Oui, ce sera fait.

Et nous nous quittons sur quelques civilités de bon aloi. Peut-il en être autrement quand on a une particule à son nom ? La cerise sur le gâteau viendra le jour de la parution dans *Le Figaro*, de l'article réclamé par *Monsieur de Coquet*. Le papier est signé... Alain Hamon. Tout seul. Et, une ou deux fois durant l'audience, alors que j'avais pris des notes tandis qu'il se retirait du banc des chroniqueurs pour aller rédiger son compte rendu, il en récupéra plus tard quelques-unes et fit signer l'article du lendemain : *Des envoyés spéciaux du Figaro James de Coquet et Alain Hamon*. La grande classe ! Un honneur dont je lui suis encore reconnaissant aujourd'hui. Et qui aura mis un accent particulier à la couverture sur mon secteur (un peu élargi il me faut l'avouer) de mes trois premiers faits divers d'ampleur nationale. Au même titre que la signature de la dépêche de l'AFP contant le retour de Sophie Duguet parmi les siens. Trois affaires qui signèrent mes véritables débuts dans le job !

Ta mère au fond du tunnel !

Où un correspondant de presse effectue son service militaire sans le dire à ses patrons.

Où il va tout de même se retrouver au cœur de l'une des plus grandes catastrophes ferroviaires françaises.

Où un grand reporter renommé lui donne une leçon de sobriété dans l'information.

Où sa mère patronne de bistrot va jouer un rôle auquel on ne s'attend pas...

Vendredi 16 juin 1972, 20 h 35.

L'autorail 2841 Paris-Laon est à quelques kilomètres du village de Vierzy. Il ramène dans l'Aisne son lot de voyageurs. Beaucoup sont des navetteurs. Chaque jour ils quittent leur département pour aller bosser à la capitale puis rentrent le soir. Mais l'autorail 2841 du vendredi soir leur est plus doux au moral. C'est celui de la fin de semaine de boulot. L'annonce d'un week-end à la campagne. Parmi les autres passagers, des étudiants internes qui viennent voir leurs parents ou des conscrits en permission. À Soissons, l'une des gares du parcours, ses fans s'apprêtaient à accueillir Johnny Hallyday en concert. Dans le train, certains des plus jeunes voyageurs avaient même leur billet pour le spectacle. D'autres iraient profiter de la journée portes ouvertes du 67e RI, caserne Gouraud. Un peu plus loin sur la ligne, Vierzy allait célébrer Saint-Ruffin, son patron. Dans l'autre sens, la micheline 7844 Laon-Paris file à 90 kilomètres à l'heure. À chacun de leur parcours, les deux trains se croisent sous le tunnel de Vierzy, long de quelque 1 400 mètres. C'est là que va se produire le troisième accident le plus meurtrier de l'histoire du chemin de fer français. La voûte du tunnel vient en effet de s'effondrer.

Sur un tout autre itinéraire, le Mulhouse-Paris n'en finit pas d'arriver en gare de l'Est. Mon principal souci est qu'une fois là-bas, je n'en ai pas terminé avec mon périple. Il me faut ensuite ne pas perdre trop de temps pour cueillir le dernier train qui, de la gare du Nord, me déposera à Compiègne à 0 heure 04. C'est presque devenu un rituel. Au 35e régiment du train, le colonel m'a à la bonne et si je ne rentre pas chaque week-end, j'arrive bien à le faire trois fois par mois, avec quelques séjours plus longs, de temps à autre. Mais je joue gros ! Rattrapé par mes obligations militaires, un temps retardées pour cause de sursis, je n'ai rien dit à mes principaux employeurs de cette année que j'allais passer loin de mes bases. Certes, comme pigiste, j'avais moins de comptes à leur rendre que si j'avais été salarié. Mais l'AFP et Le Figaro m'avaient adopté depuis le début de l'année 69. J'avais couvert pour eux plusieurs faits divers qui avaient tenu la Une régulièrement, et durant des mois. Je ne me sentais pas de les décevoir en avouant mon absence pour cause de service armé. Et puis j'avais aussi rejoint RTL comme « correspondant Picardie ». Et là, l'absence du terrain pouvait être fatale ! Un correspondant se doit d'y être. C'est d'ailleurs toujours le cas pour ceux de RTL, quarante-huit ans plus tard. Ce sont eux les piliers de l'information quelle qu'elle soit : politique, sociale, santé ou faits divers. Depuis le début, le colonel chef de mon régiment m'avait fait une fleur. Contre un emploi de photographe régimentaire, il me laissait faire ma « tournée » journalière par téléphone. À ce stade, on est bien loin des joies du reportage sur le terrain, mais au plus près de la réalité du métier... Depuis Mulhouse, deux fois par jour, je passais donc de nombreux appels téléphoniques aux gendarmes et aux pompiers de l'Oise, mon terrain de jeu depuis plus de trois ans. Et quand un fait retenait mon attention, je proposais le sujet à l'AFP et au Figaro. Si de leur côté ceux-ci tentaient de me joindre, ma mère faisait l'intermédiaire et me prévenait. Fort heureusement, l'année 72 ne serait pas aussi forte en évènements qui méritent que la radio ait besoin de moi. Mais là n'était pas la question. En revêtant l'uniforme pour douze mois, j'avais une crainte : qu'en apprenant cette trop longue absence les trois rédactions auxquelles je collaborais me trouvent un remplaçant aussi décidé que moi. Aussi ce 16 juin 1972 comme à chaque perm, je n'avais qu'une hâte : sauter de mon wagon, courir jusqu'à la rue de Dunkerque et foncer vers le dernier train pour Compiègne. Là, un copain de ma mère m'attendait à chaque fois pour m'amener jusqu'à Verberie, au bistot-hôtel-restaurant de celle que ses clients avaient surnommée la « mère Hamon » ou « Mamie » pour les plus affectueux. La SNCF n'étant pas toujours à l'heure, il me restait une unique porte de sortie si je ratais l'option Compiègne : le dernier train de banlieue pour Creil à 0 heure 50. Cette solution m'ennuyait toujours car elle obligeait mon chauffeur d'occasion à faire plus de kilomètres.

Vendredi 16 juin 1972, 20 heures 50.

Les deux convois qui fonçaient l'un vers l'autre en ne sachant pas que la route leur était totalement barrée viennent de s'écraser successivement sur les 700 m^3 d'amas de pierres et de terre qui obstruent les voies. Le 2841 venait de pénétrer par l'entrée sud du tunnel de Vierzy à 110 km/heure. La première voiture s'encastrait dans l'amoncellement de gravats. Les autres sont propulsées les unes sur les autres, en accordéon. De l'autre côté du monticule, le 7844 a percuté celui-ci à 90 km/heure.

Vendredi 16 juin 1972, 21 heures 11.

Le chef de train du Laon-Paris, qui a réussi à s'extirper des décombres, va donner l'alerte grâce à un téléphone planté en bord de voie, pas très loin de la gare du village. À bord de mon Mulhouse-Paris, personne ne peut savoir ce qui s'est passé dans l'Aisne. À l'époque, pas de téléphones portables, pas de tablettes, aucune possibilité de capter très vite une information. Ce n'est qu'en arrivant gare de l'Est que je vais apprendre la nouvelle, d'une curieuse façon. À peine sauté le marchepied du wagon qu'en bout de quai, un appel relayé par les hauts parleurs de la gare m'invite à me rendre au guichet « information ». Là, un employé de la SNCF me délivre un message sibyllin mais inquiétant : je dois rappeler rapidement le numéro de téléphone de ma mère. Panique, questions, angoisse… La « mamie » a été accidentée ou victime d'un malaise. D'autant qu'au bout du fil ce n'est pas elle qui répond. C'est un des pensionnaires de l'hôtel qui décroche et qui calme mes appréhensions. En fait, il m'explique que c'est lui qui vient me chercher à Compiègne. Je suis dans le bleu total ! En quelques mots il me résume la situation. Depuis quelques dizaines de minutes l'agence France-Presse a appelé pour m'envoyer sur Vierzy. L'annonce de la catastrophe est parvenue à la presse avec retard, avec le déclenchement du plan Orsec. Les rédactions l'ont appris peu de temps avant que je débarque à Paris. Au fait de mon mensonge à l'AFP et au Figaro, ma mère a paré au plus pressé. Au permanencier de nuit de l'AFP, elle a menti à son tour, en lui disant que j'étais déjà en route. Puis elle a appelé son chauffeur de taxi préféré et elle est partie pour l'Aisne. Et jusqu'à ce que j'arrive sur place précédé par les premiers envoyés spéciaux venus de la capitale, la « mère Hamon » va aller à la pêche aux infos à la sortie du tunnel, aux portes des ambulances, au milieu des gendarmes, répercutant sur l'AFP les éléments qu'elle recueille, en expliquant que son fils ne peut le faire directement car il est dans le tunnel, au plus près des secours ! Puis, sachant que j'étais en route depuis un moment, elle est repartie vers l'Oise. Il fallait bien dormir un peu avant d'ouvrir le bistrot quelques heures plus tard. L'anecdote était si énorme que je me suis bien gardé de la raconter à mes employeurs de l'agence, tant ils semblaient satisfaits de la couverture des deux premières heures de l'évènement...

Samedi 17 juin 1972, minuit 04.

Le garçon que j'ai eu au téléphone me récupère. Dans mon barda militaire, j'ai mon appareil photo. Avant de venir me convoyer jusqu'à Vierzy, il a emporté avec lui mon magnétophone. Au départ, j'avais une heure d'avance par rapport au premier appel de l'AFP à ma mère. C'est le temps que nous allons mettre pour aller de l'Oise à l'Aisne. À peine déposé pas trop loin du tunnel grâce à ma carte de correspondant de l'AFP passe-partout, je n'ai qu'une idée en tête : y entrer et aller au plus loin à l'intérieur. Je suis une équipe de France 3 Picardie qui fait la même chose. L'éclairagiste ouvre la marche en l'illuminant avec sa « gamelle », un gros spot orange alimenté par une batterie qu'il porte à l'épaule. Mais il s'en sert avec parcimonie car il va en avoir besoin pour le tournage. Pour filmer quoi d'ailleurs ? Les secours ! Ceux des pompiers, professionnels mais surtout volontaires, venus de toutes les petites casernes des environs avec leurs bras et de piètres civières pour principal matériel. Sans compter les centaines de bénévoles ! Et c'est l'éclairo de la télé qui va nous éviter de nous faire virer d'un endroit où nous risquons de gêner plutôt qu'autre chose. Après avoir parcouru un peu plus de 500 mètres, nous arrivons à l'endroit où la première voiture en provenance de Paris s'est jetée sur le mur de pierres et de terre. Les secouristes essaient d'extraire des ferrailles défoncées des corps tout aussi tordus dans la poussière et le bruit des compresseurs, des scies électriques. Mais par endroits ils manquent de lumière. C'est celle de France 3 qui va considérablement les aider et imposer notre présence. Le caméraman en profite pour filmer sans discontinuer. Et moi, je réussis à glisser le micro de mon magnétophone Uher presque neuf, au milieu de tout ce dispositif. Je me fais tout petit car quelque part, je me sens gêné d'être là. Je n'ai cependant en tête que le souvenir du retour de Sophie Duguet à la ferme familiale deux ans et demi plus tôt, libérée des mains de son ravisseur Michel Fauqueux. Seul représentant de l'AFP durant ces retrouvailles familiales, j'avais signé une dépêche racontant tout ce que j'avais vu et entendu en me faisant le plus discret possible. Avec les félicitations de la rédaction en chef ! Dans le tunnel de Vierzy, des blessés graves continuent à être péniblement sortis des décombres, réconfortés et soignés par des hommes qui commencent à fatiguer. Ils sont là depuis plusieurs heures et sondent toujours les tôles à la recherche de survivants. Puis le nombre de ces derniers commence à diminuer. Il n'en reste que très peu à l'endroit où les sauveteurs sont montés grâce à une échelle métallique sur la carcasse jaune et rouge de l'autorail inclinée à 30°, pour tenter de se plonger à l'intérieur. Ils sont de plus en plus précautionneux car on leur a signalé la possibilité d'un nouvel effondrement. Tout à coup, nous percevons le début d'un dialogue. Un infirmier converse avec un homme dont les jambes semblent complètement coincées, écrasées par l'acier. Le son se fait plus net. L'homme dit souffrir terriblement. D'interminables dizaines de minutes s'écoulent tandis que le toubib cherche avec le blessé le moyen de le tirer de là. Une terrible idée fait son chemin. Il sera peut-être impossible d'y arriver sans amputer sur place le malheureux d'au moins une jambe. J'enregistre le plus possible du dialogue entre le pauvre homme et le médecin, entre ce dernier et ceux qui l'assistent. Mais il me faut surveiller mes batteries et mes bandes. J'en ai une petite réserve mais ça tourne vite un magnétophone, même semi-professionnel. Durant les brèves pauses que s'impose le docteur, je réécoute mon enregistrement discrètement. D'abord pour en contrôler la qualité sonore, mais aussi pour pouvoir réutiliser une bande déjà enregistrée quand le contenu me semble de moindre intérêt. Vient le moment où il faut aller plus loin dans l'administration de piqûres sédatives au blessé. Et là, nous n'en croyons pas nos oreilles. C'est ce dernier qui guide le secouriste.

— *Non, pas là ! Plus à droite ! Plus à gauche ! Là, vous y êtes !*

Un minuscule bruit de scie se fait entendre. Serait-ce l'amputation envisagée ? L'homme continue de murmurer.

— *Non, oui là, c'est mieux...*

Lundi 17 juillet 1972, 3 heures du matin.

Je continue à enregistrer cet incroyable dialogue puis je décide de regagner l'air libre. J'en suis sûr, je tiens là un document sonore d'une intensité, d'une cruelle vérité et qui, à mes yeux, illustre parfaitement ce qui se passe ici. Me voici parmi les voitures de presse. À leur couleur, je trouve facilement celle de RTL. Je me présente à l'un des envoyés spéciaux, un solide quinquagénaire à la crinière immaculée. Georges Penchenier est basque, sans concession et grand-reporter. Au Monde durant la guerre d'Algérie ses papiers ont dérangé le pouvoir. Il est passé par Europe 1 puis à la RTF, ancêtre de l'ORTF, la télévision officielle française. Là aussi, il a tellement usé de sa liberté qu'il a fini par se faire virer. Pour RTL, deux ans avant la catastrophe de Vierzy, il a été emprisonné en Tchécoslovaquie. Il a été libéré après quatorze jours enfermé à Prague dans un cachot nauséabond et sans lumière. Rue Bayard il est admiré, respecté et aimé par une poignée de jeunes et de moins jeunes que son épouse régale de magnifiques repas dans leur appartement du 18e arrondissement. J'en ferais partie. Mais pour l'instant, me voilà en train de lui vendre mes sons... Il n'a pas été surpris de me voir. Ma mère avait aussi prévenu la radio que j'étais sur la catastrophe. Il écoute quelques dizaines de secondes de l'une de mes bandes magnétiques, constate que c'est en effet impressionnant, grommelle puis m'assène :

— *Et si la famille de ce pauvre type est à notre écoute ? Si elle ne sait pas dans quel état il est ? Qui sait même si elle est au courant qu'il avait pris ce train ? Désolé, je ne passe pas ça à l'antenne ! Mais comme je vous vois plein de bonne volonté, prenez un technicien avec vous et allez donc à l'hôpital de Soissons, c'est là que sont regroupés la plupart des blessés et de leur famille. Vous pourrez en faire du son !*

Douche et rage froides... Départ pour Soissons. Réflexion dans la voiture. Et même si je continue à lui en vouloir, plus le temps passe, plus je me dis qu'il a raison.

La leçon sera retenue !

Avant de passer une année sous les drapeaux, je n'avais jamais couvert d'accident aussi dramatique et mortel que celui-ci. Ni sur l'arrondissement de Senlis pour Le Progrès de l'Oise, ni sur le département pour l'AFP ou Le Figaro. Mais j'en avais cependant vécu qui méritaient un papier. Cela dit, chaque fois que les investigations sur le tueur de l'ombre de Nogent-sur-Oise marquaient le pas, je retournais d'abord à ma routine de « localier ». Je devais bien cela à Liliane Mermet, la rédactrice en chef du Progrès de l'Oise. C'est elle qui m'avait fait débuter ! Le travail d'un correspondant local de presse suit souvent le calendrier : le repas des « cheveux blancs », la Sainte-Cécile des fanfares, la Sainte-Geneviève des gendarmes, la Sainte-Barbe des pompiers. Et avec ces derniers, attention au foie ! Le soda n'est pas encore entré dans les mœurs ni dans les casernes, pas plus que dans les rédactions... Le nombre de fois où je me suis retrouvé à prendre trois apéritifs et autant de déjeuners d'affilée, même s'ils étaient vite expédiés ! J'ai cependant un jour trouvé la parade. J'ingurgitais l'apéro avec les uns, le hors-d'œuvre avec les autres, le plat principal avec les suivants et le dessert avec les derniers... La toute première rencontre entre Liliane et moi devait être inscrite dans je ne sais quelle destinée, à moins que ce soit cela qu'on appelle la chance...

Début de l'année 1968.

Pour la première fois depuis que ma mère avait quitté Le Havre pour se réfugier dans un bistrot à Verberie, je l'y rejoignais. Mais le soir où je débarquai à la gare de Compiègne, je n'aperçus aucun taxi à la station. Sur le parvis, une solide demoiselle un peu ronde en imperméable, un chignon sur l'arrière de la tête, un Foca 24x36 à la main, tentait de faire poser une bande d'étudiants dissipés. Elle : Liliane Mermet.

Eux : une troupe de théâtreux amateurs qui venaient jouer leur pièce le lendemain à la maison de la culture.

Et comme la première bouclait son journal, la seule chance qu'elle avait de parler des seconds avant *L'Oise Matin*, c'était de les photographier à leur arrivée passé minuit. La photo prise et la dame s'en allant vers sa 4L, je l'abordai et lui exposai mon problème : les 14 kilomètres qui me séparaient du bled où ma mère ne savait même pas que j'arrivais ! Pas bégueule, Liliane m'y emmenait. 14 kilomètres, une demi-heure de route, le temps de lui faire part de mes aspirations journalistiques. Mal orienté dans une section sciences et techniques du baccalauréat, je me sentais mal parti pour celui-ci, en cours d'année. Je ne savais pas encore qu'il serait cette fois-ci distribué « à la course ». Mais cela ne pouvait m'apporter beaucoup plus dans le monde de la presse. Liliane Mermet a dû cette nuit-là m'engager comme correspondant pour l'arrondissement de Senlis au dixième kilomètre de notre parcours. Voilà pourquoi, malgré les infidélités que je lui fis par la suite, en travaillant pour l'AFP, Le Figaro puis RTL, je lui en ai été indéfiniment reconnaissant. Et puis la locale, c'est aussi les rendez-vous incontournables surtout quand ils ont une portée nationale. Tels sur mon secteur les anniversaires de l'armistice de 1918 dans la clairière (et non pas la « carrière » comme je l'ai lu récemment dans un quotidien national...) de

Rethondes, au milieu de laquelle se dresse la réplique du wagon à l'intérieur duquel fut signée la fin des hostilités de la Grande guerre. Pour l'AFP, le dispositif était immuable. Si le président de la République se déplaçait, un envoyé spécial couvrait l'évènement. À moi (pas toujours) le papier d'annonce puis les à-côtés du jour. Si les autorités locales devaient se contenter du Premier ministre ou de son collègue de la Défense, je m'y mettais parfois seul. Et souvent texte et photos... Avec, à la clé, la course jusqu'au train pour faire partir les rouleaux de pellicules enfermés dans un « hors sac ». L'enveloppe spéciale confiée par l'agence, était remise en main propre à un convoyeur de la SNCF ou à un agent du wagon postal ce qui lui évitait de passer au tri à l'arrivée. Un motard la récupérait gare du Nord. Royalement, à part la fourniture des films (immuablement de la Kodak TriX) le service photo octroyait 50 francs pour chacune de celle qui était diffusée. Très franchement, je ne me rappelle plus en revanche combien étaient payés les papiers, tant à l'agence France-Presse qu'au Figaro. Pas très chers, c'est tout ce dont je me souviens, sauf « couverture spéciale ».

Enfin, à part les faits divers exceptionnels et les sujets institutionnels il y avait les imprévus. Quoique certains faits ne l'étaient qu'à peine. Plus particulièrement à proximité immédiate de Verberie, le joli village en bord de fleuve où je vivais. Ainsi, l'autoroute du Nord était pourvoyeuse d'évènements souvent dramatiques. Les accidents de la route y étaient spectaculaires, rarement sans victimes. Il en est que l'on pouvait même presque anticiper. Ainsi du côté du bourg de Rhuis, après la descente qui suit la traversée du viaduc de Roberval, en direction de Lille, la tombée de l'air chaud sur l'humidité des marais environnant l'Oise qui se love dans cette jolie vallée, forme-t-elle immanquablement des brouillards insondables. Généralement, le phénomène se déclenche au début ou à la fin de la nuit. Mais il peut aussi survenir à n'importe quel moment de la journée. Je n'ai jamais compté, mais le nombre de carambolages pour lesquels je me suis déplacé, qui pouvaient atteindre parfois des centaines de voitures encastrées les unes dans les autres, est immense. Généralement prévenu par l'une des brigades territoriales appelées en renfort du peloton autoroutier de Senlis, je me précipitais alors pour réunir les éléments d'une ou plusieurs dépêches pour l'AFP. Et quand mon portefeuille de correspondances s'augmenta de celle du Figaro, j'appris alors la différence entre dépêche d'agence et papier pour un titre comme celui-là. Même pour rendre compte d'un désordre routier. Ainsi, me souviens-je encore d'un énorme carambolage qui venait de se produire du côté de Chevrières, à quelques kilomètres de chez moi. C'était au petit matin. Il faisait déjà jour. La brigade de La Croix-Saint-Ouen m'avait appelé, en me signalant que ses hommes laisseraient ouverte pour moi la grille de l'accès de sécurité par lequel ils allaient grimper sur l'A1. Sur mon deux-roues, je suis arrivé un petit quart d'heure après. Le temps de servir les derniers cafés aux pensionnaires de l'hôtel-bar-restaurant maternel. Pour laisser la patronne se reposer, j'assurais en effet la permanence du petit matin. Jusqu'à ce que Jacqueline Kaminsky, son accorte et fidèle serveuse prenne la relève. La situation sur l'autoroute ce matin-là était dantesque. Des dizaines et des dizaines de voitures embouties d'accident en sur-accident. Des blessés plus ou moins gravement atteints. Les secours débordés, les pompiers arrivant de partout alentour. Ma dépêche fut copieuse. Et, dans la foulée, je passais la nouvelle au service « informations générales » du Figaro. Mais pas avant 10 heures du matin tout de même ! Seule l'AFP fonctionnait H24. C'est le chef des « infos-géné » qui me rappela. Roger Giron avait autant de talent que de tact et de douceur dans la voix. C'est lui qui m'avait engagé (au téléphone !) comme correspondant départemental. Uniquement pour les faits divers car, pour la politique, veillait à Beauvais un vieux bonhomme respecté et respectable, journaliste politique à l'hebdomadaire L'Oise Libérée de Marcel Dassault. En fait, Giron était ami avec Guy Roger, le responsable des reportages à l'AFP qui m'avait recruté. Lui aussi sur un simple coup de fil… tout de même suivi de l'envoi par la poste d'un CV mais, surtout, d'une lettre de motivation. Ce dont je ne manquais pas ! Surpris de lire du jour au lendemain autant de crimes, de délits et d'accidents en provenance de l'Oise sur le fil AFP, le journaliste du Figaro avait demandé à son copain Guy Roger de partager ce nouveau correspondant qui semblait « en vouloir ». Sur le carambolage, il me réclama un « filet » pour 17 heures. Il s'agit d'un court (très court) article, un peu plus long que la brève mais surtout qui, contrairement à celle-ci, est titré. Et le soir à 17 heures tapantes, je le dictais à une sténo. Depuis que je servais ces deux rédactions nationales, je mettais un point d'honneur à ne pas reprendre pour Le Figaro mes textes envoyés à l'agence. Dix minutes après avoir relu mon envoi, mon chef me rappela. C'est sur la forme de mon articulet qu'il me fit un reproche :

— *Mon cher Hamon, un papier pour Le Figaro, ce n'est pas une dépêche AFP. Même pour un filet, il faut être moins télégraphique, plus « littéraire ». C'est un problème de tonalité...*

Un quart d'heure plus tard, je renvoyais la copie et recevais illico les félicitations du jury... J'avais tout de suite percuté : Le Figaro, c'était « autre chose » !

Les autres accidents spectaculaires survenaient souvent dans mon propre bourg auquel menait la RN 32, après la descente d'une côte à lacets serrés, nombreux et particulièrement dangereux. L'hiver, le verglas venu, les semi-remorques y finissaient en portefeuille, quand ils ne versaient pas en tonneaux jusqu'aux premières maisons. J'étais souvent prévenu immédiatement. Pour deux raisons : d'abord mon meilleur copain, apprenti mécano dans un garage local était le fils de l'adjudant adjoint au commandant de la brigade locale. Ensuite, les gendarmes étaient de piètres photographes et ils avaient besoin d'images pour leurs constats. Je travaillais avec un Rolleicord, la version *cheap* du Rolleiflex que ma bourse ne me permettait pas d'acquérir. La solution était toute trouvée : une « pelloche » pour moi, une pour eux...

Quelque temps plus tard, voilà que le Figaro avait eu l'idée hardie de vouloir lancer des éditions départementales en Île-de-France. *Le Parisien* est le seul quotidien national à en éditer tout autour de la capitale. Pour Le Fig, le Val-d'Oise serait l'endroit test. Une fois ouvert un splendide bureau en son chef-lieu, impossible de le rater : quand on traverse le pont qui enjambe l'Oise en venant de Paris, il était droit devant, une énorme pancarte au-dessus de la vitrine : Le Figaro Val-d'Oise. Et le grand responsable de ces éditions va me faire alors assez confiance pour m'en confier la tenue. Régulièrement, je vais donc passer du restaurant de ma mère où je réside au local pontoisien quasi vide du quotidien parisien. Difficile cependant de parcourir ainsi chaque jour les 157 kilomètres qui séparent mon lieu de résidence de Pontoise. J'ai donc trouvé la solution. Le bureau du Figaro comporte, en rez-de-rue, trois ou quatre bureaux et surtout une ligne téléphonique. Au sous-sol, où devait être installée une salle d'archives, je vais donc dresser un lit de camp avec un sac de couchage, que je m'exercerai à dissimuler à la vue de mon chef, à chacune de ses visites protocolaires. Plusieurs jours par semaine parfois, je vais donc prendre possession de ce local, pas peu fier de représenter le titre de Jean Prouvost à la vue de tous. De là, je peux faire au téléphone ma fameuse « tournée » pour l'Oise voisine et je me déplace personnellement pour celle de Pontoise. Une bonne façon de conforter mes contacts dans ce département. Et de fréquenter mes confrères locaux dont plusieurs sont adorables avec le « minot » qui veut être journaliste ! Cornaqué par Bacelon de France Soir, je vais ainsi passer de bons moments avec eux. La situation perdurera de longs mois mais l'édition départementale test du Figaro dans le Val-d'Oise ne verra jamais le jour.

La *mère Hamon* assurera une autre fonction pour moi, celle de *public relation*. Plus particulièrement avec les envoyés spéciaux de Détective et France Dimanche. Parfaitement au fait de ce que j'habitais le restaurant de ma mère, et surtout de ce qu'ils allaient trouver dans leurs assiettes, leur façon de débarquer était immuable. Si, sur une affaire, j'avais photos, éléments d'illustration, interviews et informations inédites, ils venaient alors jusqu'à moi et me payaient ma pige rubis sur l'ongle sur leur enveloppe de frais. Il était de plus assez fréquent que je participe ensuite aux premiers jours de leur enquête et j'étais aussi rétribué. Ces affaires réglées, nous n'avions plus qu'à passer à table, avec d'autant plus de plaisir que la *Mamie* abandonnait pour eux le chemin du menu unique pour interpréter des gammes qui laissaient souvent les convives rêveurs. Les plus assidus étaient sans aucun doute ceux de Détective. L'un d'entre eux Michel Mary, devenu depuis un très bon pote, se souvient encore aujourd'hui avec émotion d'un de ses déplacements dans la région, bien après que je l'ai quittée. Il se rappelle surtout comment ma restauratrice de mère les avait traités.

— *Nous avions installé chez elle un QG de campagne, nous étions les rois du pétrole !*

Au fil des décennies, Michel est passé *pape* du 36 quai des Orfèvres et des palais de justice de France.

Quelques mois après la catastrophe de Vierzy, je retournais à la vie civile. Et le 15 juin 1973, j'intégrais la rédaction de RTL pour ne plus la quitter pendant très longtemps. Avec des centaines de faits divers à la clé...

« Grandes Oreilles », l'incroyable secret de RTL

Où l'on comprend qu'à force d'écouter les autres, la police peut l'être à son tour.

Où l'on découvre l'un des collaborateurs les plus mystérieux de la première radio de France.

Où l'on voit des journalistes s'approprier des scoops qu'ils devaient à cette « gorge profonde ».

Où l'on vit en direct des enquêtes policières, des filatures, des courses-poursuites, des arrestations, bien avant que les reporters s'en emparent...

— *De cristal autorité à cristal 12,25 et 15 ! Silence radio sur le point de rendez-vous. Reçu ?*

— *Reçu de cristal 12 !*

— *Reçu de cristal 25.*

— *Reçu de cristal 15 !*

La brigade criminelle du quai des Orfèvres est en enquête mais tient à rester discrète. Elle le restera sauf... pour Grandes Oreilles de RTL !

— *Platon 83 à tous les velours, Platon 83 à tous les velours ! Autorité 1 vous rejoint. Je répète, autorité 1 vous rejoint !*

— *De velours 12 à Platon 83, bien reçu !*

— *Reçu de velours 15 !*

— *Reçu de velours 18 !*

Et tous les équipages de l'Office central du banditisme (OCRB) engagés sur l'opération en cours d'accuser réception. Mais à RTL, Grandes Oreilles veille.

— *De traineau 25 à Galba 8, de traineau 25 à Galba 8 !*

— *Sommes sur le point. Nous vous rappelons au fil.*

— *Reçu de Galba 8 ! La collecte n'a pas encore commencé traineau 25.*

— *Reçu de traineau 25, Galba 8 !*

Le service régional de police judiciaire de Versailles s'apprête à « tomber » des suspects mais l'affaire est assez importante pour ne pas trop en parler sur les ondes. Grandes Oreilles, à RTL, attendra une prochaine vacation radio. Un dérapage verbal est toujours possible pour mieux comprendre ce qui se passe quelque part dans les Yvelines.

— *Rubis autorité à rubis 8, rubis 12, rubis 15 ! Retour au service ? Je répète : de rubis autorité à rubis 8, rubis 12, rubis 15 : retour au service !*

— *Reçu de rubis 8 ! On prévient les collègues. Ils sont en piéton.*

Serge Devos (Rubis autorité) le patron de la brigade de répression du banditisme du 36 n'a pas l'air content à la radio. Des oreilles vont chauffer ! Celles de RTL n'ont pas perdu une miette des conversations précédentes. Une planque est organisée autour d'une agence bancaire. Un gros coup se prépare. Jean prévient sans tarder la rédaction...

Le premier sur l'assassinat du prince de Broglie, c'était lui ! Le premier sur la mort plus que suspecte du ministre Robert Boulin, c'était encore lui ! Le premier sur le meurtre de l'ancien ministre Fontanet c'était toujours lui ! Le premier sur l'accident mortel de Lady Di, c'était bien entendu lui ! Ne cherchez pas le nom de ce personnage dans les vieux organigrammes de RTL, encore moins dans les campagnes de publicité destinées à présenter les personnalités de l'antenne. Rue Bayard, le secret aura été gardé à RTL durant des décennies... jusqu'à aujourd'hui. Ah, Grandes Oreilles ! Longtemps, nombre de policiers du Quai des Orfèvres, des moins gradés aux directeurs, en passant par les patrons de brigades prestigieuses, ont cru que certains journalistes, dont l'auteur de cet ouvrage, écoutaient les ondes de la police avec « les moyens du bord », sur leurs propres scanners portatifs, planqués dans les boîtes à gants de leurs voitures. Certains le croient encore. Ils sont très loin du compte ! Le mystère peut bien être levé aujourd'hui, il y a prescription et le système n'existe plus. Quant à Jean, l'homme que nous avions surnommé Grandes Oreilles il n'est plus. En fait, pour RTL il avait tissé autour de Paris à grand renfort de moyens que celle-ci lui avait alloués, une toile d'araignée radio, surveillée 24 heures sur 24 heures par notre ami, notre incomparable allié. Certes, quelques-uns des journalistes qui se sont succédé à la rédaction de la rue Bayard, ces années-là, savaient qu'au-dessus d'eux planait un mystérieux informateur. Un lanceur d'alerte qui appelait les rédacteurs en chef ou les chefs d'information, pour leur communiquer discrètement des choses tout aussi confidentielles, des pistes sur lesquelles étaient ensuite lancés les reporters. Mais qui était-il, d'où venait-il, comment travaillait-il, où était-il basé ? Faisait-il au moins partie de la boîte ? D'ailleurs, combien de ceux qui recevaient ses appels téléphoniques, et encore mieux de ces journalistes qui partaient en reportage après l'une de ses alertes, le connaissaient-ils vraiment ? Combien d'entre eux l'ont-ils un jour rencontré ? Vous allez lire ici l'histoire inédite d'une incroyable « gorge profonde », sans laquelle la rédaction de la première radio de France n'aurait peut-être pas été si souvent la première arrivée sur les lieux des faits divers français les plus retentissants. L'ego de ceux, moi le premier, qui ont profité de ses scoops, sans parfois le reconnaître, devrait-il en souffrir. À leur décharge, pour ceux qui en savaient un petit peu plus, la confidentialité extrême était de rigueur...

Paris, année 40 sous l'occupation. Flashback.

L'histoire de Grandes Oreilles de RTL, c'est l'histoire d'un petit bonhomme qui, dès l'adolescence durant l'occupation bricolait des « postes à galène » afin de pouvoir entendre les communications des autorités allemandes, qui émettaient à l'époque en modulation de fréquence (FM). Celle-là même qui diffuse aujourd'hui la plupart des émissions de radio. Rien ne prédisposait ce gosse à de tels bricolages, il s'agissait plutôt d'un hobby. Un loisir qui, à l'époque, servait à pas mal de gens très intéressés par les conversations de l'occupant. Plus tard, Jean Meledandri, puisque c'est son nom, aurait pu se rapprocher de la presse, puisque son grand-père avait été régleur à Paris Soir. Qu'importe, passé les affres de la guerre le jeune Jean, devenu chauffeur poids lourd, ne sera jamais éloigné des journaux parisiens et nationaux. D'abord livreur de spiritueux pour la maison d'apéritif Dubonnet, le voilà qui roule ensuite pour une toute jeune entreprise créée en 1944, avant de devenir bien plus tard, une énorme société de location de véhicules utilitaires, Fraikin. Mais, quelle que soit la nature de ce que Jean transporte dans la journée, il est aussi souvent rue Réaumur, à la sortie de l'imprimerie de France Soir, qui lui confie une partie de ses éditions à porter dans les kiosques de la capitale. Et afin de faciliter sa progression dans les rues de celle-ci et de banlieue, Jean reprend sa marotte. Il se trafique un poste portatif, afin de capter les ondes de la police parisienne et de ses homologues des départements avoisinants. C'est ainsi qu'il peut éviter un maximum d'embouteillages et gagne du temps sur ses livraisons. Son épouse, Hélène, qui s'amuse à entendre ces voix sorties du néant quand elle l'accompagne, préfère écouter les messages de Police Secours, qui livrent régulièrement son lot d'accidents, d'incendies, de crimes, de faits divers en tout genre.

Mercredi 15 janvier 1964 dans l'après-midi.

Ce jour-là, une portion d'un immeuble en construction au 133 du boulevard Lefebvre, dans le 15e arrondissement de Paris, s'effondre en tuant quelque vingt ouvriers et en blessant presque autant. À la sortie de France Soir, où son mari charge l'avant-dernière édition du quotidien, Hélène Meledandri hèle un journaliste du plus grand quotidien français qu'elle croit reconnaître. Elle lui signale alors la catastrophe qu'elle vient d'entendre sur les ondes de la police. Celle-ci, texte et photos fera la Une de la dernière impression du journal. Le chèque sera à la hauteur du scoop. À tel point que le couple, un peu plus tard installé dans un kiosque à journaux cette fois-ci pour les vendre, décide de continuer à écouter les communications policières, pour prévenir le grand quotidien et mettre un peu de beurre dans les épinards. Jusqu'à ce que Pierre Lazareff, mythique grand patron de France Soir, propose au deux « radio amateurs » d'un genre un peu particulier, de les embaucher. Mais son offre était un peu trop pingre pour faire correctement vivre nos deux amis, qui refusèrent cette collaboration. Vexé, mais surtout désireux de ne pas voir partir Jean et Hélène vers la concurrence, quelqu'un à France Soir n'hésita pas à « balancer » le couple à la police. Résultat : dix-sept jours de prison pour Jean. À sa sortie, Il reprend le volant de son camion.

Il va alors approcher à nouveau un média, écouté par la France entière, Radio Luxembourg. Aux entrées et aux sorties du grand Radio Circus, il va distribuer des échantillons de produits cosmétiques, d'une marque sponsor du spectacle. À l'époque, le Radio Circus c'est d'abord, en première partie, un spectacle de cirque. Mais la seconde est constituée des émissions de jeux vedettes de la radio d'origine luxembourgeoise, « *Quitte ou double* », animé par Zappy Max, puis Marcel Faure ou Roger Lanzac, ou bien le « *Crochet radiophonique* », présenté par Maurice Gardet, François Chatelard ou encore Henri Kubnik. Jean Meledandri roule ensuite pour le groupe Nestlé, pour, là encore, apporter aux auditeurs des échantillons de spécialités laitières. Jusqu'au jour où un malheureux se jette sous les roues de son poids lourd. La petite affaire de transport ne s'en remet pas. Jean

Meledandri rejoint alors son épouse dans son kiosque. Mais, malgré son séjour derrière les barreaux, il n'abandonne pas son petit plaisir caché.

Jacques Liévin, un ancien de RTL se rappelle :

— Je me souviens qu'au milieu de ses journaux, au pied de l'Empire, le théâtre du 41 de l'avenue de Wagram, Jean tripotait un transistor qu'il avait transformé pour capter la préfecture de police.

Mardi 11 octobre 1966.

Radio Luxembourg devient RTL. Venu de la direction de Paris Match, le talentueux et génial journaliste Jean Farran en a pris la tête. Après la déconfiture de son entreprise pour cause d'accident mortel, Jean Meledandri ne reçoit d'aide que d'une seule personne du milieu des médias. Il s'agit d'un cadre de RTL, proche du directeur général Farran. Le bienfaiteur de Jean Meledandri deviendra d'ailleurs plus tard, secrétaire général de la radio de la rue Bayard. Du coup, c'est à RTL que parviennent les indiscrétions captées par Jean. Mais, le kiosque de l'avenue de Wagram ne suffit plus à nourrir le couple.

Un beau jour, son contact à RTL lui propose d'intégrer la maison. Le plus discrètement possible, il est engagé au sein de la société qui gère les programmes, Ediradio. Mais c'est Informations et Diffusion, celle qui emploie les journalistes, qui bénéficiera dès lors de ses bidouillages FM. Et là encore, par souci de discrétion, il va prendre un pseudonyme. Celui-ci est issu de son prénom et de celui de son épouse. Ses interlocuteurs rue Bayard le connaîtront donc désormais sous le nom de Jean Hélène. Deux ans après, Jean Meledandri va connaître sa première heure de gloire. En mai 68, il quitte son kiosque et rejoint la rue Bayard avec son matériel, pour être au plus près de la rédaction, durant les évènements. Il se souviendra longtemps du grand reporter Christian Brincourt, fraîchement rentré du Vietnam, la tête enturbannée d'un pansement, après une blessure par balle. Durant les semaines que dureront les émeutes, Jean Meledandri va être la cheville ouvrière des reportages des journalistes de la radio, lâchés dans les rues de Paris. Grâce à lui, ceux-ci seront souvent les premiers sur les lieux d'où émettaient les forces de police engagées dans les opérations de maintien de l'ordre. Ces évènements oubliés, notre homme rejoint ses journaux dont il se partage la vente avec sa femme. Mais il lui faut désormais se livrer plus souvent à son passe-temps favori. RTL va donc mettre tout ce qu'il faut à sa disposition. Dans un premier temps, le couple emménage dans un appartement, situé dans une tour de dix-sept étages à la Défense. Les services techniques de la radio vont alors grimper sur la terrasse de l'immeuble et y planter un immense mât destiné à supporter plusieurs antennes. Dans une pièce transformée en bureau, Jean Hélène, désormais surnommé rue Bayard Grandes Oreilles, trône au milieu de multiples appareils de réception, de plusieurs téléphones et d'enregistreurs.

Paris, début des années 70 RTL. 22 rue Bayard.

Sa principale mission est simple : il doit alimenter la station sur l'état de la circulation dans Paris et aux environs. Son mentor rue Bayard, qui n'aimait pas beaucoup les journalistes, avait l'habitude de descendre à la rédaction pour expliquer à ces derniers que les deux informations les plus importantes à délivrer aux auditeurs le matin c'était la météo et l'heure. C'est un peu restrictif. Moi-même, le jour où vers 1973-1974 j'ai entendu cela pour la première fois, après avoir définitivement rejoint la rédaction, je ne l'ai pas très bien pris. Je dois à la vérité d'avouer que, le temps passant j'ai mieux compris cette façon de voir. Même si celui qui nous en administrait la leçon n'a jamais pour autant grimpé dans l'indice de satisfaction des reporters. D'ailleurs, lorsqu'aujourd'hui j'écoute la radio le matin, et que l'on ne m'y donne pas l'heure assez souvent, je peste contre ce manque de réalisme... Et puis, en plus de la météo et de l'heure, il y avait une troisième info incontournable, la « circulette ». Que ce soit pour les jours normaux, mais encore plus pour les départs en week-end ou en vacances, la concurrence était rude sur le sujet, entre les stations de radio. Souvent, RTL lâchait un avion qui survolait Paris et l'Île-de-France à la recherche du moindre bouchon. Aux commandes, le merveilleux et adorable Jean Pelletier embarquait un reporter, ou commentait lui-même les aléas de la circulation. Mais, disons-le tout net, les détails de première main venaient de Grandes Oreilles. Certes, en 1968, le Gouvernement avait créé un organisme interministériel chargé de l'information routière, le CNIR (Centre national d'information routière). Installé à Rosny-sous-Bois (Seine-Saint-Denis), il recueillait, traitait et diffusait aux automobilistes des informations sur l'état des routes et de la circulation. Mais les premiers servis étaient ses autorités de tutelle, le ministère de l'Intérieur le premier. Ensuite, les jours de grands départs, le CNIR accueillait des représentants des médias, les radios surtout, afin de toucher les usagers le plus facilement et le plus complètement possible. Mais il y avait un hic. Le CNIR fonctionnait avec ce que lui transmettaient d'abord, policiers et gendarmes. Sur le terrain, ceux-ci envoyaient un message à leurs autorités, un autre au CNIR. Ce dernier analysait l'information qu'il recevait, puis la diffusait... ou pas, selon son intérêt. Jean Hélène lui, pêchait les données à la source. Dès qu'un échange radio en provenance de la police ou de la gendarmerie nationale signalait un problème, il le répercutait rue Bayard ou à l'avion quand celui-ci avait pris l'air. L'appareil pouvait alors se rendre au plus près du bouchon ou de l'accident, pour affiner l'info. Ce recueil à la source et en temps réel faisait forcément gagner beaucoup de temps à la rédaction, même si, parfois, un journaliste passait, avant diffusion, un coup de fil de vérification au service qui venait d'intervenir sur le terrain. De plus, le matériel hyper sophistiqué que manipulait Grandes Oreilles, lui permettait de multiplier les sources d'informations. Car, non seulement il captait policiers et gendarmes, mais il recevait aussi les fréquences des pompiers, du SAMU, des ambulances en tout genre... Rien de ce qui se disait dans un rayon de 50 kilomètres autour de Paris ne lui échappait ! Nouvel incident de parcours, une personnalité mise au vert dans un hôtel parisien par les autorités, se fait griller par notre chasseur d'ondes. L'information est transmise à la rédaction. Malheureusement, un gros malin ne peut s'empêcher d'envoyer un journaliste dans l'hôtel en question. Sachant parfaitement que Jean Meledandri avait repris du service, la préfecture de police fait une descente chez lui. Bilan : 24 heures de garde à vue et une partie du matériel saisie. Qu'à cela ne tienne, il va à nouveau déménager. Cette fois-ci, le voici qui s'installe dans un pavillon de L'Haÿ-les-Roses. Mais pas n'importe quel pavillon ! Jean bat d'abord la banlieue à la recherche de l'oiseau rare. Et il finit par le trouver, au pied d'un immense pylône métallique. Là encore, les techniciens de RTL vont faire des miracles. Et voici le pylône hérissé de quelques antennes supplémentaires. C'est dans ce pavillon que j'ai fini par faire connaissance avec Grandes Oreilles.

Courant de l'année 75, Paris RTL.

Cette année-là, la méthode de Grandes Oreilles avait considérablement évolué. Non seulement son matériel était assez souvent renouvelé, mais il avait trouvé une astuce pour pouvoir ne rien perdre de ce que se disaient les services de police qu'il avait repérés comme étant sensibles, pendant qu'il s'occupait de

« circulette », ou tout simplement alors qu'il dormait quelques heures durant la nuit. Il avait en effet branché sur ces « oiseaux », puisque c'est ainsi qu'il surnommait les conversations qu'il captait, une série de magnétophones qui se déclenchaient au son. Le moment venu, il n'avait plus qu'à se repasser les bandes ! Son problème était cependant à la fois simple, mais parfois ardu. En effet, Jean écoutait, entendait, mais il ne savait pas toujours qui ! La seule façon pour lui de se repérer parmi ces dizaines de voix qu'il captait était de les avoir déjà entendues chez nous à l'antenne ou à la télé. Ces hésitations d'ailleurs lui valaient de la part de certains d'être plus ou moins bien reçu quand il appelait tel ou telle chef·fe. Au mieux il passait pour un mec bordélique qui n'arrivait pas à vendre sa salade. Au pire pour un emmerdeur. Il avait beau passer de temps à autre parmi nous, beaucoup se demandaient encore qui était ce type qui leur expliquait :

— Il doit se préparer quelque chose du côté de Saint-Denis car mes « oiseaux » sont nerveux depuis deux jours.

Ses oiseaux ? Les moins au fait pouvaient y perdre leur calme. Jusqu'au jour où j'ai pensé venir à son aide… et à celle de la rédaction. J'ai expliqué à un chef :

— En fait, en police judiciaire, Jean travaille en aveugle. Il faut lui donner les moyens de savoir dès le départ qui il entend et éventuellement ce qu'il entend. C'est la meilleure façon pour lui comme pour nous de gagner du temps.

— Tu proposes quoi ?

— Dès que j'ai deux jours je vais le voir avec les indicatifs radio des brigades du 36, de l'OCRB, de l'office des stups, de celui des proxos, des principaux responsables de la préfecture de police et je lui fais le mode d'emploi !

Ce qüi fut dit, fut fait. Et à la suite de 48 heures studieuses, Jean « Grandes Oreilles » savait désormais et définitivement que lorsqu'il entendait parler à la radio « Topaze 1 » ou « Topaze autorité », et de même pour « Cristal », « Rubis » ou « Saphir » il s'agissait du patron de l'antigang, de la criminelle, de la brigade de répression du banditisme ou enfin de celle des stups et du proxénétisme. Ces indicatifs étaient déclinés pour les équipages de chaque brigade grâce à des numéros souvent à deux chiffres : « Topaze 12, Cristal 25, Rubis 10, Saphir 22 ». Il en allait de même pour les services de pointe de la Direction centrale de la PJ : « Platon 83, Platon 82 » étant les indicatifs des stations directrices de l'OCRB et de l'OCRTEH (Office central de répression de la traite des êtres humains), Galba 8 celui du SRPJ de Versailles, l'un des plus importants de France. Et si Jean avait parfois droit à la totale et au coup très chaud, c'est lorsqu'il venait d'entendre arriver sur un terrain d'opération TI 1000 (le préfet de police de Paris) ou TI 1100 son directeur de cabinet. Dès lors nous n'avons pas eu à nous plaindre de ces deux journées à plancher. Chacun à un bout des ondes nous savions de quoi nous parlions. Même si j'avais donné à Grandes Oreilles ma ligne directe rue Bayard et mon téléphone perso. Officiellement, il avait pour impérative consigne de n'appeler que la rédaction en chef. J'ai dû lui taper dans l'œil dès nos premiers contacts car il s'en est souvent affranchi ! À partir de là, nous avons vécu en sa compagnie, à la rédaction ou dans nos voitures de reportages, des moments d'une intensité parfois rare. Certes il y a eu les dossiers Mesrine, de Broglie, Boulin, Fontanet. Les rapts du baron Empain ou de Revelli-Beaumont, mais il y a eu aussi des traques, des poursuites à chaud, que personne parmi ceux qui les ont vécues, ne peut avoir oubliées.

Avant même que j'aie apporté ma modeste contribution à la veille quasi permanente de Jean Meledandri, il nous avait accompagnés lors de deux spectaculaires hold-up avec prise d'otages, perpétrés dans Paris par des malfrats déterminés. Mais quand des reporters sont en prise directe avec l'évènement, les indications de notre ami concernent surtout ce qui n'est pas visible. Généralement, le dessous des cartes policières.

Lundi 8 septembre 1975, avenue de Breteuil dans le 7e arrondissement de Paris.

Le quartier et les abords sont saturés de flics car le vice-président irakien est en balade dans la capitale. Il est midi vingt lorsque deux hommes cagoulés pénètrent au 88 dans une succursale du Crédit industriel et commercial. Six employés vaquent à leurs occupations, seuls deux clients attendent aux guichets. Dix minutes plus tard, les individus armés l'un d'un pistolet-mitrailleur l'autre d'un fusil de chasse, tentent, sous la menace, de se faire remettre les clés du coffre. Apercevant des policiers en uniforme qui vont prendre leur service pour la visite protocolaire, ils croient à une intervention. Ils braquent alors les huit personnes et les prennent en otages. L'un d'entre eux, âgé et souffrant est rapidement libéré. Les voyous ont même prévu des masques respiratoires pour résister à d'éventuelles projections de lacrymogène ou de gaz incapacitant. De longues négociations commencent. Alertés par Grandes Oreilles les troupes de RTL arrivent sur place rapidement. Ma mémoire retient la présence d'une voiture émettrice servie par un technicien, de François Guézille et de sa moto HF et de trois reporters : Christine Lentz, Philippe Gassot, Pierre Douglas (le meilleur imitateur de Georges Marchais, futur comédien de boulevard). Je ferme la marche. Pas besoin d'être grand clerc pour comprendre que la presse est déjà retenue dans un large périmètre. Je décide donc de partir le nez au vent, un magnétophone sur une épaule et un émetteur HF sur l'autre. En évitant les barrages je cherche un point haut. Et je finis par dégotter un immeuble qui surplombe la banque de trois quarts face. Il suffit de trouver la bonne fenêtre et je suis le roi du pétrole.

— *Bonjour monsieur.*

Deux frère et sœur adorables d'une dizaine d'années m'ouvrent la porte de l'appartement où ils habitent. Même pas peur ! Pourtant, leurs parents ne sont pas encore rentrés du travail. Faut dire qu'avec le matériel que je trimballe les enfants ont bien vu qui j'étais. En fait ils sont même plutôt curieux. Je leur explique ce que je cherche et ils me font entrer.

— *Venez, par ici, on voit tout de là-haut !*

Là-haut, c'est une mezzanine. Je me penche par la fenêtre avec ravissement car, en me tournant légèrement sur la gauche, je suis à l'aplomb de la banque ! Pour couronner leur accueil, l'un des gosses va chercher dans une armoire les jumelles de son père. Je me branche sur la rédaction via la voiture HF et j'explique ma position et mes possibilités. Mais je n'insiste pas trop car au micro, entre Douglas et moi y a pas photo. Remplir… il sait faire ! Et puis, j'ai beaucoup moins d'années de métier que lui. Honneur aux anciens ! Je serais donc appelé une ou deux fois à l'antenne jusqu'à ce que la fin de l'après-midi commence à nous bouffer le jour. J'y vois tout de même assez pour apercevoir des gars de la brigade anti-commando qui cherchent visiblement à surprendre les malfaiteurs par les toits. Il n'y a plus que des redites aux bulletins d'infos depuis un petit bout de temps, je demande l'antenne. Et je me fais un direct tranquille en décrivant le mouvement des gens de Leclerc et de Broussard, ajoutant la description de leurs tireurs d'élite disséminés ici ou là. Nom de Dieu ! Le ciel m'est tombé sur la tête. On me passe Robert Bouley le très rencardé mais assez instable chef du service politique. Et là j'ai droit à une soufflante… carabinée ! Je me fais traiter d'irresponsable, de dangereux personnage, tout y passe. A-t-il reçu un méchant coup de fil de l'Intérieur, du préfet, y va-t-il de sa propre initiative ? Me voici interdit d'antenne jusqu'à ce que la situation se décante. Jusqu'à 21 h 30 où les choses bougent. Visiblement la police a accepté de laisser partir les voyous avec une voiture et beaucoup d'argent, six millions de francs exactement (un peu moins d'un million d'euros) !

À 22 heures 08, les deux gars sortent et s'apprêtent à monter dans la 504 avec trois de leurs otages. N'ayant pas été réclamé pour couvrir l'instant, je dégage de mon pigeonnier pour être sur le trottoir afin d'interroger les témoins que je trouverai. La voiture a décollé à 22 heures 12. Et pendant ce temps je tentais de rejoindre le rez-de-chaussée à bord d'un ascenseur d'une lenteur déconcertante. Et c'est là que dans mon casque de retour j'ai entendu que le confrère installé en studio m'appelait pour intervenir. Cruel dilemme… d'une fraction de seconde. J'ai ramassé dans ma tête tout ce que mes yeux avaient perçu de ce qui se passait à la porte de la banque quelques minutes plus tôt et j'ai raconté en ajoutant la fuite des malfaiteurs dont j'imaginais qu'ils n'avaient pas traîné. Bref, on peut dire que ce jour-là j'ai fait « du Douglas ». Le lendemain dans la matinée, nous apprenions que la bande avait abandonné une planque pas très loin de l'endroit où elle avait frappé. Nous nous y pointons avec Philippe Gassot. Nous faisons le tour des locataires, dont certains nous expliquent le remue-ménage des jours précédents. Jusqu'à ce que Philippe ne me trouve plus dans l'escalier. Je suis dans la cour, au pied des poubelles desservies par un vide-ordures à tous les étages. Gassot finit par me récupérer et me demande ce que je fais là, plongé dans les bacs verts.

— He, ho, t'imagine qu'ils soient repassés hier soir et qu'ils aient balancé la rançon ici pour venir la chercher plus tard ?

Qu'aurait-il pu faire de plus que de se marrer ? Tout autre limonade quelques mois plus tard.

11 heures 15, mercredi 3 décembre 1975.

Trois hommes cagoulés et porteurs d'un fusil de chasse à canon scié et d'un pistolet 357 Magnum veulent pénétrer au Crédit lyonnais de l'avenue Bosquet. Un peu plus tôt, ils ont foiré une première attaque dans le 19e. Survient un fourgon blindé de transport de fonds. Fusillade entre les gangsters et les convoyeurs. Un passant blessé. Deux des malfrats se retranchent dans la banque avec vingt et un otages, employés et clients. Toute la journée les deux types vont tergiverser pour obtenir une voiture et de l'argent. Très rapidement, Grandes Oreilles a alerté RTL. Parmi les reporters envoyés sur place, c'est mon copain Brice

Barillon, qui est au plus près. Et dans quelques heures, il se rapprochera encore plus ! Brice en reportage ne fait pas du remplissage, ce n'est pas un marchand de cravates. Avec lui c'est du sur-mesure. En début d'après-midi, la rançon a diminué de moitié. Ils veulent désormais quatre millions de francs.

À 1 heure 26 dans la nuit, ils s'arrachent avec deux otages et les deux sacs de billets en se planquant à la vue des tireurs de la BAC derrière un pébroque. L'antigang est derrière eux mais pas que ! Depuis quelques heures, le numéro 2 de l'OCRB est là avec quelques-uns de ses gars. Et ce sont eux qui vont faire partir l'affaire en couille... Suivis de près par la BRI, les deux fugitifs traversent la rue François 1er par la rue Pierre-Charron. Derrière la BRI, Barillon sur la moto de François Guézille. La voiture des fuyards percute celle de deux députés. Un des deux voyous tente d'intercepter un taxi. Arrive comme un bolide une des voitures de Pellegrini. Fusillade. Barillon vient d'arriver. François couche sa moto, les deux se planquent et Brice réclame l'antenne. Nous sommes quelques-uns à être allés écouter les échanges radio au CDM (centre de modulation). Dans le micro de notre pote nous entendons les coups de calibres. L'antenne a été réclamée au programme de nuit et... rien ! Durant quelques minutes qui nous paraissent un tunnel, les informations n'arrivent pas à prendre la main. Et puis tout à coup, Brice Barillon peut (enfin !) intervenir. La fusillade est terminée mais il va maintenant la raconter. Et, compte tenu de ce qui leur est arrivé à lui et au motard, il a de quoi faire ! Ce n'est pas tous les jours que l'on se retrouve (presque) en direct pendant un pareil affrontement !

Dimanche 15 janvier 1978, 20 h 20 environ.

Une jolie famille ! Oui, c'est tout à fait ce que l'on pourrait dire à Sucy-en-Brie du couple que forment Michèle et Yves Theureau 41 et 42 ans, et leurs deux fils Olivier 13 ans et Frédéric 11 ans.

Dans leur jolie maison le week-end est sacré.

Ce soir, c'est télé pour tout le monde chez les Theureau. Ils sont tous prêts à visionner un film avec John Wayne et Antony Quinn, *Tycoon*. Une soirée ordinaire qui termine deux jours de repos tranquille, après une semaine normale. Un dimanche soir sans problème qui va se transformer en sanglante tragédie. Il est un tout petit peu plus de 20 heures 30 quand un homme et une femme font irruption dans la maison, chacun tenant un fusil de chasse. En quelques minutes la belle demeure devient le théâtre d'un crime sanglant. Yves Theureau est tué par l'inconnue hystérique d'une décharge en pleine tête, un des ados est grièvement blessé. À l'aube, on retrouvera le cadavre de leur mère emmenée en otage. Et plutôt que de se mettre au vert, les assassins décident d'aller manger un morceau sur les Champs-Élysées à Paris ! Puis, à bord de la voiture volée à Michèle Theureau, ils regagnent le Val-de-Marne. C'est à partir de là que Grandes Oreilles va nous faire vivre leur cavale à la minute près. Ils sont d'abord repérés à Saint-Mandé, alors qu'ils viennent d'échapper à un contrôle inopiné. Jean nous bascule en direct la fréquence de l'état-major de la préfecture de police :

— *TNZ 1, TNZ1 à tous postes fixes et mobiles. Il y a lieu de rechercher une Austin Morris immatriculée* (le numéro se perd dans les interférences) *conduite par un individu de type européen armé et accompagné d'une femme. La voiture a été vue pour la dernière fois à proximité du château de Vincennes. Direction de fuite Joinville-le-Pont. TNZ1 il est 0 h 53. Fin du message.*

Dix-sept minutes plus tard, les six gardiens de la paix qui forment l'équipage d'un car police-secours repèrent la voiture en fuite qui va emprunter le pont sur la Marne à Joinville. À cette heure-là personne, nous et Grandes Oreilles moins encore, n'est au courant du drame de Sucy. Un autre message radio, un semblant de rapport décousu nous fait comprendre que le conducteur de la petite voiture a foncé sur un des policiers qui s'était mis au milieu de la chaussée, tandis que le fourgon se mettait en travers pour tenter de lui barrer la route. Dans l'ambiance enfiévrée du 22 rue Bayard, nous comprenons que le gardien percuté par l'Austin est grièvement atteint. Un reporter part à toute vitesse pour le Val-de-Marne. Nous décidons que je serais plus efficace en restant à écouter le trafic de la police tout en téléphonant à toutes les sources disponibles pour confirmer ce que nous entendons. Certains de nos interlocuteurs au cabinet du préfet tombent de l'armoire. C'est nous qui leur apprenons certains des détails de ce qui se passe. Nouveaux cris sur la fréquence de la direction départementale de la police du 94 : les fugitifs viennent d'éviter de justesse une autre voiture de patrouille qui les prend en chasse. Les fuyards finissent par atterrir dans une impasse. C'est la plus grande confusion sur les ondes. On comprend qu'une femme a été interpellée. Quelques minutes plus tard, c'est le SAMU et les pompiers qu'entend transmettre l'ami Jean Meledandri. Il nous abreuve d'infos, trop peut-être, mais dans un cas pareil mieux vaut trop que pas assez.

C'est notre boulot de trier. Un échange entre la station émettrice de la police du Val-de-Marne et un de ses véhicules confirme que « l'individu est en fuite » et sa compagne entendue au commissariat de Champigny. Mais aussi que deux fonctionnaires ont été très sérieusement touchés par des coups de feu en bordure de la Marne. Un deuxième journaliste décale avec une voiture émettrice. Des techniciens ont été appelés en renfort. Les informations les plus contradictoires fusent de « radio cocotte » la bien nommée. Des policiers croient avoir vu l'homme en cavale dans le RER. Certains messages sont plus précis que d'autres. Mais les endroits où il a été aperçu restent tout de même trop nombreux pour tous les visiter micro à la main. D'autant que la veille n'a pas été de tout repos. Les indépendantistes corses et bretons ont fait parler les bombes sur leurs territoires et jusqu'à Paris.

Lundi 16 janvier 1978, RTL journaux du matin.

Les attentats nationalistes ouvrent les titres des premières éditions. Le second sujet qui va vite s'effacer devant les évènements de la nuit, concerne deux jeunes Nîmois qui ont enregistré leur suicide. À l'aube nous connaissons le nom des assassins de Sucy-en-Brie. Nous avons reconstitué leur double crime et les fusillades qui ont opposé l'homme en fuite et des policiers. On en parlera toute la semaine, en passant de longues heures en planque au quai des Orfèvres où la brigade criminelle a été saisie de l'ensemble des faits. La femme qui a tiré sur Yves Theureau et un de ses fils se nomme Jeanine Terriel. Elle a 47 ans. C'est une prostituée qui monnaie au bois de Vincennes des charmes qu'elle ne possède plus depuis longtemps. Elle était complètement avinée au moment des faits. Son compagnon s'appelle Yves Maupetit, il est âgé de 28 ans. C'est son proxénète, un maquereau de très petite envergure avec, tout de même, un casier judiciaire bien fourni. Dans les jours qui suivent la nuit sanglante du Val-de-Marne, il tente une cavale en province car il sent qu'à paris c'est très chaud pour lui. Le voici à Valence où le milieu est assez conséquent. C'est ce qui va perdre Maupetit. C'est ici que les beaux mecs lyonnais viennent se mettre au vert et ils n'aiment pas quand la police recherche un assassin et « secoue le panier ». C'est mauvais pour les affaires. Le dingue de Sucy est finalement balancé. Le 31 janvier 1978 vers 20 h 45, l'homme que l'on recherchait, mal fagoté et la mine sale, est assis à une table du Méditerranée, rasé de frais en costume clair. Quatre policiers s'approchent du comptoir. Le chef de la brigade criminelle de la sûreté locale se dirige vers la porte des toilettes et ceinture Maupetit tandis que les trois autres le braquent. Dans son attaché-case, un fusil à canon scié.

Jeudi 2 février 1978, palais de Justice d'Évry.

Maupetit arrive sous bonne escorte au tribunal pour y être présenté à la juge Augusta Philippi. Copieux dispositif pour RTL : une 504 émettrice, son technicien, Jacques Labib et moi. Avant que l'assassin soit présenté au magistrat instructeur qui va l'inculper, le procureur veut le voir. A-t-il voulu se faire un coup de pub ou nous être agréable ? Les journalistes sont autorisés à installer une double haie de caméras, d'appareils photo et de micros tout au long du couloir qui sépare les bureaux des deux magistrats. Jacques est là pour enregistrer, je suis de mon côté équipé avec un émetteur pour passer éventuellement en direct. Et par sécurité, dans la voiture, notre techno est prêt à faire tourner lui aussi un magnéto à la demande. Apparaît Maupetit entre quatre gardiens, impavide. Regard vide, visage froid. Un mètre, deux mètres, trois mètres, plus que trois autres et il disparaît à notre vue. À la surprise de tous les confrères, Jacques se lance. Il tend son micro vers Maupetit et lui pose une première question. L'escorte ralentit :

— *Quelque chose à déclarer Maupetit ?*

Silence glacé.

— *Dis quelque chose... pour ta défense ?*

Le prisonnier le dévisage froidement mais aucun son ne sort de sa gorge. Labib ne s'avoue pas vaincu pour autant. À RTL, nous savions Jacques capable de pas mal de facéties même dans les moments les plus graves mais où va-t-il chercher sa dernière interrogation.

— *Parle Maupetit... la France t'écoute !*

Et là, l'homme qui dans quelques secondes va franchir la porte du cabinet du juge, semble se ramasser sur lui-même et dans une sortie assez théâtrale balance dans le micro.

— *La France, j'l'encule !*

Jacques avait sa réaction, pas les auditeurs de RTL. Après nous être concertés nous nous sommes dit que ces quatre mots étaient indiffusables...

Jean Meledandri a bien rigolé quand nous lui avons raconté l'anecdote. Avant de s'en aller voici quelques années, Grandes

Oreilles en prenant sa retraite, avait cloué définitivement le bec à ses « oiseaux ». Certains racontent pourtant qu'au-dessus de sa tombe, le jour de son inhumation, ils en ont entendu gazouiller joyeusement. Ils étaient semble-t-il bien plus joyeux que ceux qui avaient accompagné notre pote sa vie tout entière.

La nuit où Patrick Henry fut inculpé du meurtre d'un enfant

Où l'on découvre le plus beau ratage journalistique de l'auteur.

Où l'on s'aperçoit que la solidarité professionnelle peut être à double tranchant.

Où l'on comprend que l'on peut buter sur les mots après s'être vautré dans un escalier...

Mercredi 11 février 1976, 0 heure 30, parking du restaurant La Mangeoire.

Il fait sombre et glauque sur l'esplanade détrempée réservée aux voitures des clients de cet établissement planté en bordure de nationale, au 6 rue du Relais de poste à Montiéramey dans l'Aube. Disséminés dans leurs véhicules, les policiers du SRPJ de Reims commencent à se morfondre. Viendront, viendront pas ? Malgré la nuit, ils essaient de ne pas perdre de vue un point précis non loin d'eux. Un manteau y a été déposé. À l'intérieur un million de francs (153 000 euros) en grosses coupures. Le temps passant, le commissaire divisionnaire Yves Bertrand, un pied-noir efficace, se demande si ceux qui doivent récupérer l'argent vont le faire. Viendront, viendront pas ? Il en va de la vie d'un enfant. Ces billets sont ceux de la rançon réclamée pour prix de la liberté de Philippe Bertrand, un garçon de dix ans enlevé à Troyes le 30 janvier précédent. Tout à coup, une idée traverse l'esprit du sous-directeur de la PJ rémoise : et si les ravisseurs étaient tout simplement attablés à La Mangeoire, surveillant le dispositif en attendant que celui-ci soit levé ou qu'un moment d'inattention des inspecteurs leur permette de fondre sur l'argent ? En quelques secondes, les clients et le couple de propriétaires du lieu voient entrer une petite dizaine de types aux mines pas franchement rassurantes. Yves Bertrand calme le jeu et explique pourquoi lui et ses hommes sont là. Constatant que parmi les personnes présentes aucune ne peut être suspectée, il se retourne vers Marie-José Torchia, la patronne :

— Faites un effort de mémoire. Plus tôt dans la soirée, vous n'auriez pas eu un ou plusieurs inconnus qui seraient venus juste pour consommer au bar ? Qui ne seraient pas restés très longtemps ?

La restauratrice passe mentalement en revue qui elle a bien pu croiser du regard depuis l'ouverture et tout à coup se souvient :

— Ah, mais oui, un type au visage rond, blond, lunettes dorées fines.

Un technicien de l'identité judiciaire en attente au poste de commandement opérationnel de l'hôtel de police troyen est appelé de toute urgence. Il va tenter de dresser le portrait-robot de ce client de madame Torchia qui pourrait bien devenir celui du commissaire. Yves Bertrand n'est pas surpris que l'individu qu'il suspecte soit en définitive seul. Depuis quelques jours, après pas mal de péripéties de terrain et les conclusions tirées des premiers éléments d'investigation recueillis, il est de plus en plus persuadé de deux choses primordiales : le ravisseur n'est pas un professionnel et il risque bien de ne pas avoir de complices.

Le chef d'enquête devise maintenant avec le maître des lieux Jean Torchia. Et après quelques minutes de conversation, celui-ci interrompt la discussion, il regarde fixement l'horizon au travers des vitres et il s'écrie à l'attention du flic :

— Ah ben ça alors ! Le type en question, il est là-bas dans une DS, il est en train de rouler vers Troyes !

Réaction immédiate, retour coudes au corps sur le parking, Bertrand hurle à un premier équipage :

— La DS qui se barre direction Troyes ! Vite, faut la prendre en filoche ! C'est notre mec !

Trois premiers inspecteurs décalent, bientôt suivis d'un autre véhicule dans lequel ont pris place leur chef et deux poulets. Une première fois, le cortège réussit à récupérer la Citroën qui file dans la nuit. Mais ce n'est pas aisé de piloter tous feux éteints sur une route qu'on ne connaît pas. Heureusement, Bertrand a eu la fine idée d'embarquer Jean Torchia avec lui. Mais les poursuivants sont vite distancés. Gros coup de pot, un des occupants de la première automobile suiveuse a relevé la plaque : 880 JA 10. Et quand il passe celui-ci au fichier des cartes grises, il ne croit pas ce qui lui arrive :

— Oh le con, il n'est même pas « chanstiqué » son numéro ! On a le proprio ! Un certain… Patrick Henry. Apparemment il est connu de nos collègues du coin !

Mercredi 11 février 1976, 6 heures du matin, 5 rue de la République à Troyes.

Une escouade de flics en civil débarque bruyamment dans l'immeuble. Le nommé Patrick Henry est transporté au commissariat central puis, à une heure plus raisonnable, il est emmené jusqu'à La Mangeoire. Mélangé à cinq inspecteurs de différentes allures il est présenté à madame Torchia qui le désigne sans hésiter. Pour elle c'est sûr, c'est bien LE client qu'elle a vu la veille au soir. En fait, le terre-plein du restaurant était l'ultime rendez-vous d'un terrible jeu de piste imposé à Gérald Bertrand, le papa du gosse enlevé. Même si depuis la disparition de son fils il avait toujours collaboré avec la police, il avait refusé ce soir-là d'être accompagné dans son véhicule. Un talkie-walkie lui avait alors été confié et à chacune des étapes de sa course pour la remise de rançon, il informait le convoi qui le suivait des instructions que lui laissaient les ravisseurs. Quarante-six heures ! La garde à vue de Patrick Henry va durer presque deux jours. Les enquêteurs vont juste garder deux heures en réserve tant, à l'issue de celle-ci, ils sont persuadés que l'homme qui leur tient tête est le bon. Pour se faire à cette conviction, ils ont accumulé quelques indices. D'abord ce jeune homme de 23 ans n'est pas tout à fait un saint. Il a laissé des traces dans les fichiers de police et de justice. Trois cambriolages dans la région, pour lesquels il a fini par bénéficier de non-lieux faute de charges suffisantes. Un accident mortel de la circulation au cours duquel il a tué un cyclomotoriste avec cette circonstance fâcheuse que ça se passait un week-end. Il ne travaillait pas, alors qu'il roulait avec son véhicule de service, ce dont il n'avait pas le droit. Bref, ce n'est pas l'ennemi public numéro un, mais pas blanc-bleu quand même. Et puis... c'est un ami de la famille Bertrand et il connaît le jeune Philippe. Enfin, quand on lui a fait rédiger sous la dictée le texte de la première demande de rançon récupérée par Marie-Françoise et Gérald Bertrand les parents de Philippe, il a dérapé une fois. Une seule, mais assez significative. À l'énoncé de la missive entièrement écrite en majuscules Henry a scripté les Q en minuscule : q... Il aura beau dire plus tard qu'il s'agissait d'une coïncidence, elle était plutôt fâcheuse. Ces éléments de doute auraient pu permettre à la juge d'instruction de le placer en détention provisoire. Mais il y avait un inconvénient majeur à prendre une telle décision. Philippe Bertrand manquait à l'appel ! Et si le suspect venait à ne jamais l'évoquer, l'enfant s'il était encore en vie pourrait mourir seul dans la cache où il croupissait faute de soins et de nourriture. Relâcher Patrick Henry s'avère donc l'unique solution. Pourtant, les hommes de l'Office central pour la répression du banditisme, appelés en renfort sur l'affaire ne se résolvent pas à le laisser partir sans avoir tout tenté pour obtenir des aveux. Le Code de procédure pénale va en prendre un sacré coup ! Les flics vont emmener Henry en « promenade » pendant une suspension de sa garde à vue. Durant cette affaire, j'avais croisé les gars de l'OCRB dans la pizzéria un peu glauque de Pépito un ex-légionnaire installé dans le vieux Troyes, pas très loin du commissariat. Ils étaient arrivés juste après que les gendarmes ont fait foirer un repérage de l'inconnu qui téléphonait aux Bertrand pour fixer la rançon. La police judiciaire de Reims avait localisé la cabine de laquelle il appelait, restait qu'à essayer de le filocher. Jusqu'au moment où une estafette de gendarmerie s'était pointée faisant fuir le suspect ! Ceux-ci maintenaient qu'au cours d'une réunion préparatoire, ils avaient eu le feu vert pour se précipiter au beau milieu du dispositif. Plus tard, dans un rapport analysant cette bavure, Yves Bertrand le chef du détachement PJ sur place avait été plutôt sympa avec les « cruchots ». Il avait évoqué un « accord tacite du regard » entre lui et le colonel local... L'équipe de l'OCRB avait été envoyée par Gévaudan, le numéro deux de la PJ nationale, pour assurer les surveillances, les filatures, le « saute-dessus ». Parmi ces joyeux lurons Pierrot Malahude qui deviendra mon ami, mon « grand frère ». Des années plus tard, il m'avait raconté cette balade de Patrick Henry en pleine « pampa », le calibre qu'on lui met sous le nez, les quelques « bastos » qui lui sifflent aux oreilles. Le gros coup de pression. Pierre m'avait expliqué :

— Pellegrini qui nous commandait, avait voulu faire ça lui-même. Nous lui avions rétorqué : rentrez vous reposer un peu patron. Ce n'est pas pour vous. Laissez-nous faire !

Je ne sais pas si Pierrot avait été de cette « opération spéciale », il m'avait simplement signalé que « Pel » ne devait pas y avoir participé. Un autre de ses collègues de l'époque m'a fait savoir récemment que, lui, avait refusé, car il n'imaginait pas que de telles pratiques pouvaient exister.

Mais ce qui avait peut-être marché avec des truands plus costauds, mais pas dingues n'avait fait ni chaud ni froid à Patrick Henry. Il avait rétorqué aux flics :

— Vous pouvez même m'abattre, mais vous tuerez un innocent.

Il sort des locaux de police le 13 février dans le courant de la matinée. Puis, le 16 avant midi, la juge Gérard l'entend brièvement.

À l'issue de cette rencontre, il est attendu par Jean-Pierre About de TF1, Annick Guaidoz d'Europe 1, Alain Lemaître de RMC et moi-même, avec mon beau micro de RTL. Il se défend des accusations avec véhémence, en criant à l'erreur judiciaire. Nous ne devions plus le lâcher... sauf moi, pas longtemps, mais assez pour provoquer un désastre journalistique à titre personnel. En fait, l'affaire avait débuté dix-huit jours plus tôt...

Vendredi 30 janvier 1976, midi. Flashback.

Philippe Bertrand, 8 ans, quitte son école de Pont-Sainte-Marie, localité des faubourgs de Troyes dans l'Aube. C'est là qu'il réside, fils d'un couple d'assureurs aisés, mais pas richissimes. Sur le trottoir l'attend un jeune homme qu'il connaît assez bien. Il se nomme Patrick Henry, ce n'est pas à proprement parler un « ami de la famille » comme il sera plus tard écrit, mais, chacun de leur côté les grands-parents des deux garçons se fréquentent. Le grand-père de Philippe est l'une des dix plus belles fortunes du département. M. Jean Larché possède en effet à Troyes un gros cabinet d'assurances, il est en même temps PDG d'une usine de bonneterie et il compte aussi des actions dans une société de travaux publics. Henry explique au gosse que ses parents ont été obligés de partir pour Paris en urgence, et qu'ils lui ont demandé de le récupérer et d'en prendre soin durant quelques heures. Ce que le petit Philippe ne comprend pas bien, c'est que plutôt que de l'emmener chez lui, Patrick l'amène jusqu'à une pension de famille un peu miteuse, à l'autre bout de la ville. Il y a loué un studio, une chambre avec un grand lit, une pièce à vivre, avec un coin cuisine, un poste de télévision. L'endroit n'est tout de même pas aussi confortable que la demeure familiale de la rue du docteur Roux à laquelle est habitué Philippe.

Dans la journée, le ministère de l'Intérieur fait savoir aux rédactions qu'elles risquent d'entendre bientôt parler d'un rapt d'enfant à Troyes. La vie du disparu dépend du silence des journalistes. L'embargo est décidé par l'ensemble des médias. Changement de stratégie le samedi suivant 31 janvier...

La police leur demande de diffuser l'information, et surtout la photo de Philippe, afin de solliciter des témoignages. Que s'est-il passé pour que le secret soit ainsi rompu ? Le jour même de l'enlèvement, Marie-Françoise et Gérald Bertrand ont reçu un appel téléphonique. Au bout du fil, un inconnu leur réclamait un million de francs pour récupérer leur fils. Était-il au courant que le grand-père, monsieur Larché, avait récemment vendu un bien familial pour la coquette somme de 800 000 francs ? Une information qui pouvait expliquer les exigences financières du ou des ravisseurs.

De plus, vers 18 heures 30, celui qui se présente comme l'homme qui détient leur enfant, les contacte à nouveau et parle à la mère, puis au père. Prévenue, la police judiciaire est déjà chez eux, des magnétophones tournent sur leur ligne téléphonique, les policiers ont demandé à Gérald Bertrand de faire durer les conversations le plus longtemps possible. Le second appel, en début de soirée, va s'éterniser dix-sept minutes ! Mais au bout des sept premières, les techniciens des PTT avaient déjà repéré l'endroit d'où appelait l'interlocuteur des parents. À l'état-major de crise, la PJ décide de foncer, de surveiller et de suivre l'homme qui continue de parler avec le père de Philippe Bertrand, mais de ne surtout pas l'interpeller. C'est là qu'intervient la bavure des gendarmes. Du coup, sans nouveau contact de la famille avec celui qui veut lui soutirer de l'argent, les autorités changent de tactique à l'issue du week-end. La nouvelle du rapt est lâchée à l'agence France-Presse. Les envoyés spéciaux n'avaient pas attendu le feu vert ministériel pour débarquer à Troyes. L'équipe de RTL est menée par le grand-reporter Claude Fouchier, l'homme qui m'a mis sur les rails à la radio. En second Philippe Gassot une pointure qui a fait ses classes avec Claude à Bruay-en-Artois durant l'affaire éponyme. Pour ma part, je me considère comme le ramasseur de balles. Avais-je d'ailleurs les épaules assez larges pour un dossier qui allait tournebouler la France entière et sans aucun doute changer quelque chose dans le système judiciaire ? Étais-je assez affuté ? Ce qui va très vite m'arriver, tendrait à prouver que non, même s'il faut bien faire ses premières armes un jour ou l'autre et si, à l'époque, j'avais presque trois ans de boîte derrière moi, sans compter les années de correspondance en Picardie. Un quatrième larron se joindra à nous ponctuellement, l'ami Yvan Brazov croisé sur l'affaire du « tueur de l'ombre », lors de mes débuts pour la radio. Nous sommes tous descendus, et pas mal de nos confrères des autres titres aussi, au Grand Hôtel, un trois-étoiles déjà un peu suranné pour l'époque, mais d'un confort sans conteste. Son restaurant Le Champagne est à la hauteur du reste de l'établissement et en sous-sol se situe le Cavo, une discothèque qui fera quelques-unes de nos nuits et où Patrick Henry, après sa première interpellation, viendra se pavaner en espérant nous convaincre qu'il n'avait rien à voir dans l'affaire.

Mardi 3 février 1976.

La mère de l'enfant, manteau gris fermé jusqu'au dernier bouton, écharpe vert amande, s'adresse à ceux qui le retiennent au cours du journal télévisé. Digne, lucide, mais très émue, la jeune femme déclare en ravalant ses larmes :

— *Je suis la maman de Philippe. Je vous en supplie rendez-le moi ! Ne nous laissez plus souffrir encore !*

Mercredi 4 février 1976.

Honoré Gévaudan, chargé des affaires criminelles à la Direction centrale de la police judiciaire (DCPJ) arrive à Troyes. Il a son air des mauvais jours. Entre les dérapages des gendarmes, le boulot du SRPJ de Reims qui n'avance pas, pire qui piétine, et les ravisseurs qui n'ont pas donné signe de vie depuis le 30 janvier au soir, convenons qu'il y a de quoi être de mauvaise humeur !

Pour être complet il faut aussi rappeler la fausse piste d'un auto-stoppeur qui avait expliqué avoir été chargé par deux types dont un l'avait menacé d'un pistolet afin qu'il conduise leur voiture, l'autre ressemblait, disait-il, à la description du jeune blond au blouson d'aviateur qui avait fui au nez du dispositif à Bréviandres. Enfin une autre histoire fantaisiste avait amené Gérald Bertrand à se rendre jusqu'à Paris dans un hôtel de la gare du Nord, sur injonctions d'une femme qui lui avait donné rendez-vous à cet endroit pour qu'il y reçoive des instructions convenant de la remise de rançon... Pour les enquêteurs il s'agissait d'une tentative d'escroquerie !

Quoi qu'il en soit, le numéro 2 de la PJ déclare à son arrivée dans la préfecture de l'Aube :

— *Nous reprenons l'affaire de zéro. Nous allons imaginer toutes les possibilités.*

Une fois encore Honoré Gévaudan est surtout venu pour calmer le jeu et regonfler le moral de ses troupes. Le soir même, le père du petit Philippe remet un communiqué à la presse dans lequel il tente de se montrer ferme avec ceux qui retiennent son fils :

— *Je ne donnerai plus suite à tout appel qui ne sera pas accompagné de précisions me permettant de comprendre qu'il concerne réellement Philippe (...) Les ravisseurs doivent maintenant comprendre qu'ils ont commis une folie. Relâcher l'enfant est pour eux la meilleure solution (...) ou alors qu'ils m'appellent au téléphone ou qu'ils m'écrivent, qu'ils fassent vite.*

À Paris, le garde des Sceaux Jean Lecanuet déclare dans l'émission *C'est à vous* sur Antenne 2 :

— *Pour ces criminels, qui sont des calculateurs odieux, qui n'ont aucun respect de la vie, j'irai jusqu'à recommander la peine de mort.*

Une menace même pas voilée qui ne risquait pas de remettre un peu de sérénité dans le dossier.

Vendredi 6 février 1976.

Voilà huit jours que Philippe Bertrand a disparu et aucune nouvelle, aucun indice, aucune information ne sont parvenus ni aux parents ni à la police. La presse se fait l'écho de l'angoisse qui monte dans la famille, parmi les policiers, dans la population. Un quotidien régional titre :

Troyes : le rapt du petit Philippe Bertrand.
L'inquiétude grandit.

L'Aurore annonce sur six colonnes à la Une le reportage de son envoyé spécial Jocelyn Petitpas :

Le silence des ravisseurs inquiète les enquêteurs.

Le 13 février, les parents tentent de les amadouer au journal télévisé. Gilet rose, chemisier blanc col Claudine, Marie-Françoise évoque cette attente sans aucune nouvelle, mais visiblement elle veut aussi se rassurer elle-même :

— *Ils sont à un tel point qu'ils n'osent plus rien faire, certainement... Il n'y a que cette solution-là, qu'ils choisissent eux-mêmes une personne neutre un prêtre par exemple, un notaire, un avocat, quelqu'un qui est lié par le secret professionnel. On se raccroche à ça maintenant.*

À sa gauche Gérald son mari qui n'a pas dit grand-chose, chemise grise et pull noir se prend la tête entre les mains et semble pleurer. Et madame Bertrand d'ajouter :

— *Et comme la police va se remettre en retrait qu'ils reprennent confiance.*

Cette dernière sera cependant à leurs côtés jusqu'au bout.

Mardi 10 février 1976, 20 heures 30, presbytère de la paroisse de Pont-Saint-Esprit.

L'abbé Cuny est contacté par téléphone. Il connaît bien la famille Bertrand. Elle fait partie de ses paroissiens, surtout

Marie-Françoise, la maman du jeune Philippe, une assidue de la communauté catholique locale. Ce que le prêtre entend le laisse pantois. Une voix anonyme lui dit simplement avant de raccrocher :

— *Sortez jusqu'à votre porte, une enveloppe vous y attend.*

L'ecclésiastique s'exécute et sur le pas de sa résidence découvre en effet un pli. À l'intérieur un gant de petite taille et à l'intérieur de celui-ci une courte lettre : *Mon père, voulez-vous vous mettre en relation avec M. et Mme Bertrand dont nous avons enlevé le petit il y a quelque temps et leur remettre le gant dans lequel il y a une lettre pour eux. C'est leur intérêt de remettre l'argent à l'endroit qu'on leur fixera. Ne prévenez pas la police il y va de la vie de l'enfant.*

Le dernier appel des parents Bertrand dans les médias a donc été reçu par ceux qui détiennent Philippe. Parmi les intermédiaires neutres qu'ils proposaient à ceux-ci de contacter pour reprendre la négociation interrompue depuis plus de huit jours, c'est le curé qui a été choisi. Celui-ci se précipite chez les Bertrand qui habitent à deux pas, et transmet le message. Le lendemain Gérald Bertrand s'en va direction Brienne-le-Château, à 40 kilomètres de Troyes, un sac de toile contenant la rançon près de lui. Seule entorse aux conditions des ravisseurs : la police n'est pas loin et ne le quitte pas d'un kilomètre. Un sinistre jeu de piste commence. Au pied du panneau d'entrée à Piney, une botte de Philippe attend son père. Une autre pièce de ses vêtements a été déposée à chaque halte, jusqu'au parking du restaurant La Mangeoire, dernière étape de sa course contre la mort. Cette fois-ci c'est le manteau de son petit qui a été abandonné. Il pose le million de francs réclamé et rentre à Troyes. C'est à partir de là que tout va se précipiter et aboutir le lendemain à l'interpellation de Patrick Henry.

Vendredi 13 février 1976, milieu de matinée, commissariat de police de Troyes.

Patrick Henry vient de passer 46 heures en garde à vue interrogé par des enquêteurs qui sont sûrs qu'il est le ravisseur sans complice de Philippe Bertrand. Sur les deux périodes de vingt-quatre heures auxquelles ils avaient droit, ils s'en sont gardé deux, certains qu'ils sont d'avoir bientôt affaire à Henry une nouvelle et (peut-être) dernière fois. À partir de là, les policiers ne vont plus le lâcher quoi qu'il fasse. Ils vont aussi entreprendre un travail de sape auprès des quelques journalistes qu'ils peuvent approcher en confiance. Le discours des inspecteurs est simple : c'est lui pour telle et telle raison...

Nous allons tous rencontrer Patrick Henry à un moment ou à un autre de notre séjour à Troyes. Il passera notamment de longues heures au Cavo, la boîte du Grand Hôtel. À chaque fois que je le croise, ce garçon trop bavard, trop sûr de lui, trop imbu de sa personne me cause un réel malaise... Pascal Giovanelli le reporter de France Dimanche, qui couvre le sujet pour son hebdomadaire et qui deviendra un bon copain, fait remarquer au jeune homme en substance :

— Les flics vous suspectent tout de même de plus en plus à cause de ce détail dans la lettre qu'ils vous ont dictée et dans laquelle vous avez fait la même erreur que celui (ou celle) qui avait écrit cette demande de rançon. Et c'est vrai que c'est intrigant.

Patrick Henry s'en tire par une pirouette de plus :

— Oui, mais ce n'est qu'une fâcheuse coïncidence.

Dans *Le Figaro* l'envoyé spécial Lucien Miard, le reporter à l'éternel nœud papillon, dit un jour de l'enlèvement que c'est un « évènement national ».

Quand on est policier... ou reporter, ne pas avoir de chance est une faute professionnelle. On va le voir bientôt c'est vrai !

Lundi 16 février milieu de matinée, palais de justice de Troyes.

La juge Gérard a donné rendez-vous à Patrick Henry au titre de simple témoin. Elle l'a entendu brièvement puis il est ressorti alors qu'elle précisait à la presse qu'il était totalement libre. Sur le trottoir quatre micros se tendent, celui de mon copain Alain Lemaître dit Oumpapa, tant son visage poupin ressemble à celui du petit Indien du dessin animé, celui d'Annick Guaidoz d'Europe 1, celui de Jean-Pierre About de TF1 et le mien pour RTL. Le témoin libre de ses mouvements que la police ne quitte plus d'une seule heure depuis sa sortie d'interrogatoire dans ses locaux, s'emporte contre ce qu'il considère comme une erreur judiciaire. Il évoque à nouveau les « fâcheuses coïncidences » qu'on lui oppose sans que pour lui elles ne constituent des preuves. Il se vide. Et c'est là que débute mon ratage intégral. Un peu plus tard, ma consœur d'Europe 1, retrouve Henry chez sa mère et lui propose une interview plus tranquille, plus complète... C'est lors de cette déclaration que Patrick Henri prononce des paroles terribles de sens... à son encontre. L'excellente Annick Guaidoz, comme chacun d'entre nous, pense très fort qu'elle a devant elle le ravisseur de l'enfant disparu et peut-être même son meurtrier. Car les jours qui passent n'augurent rien de bon dans ce domaine. Fine mouche, elle se dit qu'elle tient peut-être le seul instant durant lequel elle va pouvoir lui faire exprimer quelque chose qui aura toute son importance un peu plus tard. Et qui se retournera contre lui. Elle sait que cette interview, elle va sans doute la garder par-devers elle quelque temps, quelques heures, attendre que son interlocuteur soit à nouveau dans les rets de la justice. Et elle va prendre un biais pour le forcer à déclarer ce qu'elle imagine pouvoir entendre. Passés les premiers instants de l'entretien elle lui indique :

— *Le garde des Sceaux M. Lecanuet disait il y a quelques jours qu'il était pour la peine de mort pour les rapts d'enfants. Est-ce aussi votre avis ?*

— *Moi je pense que c'est oui !*

Puis la journaliste d'Europe1 change d'angle et évoque le petit Philippe :

— *Vous pensez qu'il est mort ou vivant ?*

— *Bah, je m'efforce de penser qu'il soit vivant. De tout mon cœur, le plus possible.*

Au moment où il prononce ces paroles, Patrick Henry a déjà tué Philippe Bertrand.

— *Quel est votre souhait maintenant ?*

— *Je souhaite que l'enfant soit retrouvé bien sûr vivant et qu'on retrouve très rapidement les ravisseurs et que je puisse être totalement hors de cause de toute cette affaire.*

Mardi 17 février 1976 dans la matinée, hôtel de police de Troyes, salle de crise.

Un appel est basculé sur l'une des lignes réservées à la PJ. Un anonyme signale que l'homme que l'on dit dans la presse se nommer Patrick Henry, a été vu dans une rue de Troyes, à proximité de la pension de famille Les Charmilles. En fait, c'est le propriétaire de celle-ci qui a téléphoné à la PJ, mais il ne l'avouera jamais. Jean-Pierre Cariven, l'adjoint d'Yves Bertrand au SRPJ de Reims file avec une poignée de ses gars dans le quartier et montre la photo d'Henry aux habitants. Ils arrivent à l'hôtel. Et là, le patron leur explique :

— *Je le connais ce gars, mais il ne s'appelle pas Henry ! Il se nomme Vandermersch. C'est à lui que j'ai loué l'appartement sur la cour, avec entrée indépendante. Mais je me suis aperçu que je ne peux même plus y pénétrer, car il a changé les serrures !*

L'escouade file à l'arrière de la brasserie, traverse la courette et commence à grimper l'escalier vétuste. Ils ne font pas dans la totale discrétion. Dans le deux-pièces, Patrick Henry les a entendus, il ouvre une fenêtre puis un volet. C'est le bruit de celui-ci qui alerte ses poursuivants. Ils comprennent que leur gibier essaie de se carapater par les toits. Quelques-uns d'entre eux restent devant la porte qu'ils s'apprêtent à défoncer tandis que d'autres dévalent les marches et sortent dans la rue. Ils y parviennent au moment où le fuyard vient d'y atterrir. Un court pugilat s'ensuit, l'homme est maîtrisé et remonté dans sa location. Une fois arrivé il dit tout de suite :

— Ne cherchez pas ! Le gosse est sous le lit !

Le corps de Philippe est en effet découvert à l'endroit indiqué roulé dans une couverture et un tapis. L'affaire Philippe Bertrand vient de se terminer. Commence alors l'affaire Patrick Henry. Il est transporté dans les locaux où s'est installée l'équipe de la PJ de Reims depuis qu'elle est à Troyes. Celle-ci veut profiter des deux dernières heures de garde à vue qui lui restent pour éclaircir quelques détails avec le ravisseur-meurtrier. La nouvelle est bientôt diffusée et nous voici tous rapidement aux Charmilles pour rencontrer le patron-témoin. Les confrères de télé envahissent la rue. Le grand cirque médiatique commence. Dans la voiture d'Europe 1, Annick Guaidoz sait qu'elle tient un scoop. Mais, entre le moment où l'information de l'interpellation de Patrick Henry parvient aux rédactions, les reportages à effectuer à chaud, la proche présentation d'Henry au procureur puis à la juge d'instruction, du temps passe. Ma consœur ne veut pas gâcher son exclusivité dans une édition intermédiaire. Elle décide de la garder sous le coude pour le « prime time » de la matinale du lendemain. Où elle a de la chance c'est que Jean-Pierre About, qui lui aussi la veille a rencontré Patrick Henry et lui a fait dire à peu près la même chose qu'elle, ne va pas lui non plus diffuser son sujet ce jour-là. Passe l'après-midi. Le soir, nous sommes une poignée à planquer au palais de justice pour y attendre l'arrivée du jeune meurtrier. Exceptionnellement, le parquet nous a autorisés à nous installer dans la cour. Il y a là un photographe de l'AFP, une équipe de Détective, Pascal Giovanelli de France Dimanche, nos sympathiques confrères de l'Est Éclair le journal régional qui espère bien faire la photo avant le bouclage de son édition, des reporters de télévision, France 3 peut-être, moi pour RTL. La plupart de nos effectifs sont rentrés à Paris. Il n'y a même plus de couverture technique. Tout au long de la journée, j'ai envoyé mes sons et mes papiers par téléphone. Il fait froid, la nuit est tombée. Nous piétinons durant un temps qui me paraît interminable. Et dans quelques dizaines de minutes, nous allons vivre un épisode de cette histoire totalement rocambolesque... L'ai-je rêvé ? Je m'en souviens dans les moindres détails et pourtant, le principal protagoniste de ce pur moment de folie lui ne se le rappelle plus. C'est le seul des souvenirs racontés dans cet ouvrage que je n'ai pu vérifier à l'aune d'une mémoire différente de la mienne... Tous les autres se sont révélés véridiques, même longtemps après.

Très franchement, je ne sais plus à quelle heure sont arrivés Patrick Henry et son escorte. Il est installé dans un fourgon suivi par une, peut-être deux, voiture de la PJ. Les portes de la camionnette s'ouvrent. Un premier gardien de la paix descend, il traîne derrière lui une longe de cuir reliée aux menottes passées aux poignets de Patrick Henry. Les flics de la PJ sont eux aussi sortis de leurs véhicules. Ils veulent être sur la photo. Ils s'approchent de leur client. La scène va durer quelques fractions de seconde. Une silhouette fend nos rangs et court jusqu'au camion cellulaire. C'est Pascal Giovanelli. Le policier en uniforme qui précède Henry tente de s'interposer, mais il est attaché à ce dernier. Pascal est à moitié dans le fourgon et tente une droite vers Patrick Henry. Une courte bagarre s'ensuit et le reporter est expulsé manu militari. A-t-il touché le tueur ? Un doute subsiste. Mais ce n'est pas fini ! Le commissaire Jean-Pierre Cariven et trois de ses hommes prennent en charge leur capture pour parcourir avec elle les quelques dizaines de mètres qui les séparent de la porte par laquelle ils vont accéder aux couloirs du palais. Sous les flashs et l'éclairage de la télé il baisse la tête. Les reporters tentent bien de fixer son visage sur la pellicule, mais il semble se dérober. C'est alors que Cariven le saisit par le col et dit à assez haute voix pour que cela lui soit reproché durant longtemps :

— *Mais montre-la ta gueule !*

Et le policier de rehausser la tête d'Henry de quelques centimètres. Les appareils photo sont déclenchés à cet instant par au moins un opérateur et la caméra de la télévision tourne. L'image fera tous les titres. Nous attendons encore pas mal de temps l'inculpation puis le départ de Henry pour la prison la plus proche et nous rentrons dans nos hôtels pour transmettre. Pas le cœur ni le courage cette nuit de faire joujou comme des gosses dans les couloirs endormis du Grand Hôtel. Nous avions en effet une ou deux fois crapahuté jusqu'aux chambres d'autres clients qui n'étaient pas fermées à clé. Le défi était de pénétrer dans la piaule, même si nous entendions des ronflements, de vider le minibar au maximum et d'aller planquer, sans les consommer (pas toutes en tout cas) les boissons récupérées. Puis, le lendemain, à l'heure du petit-déjeuner, si rien ne nous obligeait à partir très tôt en chasse, nous attendions avec délectation le moment où celles de nos victimes qui réglaient leurs notes se voyaient présenter un supplément à rallonge. Des enfants ! La cour de récré ! Pas question de se divertir de la sorte cette nuit-là. Une fois envoyés les éléments sonores et enregistrés les papiers pour les journaux du matin, je tombais comme une masse. Pas pour très longtemps ! C'est quelques heures plus tard que j'allais vivre le plus beau ratage de ma carrière !

Mercredi 18 février 1976, Grand Hôtel à Troyes.

Quelle heure est-il donc quand le téléphone sonne avec insistance à la tête de mon lit ? 6 heures 30, maximum 7 heures. Je n'ai pas assez dormi, je suis dans le gaz, j'ai du mal à décrocher. À Paris le chef des informations du matin me houspille depuis la rue Bayard.

— *Alain, on ne trouve pas la déclaration de Patrick Henry dans ce que tu as envoyé cette nuit...*

— *Patrick Henry ? La déclaration ?*

— *Mais oui, tu sais bien, le truc sur la peine de mort pour les rapts d'enfants. Europe l'a balancé dans son journal tout à l'heure...*

Là, y a un blanc, je reste interdit, très mal à l'aise. Il faut absolument que je réponde. N'importe quoi, mais quelque chose. C'est mon interlocuteur qui m'offre la porte de sortie.

— *Bon vérifie tes bobinos et rappelle-nous fissa !*

J'ai à peine raccroché, deux minutes passent, le temps de m'asperger le visage d'eau froide, que l'on frappe à la porte de ma chambre. J'ouvre et voici qu'apparaît la bonne bouille de mon camarade Alain Lemaître de RMC. Me voyant debout et à peu près éveillé il me balance :

— *Toi aussi ils t'ont emmerdé avec du Patrick Henry ? Tu leur as envoyé ?*

Et là un doute m'étreint sur la manière de lien qui unit certains des reporters de la radio « du sud » avec nous ceux de la radio « du nord ». Nous sommes en effet quelques-uns à nous entraider quand nous nous retrouvons sur les mêmes coups. Et face à Oumpapa et à son œil qui frise, en entendant ce qu'il vient de me dire, j'imagine que lui aussi m'a joué un très mauvais tour.

Je commence à gronder :

— *J'ai pas de Patrick Henry ! En tout cas pas qui parle de la peine de mort pour ceux qui s'attaquent à des mômes ! Je l'ai fait avant-hier avec toi et les autres à la sortie de chez la juge, depuis je l'ai croisé, mais j'ai rien enregistré de pareil ! Et j'suis dans la merde !*

Et à ce moment précis j'ai la confirmation qu'il m'a doublé quand il me dit :

— *Bon j'vais chercher mon Nagra, prépare le tien, j'te le passe le son, comme d'hab.*

Dix minutes plus tard, peut-être un peu moins, j'envoie à RTL Patrick Henry déblatérant ces énormités sur ce qui pourrait lui coûter sa tête. Deux ou trois jours, je vais faire la gueule à Lemaître en pensant à cette trahison. Et enfin je le chope et j'explose.

— *Merde Alain, t'aurais pu me prévenir que tu l'avais fait toi aussi ! C'est pas sympa !*

Il se marre, il est même prêt à se bidonner. Je sens qu'il y a un truc que je ne saisis pas, mais je n'arrive pas à percuter lequel. C'est à ce moment qu'il reprend :

— *Dis donc, t'as rien vu depuis que tu dors dans cet hôtel ? T'as même pas vu qu'à côté du téléphone y a un récepteur radio ? T'as jamais écouté la radio dans ta chambre ?*

Et là une sorte de lumière crue se fait dans mon esprit. Une de ces lueurs qui précèdent l'orage. Je pige tout ! Et je lui dis, effondré :

— *Non ! Me dis pas que t'as fait ça ! Je le crois pas ! Et en plus tu me passes ta bande ! Mais c'est n'importe quoi !*

Lemaître réveillé comme moi, encore plus tôt, par sa rédaction qui venait d'entendre le scoop d'Europe 1, avait attendu le journal suivant de nos concurrents et au moment où arrivait à l'antenne le sujet, et surtout la déclaration de Patrick Henry, avait collé son micro au haut-parleur du poste installé à son chevet et enregistré celle-ci. Le réflexe avait pris le pas sur tout le reste. En trois coups de ciseaux, il remontait la bande histoire de lui donner une autre tonalité que celle d'Europe et hop, dans la poche ! Je crois bien que je lui en ai encore plus voulu que s'il avait vraiment interviewé le suspect n°1 sans me le dire. J'ai mis pas mal de temps après cette affaire pour rire avec lui de cette énorme supercherie. À RTL d'abord puis ensuite à RMC, Alain en avait fait d'autres durant ses premières années de radio. La façon dont il était parvenu à sa place expliquait pas mal de choses. À 17 ans, il avait été le plus jeune reporter de France. Il était arrivé à RTL comme coupeur des télégrammes de l'AFP qu'il portait aux présentateurs des infos. Une fois ce service terminé, il hantait la rédaction en espérant boucher un trou et être envoyé sur un coup. Il dormait même dans les studios pour se donner toutes les chances. C'est sans doute le seul pour lequel la direction avait demandé une dérogation afin de lui obtenir sa carte de presse de stagiaire, qu'il n'aurait pas pu avoir avant sa majorité. En plus de gros faits divers, il avait couvert l'opération de la légion française sautant sur Kolwezi et l'attentat aux JO de Munich. Nos parcours se ressemblaient tant qu'ils me rapprochaient encore plus de lui. Après RTL, il s'est retrouvé pas mal d'années à RMC. C'est à cette époque que nous nous sommes liés d'amitié. Puis, il avait fait un peu de télé et enfin il avait intégré Le Parisien Libéré. Il avait pris la chronique judiciaire et il choisissait le plus souvent des procès en province, sur des dossiers que personne dans les autres rédactions n'avait vu passer. Et quand on lisait son compte rendu d'audience écrit avec style dans le journal, et que l'on s'apercevait de l'intérêt de cette audience, il était trop tard. Puis, tombant un peu dans l'intempérance, il avait été bombardé chef des informations de nuit. C'est lui qui faisait partir le journal à l'impression. Et là encore, de temps à autre, il nous doublait en reprenant en première page une information qui se révélait d'importance ou de grand intérêt. Malade depuis pas mal de temps, Alain Lemaître est décédé en juin 2007 dans le plus total dénuement. Une gentille consœur du Parisien m'avait alerté sur ses conditions de vie après que sa santé défaillante eut contraint notre copain à prendre sa retraite de façon anticipée. Selon Emmanuelle Maurel, il vivait dans l'Yonne comme un chiffonnier traînant une carriole derrière une mobylette pour faire de la récupération. Avec quelques potes qui le connaissaient et l'aimaient, nous avions décidé de débarquer sur son territoire sans prévenir et de l'inviter, de lui apporter un peu de réconfort. Pressés par le boulot, nous n'avons jamais tenu parole et Manu Maurel m'a téléphoné un jour pour m'annoncer la triste nouvelle. Souvent je pense encore à lui et je m'en veux de ne pas avoir tenu mon serment d'amitié...

18 janvier 1977, palais de justice de Troyes.

L'instruction de l'affaire Bertrand a été rondement menée. On ne saura jamais si le petit Philippe a été tué le soir, le lendemain matin de l'arrivée intempestive des gendarmes près de la cabine téléphonique de Bréviandres ou après. Mais de forts soupçons subsistent. Et ce ne sont pas les explications des commissaires Bertrand et Pellegrini qui ont levé le doute. Pendant que la juge accomplissait ses actes de procédure, Yvan Brazov est revenu dans la région et il a obtenu une magnifique interview des parents de Henry. Pour suivre cette audience à retentissement international nous sommes trois. Claude Fouchier est grand maître de cérémonie et intervient dans les principaux journaux de la journée, Brice Barillon qui est arrivé peu de temps avant parmi nous, et qui domine mieux que moi la présentation de flashs d'infos, prend l'antenne à chacun d'entre eux et pour ma part, je suis chargé des interruptions spéciales, à chaque fois que nécessaire c'est-à-dire tout de même assez souvent. Fouchier a une place dans le box réservé à la presse judiciaire, Brice comme des dizaines d'autres rédacteurs est debout dans la salle et moi je ne suis même pas à l'intérieur. Je reste à la porte. Le service d'ordre est assez sympa pour la laisser le plus souvent entrouverte, car ils ont vu que des photographes voulaient essayer de « shooter » l'accusé dans son box, ce que la police de l'audience leur interdit formellement. Plusieurs copains parmi eux réussiront de très bons clichés.

C'est le ravisseur-meurtrier dont se tient le procès, mais c'est aussi celui de la peine de mort.

Jeudi 20 janvier 1977, palais de justice de Troyes, salle des pas perdus.

Pour le verdict Barillon et moi sommes convenus d'un dispositif spécial. Il l'écoute de l'intérieur en se postant non loin de la porte, j'attends de l'autre côté et il me le passe à la volée. Je n'ai plus qu'à foncer jusqu'à la voiture émettrice garée au bas des marches du bâtiment. Badinter vient de terminer sa longue plaidoirie, Patrick Henry a demandé pardon pour *ce qu'il ne peut plus réparer* (sic), la cour et les jurés se sont retirés. Nous sommes sur des charbons ardents. Nous nous attendons à un délibéré fleuve. Nous sommes fébriles, mais prêts. Notre excellent technicien est prévenu : dès qu'il me voit débouler en haut des marches, il réclame l'antenne. Une heure trente ! Il n'aura fallu en fait qu'une heure et demie, pour qu'à la surprise générale, Patrick Henry sauve sa tête !

Brice Barillon me crie :

— *Circonstances atténuantes, perpèt !*

Je fonce, je descends les premiers degrés, je me prends un pied dans le câble de mon Nagra que j'ai laissé pendouiller, je me vautre dans l'escalier, je me relève eu gueulant :

— Merde, fait chier... Tu parles d'une connerie !

Le temps d'un jingle c'est celui qu'il me faut pour parvenir au micro. Mais avec les quelques secondes perdues en tombant, quand je passe le casque du retour d'antenne sur mes oreilles je n'entends rien ! Blanc. J'attends la petite musique des flashs spéciaux pour y aller, elle n'a pas encore retenti. Ensuite, l'attaque et la suite sont immuables : RTL, l'heure et l'information. Toujours rien ! J'ai l'impression que d'interminables minutes s'égrènent. Et puis je vois le technicien qui me fait un signe désespéré pour me le faire comprendre : je suis déjà l'antenne ! L'indicatif est parti depuis quelques secondes ! Avant même que je chute, le techno l'a réclamée. Et c'est la raison pour laquelle je n'ai pas de retour, car c'est ma voix que je devrais entendre. Une fois passée l'information je demande la durée du « blanc ». En fait, il n'a pas été très long alors que cela m'a paru une éternité. En revanche c'est certain, mes vociférations émises en me relevant ont été perçues par les auditeurs à l'écoute. Ça m'a coûté cher le soir en apéros ! Les jours suivants commence une quasi-campagne en béatification de Robert Badinter, l'homme qui a sauvé « le monstre ». Claude Fouchier va y mettre un bémol. Quelque temps après le procès, il reçoit à RTL un appel d'une auditrice commerçante de Troyes. Elle veut absolument qu'il fasse un papier pour expliquer que son mari juré a bien voté la mort... lui ! Car leur boutique est boycottée, tout le monde pensant qu'il est un des « acquitteurs ». Jean Farran, le boss, dit alors à son grand-reporter de retourner à Troyes et de chercher les jurés, dont les trois qui se sont prononcés contre la peine capitale. Il va bien les retrouver ! Le Code de procédure pénale interdit qu'on les interroge, ce serait une violation du secret des délibérations. Mais Claude converse longtemps avec chacun d'entre eux afin de pouvoir faire un papier en rentrant. Et lorsqu'il évoque la plaidoirie de Badinter, il obtient la même réponse de ces trois-là : ce n'est pas cela qui a emporté leur décision. Chacun de leur côté, ils expliquent que c'est leur foi chrétienne qui les a accompagnés dans celle-ci. D'autant que dans son bulletin paroissial, l'évêque de la ville s'était prononcé peu de temps avant le procès contre la loi du Talion. Et comme l'écrira Claude Fouchier en juin 2000, dans une tribune confiée à notre ami commun Jean-Michel Helvig de Libération :

(...) Comment, dans un tel climat de haine, devant une opinion quasi unanime pour la condamnation à mort du criminel, le jury avait-il basculé dans l'autre sens ? Par le seul effet d'une plaidoirie

extraordinaire ? (...) Il y avait bien eu autre chose que l'unique force du verbe. D'autant que Marie-Françoise la maman du petit supplicié, elle aussi fervente catholique n'avait jamais appelé à la vengeance.

Fin stratège et journaliste jusqu'au bout des ongles, Jean Farran invita le couple Badinter à dîner rue Bayard en compagnie de Claude Fouchier. Le grand patron voulait que celui-ci raconte son enquête à l'avocat, qu'il lui explique les véritables motivations des trois jurés qui avaient sauvé la tête de son client. Selon Claude qui me l'a confié quarante-trois ans plus tard, Robert Badinter a été très intéressé par son récit. Mais jusqu'à aujourd'hui le célèbre ténor, dans chacun de ceux qu'il a faits de sa plaidoirie de Troyes et du verdict, s'est bien gardé d'évoquer les vraies raisons du choix de trois chrétiens incapables de voter la mort, quel que soit le crime !

Cadavres exquis

Où les disparitions violentes de personnalités bousculent la Ve République.

Où l'on révèle que l'indic' de l'affaire de Broglie a manipulé voyous et policiers pour protéger la seconde équipe.

Où l'on apprend que Robert Boulin est mort d'avoir été passé à tabac.

Où l'on reparle du gang des Lyonnais dans le dossier sur le meurtre de Joseph Fontanet...

24 décembre 1976, 2 rue des Dardanelles, Paris 17e, 10 heures passées.

Le flash info de RTL vient de se terminer. Retentit alors à l'antenne le jingle spécial annonçant une information importante. Daniel Albérici, un reporter multifonction, efficace et discret, prend l'antenne.

— *Je me trouve à l'angle de la rue des Dardanelles et du boulevard Pershing, à deux pas de la porte-Maillot, où vient d'être assassiné monsieur Jean de Broglie, 55 ans, député des Républicains indépendants de l'Eure, et ancien secrétaire d'État aux Affaires étrangères. Sur le trottoir, en face du 2 rue des Dardanelles se trouve toujours le corps de la victime de ce règlement de compte, politique sans doute, qui a eu lieu vers 9 heures 20 - 9 heures 25 ce matin. Un homme de 17 ans environ a tiré trois coups de feu sur cette personne qui sortait de chez elle. Monsieur de Broglie a été atteint donc de trois balles de revolver, deux à la tête et une dans la poitrine. Cela a eu lieu alors qu'il franchissait la porte de son immeuble. Le meurtrier a semble-t-il, réussi à prendre la fuite, encore que les policiers très nombreux ici ont, à tout hasard, quadrillé le quartier.*

Il n'a pas fallu cinq minutes au journaliste pour foncer du siège de la station jusqu'à la scène de crime, accompagné d'un des techniciens-motards maison. Son premier papier est complet, carré et... gonflé ! Évoquer à 10 heures ce 24 décembre la possibilité d'un règlement de compte politique, ça l'est ! Mais qui sait, c'est peut-être aussi prémonitoire... RTL, une fois encore, a été le premier média sur place. Grandes Oreilles a encore frappé et, comprenant en écoutant ses *oiseaux* la qualité des personnalités dépêchées sur les lieux du crime, il en a déduit qu'il s'agissait d'une grosse affaire. À 13 heures, la rue est encore bouclée lorsque Jean-Claude Larrivoire, qui présente le journal de la mi-journée, appelle sur place en direct Daniel Albérici. Celui-ci n'a pas chômé depuis sa première intervention. Il agrémente son papier de deux témoignages forts. Celui de la concierge du 2 d'abord. Madame Favier raconte :

— *J'ai vu le monsieur tomber. Je me suis précipitée, j'ai vu des gens qui s'étaient précipités. J'ai dit qu'est-ce qui s'est passé ? Personne ne m'a répondu. Là-dessus je suis rentrée chez moi prendre un manteau et j'ai dit à mon mari : on vient de tuer quelqu'un. Je suis ressortie, puis juste la police arrivait. Ils m'ont interrogée, j'ai dit ce que j'avais à dire... Je l'ai vu mourir ! J'ai dit à mon mari : Ça y est, il est mort... Quand je l'ai vu, la première fois, il respirait. Difficilement, mais il respirait.*

On entend ensuite les observations d'une habitante du lieu :

— *J'étais à la fenêtre. J'ai regardé, et tout à coup, je vois un jeune homme courir, pas très grand, brun, avec un pardessus marron foncé. Il ne courait pas, il volait !* (sic)

Le gratin de la presse s'empare de l'affaire. France-Soir aligne cinq reporters, dont son principal, accrédité au Quai des Orfèvres, l'excellent Jean-Marie Texier. Au 36, ils sont quatre correspondants qui, au second étage, se partagent un local qui tient plus du placard que du bureau. Pour l'AFP c'est René Alazard, lunettes plantées en permanence en haut du front, craint, mais respecté des confrères. Éric Follin pige à la modeste Agence centrale de presse qui, de temps en temps, tient tout de même tête à l'écrasante AFP. Éric collabore aussi très efficacement à RTL, mais son employeur principal c'est L'Aurore. Un quotidien du matin vieillissant, mais encore pointu sur les faits divers, qui compte une équipe de choc : les Francis Schull, Jacques Lesinge, Francis Puyalte, le *so british* Jacques Chambaz, Jean-Michel Saint-Ouen, Claude-Marie Vadrot écolo-journaliste avant l'heure, et mon vieux copain disparu bien trop tôt, Alain Matheron, *nounours*, sobriquet dû tant à sa démarche, à sa stature, qu'à sa façon de s'exprimer, tout en rondeur. Autant de personnages que je côtoie souvent depuis que j'ai été intégré à la rédaction de la rue Bayard.

Le Figaro compte sur un de ses meilleurs correspondants à la PJ, Jean Paillardin. Au service *informations générales* du Figaro, les reporters de pointe sont à l'époque Charles Nupin, croisé pour la première fois lorsque j'étais correspondant du journal dans l'Oise. Et puis, il y a aussi Lucien Miard un excellent investigateur et une plume hors pair. Mais un prince mort justifie bien un grand-reporter, Thierry Desjardin rejoindra donc ses collègues pour plusieurs papiers. Les jours suivants, des informations seront distillées à la presse, toujours plus précises. Au 36 on évoque un « contrat », un tueur en cavale, une équipe de malfrats...

29 décembre 1976, ministère de l'Intérieur, place Beauvau Paris 8e. 18 heures.

Après les interpellations d'un certain nombre de personnages, les médias sont invités à venir écouter le ministre Michel Poniatowski. Initialement, il devait livrer les chiffres de la délinquance de l'année qui se terminait. Les journalistes auraient préféré honorer un autre rendez-vous, celui que leur avait fixé Pierre Ottavioli au siège de la PJ, pour faire le point sur les avancées de l'enquête de Broglie. Mais cette rencontre a été annulée. La suite est passée à la postérité et devrait figurer comme cas d'école, dans toutes celles qui forment les magistrats et les policiers : *comment violer le secret de l'instruction, quand on est ministre de la Police, directeur de la PJ et patron de la plus prestigieuse brigade de France ?* Car, à l'heure à laquelle le *Prince-premier flic de France* s'exprime ce soir-là, un juge a déjà été désigné. Il s'appelle Guy Floch. Michel Poniatowski, Jean Ducret et Pierre Ottavioli vont joyeusement piétiner ses prérogatives. Le premier en déclarant :

— *Le coup de filet est complet. Toutes les personnes impliquées sont appréhendées après l'arrestation de Pierre de Varga, alias Hirsh.*

Le second en précisant le mobile du crime et en citant les noms de Varga et Patrick de Ribemont. Ottavioli, en concluant sur celui qu'il désignait comme le pivot de toute l'affaire :

— *Je pense que ce doit être M. de Varga-Hirch.*

Sur ce, Jean Ducret renchérissait :

— *Monsieur de Varga est l'instigateur et son acolyte, monsieur de Ribemont. Ce sont les instigateurs de l'assassinat. L'organisateur, c'est l'inspecteur Simoné et l'assassin c'est monsieur Frèche.*

Fermez le ban ! Certains imaginaient que l'histoire allait s'arrêter là. Il est vrai que pour le policier dévoyé, ses collègues de la préfecture et les malfaiteurs, elle avait débuté depuis pas mal de temps... Grâce surtout à un indic' qui connaît chacun de ces derniers. Dès les prémices de cette aventure, Albert Leyris, alias *Tonton*, a éclairé son officier traitant à la 10e BT, l'inspecteur Michel Roux.

1er avril 1976, siège de la 10e brigade territoriale de la PJ parisienne. Flashback…

Courant mars 1976, Leyris prévient Roux d'une prochaine affaire de bons du Trésor contrefaits. Le 30 mars Michel Roux et son chef à la 10e BT, Claude Sirurguet, mettent au parfum Jean Poli, le responsable de l'Office de la fausse monnaie (OCRFM). Et ce 1er avril 1976, l'inspecteur Roux couche tout cela noir sur blanc en rédigeant un rapport destiné à son patron. Celui-ci fait suivre à la direction de la PJ, 36 quai des Orfèvres. Une copie est transmise à l'OCRFM. Michel Roux explique qu'un renseignement, provenant *d'une source ne désirant pas voir son nom apparaître*, évoque *une carambouille de bons du Trésor factices portant sur plusieurs milliards anciens, qui devrait partir les jours prochains de la région méditerranéenne.*

Il précise :

— *Parmi les organisateurs du trafic figurent un gros bonnet et un avocat exerçant au barreau de Paris.*

Albert Leyris est même allé plus loin. Il a amené à Roux des échantillons : un exemplaire de fausse obligation et quatre coupures de 500 francs que la presse clandestine doit aussi fabriquer.

— *La première n'est pas d'excellente qualité. En revanche, les billets étaient comme des vrais*, me confiera plus tard Michel Roux.

Selon la balance, l'imprimerie est itinérante. Elle serait basée à Nice au moment où il en parle, mais devrait remonter en Île-de-France. Leyris apporte encore des précisions à Michel Roux : les noms des deux commanditaires du trafic de bons. Il désigne Pierre de Varga et Jean de Broglie. Il évoque aussi un troisième personnage qu'il décrit comme *expert financier*, un certain *Ribemont*. Selon ce complément d'information livré clefs en main à la 10e BT, le politique affairiste mêlé à l'histoire *devrait être abattu prochainement par des hommes de main* à la suite d'une *indélicatesse envers ses associés*. Michel Roux le consigne dans son rapport, puis il commence à surveiller Simoné. Mais celui-ci est sur ses gardes. Albert Leyris, qui n'est pas à une trahison près, l'a prévenu que son commissariat, à la Défense, a été placé sur écoute. Michel Roux va se rendre à Nice et à Marseille pour tenter de localiser l'endroit d'où doivent partir les contrefaçons. En vain ! Dès qu'Albert Leyris a donné au policier cette histoire de faux bons du Trésor, il y avait de quoi être circonspect. Car à cette date, ce dont on parlera peu, leur fabrication est terminée ! L'imprimerie a déjà déménagé et elle a tourné en plein Paris et dans deux communes de l'Ouest parisien ! Les valeurs sont sur le marché... gabonais. En fait, le commanditaire de l'opération est un arménien, vrai escroc et homme d'affaires bidon. Il s'appelle Margueditch Tertzaguian. À l'époque où l'inspecteur Roux est mis au parfum par *monsieur Albert*, Tertzaguian vient de monter à Libreville la société Deltex. Il a beaucoup emprunté. Près de 150 millions de francs[1] français prêtés par la Banque du Gabon et du Luxembourg et consolidés par des bons du Trésor... faux ! Le maître d'œuvre de ce coup est un voyou et tueur à gages marseillais, Roland Lupérini. Pourquoi (ou pour qui) Albert Leyris a-t-il balancé Pierre de Varga et Jean de Broglie comme ayant commandité cette opération ? Ceux-ci avaient-ils partie liée avec l'Arménien ? Rien de cela n'apparaît au dossier de Broglie. Leyris a-t-il été intoxiqué par Lupérini ? Ou, parfaitement au courant de la vraie destination des faux bons a-t-il agi sur ordre pour dissimuler les authentiques raisons du complot contre le prince, protéger la véritable équipe chargée de l'ourdir et égarer la police ? La réponse à ces questions est une des clés de *l'affaire de Broglie !*

En attendant, j'ai pris ce dossier en marche, en compagnie de quelques autres reporters de RTL. Je vais me le coltiner durant cinq ans, jusqu'au procès des protagonistes désignés dès le départ que je couvrirai avec Jacques Labib.

Dans l'immédiat, j'emménage et j'en suis fort aise ! Le *deux-pièces* n'est pas trop grand, mais il suffit à mettre un terme à ma vie de bohémien. À la mi-juin 1973, quand RTL m'avait sollicité pour un remplacement d'été, la radio m'a logé et blanchi deux mois et demi dans un superbe trois-étoiles de la rue Jean-Goujon, à deux minutes des studios. Cette embellie terminée, la galère d'intendance a commencé. Je suis resté longtemps pigiste sans moyens suffisants pour louer quoi que ce soit. J'étais censé rentrer dans l'Oise chaque soir. Durant cette période, je tentais donc d'attraper au vol en gare du Nord le dernier train menant à Compiègne ou à Creil. Lorsque je le ratais, je variais les plaisirs. Parfois je me laissais enfermer dans l'enceinte SNCF, j'attendais la mise à quai du splendide Paris-Moscou et je m'installais sur ses banquettes de velours vert et rouge. Découvert par la sécurité je rentrais rue Bayard. Si je commençais de très bonne heure le lendemain matin, je me reposais dans un studio

1. 22 865 853 euros.

et prenais ma douche dans les magnifiques toilettes de la toute nouvelle rédaction. J'aurais dormi par terre pour conserver mon job ! Mais pas question non plus de passer pour un vagabond. Alors il m'arrivait aussi de coucher en douce dans une voiture de reportage garée impasse d'Antin, derrière RTL. Pas très confortable et il fallait éviter de choisir celle qui était de permanence… Claude Fouchier m'a parfois accueilli dans son douillet pied-à-terre, mais je ne voulais pas taper l'incruste. Jusqu'à ce que je rencontre Catherine, une archiviste géniale de L'Express. Elle vivait avec ses deux merveilleux petits gars sous les toits, au 54 boulevard Saint-Germain. Malheureusement, son appart était bien trop étroit pour quatre !

27 septembre 1976, 5 rue Achille-Martinet, siège de la 10e BT.

Avec l'aide de Jean Dufour, le nouveau responsable de la brigade, l'inspecteur Roux rédige un second rapport concernant le dossier en cours. Il apporte des éléments supplémentaires, fournis une fois encore par Albert Leyris. Cette fois, il s'agit du meurtre comploté par la bande : *Outre les deux personnages mentionnés verbalement le 1er avril 1976, il a été possible de savoir que les commanditaires du trafic étaient deux hommes de grand renom, l'un propriétaire de grands restaurants parisiens, l'autre exerçant une activité politique. (…) En raison de l'importance des personnages cités et pour préserver la réussite de l'affaire, aucune vérification n'a été entreprise dans nos fichiers (…) il est à préciser qu'à la suite d'une indélicatesse commise par l'homme politique, lors d'une affaire précédente portant sur plusieurs millions, ce dernier devrait être abattu par des hommes de main, dans les jours prochains, certainement avant l'opération bons du Trésor.*

En annexe figurent, ajoutées à la main, les identités des deux instigateurs présumés, mais surtout celle de la cible : *Jean de Broglie*. Et Roux communique oralement à son chef les noms de deux des voyous impliqués : *Bernard André* et *Simon Kolkowicz*. Sous couvert de la voie hiérarchique, le rapport est transmis à Roger Poiblanc, sous-directeur aux affaires criminelles du Quai des Orfèvres, et au patron de la PJ, Jean Ducret. Chacune de leur côté, la 10e BT et la BRI vont travailler encore deux mois sur les protagonistes de cette affaire. Parmi les flics de l'antigang, *Jean-Bernard Vincent*. Je côtoie quelques-uns de ses collègues, tel Pierre Degand, surnommé le boxeur, Raymond d'Authier, dit le marquis, dont la particule n'est pas usurpée, ou Bernard Pire, bras droit de Robert Broussard le numéro 2 de la BRI. Mais je ne connais pas Vincent. Depuis, nous avons fait du chemin en devenant amis. En fait, nous commencerons à nous fréquenter quand il exercera un métier (presque) différent. Il s'est opposé à sa hiérarchie pour la gestion par celle-ci de l'affaire de Broglie. Il a démissionné puis a choisi le journalisme. Nous nous rencontrons pour la première fois alors qu'il officie au Quotidien de Paris, où j'avais quelques autres potes. Nouvelle profession, changement de patronyme, *Jean-Bernard Vincent* s'appelle dorénavant *Éric Yung*. L'excellent poulet est devenu un reporter de très bonne facture, et bientôt un écrivain de grand talent. Policier, il faisait partie de tous les dispositifs chargés de surveiller Bernard André. Très vite, une question tarabuste les hommes de la BRI. André, qui leur a été signalé par leur patron Marcel Leclerc comme susceptible de préparer des braquages, se déplace avec des béquilles… Pas très pratique…

Mardi 5 octobre 1976, domicile de Bernard André, 44 rue Manin.

Son téléphone est sur écoute et dans une conversation interceptée, il fait état *d'un contrat à propos d'un prince qui a un château dans l'Eure.* Plus tard, Jean Ducret le directeur de la PJ, confronté à l'inspecteur Roux, expliquera qu'il pouvait s'agir d'un contrat commercial ! Ma mère aurait dit :

— *Raconte ça à un cheval de bois, il te flanque un coup de pied !*

Durant plusieurs années, et même pendant le procès de tout ce beau monde, la polémique enflera sur deux thèmes : l'antigang ne savait pas que ceux qu'elle surveillait préparaient une exécution. Personne n'avait porté cette information par écrit, à la connaissance des hiérarques de la PJ parisienne, et ne parlons pas du ministère de l'Intérieur !

Mercredi 2 avril 1980, Paris, siège du Canard enchaîné.

Georges Marion qui essaie de se faire une petite place parmi les piliers de l'hebdomadaire a fini par obtenir les deux rapports Roux. Selon Georges, c'est Claude Angéli qui est considéré au journal comme le spécialiste des affaires bien tordues et qui les voulait à tout prix ! C'est un syndicaliste policier qui les a passés à Marion. Je crois bien le connaître et en juillet 2020 je lui téléphone. Jean Pierre, c'est son prénom, ne me dément pas avoir été à l'origine de cette fuite. Il ajoute même :

— *Par la suite, quand mon collègue Roux a été dans le collimateur, nous avons monté une diversion. Je l'ai rencontré dans un rade, pas loin de la 10e BT, et j'ai fait comme s'il me parlait du dossier et qu'il me remettait des documents. Dehors, Vincent l'ancien de la BRI devenu Éric Yung nous photographiait. Les images sont parues dans le journal où il débutait, le Quotidien de Paris. Ça a provoqué un nouveau beau bordel !*

Le précédent était la divulgation des deux mises en garde écrites à sa hiérarchie par l'inspecteur Roux. Immense pataquès, suivi d'un supplément d'information, de la constitution d'une commission d'enquête parlementaire et de la demande de comparution de Poniatowski devant la Haute Cour de justice par l'opposition. Les masques tombent ! Bien entendu comme les autres médias, RTL reprend allègrement ce scoop du palmipède. Dans un excellent bouquin paru en 2008[2], Georges Marion raconte comment VGE était détesté par les journalistes du Canard. Et, à l'époque où il découvre l'existence des rapports Roux, les prochaines élections présidentielles sont proches. Le journal veut faire pencher la balance du côté des socialistes...

Reste qu'il y a encore beaucoup de choses que ce coup de Trafalgar politique n'explique pas. Et parfois, pour comprendre, il ne faut pas négliger de relire ses propres écrits... et ceux des autres bien entendu.

Examinons d'abord la thèse des chefs de la police judiciaire, qui à l'époque affirment mordicus que la BRI ne savait pas que ceux qu'elle surveillait se préparaient à attenter à la vie de Jean de Broglie. Dès 1983, un peu plus d'un an après le procès, dans le livre « P... comme Police »[3], mon co-auteur et moi-même citions à peu près tous les protagonistes du dossier, y compris ceux qui ne l'avaient jamais été. Sur les manquements de la PJ, nous notions : *(...) on peut l'écrire aujourd'hui, l'Antigang savait parfaitement ce qu'il en était du contrat « lancé » contre Jean de Broglie. Il s'agissait bien pour eux de suivre des suspects préparant son assassinat (...) ». Une de nos taupes à l'antigang nous avait déclaré pour cet ouvrage : « (...) les autres chefs de groupes ont essayé de ne pas traiter ce dossier qui avait des relents politiques (...) Ducret s'est sûrement senti dépassé par les évènements, mais il était obligé de faire quelque chose (...) Ducret était obligé de trancher. Il a été l'objet d'un ensemble de pressions qui ont fait qu'il a été amené à verrouiller.*

2. *Profession Fouille-Merde*, éditions du Seuil (2008).

3. *P... comme Police*, Alain Hamon et Jean-Charles Marchand. Éditions A.Moreau (1983).

Au fil des pages de *P... comme police* nous avions aussi touché de près ceux qui pouvaient se trouver au centre du complot contre de Broglie. Mais à la date de sortie de notre livre, qui nous valut un passage sur le plateau de Bernard Pivot à *Apostrophes*, nous ne les avions pas reliés entre eux ni à un mobile probant. Des éléments recueillis au milieu des années 80, firent avancer ma conviction personnelle. J'avais promis de les garder pour moi, tant que mon principal informateur ne me donnerait pas le feu vert. Il est malheureusement décédé un an après que nous ayons parlé pour la dernière fois des dossiers de Broglie et consorts... et de bien d'autres ! Cet informateur, qui était avant tout mon ami, s'appelle Lucien Aimé Blanc. Dans les années 80, il est proche d'un inspecteur divisionnaire des RG parisiens. Encore eux ! Et, malgré ce qu'ont écrit plusieurs confrères, ce dernier ne se contente pas de faire du secrétariat aux renseignements généraux. C'est même le contraire, mais le faire croire sied plus à son désir de discrétion. En fait, il est chargé – comme ses collègues de la 2e section des RGPP au courant du complot contre de Broglie – des coups tordus et manipulations en tout genre. Il opère surtout dans le domaine du terrorisme séparatiste, FLNC, FLB ou ETA. Je vais le rencontrer grâce à Lucien, mais l'homme est réputé pour être une tombe. Il me faudra pas mal de temps pour l'apprivoiser. Jusqu'à ce qu'un jour de java avec lui et Lulu, je finisse par lui poser la question qui me brûle les lèvres : quel a été le rôle de certains membres des RG parisiens ? Dès le lendemain de l'assassinat, un de mes contacts m'avait expliqué que des flics étaient rue des Dardanelles très peu avant l'exécution de Jean de Broglie. La réponse du copain de Lulu est sans appel, mais je ne peux m'en servir à l'époque où je la recueille. Depuis, ni Lucien Aimé Blanc, ni ce flic des RG ne sont plus des nôtres. Je me sens donc dégagé de ce serment. Selon ce collègue de Lucien, *les gars de la 2* étaient sur les lieux de l'attentat pour protéger une deuxième équipe. Ces membres de la 2e section des RGPP étaient là pour éviter toute intervention intempestive d'une patrouille de police ou de gêneurs... Dans son livre *L'Affaire de Broglie*[4], mon ami Jacques Bacelon lançait déjà l'hypothèse d'un autre groupe de malfaisants présents le jour du drame. Mais voici que j'en avais confirmation de la *bouche du cheval.*

4. *L'Affaire de Broglie.* Éditions Jean Picollec 1981).

Courant juin 2020, Nessa (Haute Corse), Chateauvieux (Loir-et-Cher).

— Allo Éric ? Dis donc, la boîte de sécurité dont tu parles dans La Tentation de l'ombre[5]*, c'est celle de Méléro !*

Je viens de scotcher mon vieux copain Éric Yung. Un roman largement autobiographique. Il y raconte sa longue agonie administrative après avoir fait dissidence dans le dossier de Broglie. Éric ne s'est jamais privé d'affirmer que son groupe et le chef de la BRI savaient qu'ils filochaient des candidats au meurtre, et pas de vulgaires voyous préparant des braquages.

Dans ses mémoires parues en 1996, Robert Broussard numéro 2 de la brigade à l'époque des faits tente de discréditer Éric : *(...) un ancien inspecteur de la BRI – Jean Bernard V. – aujourd'hui journaliste sous un autre nom, a prétendu que nous étions informés du projet d'assassinat. Mais ces attaques revanchardes, émanant d'un homme écarté de la police à la suite de péripéties privées, étaient trop peu crédibles pour être retenues (...).*

« Poilautour » (référence au collier de barbe du commissaire) n'y va pas de main morte ! Pourtant, un de ses plus fidèles lieutenants, Bernard Pire, n'est pas d'accord. Depuis sa paisible retraite du Pouliguen, avant de lâcher la rampe en février 2015, il m'a confié un jour :

— Notre collègue Roux de la 10e BT nous avait bien parlé du projet d'assassinat contre de Broglie.

Mais, au détour d'une page du récit d'Éric, je découvre une autre information. Il ne l'approfondit pas, car ce n'est pas primordial pour sa démonstration générale. Il écrit : *(...) L'histoire des faux bons du Trésor quittait le domaine de la rumeur pour entrer, à petits pas, dans celui du criminel (...).* Et l'auteur d'expliquer que courant 1976, le chef d'un groupe différent du sien à l'antigang, avait reçu les confidences d'un indicateur sur un très important trafic de valeurs. Celui-ci était destiné à acquérir tout aussi illégalement des armes, pour les revendre de la même façon. La fabrication se passait du côté de Marseille. Déjà, une personnalité de premier plan était impliquée. Cette péripétie se situe bien avant que la BRI soit mise sur un dossier qui ressemble à s'y méprendre à celui évoqué par l'inspecteur Roux. De plus, selon cet inspecteur de la BRI qui a recueilli les informations de cet indic, ce dernier travaillerait pour *une société de sécurité*

5. *La Tentation de l'ombre.* Éditions Gallimard - Folio (2001).

privée, spécialisée dans celle des politiques de droite, et des coups foireux en Afrique. Et la balance précisait que des services de police s'étaient déjà intéressés à cette officine sans beaucoup de résultats. D'où mon appel téléphonique à Éric Yung confiné aux côtés de sa merveilleuse compagne dans leur superbe domaine de la Chapinière. Et quand je lui cite le nom du propriétaire de la boîte de gardiennage à laquelle il fait allusion, il est soufflé :

— *Comment as-tu deviné ? En tout cas à la brigade c'est Gérard Marlet, qui avait eu ce tuyau sur une autre affaire de faux bons du Trésor.*

Comment j'ai deviné ? *P... comme police* était passé par là ! L'officine, ses dirigeants, les repris de justice qui tournaient autour, nous avions tout écrit dans notre bouquin ! Quant à Gérard Marlet, je le connaissais bien avant qu'il se tue en voiture au retour d'une mission. Son frère Richard m'a fait l'honneur depuis de m'accorder sa confiance alors que je réalisais un documentaire avec son service de l'identité judiciaire qu'il avait sorti de la préhistoire... Ainsi donc, la société d'Antoine Méléro était citée dans un trafic de faux bons du Trésor, avant celui prétendument à l'origine du contrat contre de Broglie ! Rappelons qu'à la tête de la Shark, son entreprise de gros bras, il s'est associé à Jacques Mérignac. Et ce dernier faisait partie des comploteurs qui visaient la victime princière. De plus, dès 1983 j'avais appris que le truand marseillais Roland Lupérini avait lui aussi, rendu des services à la boîte de Méléro et Mérignac. Le même Lupérini qui en mai 1976 était en quête d'un homme prêt à éliminer de Broglie, pour une somme de 70 000 francs (*10 670 euros*). Mais aucun des trois ne fut jamais inquiété. C'est pourtant là que la présence de Méléro dans l'histoire prend toute son importance. Si lors d'une transaction précédente, Jean de Broglie était déjà associé à l'équipe Méléro, Mérignac, André Quattri (autre associé du premier dans son entreprise de sécurité), Lupérini, et que le prince leur a manqué, point n'est besoin d'aller chercher très loin l'origine de ses gros ennuis...

Tout a été imaginé pour expliquer son exécution : une élimination par certains de ses anciens amis politiques ; une embrouille avec le très mystérieux et influent Opus Dei. Très franchement qui serait assez farfelu dans un parti pour confier un contrat d'assassinat à des bras cassés comme ceux qui ont été jugés, sauf à lancer en même temps sur le coup des types plus professionnels ? Quant à l'Opus Dei, ses grands maîtres n'auraient-ils pas d'autres porte-flingue que ceux-là ? La seule chose que l'on puisse imaginer c'est que, mis au courant par les

RG de ce qui se tramait, on se soit dit en très haut lieu que le mieux était de ne surtout pas intervenir pour sauver un empêcheur de tourner en rond... Mais un fait est certain : avec Antoine Méléro à ses basques, Jean de Broglie n'avait pas besoin d'ennemis supplémentaires ! C'est là qu'apparaît la 2e équipe et que se rejoignent les deux mobiles : un personnage comme Méléro aurait voulu se venger d'une mauvaise manière que lui aurait faite de Broglie et, en même temps, il pouvait opérer pour une officine telle le SAC qu'il fréquentait lui aussi, tout comme son associé Mérignac et son homme de main Lupérini. Le Service d'action civique, ou quelques-uns de ses affidés, sous-traitant la mise en œuvre de la liquidation. En fait, Frèche s'il n'avait pas perdu son sang-froid et tiré le 24 décembre devait juste porter le chapeau. On l'aurait fait disparaître ensuite. D'où l'intérêt d'avoir un Albert Leyris au confluent de l'ensemble des participants à la confection de cette immense toile d'araignée autour du prince de Broglie. Selon Lucien Aimé Blanc, auquel s'était vraisemblablement confié son collègue des RG, l'indic' de l'inspecteur Michel Roux aurait en fait embrouillé tout le monde sur ordre. Pour Lulu, Leyris a sciemment orienté Michel Roux sur Pierre de Varga, Simoné et Gérard Frèche pour permettre à la seconde bande d'œuvrer à l'aise. Car elle, devait d'abord enlever de Broglie et lui faire dire ses secrets d'affaires... et de politicien. Une opération *à la Boulin* !

Un autre ami de Lucien lui a fait une révélation supplémentaire qui est une confirmation définitive de l'existence d'une deuxième équipe rue des Dardanelles le 24 décembre 1976. Il s'appelle Pierre Michel. Avant d'être assassiné à Marseille, il y était juge d'instruction.

Jeudi 21 décembre 78, Marseille, maison de retraite Les Cigales. Flashback.

Le magistrat s'attaque au démantèlement d'un trafic de francs CFA contrefaits. Parmi les gens visés par ses poursuites : Antoine Taffani, candidat aux élections locales de 1965, proche de l'UDR (l'ancêtre du RPR) et André Quattri lui aussi associé dans la société de sécurité Shark de Méléro. Ce dernier déclare aux enquêteurs et à Pierre Michel que rien ne se fait dans le domaine de la fausse monnaie sans qu'Antoine Méléro n'y soit pour quelque chose... Un troisième individu se constitue prisonnier... Jacques Mérignac. Celui qui avait été vu plusieurs fois avec certains des membres de la bande qui tournait autour du prince de Broglie !

Comparaissant devant le juge quelque temps plus tard, Mérignac lui confie :

— *Vous savez, l'affaire de Broglie... Et bien, mes amis et moi étions sur ce coup...*

Puis Mérignac de se taire définitivement. Ni lui, ni Antoine Méléro ne seront jamais mis en cause dans la mort de Jean De Broglie. Ils seront donc et restent présumés innocents jusqu'à aujourd'hui.

J'oubliais, une dernière pour la route, car je ne suis pas certain qu'elle soit connue du grand public. C'est Éric Yung qui me la livre au téléphone en ce printemps 2020. Avec ses collègues de l'Antigang, il a participé à l'interpellation de Gérard Frèche, celui qui a tiré sur de Broglie. Avant de le confier à la criminelle, ils lui posent quelques questions sur ce qu'il a fait après avoir tué le prince.

— *J'ai demandé à de Varga de me déposer devant un cinéma, dans Paris.*

— *Lequel ? Pourquoi ?*

— *Je voulais absolument aller voir le dernier film avec Lino Ventura. Ça vient de sortir. Le titre c'est... Cadavres Exquis.*

Quand on vous dit que la réalité dépasse la fiction !

30 octobre 1979, Saint-Léger-en-Yvelines 10 heures.

Boulin, comme Ben Barka...

Il faut une petite heure pour parcourir les 58 kilomètres qui séparent la rue Bayard de Saint-Léger-en-Yvelines. La moto a vite fait de les avaler d'autant que l'*Étang Rompu* où nous nous rendons avec le technicien de RTL, se situe un peu avant le village, sur la départementale 138 qui mène d'abord aux étangs de Hollande. Sorti de la D138 il reste quelques centaines de mètres à faire par la route aux vaches. Nous sommes partis peu de temps après qu'est tombée à 9 heures 34 la dépêche urgente de l'AFP :

Mort de Robert Boulin !

Depuis le matin, Grandes Oreilles captait des messages sibyllins, mais n'avait pas réussi à les décrypter. C'est Alain Krauss qui, après un développement de l'agence à 9 h 45, lance le premier la nouvelle en précisant :

Le corps de M. Boulin a été retrouvé à proximité de sa voiture. La gendarmerie de Rambouillet a été bien sûr la première avisée et selon les premières constatations le suicide ne fait aucun doute.

Pas longtemps, pas pour tout le monde ! Plusieurs fois, j'ai entendu et lu ici ou là que les journalistes de RTL avaient annoncé le suicide. Pas tout à fait ! RTL a retransmis les informations de l'agence France-Presse à laquelle ses sources officielles disaient qu'il s'agissait d'une mort volontaire, c'est une nuance, mais elle peut faire la différence. Nous arrivons sur place vers 11 heures, mais une grosse difficulté nous attend : la liaison radio ne passe pas ! Il nous faut revenir sur nos pas en faisant de temps en temps des essais pour trouver le bon point d'émission. La chose primordiale qui a retenu notre attention, au technicien et à moi, avant même de me faire insuffler la moindre hypothèse par les autorités présentes, c'est le peu de profondeur de la petite étendue d'eau dans laquelle a été retrouvé le corps de Robert Boulin. Je suis à l'antenne dans le flash de midi puis plus longuement dans le journal de 13 heures.

À 13 heures 03 très exactement, j'évoque il est vrai dans mon papier les barbituriques qu'aurait ingurgités l'ancien ministre tel que le rapporte l'AFP, mais je précise :

— *Seule l'autopsie pourra déterminer s'il avait bien pris des tranquillisants et de quoi il est mort. Noyé ? C'est improbable. À 5 mètres du bord de l'étang, le corps était immergé dans à peine 60 centimètres d'eau.*

C'est pourtant la noyade qu'on va nous servir très rapidement. Sauf que l'examen médico-légal sera tellement tripoté que rien n'en sortira jamais de probant. Et ce suicide dans si peu d'eau va me poursuivre, car je remets la question sur le tapis le jeudi 1er novembre dans le 22 heures d'Édouard Pellet, qui n'est pas non plus tombé de la dernière pluie dans le domaine du fait divers.

Et ensuite ?

Et bien, disons-le tout net, le lendemain de ce second papier Jacques Mesrine meurt dans le traquenard de la police porte de Clignancourt et sa fin va largement prendre le pas sur celle de Boulin.

Restent, au fil du temps, des contre-enquêtes qui livrent des éléments plus que troublants. Mais aussi d'insignifiants détails qui, personnellement, me gênent, lorsque j'essaie d'analyser sans passion, ni arrière-pensées l'hypothèse de l'assassinat. Ainsi la fille d'Alexandre Sanguinetti, figure tutélaire du gaullisme et du RPR, déclare un jour que son père qui se mourait lui a confié les identités de trois personnages qui pourraient bien être impliqués dans la disparition violente de la victime. Mais dans la foulée

Jean Charbonnel, un autre historique de la droite, explique que Sanguinetti lui a soufflé... deux noms qu'après le décès de celui-ci il s'est empressé de mettre au coffre. Entre ces deux témoignages, un nom disparaît ! À RTL, l'éditorialiste vedette Philippe Alexandre, dit lui aussi avoir déposé un document accusateur à des mains intègres. Plus de nouvelle de cette pièce sans doute intéressante pour le dernier juge d'instruction à qui on a confié le soin de déterrer ce cadavre de la Ve République pour tenter d'en savoir plus.

Philippe Alexandre se sent un peu seul dans cette affaire. Ce n'est pas le grand amour avec Robert Bouley et Bernard Lefort les deux barons du service politique. Mais la garde montante promet ! Le doux, parfois fantasque mais oh combien journaliste Pierre Crisol, partira trop vite pour lancer Radio K, une antenne libre. Mais en plus de ma copine Michèle Cotta qui rejoindra quelque temps la rédaction, celle-ci verra aussi éclore des garçons comme le si excellent Bruno Cortes que TF1 ne s'y trompera pas et le débauchera, ou Gilles Leclerc qui, après être passé par Antenne 2, deviendra président de la chaîne parlementaire ! Mais certains journalistes politiques préférèrent visiblement que la mort de Boulin reste à la rubrique faits divers. Pour ne faire que dans le concret, cette réflexion finale d'Aimé Blanc, alors que nous évoquions la mort de Jean de Broglie :

— Boulin, les deux mecs qui devaient récupérer les docs y sont allés un peu fort !

Une fois encore, je suis persuadé que cela lui venait de son copain des renseignements généraux qui en savait décidément beaucoup. Je n'oublie pas non plus qu'une autre fois Lulu avait déclaré à nos amis de France Inter, dont Benoit Collombat est l'infatigable et talentueux enquêteur dans ce dossier, que lorsque meurt Robert Boulin, *le procureur général de Versailles Louis Bruno Chalret était une barbouze* et que c'était *l'homme idoine pour écraser l'affaire Boulin et donner une orientation différente à l'enquête de celle qu'elle aurait dû avoir.*

Juillet 2020, Nessa (Haute-Corse). Dernière minute.

Pour les besoins de cet ouvrage, je prends contact avec Florence Mothe, ancienne propriétaire d'un petit journal girondin, *La Gazette du pays.* Très proche des milieux politiques bordelais et même nationaux, elle avait publié en son temps une enquête sur la mort de Robert Boulin. Dans un des épisodes de ce *feuilleton*, elle livrait l'identité de Jacques P., ex-vedette du catch français, connu des sphères turbulentes de l'extrême droite. Pour Florence Mothe ce personnage haut en couleur se serait *vanté* d'avoir participé à la fin de Boulin. Dénégations de l'intéressé. Cependant, un contact retraité de la police nationale me cite deux autres noms, sans être bien certain de l'orthographe de ceux-ci. Et, en cet été 2020, Florence Mothe me les confirme en me racontant une bien étrange histoire. Selon elle, après avoir été incarcéré au Luxembourg pour un *contrat* dont il avait raté l'objectif, Jacques P. avait pris langue avec elle pour lui expliquer en substance : *on a fait pression sur moi pour que je démente ce que vous avez écrit. Pour Boulin j'étais bien présent, mais je suis trop professionnel pour m'être laissé aller à des violences fatales. C'est un des deux autres qui m'accompagnaient qui a eu la main trop lourde.*

Le nom du personnage qui aurait accompagné Jacques P, est celui d'un entrepreneur girondin, proche du SAC (Service d'action civique, la police parallèle de certains gaullistes) bordelais, Yvon K. Grâce au SAC, ce dernier aurait obtenu de juteux contrats dont il aurait partagé les bénéfices avec – au moins – deux hommes politiques intégrés dans le « système Chaban ». Selon certains sous le nez desquels il les aurait exhibées, Yvon K. faisait aussi dans les fausses factures. Florence Mothe va obtenir son identité et apprendre le rôle qu'il aurait joué dans la mort de Boulin d'une curieuse façon. Selon elle, c'est un fidèle collaborateur de Jacques Chaban-Delmas, ancien maire de Bordeaux, Marcel A. qui va le lui révéler, tel qu'elle me l'a raconté :

— Un jour où Marcel A. veille la mère mourante d'Yvon K. en compagnie de ce dernier, les deux hommes échangent des souvenirs. À un moment, Marcel A. dit à son ami : « quand je pense à tout ce que nous avons fait ! » Et Yvon K. de lui répondre : « j'ai fait bien pire ! » Pressé de s'expliquer il finit par lâcher : « j'ai tué Boulin ! On devait juste le corriger, j'ai été maladroit... »

Florence Mothe – selon elle – ne soufflera mot de ces *confidences* à personne.

Le dernier du trio est intéressant à plus d'un titre. Apparemment présent comme observateur, Erik C. est un ancien officier de l'armée française en Algérie, rallié à l'OAS. Emprisonné deux ans à la Santé pour ces accointances, il a ensuite monté une entreprise de sécurité. Il recrutait notamment des mercenaires pour opérer à l'étranger. Détail intéressant ou simple coïncidence, dévoilé par Pierre Péan dans son ultime ouvrage : c'est Erik C. qui en 1976 a assuré avec ses hommes la protection du château de Rivieren près de Bruxelles. C'est là que deux escrocs avaient mené leurs recherches sur les *avions renifleurs*, capables selon eux de détecter des gisements de pétrole depuis les airs. Ils avaient réussi à vendre leur *découverte* à Elf et à l'État français, son principal actionnaire, laquelle s'était révélée six ans plus tard être une vaste fumisterie ! Le dossier Elf dont Robert Boulin gardait un exemplaire qui semblait fort intéresser ceux qui l'ont serré de près durant les heures précédant sa mort... Malheureusement, aucun ne pourra plus rien dire aujourd'hui de tout cela, ils sont tous décédés !

Vendredi 1er février 1980, RTL, passé 0 h 30,

Une victime nommée Fontanet...

Jacques Labib et moi sommes encore à la rédaction. Alain son frère qui est déjà dans les tuyaux pour devenir un professeur de médecine reconnu, nous accompagne. Il y en a un autre qui ne dort pas, c'est Jean, notre ami Grandes Oreilles. Il demande à me parler. Jean m'explique qu'en écoutant ces *oiseaux* une dernière fois avant de se mettre au lit, il a entendu de drôles de gazouillis. Selon lui un homme a été révolvérisé il y a peu en bas du boulevard Émile-Augier, qui mène de la chaussée de La Muette à l'avenue Henri-Martin, dans le 16e arrondissement de Paris. Et, à part les premiers secours, s'il n'y a pas encore foule, les gardiens du commissariat du coin non seulement en appellent à des renforts, mais surtout à la venue de hauts responsables. Comme me le dit Grandes Oreilles :

— *Le gars qui s'est fait tirer dessus m'a l'air d'un sérieux client...*

Je lui demande de retarder un peu son coucher et de continuer à esgourder, puis je fais un rapide point avec Labib. À cette époque, il existe un outil tout simple, mais formidable dans une rédaction, l'annuaire par rues ! Combien de fois avons-nous parcouru des colonnes entières d'abonnés au téléphone d'une rue parisienne parce que nous n'avions ni nom ni adresse exacte. C'est le cas cette nuit, car Grandes Oreilles n'a entendu ni l'identité de la victime ni le numéro où se déroulent les faits sur le boulevard. Nous voici donc Jacques Labib et moi chacun un lourd bouquin en main à chercher qui pourrait être assez connu dans l'un des immeubles répertoriés de cet axe séparé par un terre-plein central, parfois agrémenté de squares verdoyants, sous lequel circule la ligne de petite ceinture empruntée par le RER. Qui pourrait avoir attiré la foudre criminelle sur lui dans ce quartier de La Muette ? Et à peu près au milieu, très exactement au numéro 36 le gros lot : Joseph Fontanet ! Ni une ni deux, Jacques Labib se met en studio et appelle. Une voix masculine répond :

— *Oui, bonsoir ! À qui ai-je l'honneur ?*

— *Bonsoir, Jacques Labib de RTL. Je voudrais parler à Joseph Fontanet...*

— *Je suis son fils, mais il ne devrait pas tarder...*

Jacques est très emmerdé, il hésite un peu :

— *Vous l'avez eu au téléphone récemment ? Vous êtes sûr qu'il rentre bientôt ?*

— *Bien entendu ! Pourquoi me posez-vous cette question ?*

— *Heu... vous avez une vue sur le boulevard ? Allez donc à la fenêtre...*

En bas, le long du trottoir la circulation est bloquée, pompiers et SAMU s'affairent, des cars police-secours, mais aussi des véhicules banalisés de la préfecture de police sont garés dans tous les sens. Le fils Fontanet reprend Labib au fil juste pour clore la conversation. Le temps que nous récupérions une voiture et que nous foncions, il est une heure et demie passée quand nous parvenons sur place, détournons un barrage de gardiens de la paix grâce à ma carte de journaliste accrédité à la PJ et sommes coincés par un flic plus rébarbatif. Un type de la brigade criminelle que je reconnais me dit simplement :

— *C'est le brouillard le plus complet.*

Nous essayons de recueillir quelques témoignages, mais de ce côté-là, nous sommes comme les poulets, sans grand monde à nous mettre sous la dent. Seul un concierge se souvient vaguement avoir entendu deux coups de feu. Ce qui est un de trop et qui occasionnera une confusion sur le nombre de projectiles tirés sur l'ancien ministre de Pompidou. Joseph Fontanet a été transporté à l'hôpital Laënnec, c'est peut-être lui notre principal atout. En route pour l'hosto ! Porte, réception, personnel d'accueil : nos trench-coats font le reste. Parmi tous les imperméables mastic façon Quai des Orfèvres qui sont déjà entrés, tout le monde peut se tromper... D'ailleurs, on ne nous demande rien. C'est dans le couloir qui mène au bloc opératoire qu'Alain Labib va commencer à flipper en pensant à la suite de sa carrière de toubib, au moment où il nous voit Jacques et moi, récupérer deux blouses blanches. Simple réflexe, qu'aurions-nous fait arrivés devant la porte de la salle d'op où le blessé grave luttait contre la mort ? Rentrer n'aurait servi à rien. Qu'importe, nous sommes arrêtés par une infirmière qui, même si nous avions été le pape et son nonce apostolique nous aurait interceptés.

À 5 heures 32 ce 1er février, premier papier à l'antenne depuis le bas de l'immeuble de la famille Fontanet. Les constatations de la nuit sont succinctes. Vers 0 heure 15, Joseph Fontanet revenait chez lui après une conférence dans une mairie de la région parisienne. Il avait déposé un collaborateur au domicile de celui-ci, avait garé sa modeste R5 devant le 36 boulevard Émile-Augier et s'apprêtait à en sortir son matériel dont un rétroprojecteur. C'est à cet instant qu'il a été touché par un projectile de 11,43 mm, le calibre des truands. Durant les vingt-quatre premières heures des investigations, seize commissaires et inspecteurs vont se relayer autour des lieux du drame.

— *Tous ceux qui participent à une enquête doivent aller sur place* me confiera Jacques Genthial qui prendrait bientôt la direction de la brigade criminelle.

— *Il faut que chacun visualise la scène, puisse la sentir, se souvienne du décor même celui qui ne fera que du papier.*

Et du *papier*, il y en a eu de fait dans cette affaire, le dossier compte 2 000 feuillets dactylographiés !

Sans qu'elle n'ait jamais été élucidée !

Et longtemps après, les principaux responsables de l'enquête tentaient toujours de nous faire avaler la possibilité du crime gratuit, le coup de sang d'un automobiliste irascible.

— *C'est pourtant l'exemple type du contrat effectué par un inconnu, qui a tiré avec une arme de professionnel et qui est reparti aussitôt très loin*, m'avait toutefois confié un copain inspecteur à la Crim', quelques jours plus tard.

Mardi 19 février 1980, Paris, Quai des Orfèvres, courant de journée.

Cinq demi-sel viennent d'être interpellés par la PJ. C'est la *bande à Thérèse*. En perquisition chez l'un d'entre eux les enquêteurs ont découvert un 11,43 mm. L'embellie ! Et pour couronner le tout, un des jeunes va avouer en préventive, que lui et ses potes avaient bien tiré sur Joseph Fontanet. Petit problème, il ne propose que des détails déjà publiés par la presse. C'est maigre. D'autant que leur avocat démonte dans un communiqué au Monde jusqu'à la réalité de l'existence de ce que certains policiers présentent comme une bande. Ils ne seront jamais inculpés et il faudra attendre la fin de l'année 80 pour que le tenace juge Guy Joly les lave définitivement de tous soupçons. Il venait de recevoir les résultats d'un examen balistique de leur pistolet, pratiqué par le laboratoire de la police fédérale allemande[6]. Il n'avait pas été utilisé pour tuer Joseph Fontanet. La liste des morts violentes de la Cinquième République continuait de s'allonger sans que celles-ci soient véritablement expliquées.

Été 2019, Paris, Nessa (Haute-Corse).

En apprenant qu'à la faveur de cet ouvrage je vais reparler du meurtre de Joseph Fontanet, un observateur de la vie et de la mort de ce dernier me propose, explications à l'appui, cette version de ce qui a pu lui arriver.

— *Ça remonte à la campagne présidentielle de Chaban-Delmas en 1974. Celui-ci, comme le reste du RPR, bénéficiait de fonds qui ne voyaient pas tous le jour. C'est ce que l'on a appelé le trésor du SAC (Service d'action civique). Sans même le savoir, Joseph Fontanet a pu manipuler une partie de cet argent, le blanchissant même parfois sans être au courant de rien. D'abord, pour le soutien de Chaban qu'il avait rejoint. Puis pour le lancement de son journal « J'informe » en 1977. Destiné à concurrencer Le Monde en prévision des législatives de 1978, le projet est doté d'un confortable budget de près de 10 millions de francs (1 525 000 euros). Sauf que la publication enregistre très vite des pertes colossales, plus de quatre millions de francs mensuels, dit-on à l'époque. Les ventes tombent à moins de vingt mille exemplaires. Joseph Fontanet fait cesser la casse en fermant le titre après trois mois d'existence.*

Le trésor du SAC, j'en ai entendu souvent parler, comme tout bon journaliste de faits divers qui se respecte. Une des plus importantes et célèbres rentrées de cash du Service d'action civique avait sans doute été le fabuleux hold-up perpétré par le gang des Lyonnais à la Poste de Strasbourg le 30 juin 1971. Plus d'un milliard de francs (1,5 million d'euros) ! Et ce ne fut pas le seul ! Une trentaine d'attaques à main armée au total, dont les plus juteuses rapportèrent quelque 27 millions de francs ! Le lien entre le SAC et les Lyonnais c'est l'un des historiques de ces derniers, Jean Augé. Il finira abattu par la génération montante de l'équipe. Mais avant, il avait eu le temps, avec ses complices tels Momon Vidal de s'en mettre plein les fouilles. Et selon Vidal, depuis rangé des voitures, durant les années fastes le SAC lyonnais percevait la moitié des sommes raflées ! Lors d'un débat

6. À l'époque, les techniciens du BKA (Bundeskriminalamt) étaient bien plus avancés que les nôtres. Exemple : à plusieurs reprises, des billets de rançons versées en France leur ont été confiés car ils étaient les seuls à pouvoir y relever des traces papillaires...

télévisé, le substitut François Colcombet n'avait-il pas lâché cette phrase lourde de sens :

— *J'ose espérer que l'on n'apprendra pas que certaines opérations de grand banditisme servent, pour partie, à alimenter les caisses d'un parti politique pour ses campagnes électorales.*

Une fois les scrutins des années 70 passés, pas certains de bénéficier des mêmes protections qu'avant, certains de ceux qui avaient partagé avec des politiciens voulurent rentrer dans leur donne. Je me souviens de Pierre Mérindol, grand-reporter au Progrès de Lyon, incomparable fait-diversier et chroniqueur judiciaire de grand talent, expliquant à quelques jeunots dont j'étais, que les voyous estimaient ne jamais devoir perdre leur mise de fonds. Mais comment faire redevenir propre de l'argent qui ne l'était pas du tout ? À part monter des circuits de blanchiment... La création du quotidien *J'Informe* en aurait fait partie. Malheureusement, sans que l'intègre Joseph Fontanet ne connaisse l'origine des sommes qui lui avaient été avancées, la *lessiveuse* n'engouffra pas longtemps ce qu'elle devait laver. De plus, le personnage étant d'une honnêteté sans faille, difficile de négocier avec lui. Ne restait plus aux voyous que la méthode forte pour réclamer leur dû ! Dans la nuit du 25 au 26 novembre 1971, une charge de plastic avait déjà explosé dans la villa de Joseph Fontanet à Brisons-Saint-Innocent (Savoie). Mais après sa mort, elle a encore été visée plusieurs fois, quatre exactement. Et le 20 mai 1982, les cambrioleurs avaient négligé les objets de valeur, comme si leur visite domiciliaire n'avait pour but que de découvrir des dossiers. La question n'est pas vaine quand on apprend l'identité de l'un des malfrats arrêtés par les gendarmes. Il s'agit de Bernard Izard. Il a un casier judiciaire et il est assigné à résidence à Aix-les-Bains. Izard, ça ne parlerait à personne s'il n'était le beau-frère... d'Edmond Vidal l'une des têtes du gang des Lyonnais ! S'il cherchait des documents, quels pouvaient être ceux-là ? La clé qui pourrait permettre aux voyous de rentrer dans leurs investissements ou la preuve des compromissions des anciennes connaissances politiques de Joseph Fontanet ?

Notre confrère Dominique Labarrière a présenté voici quelques semaines, lors d'un numéro de *L'Heure du crime* sur RTL, une autre hypothèse qui pourrait expliquer la mort de Fontanet.

Selon lui, cette affaire rejoindrait étrangement celle de Robert Boulin. Pour Labarrière, Robert Boulin aurait pu partager avec son grand ami Joseph Fontanet, quelques-uns des lourds et accablants secrets, concernant les dossiers financiers de la droite qu'il s'apprêtait à dévoiler.

Ne voulant pas les donner aux hommes que lui avaient envoyés ses anciens frères en politique, Boulin en était mort. Dépositaire des mêmes révélations, Joseph Fontanet devait disparaître lui aussi trois mois plus tard !

Certes, il n'était pas en possession des archives du noyé de l'étang rompu, mais il en aurait reçu les confidences...

Rapts à l'italienne

Où l'on voit le PDG de Fiat-France lâché par son entreprise, le baron Empain lâché par les siens et un de nos concurrents pourtant très informé lâché par la chance et par le temps...

Mercredi 13 avril 1977, RTL, ouverture du flash de 23 heures.

Le directeur de la société Fiat-France, M. Lucchino Revelli-Beaumont a été enlevé vers 21 heures ce soir par plusieurs hommes devant son domicile de la rue de la Pompe dans le 16e arrondissement à Paris. La police confirme ce rapt. Dès que des informations nous parviendront nous vous les communiquerons immédiatement.

La dépêche de l'AFP est parvenue au présentateur Nicolas Angel, alors qu'il donnait déjà les informations de la rédaction recoupées après l'alerte de Grandes Oreilles. La victime habite un immeuble de pierres de taille assez moderne et austère. En face, la rue de Sontay grimpe jusqu'à la place Victor-Hugo. Au carrefour un vieux bistrot de quartier, comptoir de bois ciré et de cuivre. Ce café, je vais y passer des jours et des nuits à attendre. Les policiers planquent les voyous. Il arrive aux journalistes de planquer les policiers. Même s'il fait une halte par un service de police, à un moment où un autre un otage relâché rentrera forcément chez lui... Donc nous l'y attendons. Ce rapt est l'un des cinq (sans compter une tentative) qui aura secoué la France et mis la police sur les dents, entre décembre 1975 et janvier 1978. Il va durer trois mois !

Jeudi 14 avril 1977, RTL, journal de 8 heures.

Cet enlèvement a été mené comme une véritable opération de commando et, à coup sûr, ce ne sont pas des plaisantins qui ont fait le coup...

Brice Barrillon raconte les faits en « situation » au pied de l'immeuble de l'otage. Ça deviendra très « tendance » en télé par la suite. Jacques Labib, qui a rejoint la rédaction depuis pas très longtemps, s'est tapé la planque toute la nuit, passant le relais aux premières heures. Le papier de Brice est limpide, la voix assurée. Il est fait pour ce métier, ça se sent et ça se sait ! Fils d'un général de corps d'armée engagé volontaire en 1939, fait deux fois prisonnier, deux fois évadé, Brice avait rencontré Jean Farran le maître du 22 rue Bayard en décembre 72. Fils de général ou pas, il se retrouve le 3 janvier 1973 à couper les dépêches pour les distribuer dans la rédaction et aux journaux à l'antenne. Un boulot ingrat pour pas un fifrelin… Après quelques semaines, on lui confie en plus les flashs spéciaux entre chacun de ceux diffusés à heure fixe. Et, comme Brice le dit aujourd'hui :

— *Il fallait courir vite car il y en avait six par heure !*

Il est embauché en 1975. Son expérience de la présentation lui vaudra d'être multicarte, un coup aux reportages, un autre aux journaux ou bien aux flashs. Et il est bon en tout ! Brice est un garçon que la pratique du métier et celles de certains confrères ont peut-être bien rendu un peu taciturne. Mais il est bourré d'un humour qu'il a plutôt froid. Jugez-en. Le voici donc une année au festival de Cannes pour faire de la « carte postale ». Pour RTL le maître de cérémonie est l'incomparable Rémo Forlani qui, avec Jean-Pierre Tison aux livres, érigent les deux talentueux piliers des pages culturelles de la radio. Rentré à Paris, Barillon présente sa note de frais au secrétaire général de la rédaction qui faute d'avoir continué dans le reportage compte les sous attribués aux reporters… Brice a loué un smok', remboursé ! Faute d'en trouver en location, il a aussi acheté une paire de vernis. Pas remboursés ! Engueulade, tergiversations, remboursés… à moitié ! Il attend son heure, puis grimpe chez le directeur de l'antenne, habitué du festival du film en tant que « cinéaste » lui-même, et pose une des godasses sur son bureau. Déjà que le personnage ne peut pas être pris quotidiennement en flagrant délit de franche rigolade, là il ne se marre pas du tout. Un de « ses » reporters posant une chaussure, fût-elle vernie, sur son bureau ! On frisait presque le crime de lèse « coqueluche du tout Paris » !

— *Pardon, c'est quoi ?*

Et Barillon de lui répondre du tac au tac :

— *On ne me rembourse que la moitié de cette paire que j'ai été obligé d'acheter pour Cannes. L'autre vous appartient donc. Je vous la rends !*

Outre qu'elle n'ait pas fait rire le grand patron ce qui, à la rigueur, ne serait pas très grave, la blague n'a pas aidé Brice à se faire un soutien au niveau directorial.

En pleine enquête sur la mort du prince de Broglie, je prends l'affaire Revelli en route, le mardi 19 avril 1977 pour les éditions du matin. À 18 heures Véronique Barbey et Pascal Pinning, les chefs d'infos du journal du soir de Jacques Paoli en redemandent. Ces deux confrères sont aux manettes pour lui depuis 1977. Ils y resteront jusqu'à son départ en 78 et le suivront à RMC. Véronique est la fille d'un banquier suisse mais elle le fait facilement oublier par sa « grande gueule », toujours prête à partir dans une rigolade. Pascal est plus réservé. Il est arrivé entre 1975 et 1976 et a bossé à la conduite de nuit avec Dédé Lacaze, avant que celui-ci prenne la rédac' en mains. Il a aussi fait un peu de reportage, jusqu'à ce que Lacaze lui propose de rejoindre Paoli. Aujourd'hui, je me marre en pensant à ceux qui relevaient chez Pascal Pinning son côté trop « introverti ». Je rigole, car en juillet 2020 il est directeur de tous les magazines d'information à TF1 depuis... vingt-cinq ans !

Jeudi 19 mai 1977, 5 heures du matin.

Une photo du PDG de Fiat France s'étale à la Une des journaux. Costumé, cravaté mais pas rasé, prostré, le regard tellement perdu dans le vide qu'on pourrait croire qu'il est en train de perdre la raison. L'image fait réagir son épouse qui depuis le début a repoussé les médias. Michel Cohen Solal réussit à l'interviewer par téléphone pour le journal de 13 heures. Ses derniers mots sont lourds de sens :

— *Pour ne pas vous mentir, j'ai peur...*

Et il y a de quoi ! Très vite, elle et ses enfants ont appris que les ravisseurs de leur mari et père ont fait passer celui-ci devant un « tribunal révolutionnaire ». Ce pourrait être une façon pour des voyous de se cacher derrière des motivations politiques à moins que les deux hypothèses puissent être mêlées. Dans la coulisse des contacts ont été pris entre les inconnus et la famille de l'otage. Des appels téléphoniques invitent son fils Paolo à courir les cafés parisiens pour y trouver des instructions écrites. Un jour un message l'attend au bar Le Trocadéro, dans la chasse d'eau des toilettes. Il comprend *fontaine* et le voici qui coure jusqu'à celle du Palais croyant y trouver le corps de son père immergé. L'enquête s'enlise très vite. Le dossier de Broglie me poursuit, suivi du procès de Mesrine. Je ne vais refaire surface rue de la Pompe que le jeudi 26 mai suivant, tandis que mes confrères de la rédaction se relaient sur l'histoire. En face, Europe 1 a mis Alexandre Fronti, adorable, la voix douce et la moustache rassurante. Sauf qu'il ne fait pas de cadeaux. C'est le jeu ! Le mercredi 8 juin, madame Revelli-Beaumont va demander de l'aide au PDG de Fiat à Turin. Il lui est impossible de réunir les 300 millions de francs réclamés pour la liberté de son mari. La somme est si folle que l'on a compris depuis que son montant a été divulgué que c'est Fiat qui est visé ! Officiellement, la réponse des frères Agnelli est négative. À son retour, l'épouse de Luchino Revelli-Beaumont organise une conférence de presse pour appeler ceux qui retiennent son époux à la raison, pour qu'ils le relâchent. C'est la tendre Sophie Lacour qui en fait le compte rendu. Qui n'a pas été amoureux de Sophie Lacour 22 rue Bayard ? Je ne lèverais pas le doigt… À partir du vendredi 10 juin, j'ai un peu plus de temps pour sonner mes informateurs et même les voir. Et à partir de là, une planque au long cours commence pour moi au 183 rue de la Pompe. Cependant, la presse écrite semble prendre ses précautions dans ce dossier. Il faut dire que s'en mêle un bien curieux ami de la famille, un certain Hector Aristy. Il se présente à nous comme *intermédiaire*. Il sera inculpé puis bénéficiera d'un non-lieu. C'est à cause de ce genre d'ambiguïtés que le vendredi 17 juin, Le *Parisien Libéré* titre sur toute la première page :

L'étrange rapt de M. Revelli-Beaumont.
Hector Aristy l'ami de la famille inculpé et écroué.

Rue de la Pompe la chasse aux tuyaux n'est pas aisée et parfois nous nous ennuyons ferme. Jusqu'à cette après-midi durant laquelle un coursier tape à la vitre de l'une des autos « barnum » des radios en planque. Le pauvre gars cherche un numéro au bas de la rue de Sontay qui visiblement n'existe pas. Je me mêle à la conversation entre le jeune homme paumé et le confrère qui essaie de l'aider. Et tout à coup je repère, qui dépasse du *top-case* du scooter, une énorme corbeille pleine à ras bord de fruits confits, de fruits frais, d'une ou deux bouteilles dont une d'un excellent champagne. Je dis au porteur :

— *Ah mais vous ne pouvez pas trouver cet immeuble, il n'existe pas ! C'est nous qui avons commandé ça pour l'anniversaire d'un collègue. Il est au bistrot, on veut lui faire la surprise. Si vous voulez votre colis je le prends en compte.*

Quoique légèrement dubitatif, et après réflexion, le jeune casqué finit par me tendre un carnet de livraison que je signe allègrement. Et le voici reparti. Champagne, fruits et amuse-gueule pour tout le monde ! Nous n'en avons plus jamais entendu parler. Je vais rester quinze jours à planquer ! Parfois je ne rentre même pas chez moi. Je somnole dans une berline de la rédaction et la voiture technique revient le lendemain dès six heures pour les journaux. Quand c'est la moto de François Guézille, fidèle et excellentissime technicien-motard, il passe avant chez moi, avec les clés que je lui ai confiées et me ramène slips et chaussettes propres. Je fais ma toilette tant bien que mal dans les lavabos du bistrot.

Mercredi 22 juin 1977, 13 heures.

Au journal de la mi-journée, grâce à un poulet de la BRB (brigade de répression du banditisme), je balance que la rançon a été payée en Suisse, entre l'avant-veille et la veille. Et le soir, pour son 18 heures Jacques Paoli m'ouvre un « portail » en me laissant faire en direct un papier de plus de deux minutes ! Dès la mi-journée, j'avais pris la précaution d'expliquer que nous serions démentis par tous les protagonistes de l'affaire, la société Fiat la première si nous la citions. Restent la famille et la police. Eux aussi ne se privèrent pas de le faire, plongeant nos confrères dans des abîmes de perplexité... Dans *RTL-soir* je prolonge mon propos du midi avec l'explication que m'a fournie l'après-midi Pierre Ottavioli, le chef de la brigade criminelle. Il m'a dit, sans vouloir être enregistré mais je le restitue tel quel à l'antenne :

— *Dans un rapt, il y a toujours un processus d'engagé entre la famille et les ravisseurs (...) si des éléments extérieurs (je crois qu'il faut penser là aux journalistes) s'insèrent dans le dispositif, eh bien tout risque de rater.*

Je suis l'affaire jusqu'au mardi 28 juin pour l'audition de Paolo Revelli-Beaumont par le juge d'instruction. Le lundi 11 juillet la nouvelle tombe :

Luchino Revelli-Beaumont a été libéré la veille au soir !

Me voici de retour sur ce sujet tandis que Jacques Labib couvre la conférence de presse du PDG libre. Je vais repartir pour onze jours d'enquête... et de veille sur place.

Un soir, ayant marre de nous gaver de sandwichs sur le trottoir de la rue de la Pompe, nous décidons Alain Lemaître de RMC, François Luizet de France-Soir, un troisième dont je ne me rappelle plus le nom et moi, d'aller nous faire un menu à la magnifique brasserie Stella, au coin de l'avenue Victor-Hugo et de la rue de la Pompe. Au moment de l'addition c'est moi qui me colle au sport favori des reporters, la récup' de justificatifs. À la caisse, j'en fais établir quatre copieux et sans date. Et puis voilà que j'aperçois un carnet complet de factures en blanc. Ni une ni deux, je l'empoche. Seul un serveur m'a vu et il m'a bien vu ! Il nous course dans la rue de la Pompe en criant « *le carnet, le carnet !* » Luizet se retourne à mi-parcours, plante son immense carcasse un peu voûtée devant lui et lui balance, l'air mauvais :

— *Jeune homme, sous-entendriez-vous que nous sommes des voleurs ?*

L'autre est si surpris qu'il hésite, commence à bafouiller, Luizet l'achève :

— *Non parce que si c'est cela, nous allons vous traîner devant les tribunaux ! Vous n'avez aucune preuve de ce que vous dites. Le carnet ? Quel carnet ?*

Devant tant de mauvaise foi le malheureux capitule et tourne les talons. Dans la foulée, décidé pour une fois à rentrer chez moi après être passé à RTL enregistrer un papier pour les journaux du matin suivant, j'accepte que Lemaître me raccompagne 22 rue Bayard. J'aurais dû me douter que ce n'était pas forcément une bonne idée quand il m'a demandé en approchant de la radio :

— *C'est toujours X qui est rédacteur en chef de nuit ?*

Après ma confirmation, il m'accompagne dans l'antre de ses toutes jeunes années de reporter, celles qui l'aidèrent à devenir un « grand ». Je le laisse aller saluer la petite équipe des fourmis studieuses qui avec talent et abnégation prépare chaque nuit un canevas détaillé des éditions du matin, la conduite. Quand un fracas de voix m'interrompt. Le contentieux devait être lourd entre Alain et le responsable de la nuit pour qu'il saisisse celui-ci littéralement par les oreilles avant de le conduire aux toilettes en le traitant de tous les noms, avec la ferme intention de lui plonger la tête dans un urinoir en criant :

— *C'est la seule place qui te convienne !*

Dénoncé par l'intéressé à Jean Farran, sans oublier de dire que c'était moi le responsable de ses maux car j'avais amené son *tortionnaire* à la boîte, Alain Lemaître que sa bouille ronde et sa houppette ont fait surnommer *Oumpapa* ne m'a jamais ensuite dit en avoir entendu parler. Moi non plus d'ailleurs... La « victime » de Lemaître vécut plus tard une autre humiliation. Longtemps intempérant, l'homme avait fait abstinence. Ses démons le reprenant, en douce il ingurgitait dans la matinée un verre de rosé qu'il planquait sur une étagère, pour le consommer par étape, dans le joli bar de la rédaction. Jusqu'au jour où Roger Zabel, étoile montante du service des sports, s'empare du flacon, y trempe son sexe et remet le tout en place jusqu'au retour du buveur qu'il contemple bientôt à son affaire, en compagnie de Jacques Labib. Poussant les feux jusqu'au bout Roger, hilare, révèle sa manœuvre à l'intéressé… qui n'y croit pas. Il faudra la confirmation de Labib pour qu'il s'étrangle de dégoût et de rage !

Vendredi 15 juillet 1977, fin de journée.

France Soir publie sur six colonnes à la Une le résultat des excellents contacts avec les enquêteurs de son correspondant au 36 : *Revelli-Beaumont, ce que la police sait des ravisseurs.*

Le mercredi 27 juillet il annonce une série d'interpellations : Revelli-Beaumont… Huit ravisseurs sont arrêtés et la rançon récupérée.

Le Parisien détaille, et émet un bémol :

Huit arrestations en Espagne, une en France, la rançon récupérée aux trois quarts en Suisse.

En annonçant le paiement de celle-ci trente-six jours plus tôt, j'avais juste faux sur un détail : réduite à deux millions de dollars, elle avait bien été versée sur des comptes en Suisse mais… par les ravisseurs eux-mêmes très imprudents sur ce coup. Le paiement lui-même avait en fait été physique, effectué nuitamment sur le Pont piéton de la Machine à Genève, par un banquier suisse mandaté par Fiat.

Lundi 23 janvier 1978, RTL 15 h 37. Flash spécial.

Paris… Le baron Édouard Empain a été enlevé avenue Foch devant son domicile à 11 heures ce matin.

C'est Martine Desjardin qui vient d'annoncer la nouvelle. En fait, le rapt a eu lieu à 10 heures 30. La Peugeot 604 sombre immatriculée 9002 FS 92 du président de l'énorme groupe industriel Empain Schneider, vient de sortir du parking souterrain du 33 avenue Foch, son domicile. Au bout d'une cinquantaine de mètres elle est bloquée par un tôlé J7 Peugeot du Val-de-Marne. Tout à coup, un cyclomotoriste vient choir juste entre les deux. Un électricien que va retrouver pour RTL Roselyne Arno, raconte qu'il a vu trois hommes, dont le cyclo faussement accidenté, se précipiter sur le chauffeur de la 604 puis sur son passager, pour engouffrer celui-ci dans le J7. Le témoin a aussitôt donné l'alerte.

Mardi 24 janvier 1978, RTL journal de 8 heures.

Nous NAPAP[1] *revendiquons l'enlèvement du Baron Empain. Nous exigeons la libération de nos camarades avant mercredi sinon nous tuons le baron. D'autres patrons suivront.*

En compagnie du merveilleux Maurice Favières à l'animation, Alain Krauss et Jean-Marie Cavada se partagent les journaux du petit matin. À cette heure-là, c'est Jean-Marie qui présente : il a bousculé son journal pour diffuser la revendication avec les précautions d'usage sur la véracité de celle-ci et la rigueur qui le caractérise. On va alors imaginer quelques heures que le rapt peut avoir une couleur politique. D'autant que l'Allemagne vient de vivre celui de Hans Martin Schleyer, le patron des patrons retrouvé assassiné à Mulhouse dans un coffre de voiture. Mais du côté du quai des Orfèvres on n'y croit pas longtemps. Dans la journée des enquêteurs de la criminelle ont accompagné un collaborateur du groupe Empain jusqu'à la gare de Lyon. Dans le casier de consigne 595 ils saisissent la carte d'identité belge n° VE 233258 du baron, un mot manuscrit de celui-ci qui rassure Sylvana son épouse, la demande d'une rançon faramineuse de 80 millions de francs (13 millions d'euros) et un petit paquet. Il est constitué d'une feuille format 21 cm sur 14,5 cm à laquelle est fixé à l'aide d'un ruban adhésif un flacon en verre de 5 cm de haut sur 3 de diamètre marqué d'un G à l'envers, du nombre 25 et du chiffre 5. À l'intérieur baignant dans un liquide aqueux… le morceau d'une phalange d'Édouard Jean Empain ! Ce que Jacques Paoli lors de *RTL-soir* à 18 heures, dans une improvisation totale dont il a le secret, *éditorialisera* en disant notamment :

— *C'est horrible et c'est ce que les ravisseurs appellent une preuve.*

Le 25 janvier les journaux du matin titrent tous là-dessus. *L'Humanité* qui suit avec attention le rapt d'un *grand patron* parle de *guerre d'usure.*

Le Soir de Bruxelles tente un conditionnel : *Les ravisseurs auraient envoyé à la famille un bout de doigt du baron*, un autre ose : *Le baron est-il toujours vivant ?*

Le Figaro n'hésite pas à aligner quatre journalistes : le grand reporter Thierry Desjardin, le sympathique Guy Le Bolzer,

1. Noyaux armés pour l'autonomie prolétarienne.

l'incontournable Lucien Miard et Gérard Jovené qui finira sa carrière au Canard enchaîné… Y a pire !

Vendredi 27 janvier 1978, 16 heures 50, Union des Banques 22 boulevard Malesherbes.

Un appel téléphonique demande au directeur de l'établissement d'aller chercher M. Jean-Jacques Bierry chez ses voisins du groupe Empain. Le banquier a compris et se hâte. Bierry agrippe le combiné et perçoit une voix anonyme :

— *M. Bierry ?*

— *Oui…*

L'intermédiaire se fait alors hurler dessus car il a oublié un détail :

— *Le code !*

— *Anjou !*

— *Foch !*

— *Avez-vous une réponse ? Avez-vous la rançon ?*

— *Les huit milliards c'est impossible ! Tout ce qu'on peut vous donner comme rançon c'est trois milliards de francs. Impossible d'obtenir des dollars ou des marks.*

— *Non ! C'est huit milliards ! Vous avez cinq secondes pour décider ou nous vous enverrons un morceau.*

— *Si vous touchez à un cheveu de sa tête vous n'aurez rien et nous raconterons tout à la télé. Ce sera fini.*

— *On s'en fout ! Vous avez deux secondes autrement ce sera un cadavre !*

— *Huit milliards c'est impossible techniquement ! Trois milliards, pas un sou de plus…*

— *Vous aurez demain un cadavre !*

Un horrible marchandage a commencé. Le groupe Empain Schneider veut bien payer mais pas ce qui est réclamé, même si c'est la vie du patron qui est en jeu !

Vendredi 27 janvier 1978, journal de Jacques Paoli, 18 h 02.

— *Nous demandons aux journalistes de nous laisser tranquilles s'ils veulent nous laisser une chance de retrouver mon père vivant. Il faudrait qu'on ne publie pas des choses qui ne sont pas vraies…*

J'ai réussi à obtenir une courte interview de Pascale Empain une des filles du baron. Quelques heures plus tôt la famille a reçu une lettre du reclus adressée à son aînée Patricia :

Je vais te demander une preuve de courage, celle de me sauver la vie. Voici ce que tu dois faire : prendre ma Mercedes, y mettre la rançon, aller où on te dit et n'accepter d'aucune façon d'être suivie par la police.

Mais, tout comme il a défrayé la chronique des affaires criminelles avant l'enlèvement, un pâle voyou va venir perturber le déroulement des tractations entamées pour la libération d'Édouard Jean Empain et de l'enquête de la brigade criminelle.

Mardi 31 janvier 1978, RTL flash de nuit 23 h 01.

Yves Maupetit interpellé à Valence !

Maupetit c'est lui qui avec sa complice a tué un père de famille le 15 janvier à Sucy-en-Brie, sérieusement blessé un de ses fils, puis supprimé son épouse. Pour moi c'est le grand écart entre le 33 avenue Foch et la Drôme. Et hop ! Trois jours d'affilée de Maupetit à l'antenne ! Suivis le 3 février de la reddition d'un des tueurs de l'Ardèche, d'une prise d'otages à Boulogne, le 16 d'un hold-up au club Med de Corfou et de l'arrestation des auteurs, et le 17 février 1978 d'une terrible explosion de gaz rue Raynouard dans le XVIe arrondissement. Avec le technicien nous arrivons si vite que lorsque nous nous préparons pour une première intervention à 16 heures 19, ça pète encore. Un truc mal identifié nous passe à ras des oreilles en dégageant un souffle phénoménal. Tu parles ! C'est une plaque d'égout en fonte. Elle sera retrouvée dans les étages. Il était moins une ! Bilan : 12 morts, 60 blessés, un millier d'habitants du quartier évacué !

Lundi 20 février 1978 siège du groupe Empain rue d'Anjou à Paris.

Les ravisseurs sont pressés ! Jusqu'à limiter considérablement leurs prétentions. Ils ne réclament plus que 40 millions de francs (60 997 000 euros). À RTL d'autres reporters ont pris la suite car je suis toujours l'affaire de l'explosion de gaz. Nous essayons de savoir notamment ce que sont devenues cinq personnes disparues dans la catastrophe. Le 21, je suis sur un procès à Rouen, le 24 je m'occupe de l'interpellation de Norbert Garceau un récidiviste qui a tué le 3 février précédent à Nîmes. À Paris, Pierre Ottavioli le patron de la brigade criminelle a gagné ! Tous les protagonistes du rapt Empain ont accepté que soit remise une rançon factice. Un rendez-vous est prévu à Megève.

Les voyous ne viendront jamais.

En fait, je ne vais retrouver ce dossier que le 27 mars à l'occasion de la fusillade qui opposera certains des ravisseurs du baron qui tentaient de fuir avec la rançon et les hommes de l'antigang. Grandes Oreilles nous l'a apportée sur un plateau. Rue Bayard nous avons suivi les évènements quasi en direct, minute par minute. Puis nous avons tenté d'aller voir sur place du côté du mur antibruit de L'Haÿ-les-Roses sur l'A6 où un des malfrats avait été tué. Et après avoir couvert ces rebondissements suivis de la libération d'Édouard Jean Empain, ce n'est pas moi qui ai poursuivi l'affaire mais elle qui m'a rattrapé !

Lundi 17 avril 1978, Casino Ruhl Nice.

Une énorme affaire de croupiers véreux vient de voir le jour au célèbre casino Rhul. Grâce à André Lucchesi, le sympathique et talentueux fait-diversier de Nice Matin, correspondant de RTL et du Parisien, j'ai obtenu une entrevue avec Jean-Dominique Fratoni, sulfureux directeur de l'établissement. Aïe, aïe, aïe, deux types baraqués et visiblement armés comme des porte-avions encadrent l'entrée de son immense bureau ! Et Fratoni qui verrouille sa porte, avant de répondre à mes questions ! Le soir, j'ai rendez-vous dans le plus grand secret avec Bernard Dalle, l'un des commissaires du service des courses et jeux des RG, qui supervise l'enquête. Je vais faire copain avec lui et tout au long de mon reportage, il va me rencarder sur l'avancée du dossier. Au grand dam d'Albert Mourey patron de la PJ niçoise, un grand escogriffe qui déteste les journalistes et pas mal de ses collègues.

Mercredi 19 avril 1978, promenade des Anglais, bar du Negresco.

Dalle me rejoint. Il a une info pour moi mais pas sur son histoire de casino.

— *Vous êtes au courant pour l'affaire Empain ?*

— *Ah non, c'est fini pour moi le rapt du baron... pour l'instant. Pourquoi ?*

— *L'antigang a arrêté un des mecs en cavale à la gare.*

Le nom du voyou, pas un premier couteau, les circonstances de son interpellation... Il a tout entendu raconter à la PJ niçoise et me balance le tout. Rien que pour emmerder le chef de cette dernière. Quand je passe l'info à Dédé Lucchesi il n'en revient pas ! Pour une fois, lui qui est super implanté chez les poulets du cru est doublé par un Parisien. Je lui laisse le temps de s'organiser vis-à-vis de son journal et je balance à RTL pour le flash de 20 heures. Le lendemain matin, j'en remets une couche dans un des journaux. Entre ça et le papier de Lucchesi dans *Nice Matin*, le directeur de la police judiciaire du coin est vert ! Point final à l'affaire Empain.

Limoges, 24, 25 et 26 juin 1980, arquebuserie Saint-Domnolet.

Trois fois ! Trois fois en trois jours que le beau mec brun accompagné d'une jolie blonde revient à la boutique. Et Jean-Jacques Personne, l'armurier, commence à être un poil agacé. Et que je demande un essai au stand de tir ! Et que je réclame au commerçant d'y retourner pour régler la lunette de visée acquise en même temps que la carabine de chasse, lors de sa première visite ! D'accord la Winchester 270 est une arme d'un certain prix et l'accessoire aussi mais bon, il n'y a pas que M. de Dotterie comme client ! Tiens d'ailleurs se dit M. Personne, quel âge peuvent-ils bien avoir tous les deux ? Vingt-cinq... vingt-huit ? En tout cas même pas trente ans !

Vendredi 27 juin 1980, Sainte-Orse (Dordogne)

La jeune conductrice de la R20 a payé cash ! Elle vient de louer le gîte rural de Jean Boishardy (65 ans) et de son épouse Anne-Marie, lieu-dit Menyssous. Les deux retraités sont heureux de ce règlement intégral. Ils ne savent pas qu'en inversant une lettre à son patronyme entre chez eux et Limoges Mme Dotterie/Dettorie a changé de nom !

— *Nous serons deux*, leur a-t-elle expliqué.

Mais c'est qui le second ? se demande Jean. Le chien, qui accompagne sa maîtresse partout ? Rentrant ses questions, il laisse la Parisienne s'installer dans leur grande longère aux murs de pierre chaulée. Jean Boishardy ne verra pas souvent *la deuxième personne*. Mais ce qui l'intriguera assez vite c'est que le couple ne s'est pas installé dans la seule chambre avec un grand lit.

— *Bizarre pour un couple de ne pas coucher dans un lit pour deux.*

Et puis, à part la jeune dame qui vient lui demander de temps à autre, et si poliment quelques œufs, c'est la première fois que des touristes ne taillent pas plus le bout de gras avec lui.

Samedi 28 juin 1980, 7 heures 55, D59 entre Confolens et Roumazières-Loubert.

Au volant de sa CX marron foncé Michel Maury-Laribière, 60 ans, six enfants, PDG de l'usine Tuileries briqueterie française (TBF) rétrograde. À proximité de la croix de Courtieux, près du hameau du même nom, un gendarme lui fait signe de s'arrêter. M. Maury-Laribière coupe son moteur, baisse sa vitre, le militaire s'approche et... lui balance un jet de gaz lacrymogène dans les yeux. Le sexagénaire suffoque, il se sent transporté jusqu'au coffre d'un véhicule qui démarre bientôt. Aveuglé, il ne comprend pas où on l'emmène ni combien de temps exactement dure son voyage. En fait, il roulera quatre heures alors qu'il faut deux heures et demie maximum pour l'emmener vers la suite de son calvaire. Onze jours de cauchemar commencent pour le vice-président du patronat français (CNPF). Et onze jours d'un reportage et d'une planque insensés, de filatures de voitures de police, d'écoute de leur radio, de coups de fil clandestins à certains informateurs, de coups fourrés à l'encontre de la concurrence mais aussi d'intense rigolade, pour Jacques Labib, Jacques Moisy notre technicien, mon habituel alter ego de RMC et moi-même. La plupart des envoyés spéciaux déboulent dans un des rares hôtels de Confolens qui puisse loger tant de clients à la fois dans des conditions de confort à peu près acceptables. Seul inconvénient, pour se faire ouvrir dans une chambre l'unique ligne directe il faut passer par la réception qui, à l'heure des repas peut être désertée. Très vite, notre piaule va devenir un foutoir indescriptible dans lequel nous dormons à quatre. Dès le départ, les services techniques de RTL avaient fait, une fois encore, des miracles. J'avais réclamé une voiture banalisée qui puisse émettre. Ils louèrent une R20 qu'ils équipèrent des moyens équivalents à celles en dotation à Paris. Pas de voiture multicolore c'était en pensant aux services de police et aux « courettes » que nous serions obligés de faire derrière eux. Arrivés en Charente, Jacques Moisy se transforme en acrobate. Il grimpe sur le toit de l'hôtel de la *Mère Michelet*, pas pour retrouver son chat... et plante une antenne. Dans le peu d'espace qui reste dans la chambre il installe un émetteur-récepteur qui relaie celui déjà monté dans la Renault. Sur le pavillon de celle-ci il ajoute une grande antenne-fouet. Et enfin, Bayard loue aux PTT une ligne téléphonique spéciale ouverte en permanence entre la *Mère Michelet* et RTL rue Bayard. Ainsi pouvons-nous être en liaison directe avec la rédaction et l'antenne quand nous avons à intervenir, de n'importe quel point où nous nous trouvons de la région. Enfin, accessoire indispensable à la couverture des faits divers à cette époque, un scanner bricolé par Grandes Oreilles branché sur les flics, à la tête de nos lits ou dans la boîte à gants de l'une de nos bagnoles. Labib est parti avec un véhicule de la station.

Dimanche 29 juin 1980, Confolens, hôtel de la Mère Michelet.

L'arrivée en renfort d'une grosse équipe de l'Office du banditisme est plutôt la bienvenue car j'y compte toujours quelques relations. À un détail près. Elle est dirigée par le numéro 2 de l'OCRB et celui-ci est très proche d'un des piliers d'Europe 1, Charles Villeneuve qui, comme par hasard, est arrivé à Confolens. Va falloir jouer serré et un grand moment de solitude nous envahit. La quatrième radio, France Inter est représentée par son correspondant permanent bordelais Alain Monard, un envoyé spécial et un technicien. Beaucoup de copains de presse écrite sont aussi là. Parmi eux François Luizet de France-Soir, Jacques Chambaz de L'Aurore et Serge Raffy le correspondant régional de Libération. Le premier a remis le nez dans l'alcool à haute dose et ça désole tous ceux qui l'aiment bien, le second est une sorte de dandy à la plume alerte qui n'aime rien tant que de s'éloigner le plus loin et le plus longtemps possible de son journal. Mais s'il écrit pointu, il manque d'infos. À Paris dans sa rédaction, d'autres que lui ont des contacts avec la police mais loin de ses bases c'est plus coton pour lui. Alors en Charente, il va nous habituer à un ballet, toujours souriant et bienveillant, que nous ne songeons même pas à lui reprocher. Deux fois par jour, midi et soir, il ramasse la copie des reporters de radio et avec cette « matière », il pond son papier du lendemain. Luizet s'installe sur la terrasse et fait la même chose mais en plus simple. D'abord, il nous hèle :

— *Hé la merde !*

C'est sa manière d'apostropher ses confrères. Mais il ne s'épargne pas non plus. Une fois, alors que l'un d'entre nous l'a appelé de la même façon, il a juste rectifié :

— *Monsieur... la merde !*

Ensuite il nous offre un verre, quand on a le temps, et il nous accouche. Le reste est affaire de talent... et d'imagination. Raffy le troisième, je l'ai rencontré vers 1976 alors que je couvrais le meurtre d'un abbé près de Montauban. Il travaillait pour RMC ou déjà pour Libé. Il y a aussi nos confrères de La Charente. Déjà qu'il s'agit d'un excellent journal, voilà que ses reporters sur ce coup, tant rédacteurs que photographes, sont des très bons. Mais ils sont imprimés à Angoulême soit à quelque 120 km aller-retour de notre QG. Difficile pour moi de faire ce que je fais d'habitude quand je couvre un fait divers dans une ville où sont installés un ou plusieurs journaux. Ne mésestimant jamais mes confrères de la PQR, et pour cause c'est parmi eux que j'ai débuté, je vais systématiquement chercher leur première édition au petit matin, au pied des rotatives. Pas pour les piller car si je me sers de leurs infos, je les cite ! Juste pour gagner du temps sur mon propre boulot quand ils sont plus avancés que moi dans le leur. Et ça m'a servi plus d'une fois, surtout avec les titres qui comptaient des as du fait div. Et il y en avait ! Et puis, quelques jours après le rapt, voici que nous rejoint pour Le Monde : Jean-Marc Théolleyre ! Un de mes exemples en journalisme ! Le mot juste, la réflexion claire, sans jugement à l'emporte-pièce. Quand je couvre un procès à ses côtés, en lisant son compte rendu d'audience le lendemain je découvre presque toujours quelque chose à laquelle réagit une petite voix intérieurement :

— *Merde ! J'avais pas vu ça !*

Très vite, il va conforter notre petite équipe dans ce que nous observons : la famille et les flics nous prennent pour des billes ! *Que déduire encore de l'arrivée, annoncée comme imminente, d'une compagnie républicaine de sécurité, sinon que les responsables de l'enquête pensent que les ravisseurs pourraient se manifester dans la journée de ce mardi 1er juillet*, écrit *Théo* dans *Le Monde* du 2 juillet. Eh oui ! Nous ne le savons pas, mais dans la lettre laissée sur le siège avant de la Citroën du PDG, ses ravisseurs précisaient que les 30 millions de francs réclamés devraient être remis le 2 juillet. Alors, même si on ne nous dit rien, il faudrait être aveugles pour ne pas être alertés. Cela dit, les policiers parisiens savent bien que quelques-uns d'entre nous ne marcheront pas dans leur combine. La preuve : ils ont même désigné à la famille deux ou trois envoyés spéciaux dont il faut se méfier. En parlant d'elle Théolleyre signe : *Elle a fixé à la presse deux rendez-vous quotidiens mais, jusqu'à présent, une légitime prudence fait que de ce côté-là non plus on ne peut, du moins dans l'immédiat, attendre beaucoup de réponses.*

Pour RTL, Jacques Labib assure le maximum de « tout-venant », même si je me colle moi aussi au papier d'ambiance à l'usine Laribière de Roumazières, ou au portrait de Manuel le fils dédié aux contacts avec nous.

Mercredi 2 juillet 1980, gendarmerie de Confolens, opération « boule de gomme »

Ma principale mission est de surveiller la caserne où les gens de l'OCRB ont établi leur PC et l'hôtel où ils sont descendus, tandis que notre confrère de RMC les *esgourdes* au scanner. Ma planque commence par le recueil d'une anecdote qu'un de mes contacts à l'Office du banditisme resté au siège se fait un malin plaisir de très vite me raconter au téléphone. La première chose que fait Honoré Gévaudan, numéro 2 de la PJ nationale en arrivant sur le front des troupes est d'aller les saluer chez les pandores. À ceux de l'Office du banditisme ou de la PJ de Bordeaux officiellement saisie, et qui ne le remettraient pas, il se présente :

— *Bonjour, Gévaudan.*

Presque tous répondent en opinant du chef :

— *Monsieur le directeur…*

Jusqu'à cet ancien légionnaire à la gueule un peu fêlée qui à *Bonjour, Gévaudan !* répond :

— *Rendez-les-moi !*

Silence gêné et au suivant ! Alain Monard, l'ancien de Radio-France en rit encore aujourd'hui ! Je connais bien Honoré Gévaudan. À la fin de sa carrière je l'aurais même côtoyé deux ou trois fois en privé aux côtés de sa fille, ma copine Roselyne Arno, rencontrée pour la première fois lors de l'enlèvement de Sophie Duguet en 1969 dans l'Aisne. Elle y était pour France-Soir. En 1980 elle est encore aux reportages à RTL, mais elle va bientôt rejoindre Jacques Chapus dans son équipe du 18 heures. Elle y remplacera Elisabeth Stelescot. Excellente présentatrice d'infos, cette dernière a aussi fait un peu de terrain. En fait, nous sommes camarades de « gerbe » elle et moi. Le 3 mars 1974 en forêt d'Ermenonville nous avons en effet vomi côte à côte en arrivant au milieu du véritable charnier de 346 morts disséminés dans une clairière après le crash du DC-10 de la Turkish Airlines. Mais j'ai beau le connaître déjà un peu, Gévaudan ne me fera pas de fleurs. Selon Elisabeth, il n'en fait même pas à sa fille… Gévaudan est là pour le lancement de l'opération « boule de gomme ». C'est tellement rigolard comme nom de code, qu'il faudrait être le dernier des derniers pour ne pas comprendre que c'est du vent ! Mais qui coûte cher ! Six cents gendarmes et policiers de CRS pour des contrôles et des barrages sur les routes pendant deux jours. Ça en jette mais il n'en ressort rien ! Tout ça parce que les aménagements techniques et radio de la PJ n'étaient pas prêts pour la première remise de rançon ! C'est le contre-espionnage (DST), qui va fournir des balises de tracking, dont une sera suivie par hélico ! En plus des deux rencontres quotidiennes avec Manuel, l'un des fils Maury-Laribière, nous allons avoir droit à quelques points du numéro 2 de la PJ. Cela dit, pour l'un de ceux-ci nous attendions Gévaudan et voici que nous apparaît… Fernandel ! Sa caricature en tout cas. Sétois condisciple de Maurice Clavel, de Brassens et du chansonnier Pierre-Jean Vaillard, qui plus est fils de comédien, le commissaire n'a pas à se forcer. Une fois encore il ne nous dit rien mais avec quel talent ! Il va même nous mentir. Par exemple en nous disant que tout va bien entre sa PJ et les gendarmes. Tu parles ! Dès le début, Claude Bardon le chef du SRPJ de Bordeaux a exigé du préfet et du procureur d'Angoulême que son service soit le seul saisi !

Dimanche 6 juillet 1980, campagne charentaise, 13 heures.

Nous avons craqué ! Nous voulions prendre l'air. Nous avons entraîné avec nous Luizet et Chambaz. Avec Jacques Labib, Jacques Moisy, notre collègue de RMC et moi nous voici six attablés dans un restaurant trois étoiles du coin avec terrasse ouverte sur une magnifique piscine et de la verdure. Et patatras ! Au fond de la salle, qui ne peuvent nous voir à l'endroit où nous sommes installés : Charles Villeneuve d'Europe 1 et Charles Pellegrini… de la police ! Comme nos propres infos nous laissent à penser qu'une nouvelle tentative de remise de rançon est en cours, nous nous disons que les deux complices sont en train de faire le point. Et ça, c'est juste pas possible ! Âmes sensibles à la déontologie aisée derrière leurs bureaux s'abstenir. Nous allons nous conduire comme des sales gosses et des vilains confrères ! Mais après cinquante ans de faits divers et de reportages, je peux assurer que d'autres ont fait bien pire. Au premier aller de Villeneuve direction les toilettes, notre collègue lui file le train. En fait c'est au téléphone que se rend le collègue d'Europe 1. Pas facile d'entendre mais visiblement il passe des infos et des consignes pour les jours à venir. Deuxième aller-retour, un autre de notre groupe y va. Nous irons trois fois coller nos oreilles grandes ouvertes pas loin de la cabine dans laquelle il est installé. Nous n'en tirerons pas grand-chose, sauf que le théâtre des opérations semble s'être déplacé vers la Dordogne et qu'un rendez-vous est imminent.

Samedi 8 juillet 1978, 2 heures du matin, Confolens demeure des Maury-Laribière.

Dans la voiture bariolée de RTL, Jacques Labib a pris son tour de planque et tente de ne pas sommeiller. Il m'a depuis rafraîchi la mémoire sur ce qui lui est arrivé.

— *Tout à coup, les cars de la section de CRS placée en garde statique à proximité décalent. Que peut-il bien se passer ? Où vont-ils ? Et surtout que dois-je faire ? Dégarnir la planque ? J'ai aucun moyen de te prévenir ! Dois-je rester et passer à côté d'un truc important ? Je décide de suivre les flics. J'ai le temps depuis une cabine de prévenir la rédaction afin qu'elle fasse la liaison avec toi. J'aperçois un panneau : Périgueux 40 kilomètres ! Les gars de la CRS se mettent en place sur un point fixe à proximité d'un bled : Thenon. Impossible de leur faire dire quoi que ce soit ! Je décide de rejoindre notre hôtel, mort de fatigue.*

Mais son aller-retour est important car c'est la confirmation que la géographie de l'affaire a changé. En fait ce remue-ménage, ce sont les soixante techniciens des PTT réquisitionnés par le procureur d'Angoulême qui l'ont provoqué. Ils ont pu déterminer que la plupart des appels téléphoniques adressés à Jean-Luc Maury-Laribière provenaient d'une cabine publique périgourdine.

Mardi 8 juillet 1980 dans la matinée, gîte des Meynissous, Sainte-Orse (Dordogne).

Depuis huit jours, Jean Boishardy trouve son petit couple de plus en plus bizarre. Ils ont tout de même consommé une bouteille de gaz en deux jours ! À deux ! Régulièrement il note les allées et venues. Il a bien vu que *le gars, quand il s'en va, est toujours seul.* Mais bon, il hésite tout de même à aller voir les gendarmes, *si lui et sa femme se trompaient.* Mais un doute en entraîne un autre : *ils ont demandé la grange pour deux voitures et jusque-là il n'a vu que la R20. Ils ne sortent jamais ensemble. Ils ne font jamais les courses au village. Et puis les volets de la chambre au nord qui restent toujours fermés…* Jean Boishardy va même aller à sa banque vérifier s'il n'y avait pas eu de problème avec les billets de banque remis pour la location. Avec tout ça, il n'avait même pas pensé à Narcisse ! Narcisse Martin, son copain le gendarme retraité ! Celui-ci l'écoute attentivement et fait immédiatement le lien avec l'important dispositif qui s'est mis en place dès l'aube pas loin, autour de Thenon. Narcisse file voir ses anciens collègues les plus proches qui préviennent leur hiérarchie. La gendarmerie nationale aurait pu vouloir se la faire belle vis-à-vis des flics de Paris qui l'avaient humiliée. Ses officiers ont préféré penser : *qu'ils se démerdent les as des as parisiens !* Dommage !

Mercredi 9 juillet dans la matinée, gîte des Meynissous, Sainte-Orse (Dordogne).

Une équipe mixte OCRB-SRPJ de Bordeaux vient soulever le lourd heurtoir de fer forgé de la porte du gîte des Boishardy. Une jeune femme ouvre qui est aussitôt maîtrisée. Elle s'appelle Dominique Werner. L'inspecteur bordelais Christian Purgues traverse la demeure en ouvrant chacune des pièces qui se présentent à lui, vides ! Jusqu'à celle du fond dont l'entrée est fermée mais pas verrouillée. Collé au mur, l'arme dans la main droite il pousse la porte de la gauche. Bingo ! Michel Maury-Laribière, hagard, est là sur un lit, un pied enchaîné à un radiateur. Werner sa geôlière a 20 ans. Et avant même qu'un officier de police judiciaire couche ses aveux sur procès-verbal, elle s'épanche. L'auteur du rapt est l'amour de sa vie, Jacques Hyver 31 ans. Ce sont deux enfants de bonne famille. Ils voulaient continuer leur rêve : voyager partout dans le monde mais il n'avait plus d'argent. Tandis qu'elle parle aux policiers, prostrée sur une chaise au bout de la table où elle a préparé des petits plats pour le prisonnier, à Paris, son compagnon tente une nouvelle fois de se faire remettre la rançon. Il ne viendra pas et sera interpellé quatre mois plus tard non sans avoir tué un tenancier de discothèque qu'il tentait de racketter...

Narcisse Martin va connaître son heure de gloire et Jean Boishardy va passer à la trappe de l'Histoire. Théolleyre du *Monde* a été remplacé par Dominique Pouchin. Rien d'un mauvais non plus. Je ferais bientôt sa connaissance amicale grâce à Claude Fouchier et à Jean-Michel Helvig de l'Agence centrale de presse. Plus tard, Helvig et Pouchin deviendront directeur adjoint et directeur de la rédaction de Libé. Ils étaient pas mal mes potes des années 80 ! Du gendarme Narcisse Martin, Dominique Pouchin va écrire dans *Le Monde* du lendemain : *Narcisse Martin, mi-Bourel, mi-Béru, en salopette et gilet de laine, à la rescousse d'une police bardée de gadgets.*

RTL annonce la nouvelle de la libération de Maury-Laribière à 13 heures 03 et j'enchaîne le récit en direct. Notre confrère de RMC fait ensuite le sien au téléphone. Une fois mon intervention terminée, je me penche à la fenêtre et ne vois pas la Fuego bleue louée par Villeneuve d'Europe 1. Notre collègue de RMC a terminé, il discute maintenant avec sa rédaction alors que je vois notre concurrent arriver. Je fais signe au pote de Monte-Carlo de faire durer sa conversation le plus longtemps possible. Il va libérer le standard de l'hôtel à 13 heures 35 ! Sur Europe 1, l'excellent journal d'André Arnaud était terminé depuis cinq minutes ! Dans l'après-midi, à l'issue de la conférence de presse de l'otage libéré, Jacques Labib va lancer à ce dernier une réflexion dont lui seul a le secret :

— *Cela dit, dans votre malheur vous avez une chance : ça arrive rarement deux fois de suite...*

À 18 heures chez Jacques Chapus, et dans le *RTL-digest* de 22 heures de notre copain Edouard Pellet, grands papiers *round up*. Petite variante tout de même entre les deux interventions : vers 20 heures il y a eu le dîner et nous avons un peu chargé la mule. Édouard nous ayant demandé d'intervenir à deux voix, nous voici Labib et moi, partis dans une incroyable partie de ping-pong radiophonique. RAS quant à notre diction, pas plus pour ce que nous avons écrit, mais nous nous entraînons tant l'un et l'autre que Pellet a du mal à nous arrêter avant que nous débordions sur les variétés ! Le lendemain matin 10 juillet nous rentrons à Paris. Au bar de la Mère Michelet, les autochtones ne parlent déjà pratiquement plus du rapt : la veille au soir, Bernard Hinault porteur du maillot jaune a abandonné le Tour de France en douce...

Les forcenés de Rochebesse

Où l'homme qui ensanglanta l'Ardèche échappe à sa condamnation.

Où l'on comprend que la région n'a jamais oublié la tuerie d'août 1977.

Où une minutieuse enquête journalistique retrace la piste du fuyard...

Vendredi 2 septembre 1977, RTL 22 rue Bayard.

Un de mes contacts à l'Office central pour la répression du banditisme m'informe que deux groupes de son service sont en route pour aller renforcer le SRPJ de Montpellier. Depuis une petite semaine il court après trois types soupçonnés d'avoir tué trois personnes en Ardèche quelques jours plus tôt. Parmi les victimes, un gendarme. D'abord saisie, la gendarmerie nationale a sèchement été écartée de l'affaire par le procureur de Privas. Les faits ont été soudains, brefs et sanglants. L'OCRB, où je compte pas mal de copains sur le coup, c'est la possibilité d'obtenir des informations sur les suites de l'enquête.

Mercredi 24 août 1977, Villefort, Lozère. Flashback.

Avec deux complices dont Stéphane Viaux-Peccatte, fils d'un baron de l'industrie française, Pierre Conty, un éleveur du plateau ardéchois et leader d'une communauté libertaire, se lance dans un raid sur l'agence locale du Crédit agricole. Butin : 40 000 francs (6 098 euros). Sur la route du retour à Rochebesse, deux des trois braqueurs tombent sur deux jeunes gendarmes, Daniel Luczak et Henri Klinz qui déclarera plus tard :

— *Une DS Citroën sombre nous a dépassés à toute allure. J'ai juste mis un coup de volant pour l'éviter. Mais je me demande encore comment les deux gars que nous avons aperçus dans la Citroën ont fait pour ne pas aller au ravin.*

Quelques minutes plus tard, un vacancier parisien signale qu'un peu plus bas, la DS vient d'accrocher sa 504. Les gendarmes se garent pour attendre la Citroën. En effet, le hameau de Charrus vers lequel elle s'est dirigée, est en cul-de-sac. La voiture doit immanquablement repasser. Soudain les deux fous du volant se plantent devant la voiture de gendarmerie. Son chauffeur descend et aperçoit celui de la DS qui se met en position de tir, une arme longue en mains. À la portière arrière droite, son passager sort le buste, et tire une cartouche de fusil à canons sciés dans la direction du collègue de Luczak. La fusillade ne va pas durer longtemps. Dany Luczak a été atteint de plusieurs projectiles de pistolet-mitrailleur.

Son équipier entend tout à coup une voix derrière lui :

— *Bouge pas !*

Il n'a pas entendu le chauffeur de la DS se rapprocher de lui. Son complice le rejoint.

— *Garde-le*, commande le premier, avant de passer du côté gauche où se trouve le blessé. De là, il crie à son compagnon qui tient toujours le second gendarme en respect :

— *Descends-le !*

Luczak grièvement atteint, lui et son collègue sont désormais des témoins gênants. Le rescapé regarde le jeune homme qui lui fait face et lui dit dans un souffle :

— *Déconne pas, j'suis marié !*

L'homme lui désigne le fossé :

— *Casse-toi !*

Le gendarme roule dans la pente.

— *Je ne me souviens pas d'autres tirs, sauf ceux du type qui me laisse fuir. Les balles passaient au-dessus de moi...*

Entendant la DS repartir à toute allure, il remonte sur la route et découvre son collègue dans un état désespéré. Il l'installe à l'arrière de leur véhicule et fonce vers la brigade de Joyeuse. Dany Luczak va mourir.

Mercredi 24 août 1977. Une dizaine de minutes plus tard, sur la route entre Charrus et Rochebesse.

Le drame n'est pas terminé. Un peu plus loin, Cyprien et Roland Malosse, père et fils se font tirer dessus par Conty et Viaux-Peccatte, sans un moment d'hésitation. Ils sont tués chacun d'une balle dans la tête. Les fuyards voulaient s'emparer de leurs voitures, les deux hommes n'ont pas accepté. Très vite, les deux évènements sont rapprochés du hold-up commis en Lozère. Puis la PJ de Montpellier identifie les deux fuyards. Il s'agit de Pierre Conty et de Stéphane Viaux-Peccatte. Un troisième, Jean Philippe Mouillot, présent aux abords de la banque dévalisée, devait les attendre à Charrus avec une voiture relais. Apparemment, il n'était pas au rendez-vous. Ce 24 août 1977 sonnait le glas de l'idéal de liberté loin du monde de l'argent et de la consommation déraisonnée et déraisonnable d'une poignée de mômes de l'avant et de l'après 68. Pierre Conty, fils d'un ouvrier grenoblois, désireux de ne pas lui emboîter le pas dans sa vie, s'était installé sur le plateau ardéchois fin 1967. Annexant des terres qui ne lui appartenaient pas, il avait voulu « faire des chèvres » et cultiver quelques lopins. Mais, outre que l'affrontement avec les propriétaires des lieux finit par survenir, Conty préférait parfois un argent plus facile. Il profitait alors des subsides distribués par leurs parents à certains de ses pensionnaires enfants de bourgeois. Sa dérive sera crapuleuse mais, pas que. Sa fréquentation de la violence d'extrême gauche y sera sans doute aussi pour quelque chose...

Dimanche 4 septembre 1977 sur les routes ardéchoises.

Me voici sur les traces... des hommes de l'OCRB. Je suis accompagné d'une amie mal mariée qui, quelques jours plus tôt est venue de sa banlieue ouest se réfugier chez moi et d'un photographe pigiste de Paris Match. La jeune femme est belle comme le soleil qui illumine la montagne ardéchoise et pas bégueule, le confrère un poil profiteur mais je n'y prête pas encore attention. Impossible de localiser précisément l'équipe de flics. Il a donc fallu ruser. On le sait, c'est vilain pour un journaliste de se servir d'une fausse qualité, celle de policier en premier. Ça n'a pas empêché assez récemment qu'un reporter d'un grand quotidien soit viré séance tenante. Détenteur d'une carte de gendarme de réserve, il s'en était servi pour obtenir les confidences d'un témoin. Retrouvant ses propos dans les colonnes du journal l'homme avait téléphoné à la direction de celui-ci pour demander si son interlocuteur était journaliste ou gendarme. Mieux vaut donc s'abstenir. Mais, le diable étant dans les détails, c'est dans le non-dit que l'on peut tenter de tirer son épingle du jeu. Xavier Béréroso, autre ancien de RTL qui depuis pas mal d'années maintenant fait son miel à la télé avec talent, m'a fait l'honneur récemment de m'avouer qu'à la radio il avait été plusieurs fois soufflé en me voyant tirer les vers du nez au téléphone d'interlocuteurs muets au départ.

Pour retrouver la trace des gens de l'OCRB descendus en Ardèche, j'ai donc appelé avant de quitter RTL les quelques brigades de gendarmerie des localités où ils étaient censés passer. D'une voix très assurée, presque martiale, je me suis adressé à chacun des plantons qui décrochaient :

— *Bonjour, dites, les deux groupes de l'OCRB qui sont sur l'affaire Conty, ils sont chez vous ?*

Ça n'a pas marché du premier coup, mais le stratagème a fini par payer. Le ton employé y était pour beaucoup. Un type qui appelle une gendarmerie d'une voix si assurée, en étant au courant que des flics venus de Paris sont dans la région, ne peut qu'être une personne à laquelle mieux vaut répondre au risque d'emmagasiner les pires emmerdements.

— *Ah non ! Ils sont passés ce matin mais à l'heure qu'il est, ils sont sur Joyeuse... Ils doivent y rester au moins 48 heures. Voyez avec nos collègues sur place.*

Ne restait plus qu'à appeler les hôtels du secteur sur le même ton pour finir par tomber sur le bon. Quelques heures plus tard, nous « collions au peloton ». Surveillance des allées et venues des fonctionnaires de l'Office du banditisme, filoche pour savoir où ils vont, ce qu'ils font et qui ils rencontrent. Loin de leur base ils sont bien moins méfiants. L'un des buts de la manœuvre étant de reconnaître un copain parmi eux, d'attendre qu'il soit isolé et de prendre contact afin de lui tirer quelques vers du nez. Juste de quoi envoyer un premier papier à la radio. Et ce fut fait. Au fur et à mesure de notre périple, nous nous rapprochions de la riante bourgade de Vals-les-Bains. Depuis un bistrot, je réservais deux chambres au Grand Hôtel, une institution. Souffle coupé du bagagiste en voyant débarquer de la voiture de location la magnifique plante en short qui nous accompagne. Puis, sourire gêné et sourcils réprobateurs de la patronne embourgeoisée des lieux, en apprenant qu'après avoir visité les deux piaules nous ne gardions en fait que la plus grande... pour trois ! Le reste du séjour à l'avenant et impossible de raconter ici toutes nos frasques...

Jeudi 8 septembre 1977, Aubenas.

Nous faisons connaissance avec André Griffon, un être magnifique. Un solide bonhomme de bientôt 55 ans, prof de maths au collège de la ville. Mais aussi merveilleux écrivain[1] et conteur régional. Et enfin, journaliste pour Le Dauphiné Libéré et Le

1. Ardèche douce-amère ; texte André Griffon, illustrations de Jean Saussac, 1975.

Progrès de Lyon. Quand éclate l'affaire des « tueurs fous de l'Ardèche », il est aussi correspondant du Monde dans le département. Et quel correspondant ! Finesse, culture, émotion, talent d'écriture mais en même temps réflexes journalistiques finement aiguisés. Un modèle, un phare dans la noirceur du fait divers. Et, ce qui ne gâche rien, il connaît parfaitement Conty le fugitif et sa communauté de Rochebesse. Non seulement André va partager ses informations avec moi mais aussi nous ouvrir des portes réputées inviolables. Grâce à lui, RTL va tenir le sujet durant huit jours ! Au départ, ce sont les confrères de notre bureau de Lyon qui avaient assuré, sous la baguette de Robert Daranc, l'irremplaçable correspondant régional. Mais être correspondant c'est être partout à la fois et courir après l'info 24 heures sur 24. À l'envoyé spécial la tâche de tenter d'aller plus loin dans une enquête. La semaine que nous allons vivre dans la région va être riche en péripéties de toute nature. André Griffon a localisé pour nous la sœur de Conty. Il ne nous reste plus qu'à gravir la montagne en haut de laquelle sa fermette est installée. Je ne me souviens pas bien pourquoi nous n'y sommes pas allés par la route. Mais bon Dieu ce dont je me rappelle parfaitement c'est la montée de l'improbable dénivelé sous un cagnard de plomb ! Les 12 kilos du Nagra III sur l'épaule, le sac photo aussi lourd, peut-être plus, de mon confrère, seule notre compagne la joue bagage mince. Ce n'est pas que la jeune femme qui nous accueille aime particulièrement les journalistes mais elle fait avec. Ou alors elle se sent responsable de faire passer un message sur les siens, moins sanglant que la tuerie du 24 août précédent. Après avoir accepté la séance photo, puis l'enregistrement de son interview, la voici sa fillette sur les genoux. Et là va se dérouler un moment de vérité que seul un enfant peut faire passer. Finissant d'interroger la mère, je tourne le micro vers l'enfant. Pour poser des questions que l'on pose à une petite fille. Sa vie en communauté, la montagne, les animaux, l'école et comment elle étudie. Puis arrive la question banale :

— Et que voudrais-tu faire, plus grande ?

Et voici une petite fille élevée dans des conditions de vie très particulières, baignée dans les idées de retour à la terre prônées par ses parents et leurs amis qui répond :

— Je voudrais aller en ville et être... coiffeuse.

Plongeant immédiatement mon regard dans celui de sa maman j'y ai perçu comme un grand moment de solitude...

Et nous voici en mode redescente. À mi-pente un ruisseau frais et chantant nous tend son unique bras. À l'eau... à poil ! Séchage sur de larges rochers, flirt un peu poussé et retour à la voiture. Nous poussons jusqu'à Montpellier pour coincer une nouvelle fois l'OCRB, dont nous savons qu'ils ont un briefing au SRPJ avec le groupe de répression du banditisme (GRB) et la criminelle. Nous rallions en fin d'après-midi, et laissons notre « canon » faire les boutiques. Cornaqués par les Parisiens, nous faisons connaissance avec le chef du GRB, un garçon malin et qui ne fuit pas les journalistes comme la peste. Nous échangeons nos sentiments respectifs sur l'affaire, il me confie quelques infos, de quoi nourrir ma prochaine intervention à l'antenne et nous acceptons l'apéro qui se dessine. Mais plus la rencontre avance, plus je sens un malaise s'installer. Ou plutôt, comme une sorte de moquerie retenue. Ça glousse, ça regarde en coin. Et tout à coup, un des flics balance :

— *Alors, la montagne ardéchoise, jolie, non ? Mais un peu escarpée tout de même ? Et puis, très caillouteuse ?*

J'acquiesce sans encore comprendre.

— *Et la famille Conty ? Pas de problème ?*

À ce moment, je me dis que nous avons été balancés par quelqu'un du coin.

— *Fait chaud chez eux, non ? Mais heureusement, il y a de quoi se rafraîchir...*

Et d'un seul coup, la lumière se fait, d'autant que l'éclat de rire général et une mise au point plus directe du responsable du GRB me le confirment. En fait, les inspecteurs de la PJ montpelliéraine et leurs collègues de l'OCRB planquent la sœur Conty dans l'espoir que celui-ci se pointe. Et là, grand coup de chapeau car nous n'avons rien détecté ! Pourtant, dans cet immense champ de cailloux, il n'y a pas beaucoup de caches, encore moins pour des citadins. Mais surtout, je pige illico qu'ils ont assisté à nos ébats rafraîchissants nus comme des vers. Suivent des considérations appuyées sur la plastique de notre égérie et d'autres commentaires un peu plus grivois que je tente de refréner... Mon dernier papier sur ce dossier passera au journal de 18 heures, le 12 septembre 1977. Stéphane Viaux-Peccate son principal complice a été condamné à dix-huit ans de réclusion criminelle en mai 1980 après s'être constitué prisonnier. Jean-Philippe Mouillot à cinq ans d'emprisonnement. Mais Pierre Conty n'y coupa pas de la peine capitale par contumace. Sauf qu'on ne le revit jamais ! Cependant, plus ou moins régulièrement, des informations me revenaient aux oreilles, tendant à expliquer qu'il s'était réfugié à l'étranger, aidé au départ par sa communauté. En Ardèche, on murmurait depuis quelques années que Conty avait pu aussi être tué par des compagnons de route. Ou parce qu'il leur faisait peur, ou parce qu'il était devenu un trop lourd fardeau à supporter. L'affaire avait remué la France entière, marquant d'une pierre noire les espérances de tout un pan de la jeunesse française, renvoyant certains de ses membres au même niveau que les assassins du groupuscule terroriste Action directe. Le temps passant, elle finissait cependant par disparaître de la mémoire collective.

Mardi 7 janvier 2014, « l'Heure du crime », RTL.

Jacques Pradel me fait participer à son émission pour évoquer ces « tueurs fous de l'Ardèche ». Et voilà qu'un témoin imprévu se présente au standard. C'est le gendarme rescapé de la fusillade du 24 août 1977. Trente-sept ans plus tard, il déclare sur RTL :

— *Pierre Conty n'est pas mort. J'ai recueilli assez d'informations pour le dire (...) j'ai très peu apprécié qu'un commissaire de la PJ et le juge d'instruction aient imaginé un temps que Luczak et moi nous étions responsables de ce qui nous était arrivé et de la suite sanglante. Pour eux, nous avions voulu jouer aux cow-boys et nous étions tombés sur plus forts que nous. Et puis, Viaux-Peccatte, sans qui je ne serais pas vivant aujourd'hui, c'est vrai que j'ai toujours voulu le rencontrer. Pour savoir...*

Il y avait de quoi m'interpeller et me faire rouvrir le dossier. Je ne suis plus à la radio depuis 1993, c'est donc au titre de ma propre agence de presse que je vais enquêter, en compagnie du fidèle Hervé Rovira l'un des photographes.

Très vite, en parlant avec le seul témoin de la mort du gendarme Luczak, je comprends que ce qui intéresse le plus ce collègue « miraculé », quoiqu'il ait raconté à l'antenne, n'est pas la cavale de Conty, ni même ce qu'il est devenu. Le pauvre est si marqué par son aventure et par la mort de son ami qu'il veut surtout tenter de comprendre ce qui est arrivé ce beau jour de l'été 1977. Pour tout dire, il avait un compte à régler avec lui-même, sûr qu'il était d'être atteint par le syndrome du survivant. De mon côté, et compte tenu de nos premières trouvailles, ce qui m'importe n'a rien de personnel. Je veux raconter au grand public le véritable polar de la cavale de ce triple assassin qui a réussi à échapper à toutes les polices de France et d'Europe... et à sa condamnation. Et ça, c'est un boulot de reporter, pas de gendarme ! Mais, même si le plus souvent c'est nous qui tirions le maximum des témoins que nous rencontrions, nous avons mené cette contre-enquête en compagnie de ce retraité de la gendarmerie. Voilà pourquoi, pour ma part, je raconte ici notre enquête à la première personne du pluriel, pas du singulier... L'apparition du rescapé de la fusillade d'août 79 dans le paysage actualisé de l'affaire Conty avait pour nous un double avantage. D'abord, il avait obtenu l'autorisation de consulter le dossier d'instruction des trois meurtres d'août 77. Sa lecture fut tout compte fait décevante, même si notre guide voulait y trouver la confirmation d'une sorte de complot qui aurait eu pour but de sortir Pierre Conty du guêpier dans lequel il s'était fourré. Mais cette épaisse procédure nous apporta une chose importante : une longue liste de témoins de la vie et des agissements de Conty et des communautés en Ardèche. Il a suffi de les retrouver et de les interroger un à un. Ensuite, et c'est peut-être la pièce la plus importante pour comprendre ce qu'il était advenu de Conty : Gérard Prat un confrère du Dauphiné avait confié au gendarme rescapé le journal de bord d'Hélène Terrisse, enseignante, historienne, correspondante locale du Dauphiné Libéré, conseillère municipale d'Entraigues (le village de Ferrat) et confidente de Conty. Foin de problème d'ego ! Tout est dans ce cahier ! Et notre gendarme-historien en possède une copie depuis... 2012 ! Les témoignages recueillis par la suite n'apportent donc que des confirmations.

Jeudi 19 juillet 1979, 23 mois après la tuerie. Rochebesse. Flashback.

Madame Terrisse se rend jusqu'au dernier domicile connu de Conty, au hameau de Treynas, non loin de Rochebesse. L'institutrice d'Entraigues écrit qu'elle avait « senti » la présence du fuyard ce jour-là... Elle décrit aussi l'attitude de Maïté, devenue la seconde compagne de Conty, après le départ de Véronique son épouse. Selon elle, le bébé que Maïté serre alors dans ses bras ressemble fort au fugitif.

Elle rit, elle a l'allure d'une femme comblée. Pierre Conty n'est pas mort comme on le dit, elle ne serait pas si gaie. Hélène cite ensuite une réflexion de Maïté au sujet du bambin : *Il a neuf mois. Il est arrivé comme un cheveu sur la soupe...* L'écrivaine raconte ensuite avoir interrogé la jeune femme : *C'est vrai que Pierrot est venu lui-même régler les obsèques de sa grand-mère en Isère ?* (durant *sa cavale note de l'auteur). Et la jolie Maïté de lui répondre : Non, c'est sa mère qui a tout fait.* À ce moment de son récit, « l'historienne » de Conty ajoute : *Elle ment ! On a vu Conty à Névache et c'est lui-même qui a commandé le fossoyeur. Alertés, les gendarmes sont venus, mais Pierrot avait disparu.* Et Madame Terrisse conclut en cinq points le compte rendu de sa venue à Treynas et Rochebesse ce 19 juillet 1979 :

1/ Conty n'est pas mort.

2/ L'enfant, Paco, est bien de lui, donc il est revenu à Treynas.

3/ Je pense qu'il a partagé une vie errante entre Treynas et Neyrenuit chez sa sœur.

4/ Certaines communautés l'ont abrité. Sa femme, Véronique Bosler, demeurant désormais aux confins du Gard et de la Lozère l'a hébergé.

À cet endroit de sa chronique, Hélène Terrisse assène une preuve supplémentaire d'un Conty bien vivant, vingt-quatre mois après ses crimes : *Mathilde, la fille de Conty*[2]*, élève du CES de La Grande Combe, a dit un jour imprudemment à une camarade : cette nuit je n'ai pas dormi, mon père est venu nous voir à 2 heures du matin...*

Pour Hélène Terrisse, Conty n'a plus été recherché dès le 19 juillet 1979, soit dix mois avant le procès qui le condamnera en son absence.

Alors, « la dame d'Entraigues » questionne encore : *A-t-il eu des relations importantes et haut placées ? Je le crois car, en juin 1977, deux mois avant les crimes, il m'avait dit : nous avons la préfecture pour nous ! Je ne crains ni les flics ni les CRS, seul le SAC m'inquiète.* Un ancien membre du SAC ardéchois confirmera que l'organisation s'était en effet beaucoup intéressée à Pierre Conty. Est-ce à ces nervis que pensait le ministre de l'Intérieur de l'époque Christian Bonnet quand, quelque temps après le début de l'enquête, il déclarait à une poignée de journalistes :

— *Pierre Conty ne nuira plus à personne !*

Samedi 12 août 2000, Treynas communauté de Rochebesse. Flashback.

C'est la dernière visite d'Hélène Terrisse aux proches de Pierre Conty. Elle vient assister à une fête de l'été. Elle y retrouve Maïté l'ex-compagne de Conty *plus belle que jamais.* Benoîtement, Hélène lui pose une fois encore la question à laquelle elle n'a jamais eu de réponse :

— *Maïté, est-ce que Pierrot est là ?*

Hélène Terrisse transcrit alors la mine et la réponse de la jeune femme. Elle me regarde, les yeux agrandis de surprise :

2. Note de l'auteur : son premier enfant avec Véronique.

— Mais Hélène, c'est de l'histoire ancienne ! Pierrot est ailleurs. Il a refait sa vie !

Et l'institutrice retraitée, toujours curieuse, ajoute : Ce jour-là, Maïté a eu sans cesse l'envie de m'être agréable. Aussi elle ajoute négligemment :

— Lolo, le fils de Pierrot et son cousin Sébastien partent la semaine prochaine pour le Maroc.

Hélène Terrisse conclut : *Rapprochement d'idées ? Indication ? Maïté n'en dira pas plus.*

Elle venait déjà d'en dire beaucoup ! Dans son mémoire, Hélène Terrisse semble ne pas se demander pourquoi son interlocutrice avait pu aller aussi loin dans les confidences, ce jour d'été de l'an 2000. L'explication est pourtant simple : le dossier Conty venait d'être prescrit trois mois et demi plus tôt ! Il aurait pu revenir en France ! Personne n'aurait plus jamais de comptes à lui réclamer ! En justice en tout cas... En 2007, Mme Terrisse ajoutera dans son cahier, évoquant une fois encore Conty :

— Je sais qu'il revient du Maroc, de temps à autre, en Ardèche, revoir ses enfants.

Notre enquête et celle du gendarme retiré de l'armée qui nous sert de fil rouge pour reconstituer la cavale du condamné à mort gracié par le temps, aurait pu s'arrêter là. Mais journalistiquement, il semblait que bien d'autres proches de Conty pouvaient alimenter notre quête.

Printemps 2015. Saint-Jean-Chambre, Ardèche.

L'une des premières personnes vers laquelle nous mènent nos pas sous le soleil de plomb ardéchois c'est Françoise C., une sexagénaire alerte. Elle était l'épicière de Chanéac, le village voisin des hameaux occupés par Conty et les siens à l'époque. Nous l'avons rencontrée dans sa maisonnette « baba cool » au toit végétalisé, près de Saint-Jean-Chambre dans l'Ardèche. Le jour de notre venue, elle a le cheveu gris coupé court et le polo seyant. Elle se souvient très bien de la période qui a suivi la disparition de Conty. Elle se rappelle parfaitement que sa compagne Maïté, laissée seule sur leurs terres, semblait recevoir de l'aide de la coopérative internationale Longo Mäi[3]. Françoise n'a pas oublié les membres de cette association qui fréquentaient sa modeste boutique... et leurs méthodes.

3. La coopérative européenne Longo Maï, fondée en 1973 à Limans (Alpes-de-Haute-Provence), est une coopérative agricole et artisanale internationale autogérée, d'inspiration libertaire et anticapitaliste. Elle regroupe aujourd'hui un réseau d'une dizaine de coopératives en France, en Allemagne, en Autriche, en Suisse, en Ukraine et au Costa Rica.

— C'était au début des années 80. Il n'y avait presque que des Allemands. Ils voulaient tout racheter. L'épicerie, le bistrot. Quand Maïté ne le pouvait pas, ils me réglaient aussi ses factures de victuailles. Et quand elle avait besoin d'argent, elle appelait de chez moi en Suisse[4] *en PCV pour se faire envoyer des fonds. Les « Longo » avaient aussi un groupe de musiciens. Un jour, le maire de Chanéac les a fait venir. Il y a eu des incidents avec les habitants du cru. Pour se faire pardonner, les gens de Longo Maï ont proposé à la mairie de mettre en place eux-mêmes les adductions d'eau partout dans le village. Mais aux élections suivantes, ils ont tenté de présenter des candidats à eux, contre le maire sortant. Ils sont allés jusqu'au tribunal administratif !*

Quand on interroge la toile sur l'association Longo Maï, on y trouve la définition qu'elle se donne d'elle-même : *une expérience de vie communautaire dans des régions rurales de différents pays d'Europe. Nos motivations. La chasse au profit à court terme...* Créée en 1973 dans le sud de la France, elle a souvent défrayé la chronique. Mais à chaque fois, ou presque, qu'on a tenté de la présenter comme une « secte », elle a attaqué en justice et gagné. Bousculée parfois même de l'intérieur, et jusque dans sa gestion elle s'est à chaque fois violemment défendue. Pour l'anniversaire de ses sept ans d'existence, le magnifique Pierre Georges écrivait à propos de Longo Maï dans Le Monde du 17 mars 1980 : Sept ans, c'est peu et c'est tellement pour un groupe qui par une fabuleuse accélération des mentalités ou un extraordinaire sens des relations publiques s'est retrouvé à la tête d'une fortune difficile à gérer, en quête d'objectifs délicats à cerner.

Notre gendarme rescapé a toujours imaginé que la « coopérative internationale » avait aidé à la cavale de Pierre Conty. Mais, outre que ses impressions reposaient d'abord sur les explications d'une jeune femme passée chez Conty, et définitivement introuvable après s'être confiée à lui, ce sentiment est en totale contradiction avec le récit de Manou, l'un des principaux témoins de notre contre-enquête.

Françoise C. l'épicière de Chanéac nous a conseillé d'aller rendre visite à Yvette N. Même dans son fauteuil roulant installé devant une baie vitrée donnant sur un riant jardin, encore vêtue de sa robe de chambre verte, la chevelure blonde tirant sur le roux, la petite bonne femme reste dynamique et enjouée. Elle habite une jolie maison de plain-pied, dans un village à mi-chemin entre Privas et le Cheylard.

4. Note de l'auteur : c'est là qu'est installé le siège de Longo Mai.

— On y a cru à cet idéal de vie nouvelle au grand air. Personnellement, au début des années 70, j'aurais pu me contenter de ce que j'avais à Paris. J'étais une jeune bourgeoise assez aisée. C'est justement ce que j'ai voulu fuir.

Yvette et son mari sont assez à l'aise pour acheter une partie des bâtiments du hameau du Suc, près de Saint-Fortunat, pour y fonder une communauté.

— Mais agriculteur c'est un métier ! Et ce n'était pas le nôtre ! Il faut bien le reconnaître, nous nous sommes trompés et nous avons fait des conneries ! »

Passée cette clairvoyante analyse sur une façon de vivre qui aujourd'hui attire cependant à nouveau des volontaires, c'est Yvette qui aborde l'affaire Conty. Pour d'abord nous parler du hold-up suivi des fusillades mortelles d'août 79 :

— Pour moi, ce braquage ce n'était pas du tout pour renflouer la caisse de Rochebesse. C'était pour aider l'extrême gauche italienne...

Une réflexion qui n'est pas tombée dans l'oreille de sourds... on s'en apercevra.

Et c'est elle qui, pour la première fois, évoque la cavale de Pierre Conty.

— On a parlé du Maroc. Mais avant cela, ce que nous savions c'est qu'il était parti pour un pays « où il fait froid » et où il n'y a pas de flics...

Nouvelle révélation ! Voilà Conty fuyant la police française en partant pour un pays d'Europe du Nord. Mais lequel ? Quand ? Dans quelles conditions ? En compagnie de qui ?

— *Vous devriez aller voir Jacques T. à Valence*, nous conseille Yvette ce jour-là en ajoutant :

— Ainsi que Manou son ex-épouse, à La Voulte. Eux pourront vous en dire plus.

Mardi 19 mai 2015, Valence. Domicile de Jacques T.

C'est Hervé Rovira, qui suit cette contre-enquête comme photographe avec moi, qui va rencontrer ce professeur retraité de 72 ans en compagnie de notre gendarme-historien.

Le soir même, Hervé m'envoie le compte rendu de cette rencontre. En 1971, Jacques était arrivé en Ardèche en compagnie d'un ami à lui, Jean-Pierre Mourrier. Celui-ci va fonder la communauté du Grand Reboul. Jacques T. qui s'installe à Saint-Fortunat, y fonde la structure plus « anarchiste » de Rancurel. Ils sont accompagnés d'Yvette N., celle qui nous a conseillé de rencontrer Jacques, et de son mari, Yvan Carlini.

Ceux-là ne tarderont pas à jouer cavalier seul comme nous l'a raconté Yvette.

Jacques T. selon lui, entre rapidement en contact avec Pierre Conty pour des échanges de culture et de service. Jacques est assez partagé quand il évoque le souvenir du « maître de Rochebesse » :

— *À Rochebesse j'ai constaté que Pierrot était un dominateur social et Maïté une dominatrice psychologique. Conty c'est un homme à la double personnalité. L'une très attachante, car c'est un redresseur de torts, très agréable. Il avait de bonnes relations avec beaucoup et était très estimé par les gens. Il a énormément de charisme, on n'arrivait pas à lui dire « non ». Mais son autre facette est celle d'un manipulateur très violent. Quand il montait dans les tours, il n'y avait plus rien qui l'arrêtait. En fait, il voulait le pouvoir. Fâché avec lui, je savais qu'il ne fallait pas lui tourner le dos. D'ailleurs, malgré moi je m'étais conditionné à tirer le premier s'il le fallait.*

Et à ce moment de son récit, Jacques T. évoque la genèse d'une « affaire dans l'affaire », la découverte le 19 septembre 1980, à Rochebesse, d'un stock d'explosifs destinés au groupuscule d'extrême gauche Action directe. D'où venait-il ? L'ancien prof anarchiste explique :

— *Lors d'un voyage retour de Grenoble, Pierrot me montre où sont cachés des explosifs dans une carrière à Saint-Quentin-sur-Isère. Mais ce jour-là, il n'y a rien. « On repassera » dit-il. C'est avec Jean-Pierre Mourrier et Jean-Philippe Mouillot*[5] *que l'on y est retournés. Pierrot voulait que l'on soit armés en cas de problème. J'ai refusé au cours d'un échange vif. Je crois qu'il avait une obsession, c'était de tuer un flic ou un gendarme. Ces explosifs devaient servir à faire sauter le monument et la centrale du Tricastin. Pierrot était fasciné par les actions de résistance de son père durant la guerre.*

Sur la cavale de Conty, Jacques T. est perplexe. On le serait à moins quand on sait que même les plus « beaux » voyous ont du mal à en tenir une très longtemps. De plus, plusieurs scénarios s'opposent. Mais une est chose sûre : pas mal de gens savaient !

— *Je suis très étonné qu'on n'ait pas mis la main sur Pierrot, vu le nombre de personnes qui étaient au courant dans les communautés. Après avoir passé plusieurs nuits au Grand Reboul de Mourrier, ils ont cherché un endroit où il n'y avait pas de flics. C'est vers le nord de la Suède qu'ils se sont dirigés. Stéphane Viaux-Peccate, quand il se fait prendre aux Pays-Bas est en transit pour là-bas. Pierrot est déjà arrivé chez les Suédois et Mouillot se*

5. Le troisième du hold-up trois fois mortel du 24 août 1977.

rend à la police à Paris alors qu'il en revient. Quelques membres d'une communauté ont même rendu visite à Pierrot en Suède.

Commentaire d'Hervé Rovira au sortir de cette interview :

— *Jacques T. en garde beaucoup sous la pédale car il évoque très évasivement les braquages qu'ils ont commis. Il raconte notamment comment Pierrot distillait de gros billets de banque à ses proches pour les blanchir.*

Yvette N. en nous envoyant à Jacques T., nous avait aussi conseillé de rencontrer sa femme, surnommée Manou. C'est l'unique témoignage publié ici recueilli par notre accompagnateur gendarme retraité sans que nous ayons été à ses côtés. Et Manou va tempérer le récit de son ex-mari…

Dimanche 24 mai 2015, parc Babouin, la Voulte.

— *Jacques affabule beaucoup. Ni lui, ni Jean-Pierre Mourrier*[6] *n'ont jamais participé à l'action. C'est moi qui conduisais la voiture louée pour le vol des explosifs à Saint-Quentin-sur-Isère. Je leur ai dit : quatre hommes c'est trop repérable. Je vais conduire !*

C'est ainsi qu'elle accompagne cette nuit-là Pierre Conty, Jean-Philippe Mouillot et un Isérois alpiniste, spécialité qui pouvait servir. D'ailleurs c'est lui qui a effectué la grimpette afin d'accéder au bâtiment. Butin de ce coup de main : 1 800 kilos de « dynamite-gomme industrielle ».

— *Quant aux explosifs, nous étions peut-être opposés aux centrales nucléaires, mais ils étaient uniquement destinés à Action directe, à qui Conty était particulièrement attaché. Il était aussi en relation avec les groupes extrémistes italiens et la bande à Baader.*

Marie, dite « Manou » est au départ pourtant loin de tout cela. Mais elle va vite sauter le pas :

— *Je suis issue d'une famille bourgeoise grenobloise, et personnellement originaire de Corse, nièce d'un préfet en poste à Ajaccio dans les années 70. Mes parents étaient des scientifiques. Je travaillais aussi dans ce milieu. C'est là que j'ai connu Jacques mon mari, employé par le CNRS.*

Aisés, propriétaires d'une jolie villa près de Grenoble, ils lâchent tout du jour au lendemain :

— *Pour vivre en communauté, dans l'idéologie de l'après 68 et du retour à la terre. La même année, j'ai aussi proposé à Pierrot de nous emparer de la sacoche d'un convoyeur de fonds du Crédit agricole de La Voulte. Pas difficile, je le connaissais !*

6. Fondateur de la communauté du Grand Reboul.

Butin : 8 000 francs (1 360 euros), une somme conséquente pour l'époque ! Puis ils cambriolent encore deux armureries à Annonay en Ardèche et Thain-l'Hermitage dans la Drôme.

— Les braquages, c'était pour faire bouillir la marmite, mais aussi pour les groupes avec lesquels Pierrot avait des contacts, les Italiens notamment.

Manou fournit aussi quelques détails sur la fuite de Conty :

— *Après le hold-up du 24 août 1977, la carte d'identité perdue de Pierrot a été refaite sans problème. C'est moi qui ai fourni l'argent pour sa cavale, d'abord en Italie et à Grenoble ensuite, en passant par la montagne où un refuge haut perché servait de relais à des clandestins. Puis il est parti pour la Scandinavie. La première fois que je suis allée le voir en Suède, j'étais accompagnée de Benoit, le frère de Jean-Philippe Mouillot. En 1978, j'y suis retournée avec ce dernier. J'ai encore payé le voyage, et nous avons passé les frontières sans problème. À Stockholm où Pierrot avait des amis, je suis restée plusieurs jours avec lui. On passait d'un motel à une auberge de jeunesse, grâce à l'argent que je lui avais amené. Ensuite, il a habité plus au nord, à Uméa, une coquette maison de bois, en compagnie de Jean-Philippe Mouillot qui avait beaucoup d'ascendant sur lui. Il s'y sentait reposé, comme en vacances. Il n'avait peur de rien ! Deux fois je lui ai apporté des collectes de Jean-Pierre Mourrier auprès de copains. Pierrot est resté environ cinq ou six ans en Suède, puis il est parti pour l'Afrique du Nord. Il est passé du grand froid au grand chaud, en Algérie, en Tunisie ou au Maroc, quelque part comme ça... Normalement, il y est toujours actuellement* (été 2015). *Il vit avec une Française et ses deux enfants. Je ne crois pas que Mouillot a gardé des contacts avec lui. En tout cas, Longo Maï n'est jamais intervenu dans le financement de la cavale. Ils n'ont pas donné 10 centimes ! Par contre ils ont aidé Maïté.*

Françoise C. rencontrée plus tôt ne nous avait-elle pas dit :

— *Pour l'affaire des explosifs, devant la Cour de sûreté de l'État, ce sont des avocats de Longo Maï qui ont assisté Maïté.*

Pour Manou, qui parle encore de « Pierrot » avec des étincelles dans les yeux, auprès duquel elle dit s'être engagée pour ses idées politiques qu'elle partageait, et qui fut sa dernière maîtresse avant qu'il ne quitte le territoire français :

— *Conty n'a jamais été recherché. Il bénéficiait de la protection de son copain le gendarme de Névache, c'est lui qui est intervenu pour Pierrot.*

Réflexe « gendarmesque » d'Henri Klinz qui même retraité connaît ses classiques :

— *Le capitaine Barril ?*

La réponse de Manou est lapidaire mais sans hésitation :

— *Oui !*

Quand Manou explique que les 1 800 kilos d'explosifs volés dans la carrière de l'Isère, étaient exclusivement réservés à Action directe, elle est en désaccord avec un autre passage de la manière d'almanach établi par Hélène Terrisse qui écrit à ce propos :

— *Une chose me frappait : chaque fois que Pierre venait, un méfait, vol ou plasticage comme celui du téléphérique de la Bastille à Grenoble, était annoncé les jours suivants dans le Dauphiné Libéré (...) La dernière fois que j'ai vu Pierre, c'était un soir de juillet 1977 (un mois avant la journée sanglante du 24 août). Il revenait de Grenoble. Un plasticage fut annoncé dans le Dauphiné le lendemain (...) »*

Pierre Conty utilisait-il aussi à son compte les explosifs qu'il planquait sur son domaine ? On peut légitimement se le demander...

Dernière contradiction dans les déclarations de Manou à notre compagnon de route ex-gendarme : elle n'est plus la seule à avoir monté la fuite de Conty ! En effet, dans un petit ouvrage resté numérique, Noëlle Sarrola qui était gardienne de chèvres en 1979 a raconté en mai 2017 que c'était elle qui avait accueilli le fuyard, payé ses préparatifs, posté sa dernière lettre aux autorités françaises bien après son passage en Italie, pour leur faire croire qu'il était toujours en Ardèche. Dans le mémoire qu'il a rédigé en partie grâce à nos recherches communes, et alors qu'il en avait le temps, il ne semble pas, sauf à ce qu'il existe plusieurs versions, qu'Henri Klinz ait ajouté ce nouvel élément. Il est vrai qu'il avait placé le témoignage de Manou au sommet de ses certitudes...

Saint Martin d'Ardèche, domicile de Louis Jeannin.

Ce commandant de police à la retraite a été, entre 1974 et 1992, le chef du détachement des douze policiers des Renseignements Généraux qui, depuis Privas, rayonnaient sur tout le département. Retiré, il s'est installé à Saint-Martin-d'Ardèche dont il a même été le maire. Il nous a apporté cette information surprenante, dont il avait fait une note « blanche » à l'époque. Il s'agit encore de la cavale de Conty et l'ancien policier ajoute que sa source est fiable.

— *Après être passé en Algérie puis en Libye, Conty n'a plus donné signe de vie.*

Le détail pourrait sentir le « tuyau crevé » façon RG des années 70. Il change cependant d'allure à la lecture de la procédure judiciaire de toute l'affaire. On peut en effet y lire que Stéphane Viaux-Peccatte, le principal complice de Conty, avant d'être interpellé aux Pays-Bas le 20 octobre 1977, était passé par... l'Algérie. Et là, pas d'ambiguïté. Le 6 juin 1978, Viaux-Peccatte le déclare au juge chargé d'instruire sa folle équipée avec Conty. Il décrit sa fuite en long, en large et en travers. Et là encore, une sérieuse question se pose. À aucun moment le magistrat ne semble avoir demandé au prévenu ce qu'il savait de ce qu'avait fait Conty de son côté !

Quoi qu'il en soit, Algérie, Tunisie, Maroc, le Maghreb est très présent dans ce que l'on peut reconstituer de la fuite de Conty. Quelles filières aurait-il bien pu suivre à l'époque pour s'exfiltrer de France ? Selon « Manou » l'une des hypothèses crédibles est celle de la nébuleuse terroriste d'extrême gauche qui sévissait un peu partout en Europe à cette époque. Elle le dit : Pierre Conty avait fréquenté les assassins d'Action directe AD ; il avait des contacts avec des membres de la bande d'Alexandre Baader et certains de leurs homologues en Italie, et c'est par ce dernier pays qu'il s'est échappé. On le sait par ailleurs, des Allemands, des Italiens, des Belges sont bien passés par sa communauté. Et l'on n'y était pas très regardant sur le pedigree des uns et des autres. Pour AD, Hélène Terrisse confie aussi à son journal :

— *Avec le recul du temps et certaines indications, je peux penser et dire avec certitude que Pierre Conty a été manipulé par Action directe (...) il y avait déjà, à Entraigues quelques tags rouges sur les murs : Action directe.*

Toujours vivant au moment de notre enquête, Pierre Conty avait 74 ans quand ces lignes étaient écrites. Sa condamnation à mort par contumace a été prescrite en 2000.

La France ensanglantée

Où l'on constate qu'en matière de terrorisme, le temps est devenu de plus en plus assassin.
Où l'on se dit que malheureusement, tout peut encore arriver.
Où l'on comprend qu'il est toujours difficile de décrire le chaos.

Mercredi 17 septembre 1986, 17 h 35, rédaction de RTL.

Jacques Chapus est bougon... Et ni Roselyne Arno la chef d'info de son journal de 18 heures, ni sa fidèle assistante Catherine Bellamy n'y peuvent grand-chose. Il est comme ça Chapus, il bougonne quand il se dit qu'il peut y avoir des accrocs dans le déroulement de son canard, une sorte de perfectionnisme exacerbé. Contrairement à moi qui suis bougon tout le temps. Même que ce n'est pas toujours marrant pour ceux que je fréquente. Mais personnellement ça n'a rien à voir avec la perfectibilité du boulot, c'est pour planquer mes fêlures qui sont nombreuses et que je veux garder pour moi. C'est d'ailleurs bien la première fois que j'en parle... Bon, assez de psy à deux balles, ce jour de toute fin d'été 86 le présentateur du grand journal du soir de la première radio de France n'est donc pas satisfait. Passé 17 heures 20 de quelques infimes minutes, Grandes Oreilles a sonné l'alarme : grosse explosion du côté de la rue de Rennes, pas loin du magasin Tati, presque au carrefour Montparnasse. Par les temps qui courent ça risque bien d'être un attentat. Nous sommes mercredi, le jour où les mères font leurs emplettes avec leur progéniture, ce peut être un massacre...

— *Bon, on a qui, rue de Rennes ?* a demandé Chapus à un responsable de la rédaction, une dizaine de minutes plus tard.

C'est la réponse à cette question somme toute anodine qui a inquiété Jacques. Car c'est ainsi, il préfère travailler avec des gars qu'il connaît. Et le reporter parti en catastrophe sur les lieux du sinistre avec la VT (voiture technique), il ne le connaît pas. Ou pas assez. Alors Chapus bougonne. Au moment où je passe dans sa ligne de mire, tandis que je m'affaire à appeler mes contacts au 36, il me prend par le bras et me demande :

— *Ben, t'es pas rue de Rennes, toi ?*

Et c'est ainsi que, quelques instants plus tard, je saute sur la moto direction le 6e arrondissement. Car Jacques Chapus a beau ne plus exercer les prérogatives de directeur de la rédaction, il en a toujours le titre, et quelles que soient les responsabilités que l'on exerce, on l'écoute. Je ne sais pas à qui il a demandé que je parte sur place mais c'est moi qui interviendrai dans son journal. Tout en utilisant le matériel enregistré par mon prédécesseur sur les lieux. Pas question de le laisser en carafe. Nous sommes sur zone une dizaine de minutes avant le début de l'édition et ça ne commence pas très fort pour moi. La voiture émettrice rouge de la radio s'est plantée au cul d'une ambulance, avec le motard nous la rejoignons. À cause des reflets, je ne me rends pas compte que la plus proche vitrine est en miettes. Je m'enquille un bras dans les débris de verre et je ressors, la main en sang. Première halte : les secouristes qui me font un beau pansement. Je jette quelques mots sur mon carnet et je m'installe dans la voiture émettrice en attendant que Chapus me « lance ». N'ayant pas d'éléments ou si peu, j'espère d'ailleurs qu'il va me lancer « le plus loin possible ». Un attentat qui vient de survenir, c'est toujours la même chose. Des cris, des larmes, des blessés qui errent en titubant, des cadavres déchiquetés, l'odeur de l'explosif et du sang, des sauveteurs qui se meuvent dans tous les sens, des flics en tenue qui s'énervent, des enquêteurs qui n'ont pas grand-chose à enquêter, des journalistes qui veulent avoir des réponses avant même d'avoir posé les questions. Les situations sont si souvent calquées les unes sur les autres, comme pour la plupart des faits divers d'ailleurs, qu'au bout de quelques dizaines d'années à les couvrir, on peut avoir l'impression d'arriver avec un mode d'emploi et ne plus avoir qu'à le suivre. Et là, mais ce n'est que mon avis, mieux vaut décrocher. Cette fin d'après-midi-là, j'ai dû l'oublier le mode d'emploi car, à quelques minutes de la prise d'antenne, je me sens « à poil » comme jamais. J'ai bien croisé un gars de la section antiterroriste (SAT) de la « Crim' » que je connais, mais il a fait « service minimum ». J'ai bien aperçu Laurent Davenas de la section « crimes flagrants » du parquet de Paris devenu un bon copain... Et quand j'aurai décrit le chaos en direct, il me restera quoi ? Seuls les reporters de sport savent parfaitement faire sur la longueur. D'ailleurs notre copain Guy Kédia qui les dirigeait à RTL, n'avait-il pas commencé par les faits divers et les barricades de mai 68 ? En radio, à chaque fois qu'un gars du service des sports est susceptible de venir en renfort sur un fait div' à chaud, vous pouvez être tranquille, il va assurer ! Dans le casque, le TCR (le technico réalisateur) qui est aux manettes du 18 heures m'annonce que Chapus me lance après la pub. Il a déjà confirmé la nouvelle, annoncée dans un flash spécial, donné le premier bilan, rappelé les attentats précédents, à moi l'ambiance. Un grand moment de solitude m'étreint. Ce sont les pilotes d'hélicos de la Sécurité civile qui m'ont sauvé la mise ! Quelques instants avant que je sois dans le journal, pour évacuer les blessés les plus grièvement touchés, ils se sont posés l'un après l'autre au milieu du carrefour Rennes-Montparnasse, au pied de la tour. Une manœuvre de folie ! Mais entre ça, la description de l'horreur dans la rue, celle de la présence des inspecteurs de la SAT confirmant l'hypothèse de l'attentat, mon direct était assuré. Chapus était si content qu'il en a redemandé avant la fin de son édition. Pendant ce temps, sur Antenne 2, pour un flash spécial, soutenu en plateau par mon camarade Hervé Brusini, l'envoyé spécial de la chaîne Bruno Le Dreff – devenu ensuite un très bon – n'a pas dû avoir le secours des hélicoptères car il est resté « sec » à l'antenne, obligé de la rendre sur un blanc...

— *C'est vrai que Jacques pour son journal avait tendance à faire intervenir ses fidèles, les habitués de son édition, ceux en qui il avait confiance*, se souvient aujourd'hui Catherine Bellamy.

Et, même si nous nous en serions bien passés, des attentats, nous sommes quelques-uns à en avoir raconté pas mal dans son édition. Pour ce qui me concerne, ça ne datait pas de la rue de Rennes...

Lundi 9 août 1982, 12 heures 45, rue des Rosiers Paris.

Selon le plan de sécurisation convenu, la voiture de patrouille de la sécurité publique parisienne vient de passer devant le restaurant de Jo Goldenberg au 7 rue des Rosiers dans le Marais. Le propriétaire des lieux a en effet réclamé ces rondes, car durant le week-end il a reçu plusieurs menaces téléphoniques inquiétantes. Un quart d'heure plus tard, en plein service du déjeuner, la boutique bondée, deux hommes s'approchent de la vitrine. L'un d'entre eux brise une des glaces et lance une grenade à l'intérieur. Les clients et les employés blessés et sidérés par l'effet de souffle, les deux individus pénètrent dans le commerce juif et tirent sur tout ce qui bouge avec des pistolets-mitrailleurs polonais de type WZ-63. André Douard, 30 ans, un policier qui prenait son déjeuner pas très loin dans un autre établissement, dégaine son arme et fonce. Quand il arrive au carrefour de la rue Ferdinand-Duval et de la rue des Rosiers, il est blessé d'une cartouche de fusil de chasse par Marco Goldenberg, le fils du patron qui, dans la panique et la confusion, l'a pris pour un dernier attaquant. Ceux-ci sont déjà tranquillement repartis, en moins de cinq minutes, à pied par la rue des Rosiers, des hospitaliers, des Blancs-Manteaux, Vieille-du-Temple et Guillemites. Je suis rentré la veille de Corse, où j'ai couvert les élections à l'assemblée régionale précédées de quelque 99 attentats et plusieurs gros incendies. Quelques minutes après le drame de chez Goldenberg, prévenus par nos « canaux » habituels, nous fonçons sur place à moto. Chapus sera content, je vais rester à l'antenne jusqu'à son journal. Après les premières interventions, chasse aux témoins.

— *Ils tiraient partout, sur tout le monde, sur tout*, raconte le boucher de la rue des Rosiers.

Il explique qu'en entendant les premiers coups de feu, il n'a eu qu'un seul réflexe, se coucher dans sa boutique. Un commerçant itinérant qui traversait le quartier, les aperçoit à cinq-six mètres de lui. Il se planque dans l'encoignure d'une grande porte à double battant. En allant d'un témoin à un autre, je croise un petit nouveau à la rubrique « police » du Monde. Il s'agit d'un certain Edwy Plenel. Et rubricard spécialisé ou pas, terrorisme ou pas, c'est un fait divers qu'il couvre. Cela dit, la succession est lourde à prendre au quotidien du soir. Avant lui, le suivi de la police dans ses colonnes, c'est notre maître à tous dans ce domaine qui l'avait inauguré. James Sarazin était un cador. Il avait débuté au Parisien, une longue expérience des commissariats, des apéros interminables, des syndicalistes courageux et des pleutres. Bref, James était le seigneur incontesté et talentueux de la spécialité. Plenel avait du pain sur la planche.

L'enquête sur les assassinats de la rue des Rosiers va m'amener à traiter à l'antenne du terrorisme international sous toutes ses formes. Je vais même aller en Italie pour voir comment le général Della Chiesa lutte contre la mafia qui emprunte leur façon de frapper aux spécialistes de la terreur. Je vais poursuivre par des sujets d'analyses sur la coopération européenne en matière de terrorisme, pour finir en annonçant l'arrivée de Robert Broussard comme conseiller spécial de Gaston Defferre au ministère de l'Intérieur et la désignation de Joseph Franceschi comme secrétaire d'État à la sécurité. Depuis la tuerie du restaurant Goldenberg nous aurons tenu seize jours d'antenne sur le sujet *terrorisme*. Sans discontinuer ! La brigade criminelle et sa section antiterroriste ne chômaient pas. Dès l'arrivée de l'identité judiciaire sur la scène de crime ses agents avaient récupéré, et mis sous scellés, la cuillère de la grenade qui se révéla être de fabrication tchécoslovaque, soixante-douze douilles de munitions 9 mm court ; deux chargeurs vides et des balles en vrac ; un trousseau de clés qu'aucun propriétaire n'est venu récupérer. Enfin, les enquêteurs recueillent une vague description d'un véhicule qui aurait pu attendre le commando rue Guillemites. Les canalisations de tout le quartier ont été sondées à la recherche d'autres indices, les listes des passagers des avions partis de Paris durant les heures suivant l'attentat et celles des clients des grands hôtels, ont été étudiées à la loupe. Quelques heures après les faits, près de quarante témoins avaient été entendus. Tout ce travail, c'est ce qu'on surnomme « le rouleau compresseur de la Crim' ».

Le 16 août, tard le soir, nous apprenons qu'une des armes des assassins a été retrouvée, abandonnée dans le bois de Boulogne. Nous donnons l'info le 17 dès 5 heures 32 du matin. Le pistolet-mitrailleur était dans un sac plastique de la Samaritaine (c'est vrai qu'on y trouve tout !) accompagné de serviettes de toilette et d'un ticket de caisse pour un montant d'un peu plus de 172,50 francs daté du 4 août. C'est le prix pour l'achat d'un sac multipoches. Qui dit achat dit vendeuse, qui dit ticket dit caissière. Choux blancs pour les limiers de la criminelle, ni l'une ni l'autre ne se souvient du client. Grâce aux témoins, quatre portraits-robots sont établis par l'IJ (Identité judiciaire) le 18 août. Deux semblent très proches des descriptions qui évoquent des individus de type « oriental », « basané » ou « méditerranéen », ce qui très franchement ne veut pas dire grand-chose. Pour Samyr Ghozlan, flic et juif de France, les quatre tireurs ne peuvent pas être des « Arabes », car ils ont aussi tué l'un des employés musulmans de Goldenberg alors qu'il venait de leur hurler : « je suis arabe ! » Aussi bien introduit qu'on puisse l'être à la PJ, dans cette affaire il faut ramer pour obtenir des informations, bribes par bribes. Le 20 août 1982, grâce à la coopération avec les services de renseignements, les hommes du commissaire Cancès, adjoint du patron de la criminelle, font du porte-à-porte rue des Rosiers et alentour, en présentant des photos de membres du groupe palestinien Abou Nidal souvent réalisées au téléobjectif, pas toujours de grande qualité. C'était le principal suspect dans ce dossier.

Mais, dans la série : « dans le domaine de l'information, un clou chasse l'autre » une histoire va venir supplanter celle-ci à la Une de tous les médias. Ce n'était pourtant qu'une pantalonnade politico-gendarmesque, il s'agit de la fumeuse affaire des « Irlandais de Vincennes ».

Qu'on le croie ou non, en 2013, trente et un ans après la tuerie de la rue des Rosiers, un survivant de celle-ci reconnaît le chef supposé du commando, en regardant un documentaire à la télévision. Il s'agit de Mahmoud Abed Adra, alias Hicham Harb, 63 ans. J'extirpe le dossier de l'étagère de mon agence de presse sur lequel il se trouve. Par la suite, les quatre suspects de l'attentat sont identifiés grâce aux témoignages sous X de deux anciens membres du groupe « Abou Nidal ». Deux ans plus tard, le très pugnace juge antiterroriste Marc Trévidic, lance des mandats d'arrêt internationaux à l'encontre de Adra, de Souhair Al Abassi dit Amjad Atta, 66 ans, de Nizar Hamada, 57 ans tous les deux jordaniens, et de Walid Abou Zayed 59 ans, habitant de Skien, en Norvège, où il se fait appeler Walid Osman. En 2017 aucun n'avait encore été extradé.

Les affaires de terrorisme ont parfois été mon lot quotidien à la radio. Mais j'ai toujours essayé de ne pas me lancer dans le sport favori de certains. Celui qui consiste à ajouter aux rapports des services de renseignements parfois orientés, la théorie du complot chère à quelques auteurs abonnés au phénomène. Et puis, en radio, le factuel prend souvent le pas sur les dossiers. À moins que l'on s'en donne le temps, ce qui m'a été parfois offert, fort heureusement. Une chose demeure, quelle que soit l'époque, quelle que soit la cause invoquée, ces violences ont parfois tué beaucoup. Ces dernières années, sont malheureusement dominées par le massacre du Bataclan, la plus grosse « tuerie de masse » jamais connue en France. Il serait donc malvenu de se lancer dans une sorte de catalogue. Toutes les formes de terrorisme se valent. Ainsi, lors de mon premier reportage sur un tel sujet on comptait déjà huit morts et de nombreux blessés.

Samedi 20 mai 1978, aéroport d'Orly-Sud, 15 heures 40.

Trois hommes se présentent à l'embarquement du vol El Al 324 de 16 heures 30 pour Tel-Aviv. La quasi-totalité des passagers sont des employés qui partent pour un voyage organisé par leur société. Plus de cent ont déjà enregistré leurs bagages et sont passés à la fouille, déjà drastique à l'époque lorsqu'il s'agit de départs pour Israël. En salle 30, les trois individus, en blousons de cuir et blues jeans, dont deux ont un type nord-africain prononcé s'approchent pour les formalités. Tout à coup les trois types se penchent vers leurs sacs de voyage, en extraient chacun un pistolet-mitrailleur Beretta et tirent. Le premier visé est un brigadier-chef de la C.R.S. 40 de Dijon, Paul Jean, 55 ans père de trois enfants. Il tourne le dos au commando. Il est tué sur le coup. En fait, ils sont cinq venus en renfort de la Police aux frontières (PAF) pour surveiller l'embarquement de cet avion. Un des collègues du policier qui vient de tomber est grièvement atteint. Mais les autres ripostent déjà. Pas un seul ne va chercher à se protéger. Debout, armés de leurs carabines M1, ils abattent deux des terroristes. Le troisième, comme à l'entraînement, tire de courtes rafales en progressant en arrière. Ce sont des gardiens et des inspecteurs de la PAF qui vont le neutraliser définitivement. En moins de quatre minutes, la patrouille des CRS présente a évité une tuerie de masse. Car c'était bien ce que s'apprêtaient à commettre les trois hommes parmi les passagers en partance. Dix minutes plus tard à peine, Grandes Oreilles prévient RTL. Le motard et moi partons en vitesse, un autre reporter suit avec une voiture émettrice. Mes deux premières interventions à l'antenne, je les fais à 16 heures 21 et 16 heures 40. Que décrire, sinon une fois encore la confusion qui règne à l'extérieur de l'aérogare, les secours en nombre. C'est après cet attentat que va se mettre en place un dispositif qui, un peu plus tard, sera nommé Vigipirate. Il existe encore aujourd'hui. Après mon second papier en direct, il me faut tenter d'en voir et d'en savoir plus. Depuis peu, je suis accrédité à la préfecture de police (PP) de Paris. Outre que ça donne le droit d'accéder au minuscule bureau façon placard, réservé aux journalistes qui y sont détachés en permanence, cela permet d'être en possession d'une jolie carte « presque » tricolore. En haut à gauche, le logo de la PP. Centrés en majuscules les mots : préfecture de police. En dessous, plus gros : journaliste accrédité. Et parfois, quand « on pète la brème », les policiers qui tiennent un barrage se disent que ceux qui l'ont dans leur poche ont « un peu plus » de droits que les détenteurs de la seule carte de presse. Le plus souvent si l'on n'insiste pas, ils la regardent à peine. Et puis, plus rarement, mais là aussi cela fait partie de la chance « obligatoire » pour exercer cette profession, il y a ceux qui ne lisent que deux détails : le logo PP et les mots préfecture de police. Cet après-midi-là à Orly, seule est restée accessible aux personnes autres que celles des services de secours, une petite entrée non loin du poste de la PAF. Les flics vont et viennent parfois en courant par cette issue. Je laisse mon Nagra au motard et j'y vais, tête baissée. Le gardien de la paix seul et débordé, et fait partie de ceux que le haut de ma carte impressionne. Je passe comme une lettre à la poste. Et là, jusqu'à ma prochaine prise d'antenne à 17 h 30, rien qu'en écoutant les conversations entre membres des forces de l'ordre, en tendant l'oreille à ce qu'ils disent dans leurs radios, je vais vivre au milieu d'une extrême confusion. Les premiers détails tendent à la fuite de deux des commandos. Un peu plus tard, on annonce qu'un homme est barricadé dans des toilettes. Quelque temps encore et c'est un terroriste blessé qui s'est enfui sur les pistes. Depuis sa « tour d'écoute », notre ami Jean entend la même chose que moi. Les flics sont partout, dans les bâtiments, sur les terrasses, autour des avions cloués au sol et des renforts continuent d'affluer. Le trafic aérien a été déporté sur Orly-Ouest dès 15 heures 50. Par les baies vitrées j'aperçois des voyageurs qui courent sur les parkings, courbés et tête baissée. Depuis 16 heures passées, l'aérogare avait été évacuée et de nombreux voyageurs s'étaient réfugiés sur la bretelle d'autoroute la plus proche. Les policiers soupçonnent le danger partout. Ce n'est qu'à l'ouverture du journal de 18 heures présenté les week-ends par l'incomparable Jean-Pierre Tison, que le préfet du Val-de-Marne écartait toute présence hostile. J'ai continué sur le sujet deux jours entiers, essayant de suivre l'enquête au plus près. Une organisation palestinienne, les « Fils du Liban du Sud » a revendiqué l'action. Dans leur communiqué, ils expliquaient :

La résistance palestinienne frappera les Français impérialistes où qu'ils se trouvent, et même chez eux.

Ils évoquaient ensuite : *le massacre sauvage commis par des soldats français contre les éléments du Fatah dans la région d'Abbasieh.*

Un des rares dossiers de terrorisme pour lequel RTL m'a permis d'enquêter sur un « temps long » est sans aucun doute celui d'Action directe. Avec à chaque fois des péripéties qui méritent bien d'être contées…

15 mars 1984, 36 quai des Orfèvres.

Mon habituel complice de RMC et moi, entamons notre quatrième soirée au pied du siège de la PJ parisienne. Dans la boîte à gants le scanner crachote des messages radio. Dans la journée, Grandes Oreilles nous a déjà raconté qu'il y avait beaucoup de mouvement côté brigade criminelle, antigang et RG sur Paris et région parisienne. Mais ces effectifs semblent agir comme s'ils intervenaient en queue d'enquête, effectuant des descentes et des perquisitions, suite à une opération plus importante. Nous ne sommes pas dupes car « l'opération plus importante » nous en avons vécu les premiers moments trois jours plus tôt.

Lundi 12 mars 1984, quai des Orfèvres, 21 heures 50.

— *Topaze autorité à l'ensemble du dispositif ! Je rentre dîner chez moi. Vous pouvez me joindre au téléphone.*

C'est fou ce que le message de Claude Cancès à ses troupes de l'antigang est clair dans le scanner. Le contraire serait dommage, il vient de démarrer 50 mètres devant nous du parking de la PJ. Voilà une semaine qu'entre Grandes Oreilles, nos propres écoutes et nos informations à la source nous nous demandons derrière quel genre de gibier courent la BRI et les renseignements généraux. Grâce à la présence de ces derniers, nous avons bien une petite idée mais encore faut-il la conforter. Nous nous sommes donc mis à « filocher les filocheurs ». Bon, quelques jours plus tôt, on s'est fait salement « mordre ». Derrière deux équipages de l'antigang nous avons soudainement vu le second se mettre en travers de notre route, descendre calibres en mains et venir nous dire que la plaisanterie avait assez duré. Quelques infos plus précises et les conversations radio ont fini par nous rendre à l'évidence : ils sont derrière Action directe.

Lundi 12 mars 1984, quai des Orfèvres, 22 heures 05.

— *Topaze autorité à tous les Topaze, j'arrive sur le point !*

C'est l'indicatif de Cancès, sa voix est plus lointaine mais bien audible. Il a dû être prévenu d'un truc par téléphone. Un de ses hommes le freine :

— *De Topaze 51 à Topaze autorité ! Trop tard, les clientes ont déjà démarré !*

Ça bouge grave et nous sommes en plein milieu du dispositif. S'ils vont à l'interpellation, il n'y a plus qu'à les attendre pour voir qui ils auront entre les mains. Apparemment, nous n'en sommes pas là. Un autre message précise que les deux personnes signalées plus tôt approchent de Paris en voiture. Pas de saute-dessus, une filoche pour l'instant. Va-t-il y avoir un imprudent pour donner en clair la destination du « cortège » ?

Une série d'échanges nous confirme que la plupart des voitures de la brigade sont sur le coup, ainsi que Jean-Marc Bloch l'adjoint de Cancès. Et tout à coup, la chance du reporter. Sans même annoncer son indicatif, un des suiveurs hurle dans son micro :

— *Gare de Lyon, on se dirige vers la gare de Lyon !*

Nous arrivons rue de Châlon, en même temps que Bloch. Il plante sa Peugeot en travers et se précipite en oubliant même son gilet pare-balles sur le siège arrière. Ce que nous constatons par nous-mêmes. Planqués devant un kiosque à journaux nous voyons les flics envahir le hall des départs et bientôt les quais. En suivant des yeux un petit groupe nous apercevons enfin leur objectif : Elyette Bess, 53 ans, libraire, la « Vecchietta » pour les membres d'AD. C'est leur agent de liaison. Un court instant mon collègue et moi nous nous sommes demandé si nous allions monter dans le même train qu'elle, suivie par les poulets. Et puis nous nous sommes dit que ceux-ci, dans un espace si réduit, allaient vite nous « détroncher » et nous mettre à l'écart. Et nous nous sommes aussi fait la réflexion que n'étant pas des pros de la filoche, elle risquait de nous « respirer ». Pas envie du tout de porter le chapeau d'un éventuel échec de l'opération en cours. D'autant plus que, même si nous ne le savons pas, rien n'est joué ! Plus tard dans ses souvenirs, Jean-Marc Bloch écrira qu'il m'avait « convoqué » dans un bistrot de sa connaissance accompagné d'un de ses « costauds » pour me sonner les cloches. J'aime bien Jean-Marc Bloch, mais je ne me souviens pas avoir jamais être allé avec lui dans un bar, en colère ou pas. Un pot à la préfecture peut-être mais alors sans « gros bras ». Depuis, Claude Cancès son ancien patron qui a lui aussi quelques ouvrages à son actif, m'a expliqué que, parfois, dans le feu de l'écriture on « croit se souvenir » ou l'on « enjolive un peu les situations »... Quand on est flic à la retraite peut-être, mais pas quand on est journaliste. C'est justement ce qu'en tant que tels on nous reprocherait de faire !

Jeudi 15 mars 1984, 36 quai des Orfèvres.

Retour en planque en bas du 36. En banlieue les opérations se multiplient et, si l'on en croit les indicatifs radio lancés sur les ondes, Genthial, le chef de la Crim', Cancès de la BRI, tous les grands patrons de la PJ parisienne sont sur le terrain. Le coup est forcément d'importance. Vers 19 heures, un de nos informateurs nous annonce sur notre radiotéléphone que

Régis Schleicher, une des têtes d'AD, serait pris. Aussitôt nous tentons de joindre Patrick Riou, le numéro deux de la brigade criminelle qui ne semble pas sur le terrain. Et, suivant mes bonnes habitudes, plutôt que de lui poser une question, je lui assène :

— *Schleicher vient d'être interpellé ! Où et comment ?*

Et là, le malheureux tombe dans le panneau. Plutôt que de « chiquer » il répond :

— *Vous pouvez pas diffuser cette information avant demain matin !*

— *Vous avez jusqu'au prochain journal de 22 heures ! Et vous nous donnez quoi en échange de ce délai ? Je répète, où et comment ?*

— *Rien ! Je peux rien vous dire sauf que ça ne s'est pas passé à Paris !*

Ça, nous l'avions compris depuis l'épisode de la gare de Lyon. Les correspondants de RTL et de RMC dans le Sud sont mis au parfum afin qu'ils secouent leurs indics. Nos prochains flashs respectifs sont à 20 heures. Mais c'est aussi le rendez-vous avec le JT. Qui sait si, fier de ses troupes, le ministre de l'Intérieur n'a pas prévu de balancer l'info depuis la place Beauvau ? À 19 heures 45 les deux rédactions décident à notre demande de retenir nos informations tant que nous n'aurons ni confirmation d'une seconde source, ni que le déballage ne risque pas de provoquer un drame.

19 heures 55... je réussis à parler avec un permanencier du cabinet du ministre. Naïvement, il commence par m'expliquer qu'il vient d'apprendre l'interpellation. Genre : « Je suis comme vous, je tombe de l'armoire ». C'est en tout cas une confirmation. Et là, je lui mens comme un arracheur de dents :

— *Notre problème c'est que la télé est aussi au courant et va ouvrir à 20 heures là-dessus. Alors, on peut y aller ? Ça ne risque rien ?*

— *Non, non, vous pouvez y aller !*

À 20 heures, RTL et RMC annoncent l'interpellation de Régis Schleicher. Mais nous ne savons toujours pas où et comment ça s'est déroulé. Un peu plus tard, le correspondant à Marseille signale qu'il se passe des choses à Avignon. C'était bien une des destinations du train dans lequel était grimpée la « Vecchietta » suivie de la BRI. À partir du moment où l'information était lâchée, les langues se déliaient. Un peu avant le journal de 22 heures, un copain de la BRI nous donne quelques billes de plus, histoire de faire vivre nos papiers. Il était trop content de faire la nique à son préfet, Guy Fougier. Gaston Defferre ayant piqué quelques grosses colères à cause de fuites à la PJ, ce haut fonctionnaire avait pris un plaisir certain à leur faire la chasse. Ses actions antifuites lui avaient valu d'être surnommé par ses troupes le « Préfet Pampers ». Expression qui me valut une vive réprobation de Raymond Castans, le directeur de RTL à l'époque, après que je l'ai utilisée dans un journal de 18 heures. Une « vive réprobation » qui dura vingt minutes et dont je ne réentendis jamais parler… J'ai toujours considéré qu'après Jean (Farran), Raymond avait été le meilleur patron de notre radio, il le prouvait encore !

Vendredi 16 mars 1984, RTL-non-stop, 8 heures.

Depuis une heure et demie et jusqu'à 8 heures 30, le trépidant Nicolas Angel, Jean-Jacques Bourdin, l'Occitan et le « so british » Jean-Claude Larrivoire se succèdent à la présentation. À 8 heures, c'est Nicolas qui officie. Son naufrage de neuf jours en 1979, en compagnie d'Alain Gliksman, ne lui a rien retiré de sa niaque. À 8 heures 09 il me demande de lui raconter les dessous de notre scoop de la veille au soir sur l'interpellation de Régis Schleicher et consorts. Bien entendu, je ne peux évoquer ni nos « écoutes », ni les deux ou trois personnes qui nous ont informés, ni même nos planques nocturnes au 36, mais le récit se tient :

— *Vous savez Nicolas, ce n'est peut-être pas pour rien que RTL est la première radio de France. Il s'est passé beaucoup de choses depuis une semaine pour les policiers comme pour nous. Vendredi dernier, passage au 36 quai des Orfèvres. On est bien studieux ce jour-là dans les nombreux bureaux, et pour cause… La brigade criminelle enquête sur le meurtre du producteur Gérard Lebovici, la BRB se gratte la tête à la recherche du gang des postiches. Et puis en fin d'après-midi, effervescence inhabituelle à l'Antigang. Tout le week-end ses policiers s'installent en région parisienne, se relaient toutes les six heures autour de plusieurs points de chute repérés à l'avance, un important matériel est déployé : voitures rapides, camionnettes de surveillance, moyens radio sophistiqués… Il se passe quelque chose mais quoi ? Lundi la section antiterroriste (SAT) de la brigade criminelle est elle aussi dans le coup. Dès lors il faut éliminer la possibilité du gang des postiches, encore plus celle d'une éventuelle action contre le ou les assassins de Lebovici. Lundi après-midi, deuxième passage au 36… les contacts habituels sont fuyants, on rase les murs pour ne pas dire bonjour aux journalistes, bouches cousues. Aucune information ne sortira de là. Pourtant une telle opération ne peut avoir qu'une réponse : Action directe. Alors comment faire pour en savoir plus ? Eh bien Nicolas il n'y a pas beaucoup de solutions, il faut « filocher les filocheurs ». Il faut suivre ceux qui sont payés pour suivre les autres. Lundi soir, les hommes de la BRI nous emmènent dans la banlieue-est de Paris. Puis tout à coup, branlebas de combat ! Tout le monde se retrouve gare de Lyon. Là, cachés, derrière les quotidiens du jour, l'important dispositif apparaît à nos yeux : toute l'Antigang est sur le quai des « départs », au pied d'un train qui s'en va pour Marseille. Derrière une femme au moins, peut-être deux, qu'ils surveillent depuis quatre jours, quelques inspecteurs montent dans les wagons... Impossible d'en faire autant au risque de dévoiler leur présence. Mardi, mercredi, hier encore il nous faudra suivre d'autres voitures de policiers, jusqu'à hier soir 19 heures 30, où des interpellations sont ordonnées, toujours en région parisienne. Un homme au moins est arrêté. Qui peut-il être ? Comme les policiers, Nicolas, les journalistes n'arriveraient à rien sans un peu de chance. Il faut choisir, c'est forcément un membre d'AD. Pourquoi pas Régis Schleicher. Coup de téléphone à la brigade criminelle et au hasard une petite question : « Vous avez arrêté Schleicher »... À ce moment de mon papier en studio, je passe sur les détails de nos tractations de marchands de tapis, et je termine devant un Nicolas Angel qui se marre : « Ne pas donner l'information immédiatement, en échange de quoi ? Elle est bientôt confirmée d'ailleurs par le ministère de l'Intérieur. Et voilà comment RTL annoncera l'arrestation de Schleicher hier soir à 20 heures, quatre heures avant les autres moyens d'information. Il avait été pris à Avignon mais tout a commencé en région parisienne et surtout lundi à la gare de Lyon. L'Antigang a réussi une très belle enquête... pas sans nous ! »*

Mardi 27 mars 1984, préfecture de police.

Guy Fougier a décidé de fermer le « bureau de presse » à la PJ. Révolte de journalistes ! En quelques jours, nous avons déposé les statuts de l'AJIP[1]... à la préfecture. Que du beau monde ! Je n'en étais que le trésorier, et à part les modestes cotisations, pas grand-chose à gérer. Les têtes d'affiche s'appelaient Plenel (Le Monde), Georges Marion (Le Monde), Éric Follin (L'Aurore), Jean-Charles Marchand (RMC), Jean-Charles Reix (Le Figaro), Claude Kroës (L'Humanité). Et, histoire de bien montrer qu'il n'y avait pas que les policiers pour organiser des manifestations de rue destinées à défendre leur profession, nous sommes allés distribuer à la porte du 36 un communiqué qui s'élevait contre l'éviction de certains d'entre nous du siège de la PJ parisienne. Ça a bien fait marrer les inspecteurs, quelques-uns de leurs patrons... mais pas tous ! Ensuite, photographes et cameramen nous ont shooté, vissant un robinet (antifuites, bien entendu)

1. Association des journalistes d'information police.

sous la plaque « quai des Orfèvres », sise au coin de l'immeuble de la police judiciaire. Un peu plus tard, pour le plus grand bonheur d'une chaîne de télé, je suis allé me faire filmer sous les fenêtres des appartements préfectoraux, au pied d'une fontaine Wallace dégoulinante d'eau de la ville, expliquant à nos confrères que s'il y avait des fuites c'était plutôt là... Grande journée « *poilade* » pour nous, moins pour le préfet Fougier !

Mais en cette époque troublée, les hauts fonctionnaires de la police ne furent pas les seuls à se « distinguer ». Prenez Michel Jéol, nommé procureur de Paris le 22 février 1984. Le 5 juillet de la même année, je sors (toujours en duo avec mon homologue à RMC) une info exclusive : les meurtriers de deux policiers tués avenue Trudaine le 31 mai 1983, ont été identifiés. Ce sont des membres d'Action directe et certains sont déjà détenus pour « autres causes ». Le 6 juillet 84, démenti cinglant de Jéol. Je suis sûr de mes infos, les gars de la criminelle et de la BRI sont trop heureux d'avoir résolu cette affaire pour m'avoir mené en bateau. Une semaine plus tard, nouvelle communication à la presse de Jéol informant les médias, comme si cela datait du jour, que les assassins étaient bien identifiés et même – pour certains – inculpés !

Quoi qu'il en soit, Gaston Defferre, Guy Fougier et les policiers du 36, et ceci bien en marge des « rodéos bancaires » d'AD, nous doivent une fière chandelle. Car si les liaisons radio de la PJ ont fini par être cryptées c'est grâce à mon collègue de RMC et à moi-même. Et voici comment cela s'est passé :

Préfecture de police, Cour du 19 août un jour de cérémonie.

À l'issue des traditionnels « dépôts de gerbes » et un peu avant les pots toujours très prisés, Jean-Pierre Marre, inspecteur à la brigade de répression du banditisme vient nous parler en catimini. Il nous raconte comment, quelques jours plus tôt, une filature conjointe Antigang-BRB a tourné au fiasco. Informés que les leaders d'Action directe affectionnaient les R20 pour perpétrer leurs *réappropriations prolétariennes* (bref, leurs braquages), les deux services ont mis sous surveillance toutes les Renault de ce type signalées volées et retrouvées sur la voie publique. C'est ainsi qu'ils tombent sur la bonne et qu'après un hold-up, ils suivent les activistes-malfrats.

— *C'était vraiment à deux doigts*, nous confie Marre. *Cette fois-ci on se les faisait !*

Lui et ses collègues savaient pourtant qu'ils avaient affaire à forte partie. Derrière la R20 des fuyards, une GS « tampon » de protection. En pleine « filoche », celle-ci provoque un carambolage, les deux types à l'intérieur grimpent dans la R20 devant eux laissant leurs poursuivants bloqués dans l'embouteillage provoqué par l'accident. Et que découvrent les enquêteurs dans la GS : un scanner.

— *Ils nous écoutent, même sur le terrain, en bagnole ! On s'en doutait mais cette fois-ci c'est une certitude. Et ces cons de l'administration qui ne veulent pas débloquer de moyens pour mettre en place la cryptophonie*, s'étrangle Marre qui est aussi délégué syndical du SNAPC, le représentant des inspecteurs de police à l'époque.

Nous savions notre homme opportuniste et là il se servait ostensiblement de nous. Mais, quitte à nous tirer une balle dans le pied, compte tenu du fait que nous aussi nous écoutions les fréquences, nous décidons de sortir l'histoire. Mais, contrairement à ce qui sera dit de nous, nous ne le faisons pas immédiatement au risque de foutre en l'air les opérations en cours. Nous avons bien attendu trois semaines en espérant chaque jour que Marre n'aille s'épancher ailleurs. Oubliant nos précautions, les responsables de la BRI, de la BRB, la direction de la PJ nous sont tombés dessus et pour certains, dont mon ami Claude Cancès patron de la première et devenu ensuite directeur PJ, le doute a duré des années ! Tous oubliaient d'ajouter que suite à notre scoop, l'Association française des banques avait mis pas mal d'argent « dans le nourrain » afin que débute l'opération cryptophonie. Cela dit, le temps que ça fonctionne, Grandes Oreilles et nos propres « esgourdes » ont encore servi pas mal de temps ! Quant à la nomination de Claude Cancès au poste de patron du 36 évoquée plus haut, elle me valut de vivre une scène surréaliste. Invité à diner en tête à tête avec le fantasque préfet de police de Paris Pierre Verbrugghe, à l'issue d'un repas très arrosé, entre poire et fromage, celui-ci me donne trois noms de policiers connus parmi lesquels il veut choisir : « Vous verriez qui à la direction PJ ? » Je lui explique que ce n'est certainement pas à moi de désigner qui que ce soit. Mais devant son amicale insistance, je cède : « y'a pas photo, Monsieur le Préfet, c'est Cancès ! » Il conclut : « pas mieux ! »

Abou Nidal, les Palestiniens, l'extrême droite, le FLNC, l'ETA, depuis l'explosion d'une bombe à Orly-Sud le 15 juillet 1983, il m'est aussi arrivé de tenter de m'intéresser aux extrémistes arméniens. Et comme pour Action directe, j'ai essayé d'approcher leur communauté au plus près. Certains « forts en thèmes » appelleraient ça de la « pénétration du milieu ambiant ». Historiquement, le quartier des « arménoches » à Paris est le 9e arrondissement. Mais au fil du temps certains commerçants ont débordé sur le 10e. Avec une difficulté majeure : c'est aussi le point d'ancrage des Turcs. Et dans les années 80, les relations étaient plus que tendues, puisque les huit morts de juillet 83 avaient été recensés autour du comptoir de la Turkish Airlines, visée par l'attentat. Me voici donc en sous-marin dans les rues de ces « petites Arménie et Turquie » pour voir si je peux comprendre et expliquer aux auditeurs. Mais pour un journaliste, essayer l'incognito dans ces endroits les lendemains d'attentats, c'est lâcher un flic brassard police au bras pour faire de l'infiltration dans les quartiers nord de Marseille. Vous me direz, dans les téléfilms ils le gardent même pour aller pisser le brassard ! J'ai tenu quelques jours mais j'ai assez vite plié mes gaules…

En revanche, je suis assez fier de la grande enquête à laquelle j'ai participé pour… *Le Nouvel Observateur* ! Après avoir décortiqué les mouvements terroristes européens pour RTL, j'ai en effet co-signé un gros dossier dans l'hebdomadaire, sous la direction d'Élisabeth Schemla, avec le regretté Pierre Blanchet (tué par une mine en Croatie le 19 septembre 1991), Gérard Sandoz, spécialiste des affaires allemandes, et Marcelle Padovani la merveilleuse correspondante de L'Obs' en Italie. *Terrorisme : pour qui frappent les tueurs* était un document sur les véritables commanditaires des attentats en Europe durant ces « années de plomb ». En fait, avec l'assentiment total de Raymond Castans, le *boss* de RTL entre 1978 et 1985, j'ai collaboré au Nouvel Observateur durant quatre ans entre 1982 et 1985. Plus particulièrement chargé des affaires de police, je bossais le plus souvent sous la responsabilité d'Élisabeth, mais je répondais aussi aux sollicitations de la rédaction en chef dont le tout premier, le délicieux Hector de Galard, auquel j'eus affaire trois ou quatre fois. Ces quatre années furent un bonheur. D'abord parce qu'Élisabeth Schemla est une pro incontestable. Mais elle ne m'a jamais regardé de haut, bien au contraire, toujours intéressée par mes infos sur la « maison police ». Garder une collaboration en presse écrite, me permettait de rester dans mon milieu d'origine, la presse papier. Mais la radio n'en est en fait que le prolongement, car sauf en direct total, et contrairement à ce que certains pourraient penser, un papier de radio ça s'écrit ! Et si possible correctement. Et dans ce domaine, que ce soit en matière de terrorisme ou d'autres, à RTL je me suis régalé ! Même s'il fallait savoir changer de registre selon l'édition et le présentateur. Avec Jacques Paoli, il fallait savoir le laisser improviser autour de votre thème. Avec Léon Zitrone, il fallait bosser double. Nous lui écrivions en effet les questions qu'il allait nous poser, nos réponses bien entendu, et les relances ! Jacques Chapus, dont je ne sais d'où il tenait cela, m'avait glissé à l'oreille :

— Avec Zitrone, à chaque fin d'intervention et avec chaque relance tu le cites, tu lui donnes du cher Léon Zitrone, voilà Léon Zitrone, en effet Léon Zitrone. Tu verras c'est payant. Il ne peut pas s'empêcher en te répondant de te citer à son tour. Ta pub est vite faite !

Avec Jacques Chapus justement, qui n'abandonnera jamais sa casquette de reporter de faits divers, il fallait y mettre « *de la couleur coco* » ! Avec Jean-Claude Larrivoire on devait faire court. Avec Jean-Jacques Bourdin, transfuge des sports où il savait ce qu'était la précision, il fallait donner de l'info inattaquable. Avec Henri Marque, le politique, il fallait essayer l'analyse. Avec Jean-Marie Cavada, il fallait être très attentif au vocabulaire et à la grammaire, car lui était particulièrement vigilant là-dessus. Avec Philippe Bouvard quand il présentait une longue session d'infos à la mi-journée, mieux valait être à l'heure. Car à cette époque, il présentait ce journal en direct des rues de Paris, depuis une Mercedes rallongée et transformée en studio roulant. Ce ne sont pas ses invités qui venaient à lui mais le contraire. Et quand, jeune reporter, tu couvrais un évènement dans Paris et qu'il te demandait de le rejoindre, il ne fallait pas rater le rendez-vous ni émettre de l'endroit où on se trouvait, fusse après un attentat...

Une chose est certaine, avec la plupart d'entre eux c'était un plaisir de se « défoncer » au boulot.

« Le meilleur d'entre nous »

Où en compagnie des reporters de RTL, on suit le tueur à la trace.

Où la gendarmerie nationale se comporte très mal pour éviter le scandale.

Où femmes de gendarmes et de policiers mettent leur époux sur la trace de l'assassin...

Mardi 30 mai 1978 sur la route entre Somme et Oise...

Le jeune gendarme Alain Lamare s'ennuie. En intégrant le peloton de surveillance et d'intervention (PSIG) de Chantilly (Oise), il croyait faire du saute-dessus. Cette unité c'est l'équivalent des BAC (brigades anticriminalité) de la police... Lui qui rêvait de Légion, de coup de main sur Kolwezi, de GIGN (le groupe d'élite de la gendarmerie nationale) se sent devenu comptable du Trésor : PV pour mauvais stationnement, PV pour excès de vitesse, recherche des véhicules volés, patrouilles de jour, patrouilles de nuit. En fait, Lamare n'en peut plus de la gendarmerie, dont il exècre les troupes, et encore plus les officiers. Surtout ceux de Senlis, dont dépend sa brigade. Il faut dire qu'à l'époque, on y compte tout de même pas mal d'incapables ou d'incompétents ce qui, au bout du compte, produit les mêmes effets. Alors, Lamare a décidé de sauter le pas et de basculer dans la délinquance. Par défi. Le voici donc en ce troisième mois de printemps, roulant depuis quinze jours à bord d'une 504 dérobée à la femme d'un collègue de la Somme. Solitaire, on ne lui connaît aucune amie, à part la jeune femme qui lui fait son ménage, la cuisine parfois, et qui écoute de la musique, assise avec lui sur son canapé. Mais il ne viendrait pas à l'idée de Lamare d'aller plus loin. Il a peur des femmes, il n'a pas le « mode d'emploi ». Chaque fois qu'il a tenté quelque chose, son éjaculation précoce chronique l'a empêché de poursuivre. Il n'a pas d'amis non plus, juste des collègues. Même ses dîners sont devenus de ternes rituels. Toujours le même restaurant, toujours le même menu : œuf au plat, boudin blanc, sorbet framboise.

Ce 30 mai 1978, dans la clairière où il remâche son ennui, une portière claque. Il s'approche et découvre une voiture dont les portes ne sont pas verrouillées. Sur la banquette arrière, il s'empare d'un porte-documents et d'un mouchoir et remonte dans sa voiture volée.

Mercredi 31 mai 1978, entre 1 heure 30 et 2 heures du matin, départementale 44.

La 504 disparue dans la Somme vient d'être retrouvée par... des gendarmes. Mais pas n'importe lesquels ! Ceux du PSIG de Chantilly. Parmi eux... Alain Lamare. La berline a été abandonnée à une centaine de mètres du Carrefour des Ripailles, à un demi-kilomètre de l'HLM où loge Lamare. Dans la Peugeot, les militaires découvrent des documents et un mouchoir taché de sang volés la veille en forêt. Mais il y a aussi plusieurs balles de différents calibres. Le pare-brise est étoilé, semble-t-il par deux coups de feu, le coffre arrière est lui aussi percé de trois impacts, ainsi que la calandre. Deux douilles de pistolet automatique sont découvertes sous le pare-chocs avant du véhicule. À une cinquantaine de mètres alentour, sont disséminés une seringue contenant un puissant sédatif et un plan, qui pourrait correspondre à la préparation d'un hold-up. En fait, tout ceci n'est qu'un scénario dont l'auteur s'appelle... Alain Lamare. Il a eu une heure et demie pour en peaufiner les détails et mettre en place décor et accessoires. Ensuite, vers 2 heures du matin, il est parti en patrouille. En route, il fait semblant d'apercevoir des feux de position devant, dans les fourrés. Le reste ressemble fort à une scène de crime. Mais Lamare n'en a pas assez. Le voilà qui hurle, l'arme au poing :

— *Une voiture démarre, là-bas, sur la route de Beauvais !* Trop tard ! Et pour cause, il l'a inventée...

Le chef du PSIG, l'adjudant Cavalier est prévenu. Suivent le commandant de la compagnie de Senlis, un officier qui préfère fréquenter les édiles de son arrondissement plutôt que de faire de la police. Il est accompagné de Citerne son chef de la brigade de recherche (BR) de l'arrondissement, réputé pour piquer les belles affaires aux brigades territoriales (BT). Lui, je le connais. C'est un rouquin pas très ouvert qui se prend pour Sherlock alors qu'il n'est que Cruchot... La police judiciaire (PJ) de Creil arrive aussi sur place. Le commissaire qui la commande est accompagné de l'inspecteur principal Daniel Neveu, le tombeur de Marcel Barbeault, le « tueur de l'ombre ». Lamare en est certain, cette fois il va enfin participer à une véritable enquête. Seulement voilà, les hommes des PSIG ne font ni investigation ni procédure. Le dossier tombe dans l'escarcelle de la brigade de Saint-Leu-d'Esserent... et il est bien vite oublié. À partir de là, le jeune homme va se mettre en tête qu'une seule chose peut vraiment mettre en branle l'appareil policier et judiciaire : le meurtre. C'est ainsi qu'il va graduellement se préparer à tuer...

Dimanche 23 juillet 1978, Pont-Sainte-Maxence, rue Georges Decroze.

À pied, Karine Grospiron, une jeune fille de 19 ans s'éloigne du cinéma de la bourgade. Il est un peu plus de minuit. Silencieusement, une Renault 12 rouge-grenat s'approche à faible allure derrière elle. Le temps que Karine détecte sa présence, le conducteur a accéléré légèrement, s'apprête à la dépasser, marque un léger ralentissement. La porte du passager avant s'ouvre à la volée. Trois coups de feu dans la nuit d'été. Trois balles de 9 mm viennent d'être tirées. Une va traverser le mollet gauche de la victime, les deux autres la ratent. Légèrement atteinte, elle témoigne sur son lit d'hôpital. Elle a aperçu un visage par la portière. Les gendarmes locaux sont saisis de l'affaire, ainsi que ceux de la brigade de recherche de Senlis. Aucun rapprochement n'est fait avec l'affaire des Ripailles. De plus, celle-ci a été attribuée à la PJ de Creil, car tout laisse penser à une histoire de banditisme. L'agression de Pont-Sainte-Maxence étant suivie par les gendarmes, pas question ni pour eux ni pour les policiers de s'échanger des informations !

Jeudi 3 août 1978 Creil, non loin de l'hôtel de police.

Cette R12 rouge, la seule voiture garée côté pair de cette rue tranquille, intrigue le gardien Jean-Jacques Verbeek qui s'approche. Les portes de l'automobile ne sont pas verrouillées. Il entrouvre celle du conducteur. Une détonation claque, la voiture s'embrase. Le malheureux est atteint au visage et aux mains. Il aurait pu brûler vif. Les analyses vont déterminer que la « machine infernale » est une bombe très artisanale. Le système détonant est fait de désherbant et de potassium. La recette pour les mélanger et les transformer en explosif se trouve dans tous les bons manuels de bricolage. Le tout était branché sur le plafonnier latéral de la berline. Le contact s'est fait au moment où la porte s'ouvrait. Seconde constatation : le véhicule a été dérobé dans l'Aisne à un agriculteur qui s'était arrêté à la boulangerie, laissant les clés sur le contact. C'était déjà le cas de la 504 retrouvée le 31 mai en forêt à la sortie de Chantilly.

Jeudi 10 août 1978, commissariat de Creil.

Le commissaire Jean-Jacques Thiéfine, le chef de circonscription de la police nationale ouvre son courrier. Parmi les enveloppes, l'une a été postée à... Pont-Sainte-Maxence ! Son correspondant anonyme signe d'un point d'interrogation. Il veut « *apporter des précisions concernant la voiture Renault 12 rouge immatriculée 1303 QG 02* ». Ensuite, il évoque en détail l'attentat du 3 août, en citant même le nom du gardien blessé. Vient ensuite la revendication de la tentative de meurtre sur Karine Grospiron. Et là, le commissaire Thiéfine commence à s'inquiéter : « *Une fille de 17 ans qui déambule provoquamment la nuit est une cible que j'affectionne particulièrement* ». L'inconnu ajoute : « *Je suis un tueur et je vais tuer* ». Puis il apporte une précision troublante : « *Karine me connaît, mais elle ne pourra jamais faire le rapprochement. La fois prochaine, je viserai le cœur et non pas les jambes* ». Les tout derniers mots posent encore plus question : « *Cette lettre n'est pas une confession qui exigerait de nombreuses pages. C'est seulement un avertissement. Transmettez-le. Signé : ?* » La missive est écrite dans un français impeccable, le vocabulaire comme la grammaire. Même la ponctuation est respectée, c'est rare dans ce type d'envoi. En revanche, aucune allusion à l'épisode des Ripailles. La PJ fait pourtant le lien, car des traces papillaires identiques ont été relevées à l'intérieur des deux véhicules. Mais elles ne correspondent à aucune empreinte digitale répertoriée !

Samedi 12 août 1978, antenne de police judiciaire de Creil.

Daniel Neveu s'entend plutôt bien avec le commissaire Thiéfine le chef de la sécurité publique. Celui-ci lui montre donc tout de suite la lettre qu'il a reçue. Et quasi immédiatement, Neveu tique. Y a un truc dans ce texte qui lui dit quelque chose. Il ne cherche pas longtemps. Pour lui, il a été pondu par un flic ou un gendarme ! Un peu par esprit de corps, un peu par intuition, il penche plutôt pour la seconde hypothèse. Pourquoi l'auteur serait-il un représentant des forces de l'ordre ? Les tournures de certaines phrases, l'utilisation de certains mots, et mieux : la façon de les agencer… mon cher Watson ! Ainsi, pour évoquer la R12 rouge volée dans l'Aisne puis utilisée pour attaquer Karine Grospiron, et piégée avant de la laisser le long d'un caniveau creillois, l'inconnu écrit-il : *voiture Renault 12 rouge immatriculée 1303 QG 02.* Marque-modèle-couleur-immat'. Exactement dans l'ordre utilisé pour prendre une plainte lors d'un vol de voiture ou dans un message de recherche. Et puis, si l'inspecteur Neveu pense à un gendarme, c'est aussi parce que sa femme le conforte dans ce sens. À l'époque, elle est comptable dans une grande surface de la région. Elle a souvent affaire aux brigades du coin lorsque le magasin dépose plainte pour un paiement à l'aide d'un chèque en bois, ou extrait d'un chéquier volé. Pour elle, entre les pattes de mouche et certaines tournures de phrases très « gendarmesque » c'est évident, la lettre anonyme envoyée au commissariat de Creil est l'œuvre d'un gendarme ! Neveu en réfère à sa hiérarchie, tant à Creil qu'à Lille au siège du SRPJ. Celle-ci pose un épais couvercle là-dessus et l'y conservera jusqu'à la dernière heure, niant l'évidence presque autant que les responsables de la gendarmerie nationale ! En attendant, la police judiciaire ne chôme pas, mais les gendarmes n'en savent toujours rien. Grâce aux chéquiers volés justement, elle reconstitue le périple de celui qui menace de passer à nouveau à l'acte très rapidement. Ses allées et venues sur deux mois sont remontées et des témoins entendus, restaurateurs, pompistes, automobilistes. Tous précisent que le jeune homme qu'ils ont croisé ou qui les a arnaqués est un garçon poli, propre sur lui, toujours bien habillé, les cheveux courts, pas de barbe. Un premier portrait-robot est établi, trop imprécis pour être diffusé. En revanche, plusieurs personnes déclarent que l'escroc leur a donné l'impression d'un policier, d'un gendarme ou à tout le moins d'un militaire… Un premier résultat balistique tombe. L'arme qui a blessé Karine à Pont-Sainte-Maxence, est un pistolet automatique 9 mm Beretta modèle court. Ce n'est pas l'arme qui est « courte », mais la munition ! C'est un pistolet qui peut emmagasiner sept balles plus une dans la chambre, prisé des collectionneurs. Les plus anciens sont de 1934. En quarante-quatre ans, il a été fabriqué à un peu moins d'un million d'exemplaires.

Disons-le franchement, à cette période je vais suivre ce dossier en pointillé, souvent au gré des dépêches de l'agence France-Presse, parfois grâce à mes contacts personnels avec Neveu. Nous nous faisons confiance depuis l'affaire Barbeault, dont nous attendons le procès. Il me parle de ses soupçons concernant un flic ou un gendarme. Mais, entre en parler au téléphone ou en buvant un coup et en faire un papier à l'antenne il y a un pas que le manque d'éléments plus concrets m'empêche de franchir. Et puis, entre la fin mai et la fin juillet je n'aurais pas chômé : sept procès dont celui d'un ancien grand résistant jugé pour espionnage au profit de l'URSS par feue la Cour de sûreté de l'État, et quatorze faits divers dont le mystérieux assassinat du curé de Saint-Julien près de Montauban, la découverte de micros dans les locaux du Canard enchaîné ou encore l'assassinat de François Doublet dans son restaurant de Vanves suivi de l'inculpation de son épouse Larissa... Pas de quoi s'endormir sur le labeur ! En fait, le plus assidu de tous les journalistes qui suivent les tribulations morbides de ce « nouveau tueur de l'Oise », celui qui va couvrir chaque évènement jusqu'au bout c'est le correspondant permanent de l'AFP pour l'Oise et le Val-d'Oise. Il se nomme Yvan Stéphanovitch. Durant presque deux ans il va vivre l'affaire de ce deuxième « *tueur de l'Oise* »[1]. Nous lancerons quasi en même temps les soupçons qui courent sur « un policier » ou « un gendarme ». Mais à force de ne pas toujours garder la distance nécessaire du journaliste avec son sujet, le malheureux va y laisser des plumes... En attendant, après réception du courrier par le commissaire de Creil, trois longs mois vont s'écouler sans que rien ne se passe de nouveau.

Jeudi 16 novembre 1978 vers 19 heures, village de Fitz-James.

Les gendarmes de Clermont de l'Oise viennent d'être alertés. Quelques minutes auparavant, un accident est survenu entre un automobiliste et une cycliste d'une vingtaine d'années. Mais, ce qui pourrait ressortir du simple accrochage, pose problème à plus d'un titre. D'abord parce que le conducteur du cabriolet 504 a pris la fuite. Ensuite parce que selon des témoins les faits ne sont pas fortuits. L'homme a d'abord fait une première queue de poisson à la malheureuse Brigitte Corette, la secrétaire d'une mairie proche, avant de revenir une seconde fois à la charge pour la coincer contre le trottoir. Il lui a fallu ensuite entamer une manœuvre, car la bicyclette était coincée dans sa calandre. Le temps pour l'inconnu de se dégager et sa victime qui s'était relevée pas trop sérieusement blessée, se mettait à hurler. C'est alors que les deux personnes qui ont vu de loin

1. Yvan Stéphanovitch, *Un Assassin au-dessus de tout soupçon.* (Balland 1984).

l'agression se sont approchées un peu plus dans la pénombre, réussissant à relever le numéro d'immatriculation du véhicule : 6809 RF 60.

Samedi 18 novembre 1978, gare d'Orry-la-Ville, 2 heures du matin.

La Peugeot signalée à Fitz-James, est repérée vers 2 heures du matin sur le parking. C'est une patrouille du PSIG de Chantilly qui est tombée dessus ! Les quatre gendarmes auraient pu la rater, mais l'un d'entre eux, Alain Lamare, a alerté ses trois collègues de sa présence au fond du terre-plein boueux. Elle n'est pas inscrite sur leur liste des véhicules volés. Aiguillonné par Lamare, l'un d'entre eux s'approche d'une des portières. C'est un gendarme auxiliaire (GA), c'est-à-dire un p'tit gars qui a décidé d'effectuer son service militaire dans cette arme. Il ouvre et... une explosion suivie d'une boule de feu le happe. Il s'en tirera avec des brûlures au premier degré au visage et aux mains. Dans la journée à Clermont, Jean Pineau, le commandant de la compagnie, prend à son compte l'enquête concernant l'agression de la cycliste. Il fait sortir vingt-huit photos de maniaques sexuels de la région, afin de les montrer à la jeune blessée. Mais voici qu'une autre alerte résonne dans le service. La Poste de Sénarpont, pas très loin de là, dans le département de la Somme, vient de subir une tentative de braquage. Normalement, ces affaires de banditisme sont pour la PJ. Ça va être le cas. En attendant, alors qu'il n'est même pas sur son ressort géographique, l'officier Pineau, surnommé Colombo par ses subordonnés et ses proches, se rend tout de même sur place. Et il montre à la postière encore sous le choc les vingt-huit clichés anthropométriques que les archives lui ont dupliqués. Assez vite, elle lui désigne le numéro 6. Puis elle livre son témoignage :

— *Mon agresseur ressemble à cette personne, mais en plus jeune. C'est un beau gars, il s'exprimait parfaitement, était bien vêtu. Oui, vraiment un très beau gars ! Dommage que...*

Colombo tique et relance le témoin :

— *Dommage que ? Qu'il ait été un peu jeune... Vous en feriez bien votre quatre-heures ?*

— *C'est pas ça... mais y a quelque chose ! Je ne me souviens pas, mais...*

Les uniformes à peine sortis de son minuscule bureau que la préposée hèle Pineau sur le trottoir :

— J'ai trouvé ! Les oreilles ! C'est un beau garçon… mais il a les oreilles en chou-fleur !

La jeune cycliste blessée désigne elle aussi le « numéro 6 » sur les images que lui montre le capitaine. De son côté, la PJ a avancé, toujours sans tenir la gendarmerie au jus. Une trace papillaire relevée à la poste, correspond à l'une de celles récupérées le 31 mai aux Ripailles. Malheureusement, le fou sanguinaire va aller plus vite que les policiers et les gendarmes qui tentent de mettre un nom sur son signalement. Et il va passer la surmultipliée. Il va tuer !

Vendredi 1er décembre 1978, hippodrome de Chantilly, entre 13 heures et 14 heures.

La route des Aigles derrière les pistes est très fréquentée. Il n'est pas 14 heures, lorsque des automobilistes aperçoivent une jeune femme allongée dans l'herbe, en bordure de rue. Elle se nomme Yolande Raszewski, elle a 19 ans et elle est serveuse de profession. Visiblement, elle est grièvement blessée. Le sang a envahi son plastron, là où une balle de 9 mm a perforé son corps, sous le sein gauche. À 14 heures, lorsqu'elle est admise à l'excellent hôpital des jockeys, son pronostic vital est engagé. Elle décède vers 17 heures. Mais la petite est d'un courage ! Avant de mourir, elle explique qu'elle a été prise en auto-stop à… Pont-Sainte-Maxence, dans une GS bleue immatriculée dans la Somme, et conduite par un trentenaire courtois et élégamment vêtu. Il lui a fait gentiment la conversation puis tout à coup il est devenu bizarre, voire agressif. Yolande tente alors d'ouvrir sa portière pour s'enfuir. Il la frappe alors violemment de la crosse de son arme puis tire à plusieurs reprises. Le projectile qui l'a atteinte sous le poumon gauche est mortel, car il lui a perforé le foie. C'est en sortant vers 13 heures 30 d'un restaurant, non loin de l'endroit où Karine Grospiron avait été blessée par balles au mois de juillet précédent, que la jeune fille a voulu tenter l'auto-stop. Elle sortait d'un repas avec une copine qui comme elle vit à Lamorlaye. Un témoin a vu la Citroën s'arrêter, le temps pour Yolande de monter. Le 2 décembre, *Le Parisien libéré* édition de l'Oise titre sur trois colonnes :

Chantilly, Yolande (19 ans) a été tuée de deux coups de feu.

Mardi 12 décembre 1978. Réunion au sommet des quatre commandants de compagnies de gendarmerie de l'Oise.

Les dix-sept affaires que l'on peut attribuer au « tueur » ont été listées. Surprise pour les quatre officiers : on leur distribue une copie de la lettre anonyme envoyée à la police. Jean Pineau « Colombo » tombe de l'armoire. Si seulement cette correspondance, ne serait-ce qu'une partie, leur avait été remise plus tôt ! Qui sait si l'on comptabiliserait maintenant autant de méfaits et de sang ? Car pour le capitaine, à l'examen : « Il n'y a pas photo » !

Il arrive à la même conclusion que l'inspecteur Neveu : c'est un gendarme qui a écrit ça ! Le seul qui ne se pose absolument pas de questions, c'est le chef d'escadron Jean Colson, en charge de l'arrondissement de Senlis. Il est absolument impossible que le « nouveau tueur de l'Oise » soit un des leurs. Il n'a jamais fait et ne fera jamais rien, jusqu'au bout, pour enquêter dans ce sens. Pire, il tentera au moins deux fois de saboter les investigations de certains de ses subordonnés ! Ainsi, alors que c'est la seule solution pour, éventuellement, innocenter les siens, il refuse de faire relever les « paluches » (empreintes digitales) des gendarmes sous sa responsabilité. Même chose pour la vérification de leurs emplois du temps les jours où l'assassin a frappé ! Pineau l'a fait à Clermont, le commissaire de Creil aussi en choisissant dans ses services les cibles qu'il considère comme « fragiles ». Pour Colson, le simple fait d'imaginer un militaire impliqué dans une telle histoire est un outrage à la gendarmerie nationale tout entière !

De mon côté, l'actualité des faits divers a été telle, que j'ai laissé plusieurs fois ma place à des collègues pour couvrir les tribulations du successeur de Marcel Barbeault. Et puis, comme l'inspecteur Neveu avec ses patrons, j'ai encore un peu de mal à faire passer auprès des miens que l'homme qui sévit dans l'Oise est peut-être un flic ou un gendarme. Tous admettent que mes raisonnements, qui ne sont que ceux dont Neveu m'a fait part, sont intéressants, mais en octobre et en novembre, j'ai eu pas mal de chats à fouetter. D'abord, la tuerie du bar du téléphone à Marseille. Dix cadavres ! Et puis Mesrine a encore fait des siennes. Il a tenté d'enlever le président de cour d'assises Charles Petit. Mais celui-ci n'était pas chez lui ! Il a donc pris sa famille en otage avant que la police survienne et que l'ennemi public… s'envole !

Résultat : dix jours de papiers, d'interviews, d'enquête et de reportages à l'antenne !

Vendredi 29 décembre 1978, sortie de Compiègne direction Crépy-en-Valois, 12 heures 30.

Les Isariennes[2] ont beau retomber dans la psychose comme à l'époque à laquelle sévissait le tueur de Nogent, il est encore des jeunes femmes pour voyager en auto-stop... Ce midi-là, un automobiliste qui roule derrière une 504 verte aperçoit une forme qui, sans aucun doute, vient de chuter par la porte du passager avant. Il est loin d'imaginer qu'il s'agit du corps d'une femme. C'est pourtant celui d'Andrée Poirée (19 ans) qui vient de tomber sur l'asphalte ! Elle est très sérieusement atteinte, mais lucide. En attendant l'ambulance des pompiers, elle raconte donc à son sauveur que l'homme qui l'avait récupérée quelques minutes plus tôt, beau garçon, correctement vêtu, s'exprimant bien, les mains parfaitement soignées, lui a tiré dessus. Quelques instants plus tôt, il venait de lui déclarer tout à trac :

— *Je vais vous faire mal !*

La première balle tirée, Andrée a beau supplier, le jeune homme « bien sous tous rapports » tente de l'achever. Andrée Poirée s'en sortira, mais touchée à la moelle épinière elle restera paralysée à vie ! La gendarmerie fait alors converger d'importantes forces vers les lieux du drame, mais aussi sur tous les points névralgiques de l'arrondissement de Compiègne, pour y mettre en place des barrages selon un plan préétabli. Dans quelques heures, la machine RTL va se mettre elle aussi en route et c'est peu de le dire ! Très rapidement prévenu de ces derniers rebondissements, notre confrère Yvan Stéphanovitch pond une dépêche AFP. Mais je l'ai devancé de quelques dizaines de minutes. Ma mère, qui a quitté son vieil hôtel-restaurant de Verberie, est désormais installée dans un plus modeste établissement à Compiègne. Comme elle n'en avait pas les moyens, j'ai englouti la plupart de mes premières rentrées d'argent de RTL dans la gérance d'un troquet qui est inscrite à mon nom. Comme la première, cette nouvelle adresse va devenir un repaire de journalistes au fil des faits divers du secteur. Mais la « mamie » est toujours en contact avec son ancien fief. Et c'est elle qui m'a appelé. Paul Duhen, le « tabac » de Verberie, vient de la prévenir que le village est sens dessus dessous, envahi par la

2. Habitantes du département de l'Oise.

maréchaussée. Selon lui, c'est le « tueur de l'Oise » que l'on cherche. Cette petite avance me permet de sonner l'alerte au 22 rue Bayard. Et là, une fois encore, et ce ne sera pas la dernière, grosse réponse des services techniques ! Car l'histoire se déroule dans un périmètre qui se situe au moins à 75 km de Paris. Impossible d'émettre en direct sans infrastructure. Christian Boudas le spécialiste rue Bayard des opérations « spéciales » (Tour de France, Paris-Dakar...) se souvient qu'en mars 74 pour couvrir correctement le crash du DC-10 de la Turkish Airlines en forêt de Senlis, il avait fallu installer un car-régie sur le point le plus élevé de celle-ci. Le « tueur de l'Oise » vaut bien ça ! C'est ainsi qu'un malheureux technicien va passer des heures dans son minibus pour relayer nos émissions. Grâce à cela nous pouvons émettre de n'importe quel point de l'immense territoire délimité pour les recherches. Mais vers 17 heures, alors que nous sommes prêts à envoyer les premiers papiers Jacques Labib et moi, une pluie aussi persistante que pénétrante se met à tomber sur toute la région. Sur la moto, François Guézille, son pilote, et moi, sommes transis. Le reportage va durer de très longues heures. Nous ratissons entre les deux ponts névralgiques sur l'Oise. Celui de Verberie, dont je connais chaque centimètre après avoir vécu plusieurs années à 500 mètres de là, et celui de La Croix-Saint-Ouen. Il est connu des cinéphiles depuis 1974. C'est là qu'avaient été tournées les scènes finales du film d'Henri Verneuil *Le Serpent*, car cet ouvrage d'art ressemble beaucoup au pont de Glienicke près de Berlin sur lequel étaient échangés les espions.

Notre seul refuge sec et chaud sera *Le Goujon* de mes amis Christiane et Jean-Jacques Lequattre, une auberge sympa à Verberie. Jiji s'est mis aux fourneaux et nous nous rattrapons sur la bouffe. Il faut dire qu'avec moi il en a déjà vu ! Quand je n'étais que correspondant, il m'a accompagné sur quelques faits divers. Mieux, quand j'effectuais mon service militaire, après avoir raté mon train après une perm' à couvrir un sujet, il m'avait même raccompagné jusqu'à ma caserne... à Mulhouse ! En revanche, comme la dizaine de confrères arrivés en catastrophe, nous ne profitons pas de ses chambres. Nous préférons dormir en planque dans nos voitures jusqu'à l'aube, quand nous avons compris que la gendarmerie avait lamentablement foiré son coup. Après avoir aperçu le fugitif dans sa 504 verte volée, les « cruchots » l'ont pris en chasse. Jusqu'à ce qu'il se plante dans la boue d'un chemin de halage. Paumé dans une zone marécageuse, le fuyard l'a joué Rambo quand ses poursuivants se sont rapprochés bien trop près à son goût. Il a coupé un long roseau pour pouvoir respirer en s'immergeant dans un étang jusqu'à ce que les bruits de rangers et les lueurs de torches électriques s'éloignent. À RTL, le tueur sera à l'antenne jusqu'au 13 janvier 1979 ! Dès le 31 décembre 1978, je pose la question dans un des journaux : « le tueur serait-il un policier ?... ou un gendarme ? » J'ai enfin réussi à le caser ! Cependant, la dépêche de l'AFP soulevant aussi cette hypothèse est fermement démentie par la PJ de Lille. Impossible de passer outre !

France-Soir titre cependant : *Le nouveau tueur de l'Oise : policiers et gendarmes suspectés.*

Le Monde ironise : *Le maniaque de l'Oise connaît bien la police.*

Le Courrier Picard constate : *Le criminel échappe de justesse aux gendarmes dans les marais.*

Mardi 3 avril 1979, le Parisien libéré :

Un troisième portrait-robot du tueur de l'Oise.

France-Soir sous la plume de Marceau Petit, son excellent correspondant à Versailles, annonce dessin à l'appui : *100 policiers font du porte-à-porte avec ce portrait-robot.* L'idée de réaliser ce nouveau croquis remonte au 17 mars 1979. Ce jour-là, le « tueur de l'Oise » a volé une voiture de trop et c'est ce qui va le perdre. Ou plutôt le fait qu'elle tombe en panne sur l'A1. Car les premiers secours arrivés sont deux gardiens de la CRS autoroutière. Ajouter à cela que le dépanneur requis est un jeune homme malin et observateur. La description du voleur à la PJ de Creil qui le considère comme le tueur, ne peut qu'être précise et détaillée. Et apparemment, le dessin est très ressemblant. Il attire en tout cas l'attention d'au moins une personne... et pas n'importe laquelle. Le maréchal des logis-chef Claude Morel, qui commande la brigade de recherche de Clermont de l'Oise, va pourtant mettre cinq jours pour partager son trouble avec le capitaine Pineau « Colombo ». Le 4 avril, il fait d'abord part de ses doutes à ses deux plus proches subordonnés qui restent sceptiques. Le lendemain, Claude Morel se tourne alors vers sa femme Christiane... Et quand au petit-déjeuner il lui montre le journal, la brave femme n'hésite pas une seconde :

— *Mais c'est Lamare !*

Son mari tourne et retourne cette terrible idée dans sa tête : il va dénoncer un collègue pour des faits d'une extrême gravité. Et sans preuve absolue, c'est difficile. Le maréchal des Logis chef va alors fouiller dans les archives, à la recherche des carnets de déclaration de Lamare lorsqu'il était encore en brigade territoriale à Clermont. Bingo ! Quand il compare l'écriture du gendarme avec celle de la lettre anonyme envoyée à la police, la ressemblance ne fait aucun doute.

Samedi 7 avril 1979, 11 h 50 Clermont de l'Oise, bureau du capitaine Pineau.

Il est un peu moins de midi quand Claude Morel s'ouvre de tout cela à « Colombo » qui n'en croit pas ses oreilles :

— *Tu pouvais pas le dire avant !*

Ce détail des carnets de déclaration ça ne peut pas être une coïncidence ! À l'époque, ce carnet est une exclusivité de la gendarmerie. Pour des délits de moindre importance, plutôt que d'établir un procès-verbal (PV), les gendarmes peuvent faire signer aux témoins leurs déclarations, couchées dans un carnet réservé à cet effet. Le PV est établi de retour à la brigade. Mais cette procédure ne peut remplacer ce dernier quand le gendarme enquête sur commission rogatoire (CR) d'un magistrat instructeur. Ce que ne sait pas Colombo, c'est que l'inspecteur principal Daniel Neveu a lui aussi fait le même rapprochement. Ou plutôt, c'est encore une femme, la sienne, qui l'a mis sur la voie. Elle est comptable dans une grande surface. Il lui a montré les copies des lettres anonymes envoyées par l'homme traqué par tous les flics et les gendarmes de l'Oise. Et c'est elle, habituée dans son magasin à fréquenter des gendarmes, en cas de problèmes de chèques sans provision ou volés, qui lui a fait remarquer :

— *C'est bizarre, mais certains des mots utilisés, certaines tournures, même les pattes de mouches, on dirait ceux employés par les gendarmes dans leurs carnets de déclaration.*

De cet instant, Neveu qui pensait jusque-là que le nouveau « tueur de l'Oise » pouvait aussi être un flic, penche plutôt pour un militaire. À Clermont, ce 7 avril 1979, Pineau convoque Henri Cavalier le chef de Lamare et lui déballe tout ! Le responsable du PSIG est assommé :

— *C'est pas possible ! C'est le meilleur d'entre nous ! C'est mon meilleur !*

Il se précipite à Senlis pour vérifier les emplois du temps de son gars, aux dates des agressions. Cette vérification déjà réclamée n'avait jamais été faite par Colson le commandant de la compagnie.

Dimanche 8 avril 1979 passé 0 heure, sur la route entre Chantilly et Senlis.

Lamare doit être neutralisé à son retour de patrouille nocturne. Un stratagème est alors élaboré. Par message-radio, tous les équipages en patrouille seront rappelés à Senlis, au prétexte de monter un plan anti-cambriolages inopiné… Mais Lamare se doute du pire. Il a tout préparé pour finir en beauté. D'abord, faire sauter la soute à munitions de ses collègues de Clermont, puis la réserve d'essence. Rien que ça ! Il tuera ensuite le maximum de ses poursuivants, en commençant par le commandant Colson et Cavalier, si c'est lui qui essaie de l'interpeller. Mais son ego prend le dessus. S'il meurt ainsi, Colson (qui a déjà falsifié au moins un épisode de l'enquête sur le tueur), le fera passer pour un fou. Mais Lamare veut être reconnu comme LE tueur de l'Oise ! Mieux vaut se laisser arrêter et déballer tout, provoquant le scandale de l'incurie de la gendarmerie de l'Oise.

Arrivé à la caserne de Senlis, la lourde grille prestement refermée, Lamare n'a pas parcouru cinq mètres, que Cavalier le ceinture, tandis qu'un de ses collègues le menotte. Piètre victoire. L'adjudant qui s'est assis sur une chaise et sur sa dignité, pleure sans retenue. Une bonne dizaine de gendarmes aussi… Durant son transfert pour être présenté au juge d'instruction de Senlis, dans le convoi improvisé par le commandant Colson, la voiture des gendarmes qui cachent Lamare aux yeux des journalistes, essaie de nous semer. Sur un chemin étroit, elle oblige une camionnette à faire un écart. Accident…

La victime, un cyclomotoriste de 16 ans est grièvement blessé en retombant sur la voiture de Pierre Méheust, le correspondant de l'ACP (Agence centrale de presse). Avec le technicien, nous sommes juste derrière le break qui emmène Lamare. Nous essayons de nous porter à la hauteur du conducteur pour lui dire d'alerter les secours. Ces abrutis croient que nous voulons faire des photos… Avec une voiture siglée RTL ! Ils accélèrent ! Arrivée devant la porte de la gendarmerie senlisienne, la meute de reporters fond sur celle-ci prête à l'escalader. On frise l'émeute. Je suis outré par le comportement de l'escorte après l'accident. Je les traite de tous les noms. C'est alors qu'un gradé vient jusqu'à moi, croyant pouvoir calmer le jeu parce qu'il me connaît. C'est l'ancien chef de la brigade de Verberie, qui n'a jamais fait de cadeau à la « mère Hamon » quand elle y tenait son bistrot. Je lui dis de tout ! Il prend pour tous les autres, me menaçant de poursuite pour outrage ! Par anticipation, il y avait pourtant de quoi être en colère.

Dans la soirée nous avons en effet appris que l'ado blessé était décédé. Il aura été la dernière victime du tueur de l'Oise...

Terminus Clignancourt

Où l'on voit que si Mesrine n'était pas forcément l'ennemi public n°1, on le traitait comme tel.

Où l'on s'aperçoit que la mémoire d'un grand flic peut être à géométrie variable.

Où l'on évoque un « coup de grâce » pas vraiment nécessaire.

Où l'on comprend que l'arrestation était bien un guet-apens.

Où l'on se dit que RTL aura souvent été aux premières loges.

Vendredi 2 novembre 1979 dans la matinée, place de la porte de Clignancourt, Paris

— *Putain ! Ça va faire deux fois qu'on demande l'enlèvement ! Ils vont se bouger avec leur dépanneuse !*

Yvon Castel est en colère. Et, de l'autre côté de la place de la porte de Clignancourt où il se trouve, son collègue est aussi énervé que lui. Nous sommes le 2 novembre 1979. À l'appel du matin, les deux gardiens de la paix ont été désignés pour aller faire les « moulins à vent » à ce carrefour.

— *Déjà, régler la circulette à cet endroit, c'est pas de la tarte*, nous expliquera ce flic, bien des années plus tard. *Mais si en plus tu croises des emmerdeurs qui te mettent le souk dès le départ, là c'est que tu n'as pas de chance !*

En l'occurrence, le gêneur de trop, c'est ce camion bâché qui est garé sur un emplacement de bus depuis qu'ils ont pris leur service.

— *Une première fois, nous avons appelé notre état-major. La RATP se plaignait qu'un poids lourd empêche les autobus de charger leurs clients correctement. Ils étaient obligés de rester éloignés du trottoir et ça pouvait être dangereux. Nous nous sommes approchés de cette Goélette Renault. C'est à ce moment que nous avons aperçu, au travers d'une vitre, pas très visible sur le tableau de bord, un écusson de la préfecture de police. C'était un véhicule de la boîte ! À partir de là, malgré les nouvelles interventions de la RATP, nous avons laissé filer.*

Se serait-il souvenu de cet incident si, plus tard en début d'après-midi, il n'avait eu la surprise d'être abordé par un quidam qu'il a immédiatement reconnu ?

— *Une R16 se gare à ma hauteur. Le conducteur descend et vient vers moi. Il ne m'a pas fallu cinq secondes pour comprendre à qui j'avais affaire. Le collier de barbe ça se repère tout de suite ! Il est venu me dire « Bon, on a une opération en cours. Ça risque de finir ici. Si tu entends des coups de feu, ton boulot c'est de contenir les badauds qui voudraient s'agglutiner au milieu, pas d'initiative malheureuse ! » Que veux-tu que je réponde ? Oui monsieur le commissaire. Et quand tout a éclaté, mon collègue et moi, on n'a rien retenu du tout. À deux, vu le bordel, il n'y avait rien à retenir !*

Le témoignage d'Yvon Castel est important, car, s'il précise définitivement cette histoire de camion, il peut être un élément de réponse à une autre question qui s'est longtemps posée : la police a-t-elle tendu un traquenard à Jacques Mesrine le jour de la fête des Morts 1979 ? À l'écoute des explications de ce brave flic de base, on aurait tendance à l'affirmer. Certains protagonistes de cette fin sanglante n'étant toujours aujourd'hui ni d'accord entre eux, ni avec eux-mêmes, n'est-il pas sain de vouloir mettre « les pendules à l'heure » ?

Octobre 1979, dernière semaine. Flashback.

Depuis plusieurs jours, avec mon complice de RMC, nous sentions qu'il se passait quelque chose du côté de la Brigade de recherche et d'intervention (BRI). Entre des conversations qui tournaient court quand nous allions au contact de nos interlocuteurs habituels, des sorties intempestives du 36 quai des Orfèvres d'effectifs conséquents qui s'arrachaient sous nos yeux dans des voitures BMW rutilantes du *pool* rapide, il aurait fallu être frais émoulu à la rubrique « police » pour ne pas comprendre qu'ils étaient chauds comme la braise. J'avais donc sensibilisé Grandes Oreilles qui me confirmait quotidiennement que la BRI était en effervescence dans les rues de Paris. Nous nous sommes alors mis encore plus sérieusement à l'écoute.

Mardi 30 octobre 1979 début de matinée. Flashback.

— *Topaze autorité à tous les Topazes. On se retrouve au point habituel.*
— *Reçu de Topaze 21 !*
— *Reçu de Topaze 23 !*

— Reçu de Topaze 32 !

Le nombre total d'accusés réception que nous captons est déjà une indication sur l'ampleur du dispositif. Cependant, nous nous sommes aperçus qu'il semble parfois allégé. Comme si les gars de la BRI avaient un objectif sur lequel ils donnaient des coups de sonde, mais jamais leur maximum. De plus, c'est justement leur sobriété dans les contacts que nous avons vite prise pour de l'extrême prudence (et nous avions raison) qui nous faisait soupçonner qu'un coup se préparait. Assez rapidement, ces deux derniers jours, nous avons tout de même localisé pas mal d'indicatifs radio du côté de Saint-Lazare et dans le 18e arrondissement, pas loin de la porte de Clignancourt. Notre ami Jean, au bout de ses lignes, avait noté que les conversations couraient surtout en inter-voitures. C'est-à-dire que les inspecteurs se parlaient le plus souvent au « Storno[1] », pas à partir de leur radio de bord. Précaution supplémentaire ! Pour les capter, il fallait être lourdement équipé comme Grandes Oreilles, ou il fallait être proche des points d'émission. Et puis, à l'époque, ils ne couraient pas qu'après Mesrine. Ils s'occupaient aussi de terrorisme, d'Action directe en particulier. Un détail capté au bout des scanners nous a d'ailleurs égarés, à un certain moment. Il était fréquemment question d'une « belle Italienne ». De là à ce que des activistes venus de la Botte aient rejoint ceux d'AD, l'hypothèse pouvait tenir le coup. Nous avons appris lors de l'épilogue, qu'il s'agissait en fait de Sylvia Jeanjacquot, la compagne de Mesrine. Nous en sommes cependant revenus à Mesrine... D'abord en fouillant nos archives. Nous nous sommes d'abord souvenus de l'impasse Saint-François, non loin de la porte de Clignancourt. C'était une des planques du fugitif balancé par son complice Jean-Luc Coupé, après leur vaine descente chez Charles Petit, le président de cour d'assises que Mesrine voulait exécuter. Nous nous intéressons aussi au passage Charles-Albert, de l'autre côté du boulevard Ornano, tout près de la rue Belliard. C'est là qu'il avait trouvé refuge après son évasion de la Santé. Il n'y aurait que Mesrine pour retourner dans une ancienne planque en se disant qu'elle serait grillée pour les flics ! À tout hasard je vais faire un tour aux deux points de chute en taxi, puis à pied, les mains dans les poches. J'ai beau mater les voitures garées un peu partout dans le quartier, je ne vois rien qui ressemble à une planque, encore moins à un sous-marin. Je rentre bredouille rue Bayard. Nous restons pourtant persuadés que les

1. Talkie-walkie.

hommes de Broussard sont bien derrière le truand. Mais impossible d'en avoir confirmation au 36. Aucun de nos contacts, même les meilleurs, ne voulait nous parler. Et puis « derrière » Mesrine, c'est bien beau, mais où exactement ?

Mercredi 31 octobre 1979, 15 heures, quartier Saint-Lazare. Flashback.

Grandes Oreilles croit tenir un truc. Il vient de me joindre pour m'expliquer que les « Topaze » sont derrière une bagnole qu'apparemment ils ne veulent pas perdre. Les équipages sont nerveux. Puis, une fois encore les voici revenus du côté de la porte de Clignancourt. La veille radio reprend. C'est Jean depuis sa tour de contrôle qui va nous mettre sur la voie.

Jeudi 1er novembre 1979 début d'après-midi. Flashback.

Comme parfois, les consignes à la « prudence sur les ondes », les conversations plus ou moins codées vont être grillées par l'instant. Cette fois-ci, comme c'est souvent le cas, ce fut « *l'instant ravitaillement* ». Un des « *planqueurs* » en avait marre de ne pas voir arriver ses casse-croûtes. Alors qu'il tentait de se localiser plus précisément à l'attention du coursier, il finit par lui donner rendez-vous « *à l'intersection Belliard-Mont Cenis* ».

Bingo !

Mais, sur place, la planque se déroule tellement dans le *velours* que nous avons du mal à repérer ceux qui nous intéressent. Et puis, monter nos propres surveillances au milieu de la leur c'était risquer, au mieux de nous faire virer, au pire de donner l'alerte à leur objectif. Nous nous en sommes donc remis à nos *oreilles* ou plutôt à celles de notre ami Jean. Mais cette fois-ci, nous savions de quel bois était faite la cible ! Je n'imagine pas encore que le mot « fin » va bientôt s'afficher, mais pour moi le « film » Mesrine a débuté bien des années plus tôt…

Printemps 1970, Vieux Moulin, forêt de Compiègne. Flashback.

Si quelqu'un a connu Jacques Mesrine avant moi, c'est… ma mère ! Courant 1968 Mesrine tenait un restaurant dans le secteur, l'auberge du Mont Saint-Mard. Et *tant que la cuisine avait été à la hauteur de ses espérances*, ma bistrote de mère fréquenta l'endroit. Peut-être le gérant brun et séduisant ne la laissait-elle pas indifférente ? Elle ne savait pas qu'il s'appelait Jacques Mesrine. Et quand bien même... Je devais retrouver ce dernier pour la première fois à la rubrique faits divers, à défaut des pages gastronomie. C'était en juin 1973. J'effectuais un stage en même temps qu'un remplacement d'été au siège de RTL. Il venait de s'évader du palais de justice de Compiègne, de façon spectaculaire. Dès lors, Mesrine ne me quittera plus durant de longues années. Du terrain de ses « exploits » jusqu'à la salle de la cour d'assises de Paris, je le suivais au plus près. J'avais la chance que l'Office central pour la répression du banditisme soit chargé de plusieurs des enquêtes déclenchées après que le malfrat eut frappé n'importe où en France. Les dossiers parisiens étaient réservés à la PJ du 36. Et, question « interlocuteurs », à l'OCRB j'étais paré. C'est ainsi qu'avec un ou deux confrères nous nous retrouvâmes un jour au beau milieu d'un dispositif, aux confins de la Sologne et du Loiret. Mesrine voulait rendre visite à l'un des directeurs du journal Minute. Ce fut à la fois épuisant et jouissif. Nous sommes ainsi restés une soirée, une nuit et une bonne partie de la journée suivante, frigorifiés dans deux bagnoles au fond des bois, à l'écoute de « radio cocotte » sur nos scanners portatifs. Mesrine ne vint pas au rendez-vous. Mais quelle satisfaction le lundi à l'heure de l'apéro de révéler notre raid à François Klein, l'un des chefs de groupe de l'OCRB. Pour qu'il me croie, j'avais été obligé de lui raconter par le menu son propre retour sur Paris, avec la marque, la couleur, le numéro de plaque de sa voiture, ses heures de passage aux péages, les noms de ceux qui l'accompagnaient. Un grand moment !

Lundi 2 mai 1977, RTL 22 rue Bayard.

Demain je suis accrédité à la cour d'assises de Paris pour assurer le compte rendu de l'audience. Et pas n'importe laquelle : c'est le procès de Mesrine qui s'ouvre. Ce premier jour de la semaine, après la conférence de rédaction de 10 heures, André Lacaze, qui a endossé peu de temps avant le costume de directeur des infos de la radio, me fait venir dans son bureau.

— *Alain, demain avant l'ouverture des débats, je voudrais qu'on tente un coup.*

On ne refuse rien à « Dédé » Lacaze ! C'est un meneur d'hommes et un journaliste qui a un « pif » incroyable. Pourtant, ce qu'il va me proposer me laisse pantois.

— Qu'est-ce que tu dirais d'aller chercher Mesrine avec la moto à sa sortie de la zonzon à Fresnes et de le filocher jusqu'au palais. Tu ferais quelques interventions sur le parcours…

— Heu… Dédé, c'est un truc pour un photographe. Mais en radio…

On ne dit pas facilement non à Dédé d'autant qu'il est ouvert à toutes les discussions. Avant d'arriver rue Bayard, il était responsable de l'information à France-Soir. Puis, encore plus tôt dans sa carrière, il avait passé les plus belles années de sa vie professionnelle à Paris Match. Son boulot à cette époque consistait justement à monter des coups. Mais tant pour l'hebdomadaire que pour le quotidien, il y avait souvent une ou quelques belles « plaques[2] » à la clé. Là, je la sentais un peu moins. C'est en me voyant dubitatif qu'André m'a sorti LE truc, l'argument imparable.

— Et s'il s'arrache pendant le transfert ?

Il avait gagné ! Le lendemain à l'aube, je suis en « chouf » très tôt aux abords de la prison de Fresnes, avec le motard de la radio. Quand le fourgon cellulaire apparaît, nous n'en menons pas large. D'abord parce que l'escorte est renforcée, et les mecs du GIGN armés jusqu'aux dents et assez nerveux. Ensuite, à l'allure à laquelle tout le monde démarre, nous nous demandons quand nous allons pouvoir trouver un moment pour faire de l'antenne durant le parcours. Il n'est pas non plus question de la jouer « étape du Tour de France » en direct en roulant. Et nous voici partis au cul du prisonnier et des motards qui lui ferment la route ! En nous posant boulevard du palais, c'était la première fois que je voyais des tireurs d'élite sur les toits alentour. Trois mois plus tard, le 18 août, je repensais à ce que Lacaze m'avait rétorqué pour emporter le morceau le 2 mai. En moto encore, nous foncions en effet cet après-midi-là vers la place Denfert-Rochereau. Un autre beau voyou, Michel Lepage venait de s'évader en compagnie de Daniel Cheval, un malfrat qui devait faire son chemin. Un commando de quatre complices avait braqué le transport de détenus et neutralisé les trois gendarmes de l'escorte. Lepage arrivait du tribunal d'Évry et rentrait à la Santé. Mais… nous n'avions pas suivi le procès de Lepage… encore moins son fourgon !

27 mai 1978, Deauville, campagne normande.

Jacques Hardouin, l'excellent et irremplaçable correspondant de RTL en Normandie, et Brice Barillon, brillant reporter installé dans le bureau voisin du mien, courent après Mesrine

2. Note de l'auteur : Photos.

dans les marais normands. C'est là qu'il a disparu après avoir attaqué le casino de Deauville la veille, et pris plus tard en otage une famille au domicile de laquelle il a débarqué. Je retournerai plus tard sur place avec Jacques Labib. Il m'a rappelé récemment que nous étions tout de même rentrés avec des éléments propres à faire un bon papier… Comme quoi !

21 juin 1979, 12 h 15, Beaumont-sur-Sarthe.

Mesrine enlève un usurier, Henri Lelièvre. L'affaire va traîner en longueur. À l'Office du banditisme, nombreux sont ceux persuadés que le coup a été perpétré par le « grand » Jacques. Pour moi, cette histoire-là ne fait que commencer…

Mercredi 11 juillet 1979 fin d'après-midi, Évian-les-Bains.

Je franchis la ligne de l'étape du Tour de France Belfort – Évian-les-Bains. Dingue de la grande boucle, j'ai décidé de m'offrir les Alpes au cul des coureurs et des reporters suiveurs. Les copains du service des sports de RTL m'ont accrédité et je suis ravi. À peine la ligne franchie à Évian, l'un des speakers de l'organisation ânonne mon nom dans un haut-parleur :

— *Alain Hamon de RTL est prié de se rendre au car-régie. Alain Hamon de RTL…*

Au pied du secrétariat itinérant de la course, une charmante hôtesse m'explique :

— *On vous a demandé au téléphone voici un petit quart d'heure. Un monsieur qui n'a voulu laisser ni son nom ni un numéro où le joindre, nous a dit qu'il rappellerait dans la demi-heure. Il a précisé que c'était très important*

Je reste planté au pied de son podium et en effet, elle me hèle quelques instants plus tard. Quand je décroche, une voix que je crois reconnaître, sans être tout à fait sûr de moi, me conseille :

— *Demain matin, 6 heures, sous les arcades de la place des Vosges…*

Le ton est sans appel. Je sens que c'est sérieux et que cela peut avoir un rapport avec l'affaire Lelièvre. J'appelle la rédaction, explique à un chef ce qui se passe, et me voici juché sur la moto émettrice, pilotée par l'excellent François Guézille, qui me dépose en catastrophe à l'aéroport de Genève. Retour à Paris. Mes envies d'Alpes et de vélo prennent fin là, en quelques minutes. Je comprends que mon mystérieux interlocuteur doit bien me connaître. Il ne m'a pas donné rendez-vous à cet endroit pour rien. Je crèche à trois minutes.

Jeudi 12 juillet 1979, place des Vosges, Paris, 6 heures.

Je me pointe au coin de la place et de la rue du Pas-de-la-Mule. Dissimulée sous les arcades, une berline avec deux individus à l'intérieur. En m'approchant, je reconnais le passager en souriant. Il s'agit de Paul Reymand, dit « Paulo », un poulet de l'OCRB. Un bon copain, même si ce n'est pas avec lui que je fais les 400 coups. Dans un film des années 60, on l'aurait surnommé « Paulo l'élégant », tant il est toujours vêtu avec recherche, friand de la mode la plus récente, à condition... d'avoir des prix auprès de ses fournisseurs habituels. Paulo m'explique que le lendemain 13 juillet, débutera une sorte de course au trésor, qui a pour but de verser la rançon réclamée pour la libération d'Henri Lelièvre. Le 13, ça ne s'invente pas, c'est un vendredi ! De quel côté sera la chance ? Le ministère de l'Intérieur a mis tous les moyens en œuvre. Même un hélico est réquisitionné, mais la météo n'assure pas qu'il puisse décoller. Toutes les liaisons radio habituelles ont été multipliées. Le cœur du système se trouvera dans un véhicule des services techniques juché au mont Valérien. Et je comprends pourquoi Paulo m'a balancé le dispositif ! Outre que nous sommes potes, mais sans plus, il l'a en travers. Il s'estime puni d'avoir été désigné pour se taper le cul dans le car des transmissions. Et ça, Paulo, il ne le digère pas. Il me donne alors le détail qui peut faire la différence pour moi : l'endroit de la première halte du jeu de piste, les toilettes en sous-sol d'une brasserie du 7e arrondissement. Là son patron, Lucien Aimé Blanc, serrera de près Michel Lelièvre, le fils du kidnappé qui doit trouver un premier message, qui le mènera à un second, et ainsi de suite. J'ai une journée pour m'organiser. Je rentre me changer pour être à la première heure 22 rue Bayard.

Jeudi 12 juillet 1979, 9 h 30, rédaction de RTL.

Je partage mes billes avec les responsables de l'information, Dédé Lacaze en tête, qui est excité comme pas un. Chacun se sent tout à coup fébrile. OK pour le scoop, mais attention à ne pas faire foirer l'opération, la vie d'un otage est en jeu ! La première question est simple : prévient-on les autorités que nous sommes sur le coup ? Une expérience récente de rapprochements avec le ministère de l'Intérieur, par l'entremise du service politique, m'incline peu à recommencer. Mieux, je suggère que nous soyons un minimum à être mis dans la confidence à la rédaction. Au niveau de RTL seuls deux confrères seront au parfum, Michel

Cohen-Solal et Jacques Labib. Comme toujours, la réaction des équipes techniques de Bayard me scotche, en qualité et en rapidité. Michel Cohen-Solal prendra place dans une « automatique ». Le reporter peut lui-même passer à l'antenne en appuyant sur deux boutons sans l'aide d'un homme de l'art. Une voiture technique restera en stand-by, ainsi que la seconde moto qui n'est pas sur le tour. Je serai dans un autre véhicule complètement banalisé, en emportant un Radiocom 2000, l'encombrant ancêtre du téléphone portable, et un scanner. Nos véhicules sont reliés par talkies. Et puis tout là-haut, dans une lointaine banlieue, les « *oiseaux de RTL* » prendront en charge l'écoute générale des fréquences de l'OCRB. J'ai distribué à tout le monde les indicatifs radio des différents responsables de l'office. De ce côté, nous sommes au top. En attendant, pour montrer que RTL reste très proche de l'enquête sur le rapt du vieux monsieur Lelièvre, j'en fais le point dans les journaux de 13 et 18 heures.

Vendredi 13 juillet 1979, 6 heures du matin, Paris 7e.

J'ai commis une énorme erreur. Mon bon cœur va me perdre. Pour ne pas laisser un ami confrère en dehors d'une telle histoire, en imaginant aussi que les papiers qu'il fera puissent avoir une résonance pour RTL, j'ai mis un collègue du Parisien dans la confidence. Mal va m'en prendre ! Ce n'est pas son excellent journal qui est en cause, c'est lui à titre personnel. J'aurais dû m'en douter, car à plusieurs reprises, il n'a pas très bien agi avec moi. De son côté, il a quelques contacts en PJ. Mais sa grande spécialité c'est de venir se greffer sur un apéro de flics auquel je participe, d'écouter sans rien dire... et de se précipiter pour faire un article avec ce qu'il a entendu... Ai-je voulu lui donner une dernière chance ? Toujours est-il que le lendemain matin, à l'heure à laquelle « Paris s'éveille », c'est lui qui est au plus près du bistrot où Aimé Blanc doit récupérer le premier message d'une longue série. Et pour être au plus près, il l'est ! Confondant sans doute patron de l'OCRB et benêt, voici que notre collègue qui doit comme nous planquer en voiture à deux rues de là, s'installe carrément au comptoir et commande café et croissant. Et lorsque le commissaire divisionnaire le découvrant bâfrant, lui demande ce qu'il fout dans ce bistrot, il lui répond naïvement :

— *Ben, j'prends mon petit-déj' !*

Aimé Blanc comprend si vite la situation que la seule chose qu'il réplique c'est :

— *Il est où Hamon ?*

Fin du sketch. Et là, le beau Lulu va être royal. Il nous laisse suivre son cortège à distance respectable. Vingt-quatre ans plus tard, dans un bouquin resté confidentiel, un ancien chef de groupe de l'OCRB écrira à propos de notre présence sur les lieux du tout premier rendez-vous ce matin-là :

— *Quant à moi, sauf l'écoute d'un scanner, je ne m'explique pas leur présence ici.*

Plus tard dans la matinée, nous serons les seuls reporters sur les lieux de la remise de rançon ratée, en bordure de la Nationale 2, à Dammartin-en-Goële (77). Une des voitures de l'OCRB a été mitraillée à la carabine 22 Long Rifle. Un commissaire que j'aime bien en a réchappé de peu ! Michel Cohen-Solal est le premier à prendre l'antenne. Nous sommes en fin de matinée. De mon côté, je décide de récupérer le maximum d'infos pour le journal de 13 heures. Me voici à la gendarmerie de Dammartin. Les pandores, que la police judiciaire n'avait bien entendu pas mis au parfum, sont débordés et en colère. Mais surtout, ceux que je croise me prennent visiblement pour un flic. J'enquille un long couloir et je frappe à une porte derrière laquelle j'ai entendu taper à la machine. Invité à entrer, je pousse l'huis et je tombe nez à nez avec Robert Péru, un cador de l'Office des stups venu en renfort. Outre un enquêteur hors pair, c'est un procédurier de grande qualité. Du coup, c'est lui qui aligne les procès-verbaux de ce qui s'est passé. Et disons-le tout net, en me voyant, il paraît tout à coup se prendre un gros coup de blues.

— *Toi ? Mais qu'est-ce que tu fous là, merde ?*

Et quand je lui raconte les épisodes précédents, il m'en lâche assez pour que j'assure l'antenne jusqu'à l'après-midi. J'interviens deux fois dans le journal de la mi-journée à 13 heures 12 et 13 heures 27.

C'est en rentrant au 127 rue du Faubourg Saint-Honoré que ça va se gâter. Les flics sont fous de rage et conscients qu'au moins l'un d'entre eux l'a échappé belle. Alors que les plantons qui me connaissent me laissent entrer dans le hall, Max, l'un de ceux qui me déteste sans doute le plus à l'OCRB, m'empoigne. Sur le coup, je crois que c'est pour me virer. Pas du tout, il veut me casser la gueule ! Je ne dois mon salut qu'à l'intervention de mon « grand frère », mon ami Pierrot Malahude, le meilleur que j'aie jamais eu dans la police. Je les compte sur les doigts d'une main. Il en fait partie. Je vais donc attendre Aimé Blanc au bistrot d'à côté, Le Griffon. Entretemps, il s'est fait remonter les bretelles. Ce n'est pas tant le ratage qui exaspère les autorités, que nos interventions sur les ondes de RTL, trop rapides et détaillées à leur goût. Quand il me voit au comptoir, et qui plus est, discutant des évènements de la matinée avec quelques-uns de ses gars, Aimé Blanc éructe. La porte vitrée est grande ouverte et il me traite de tous les noms *fumier, fouille-merde, salopard* et, insulte suprême dans la bouche d'un Marseillais :

— *Hamon, t'es un véritable enculé !*

Et comme il n'est pas question que je me laisse faire en public, fût-ce par un poulet de sa trempe, je rétorque sur un ton plus cool :

— *Mais vous en êtes un autre, monsieur le commissaire !*

L'algarade va durer quelques longues minutes, puis Aimé Blanc va se calmer. Car il a tout de même un Mesrine à retrouver ! Désormais, il est sûr que c'est de lui qu'il s'agit... Mais Lucien m'en voudra encore quelques jours plus tard lorsque je sors un long papier très détaillé dans VSD, hebdomadaire auquel je pige depuis son lancement par Maurice Siégel, l'ancien grand patron d'Europe 1 et son bras droit Jean Gorini. Une quinzaine de jours plus tard, le fils Lelièvre roule la police dans la farine et paie la rançon. Il faudra encore presque cinq mois à Aimé Blanc pour réamarrer Mesrine. Et, dès le lendemain du jour où celui-ci se fait mettre en charpie par les balles des hommes de Broussard, Aimé Blanc aura cette jolie phrase :

— *Même une fois mort, il va continuer à nous emmerder.*

C'est peu dire...

Pas question, pour autant, d'entrer dans la spirale de ceux qui ont crié à l'assassinat. Mesrine l'avait annoncé aux policiers en cour d'assises, alors que j'assurais la chronique de cette audience :

— *La prochaine fois, ce sera dans la rue et ce sera vous ou moi. À celui qui tirera le premier.*

Je ne hurlerais pas au complot d'État ! Je ne l'ai d'ailleurs jamais fait. Mais il restait jusqu'à aujourd'hui encore assez de questions sur sa mort pour qu'on ne les passe pas par perte et profit. D'autant qu'avec les années, certains des protagonistes ont fini eux aussi par s'exprimer. Ainsi en va-t-il de l'un de ceux qui ouvrirent le feu sur lui porte de Clignancourt...

25 janvier 2016, Paris. Sortie du livre de Jean-Louis Fiamenghi.

Il a appartenu à la Brigade de recherche et d'intervention, la célèbre Antigang. Puis il a poursuivi une carrière qui s'est terminée avec une casquette de préfet bien vissée sur la tête, après avoir commandé le Raid et le SPHP, l'ancien service des VO[3] chargé de la protection des plus hautes personnalités de l'État français. Avant, quand on évoquait avec Fiam' (pour les habitués) la fin de Jacques Mesrine, pas la peine d'essayer de lui faire dire qui étaient ceux qui l'accompagnaient à l'arrière du camion bâché et qui déclenchèrent l'enfer du feu sur le malfrat. Alors, s'il en est un de la part duquel on ne s'attendait pas à obtenir des réponses aux questions qui se posaient depuis le 2 novembre 1979, c'est bien lui. C'est pourtant Jean-Louis Fiamenghi qui, dans son bouquin[4], a fini par lâcher au moins trois noms. Celui du conducteur de la Goélette à l'arrière de laquelle étaient installés les tireurs : Christian Lambert qui à l'époque était à la BRI. Nous avions révélé son rôle depuis longtemps, mais face aux dénégations de l'intéressé, c'était parole de flic contre parole de journaliste. Fiamenghi le confirme. Il évoque aussi les noms des autres tireurs de Clignancourt, dont le sien. Et ce qui est intéressant, c'est qu'il décrit dans son ouvrage les derniers instants de Mesrine. Comme il le fait sans fard, et qu'on peut lui faire crédit de ne pas raconter de bobards, son témoignage est important, même si parfois, on est obligé de lire entre les lignes, voire de les « décortiquer ».

2 novembre 1979 un peu avant 16 heures, rédaction de RTL.

De l'OCRB m'est venue le midi même, l'info de l'imminence de l'action, mais sans plus de précision. Je me suis dit que j'allais peut-être bien repasser du côté de la rue du Mont-Cenis les mains dans les poches. Soudain, le téléphone sonne sur mon bureau. C'est Bernard Pau Audubert de l'Office du banditisme. Un super poulet, doublé d'un bon gars, disparu trop vite lui aussi. Bernard est de la seconde opération montée pour aller interpeller Charly Bauer, du côté de Saint-Lazare.

— *Ç'a y est, Mesrine c'est terminé ! Porte de Clignancourt, à l'instant*, me lâche-t-il sobrement au téléphone avant de raccrocher.

Dans le même temps, les « oiseaux de RTL » ou plutôt Jean, Grandes Oreilles, appelle à son tour pour signaler une *grosse fusillade porte de Clignancourt, certainement en rapport avec Mesrine.* En cette année 79, la rédaction peut prendre l'antenne depuis un micro installé en son centre. Le flash de 16 heures vient de commencer.

3. Voyages officiels.

4. *Dans le secret de l'action*, (Mareuil Éditions).

À 16 heures 01, depuis la rédac, l'info est lâchée. Je fonce vers les lieux de l'épilogue de ce très long métrage. En arrivant par le périphérique à 200 mètres de la bretelle de sortie pour accéder à la porte de Clignancourt, un immense embouteillage prend forme. Ni une ni deux, le technicien qui m'accompagne dans la voiture technique s'arrête en pleine file du milieu, descend, va jusqu'au coffre et me harnache d'un « *téléporte* », un émetteur-récepteur que l'on porte à l'épaule. Sur l'autre j'ai les douze kilos de mon Nagra. Je finis notre course vers le mort en courant comme un malade. À partir de là, le grand cirque commence.

Samedi 3 novembre 1979 et jours suivants. Flashback.

La version officielle est quasi unanime : Mesrine est mort, car il transportait toujours avec lui une sacoche de toile, dans laquelle il gardait deux grenades défensives quadrillées. Il fallait donc l'empêcher de s'en servir à tout prix. Cette affaire de grenade me pose question. On nous raconte depuis quarante-huit heures que le fameux sac était aux pieds de Mesrine. Je ne me rappelle pas avoir vu hier les techniciens de l'identité judiciaire photographiant, pour la procédure, le sac de grenades dans la BMW. Broussard a aussi précisé à propos de ces engins qu'elles pouvaient être dangereuses jusqu'à environ 100 mètres. La veille, après la mort de l'ennemi public, sa berline est restée exposée à la vue des policiers, des officiels accourus en nombre pour être sur la photo, mais aussi de badauds difficilement contenus par des gardiens de la paix. Que fait-on en pareil cas ? On décide aussitôt d'un périmètre de sécurité. Pas cette fois-ci ! C'était la foire d'empoigne ! Ensuite, on fait venir le laboratoire central de la préfecture de police, plus particulièrement ses démineurs. Arrivé très rapidement sur place, et je n'étais pas le seul, je n'ai aucun souvenir de leur présence. En 1989, lors d'une émission télévisée sur La 5, Broussard racontera même cette anecdote en souriant :

— *Dans le carrefour, on a même aperçu deux bonnes sœurs dans une 2 CV, à moins de 50 mètres de la BMW de Mesrine. Vous imaginez si les grenades avaient pété ?*

Quant au déclenchement du tir, c'est en le voyant se pencher en avant que les flics ont pensé qu'il allait se saisir d'au moins une des « quadrillées ».

Qu'écrira Fiamenghi trente-sept ans plus tard ?

— *Nous avons imaginé qu'il allait se servir de ses armes...*

Il ne parlera pas de grenades juste « d'armes ». Robert Broussard n'a jamais réagi à ce détail souligné par un de ses anciens fidèles. De plus on ne voit pas comment un conducteur, fut-il Jacques Mesrine, attaché à son siège par sa ceinture de sécurité pourrait se pencher en avant pour ouvrir un sac posé à ses pieds et réussir à le faire.

D'ailleurs Fiam' ajoutera :

— *Jacques Mesrine, à cet instant, se penche en avant d'un geste sec, trop rapidement pour sa ceinture de sécurité qui bloque son élan. Le mouvement est brusque. Si brusque qu'il en paraît menaçant.*

Entre « être » et « paraître », juste le temps de plusieurs salves !

Autant de questions qui se poseront toujours, tout comme celle de l'existence, ou pas, de sommations. Les policiers en état de légitime défense (ou s'y croyant) ne connaissent pas cette notion de « sommations ». Seuls les gendarmes peuvent les lancer et tirer, même s'ils ne sont pas forcément en danger ! Bien des années plus tard, Lucien Aimé Blanc, patron de l'Office central pour la répression du banditisme, viendra mettre un beau boxon à ce sujet. Aimé Blanc, faut-il le rappeler, c'est le poulet sans lequel Mesrine n'aurait peut-être pas été repéré à Paris de sitôt. Lulu avait toute la confiance du procureur de Paris qu'il tenait plus ou moins à cause de menus arrangements antérieurs, dans certains dossiers. C'est grâce à cela qu'il put faire sortir de prison l'indic' qui lui avait presque apporté Mesrine sur un plateau. En fait, la balance avait expliqué à Lucien que Charly Bauer, un braqueur anar, lui-même en cavale, fréquentait Mesrine. La suite appartenait à l'Antigang. Et quand Aimé Blanc écrit lui aussi ses mémoires, comme c'est un mec entier, à la question : des sommations ont-elles été faites ? Il balance !

— *Broussard l'affirme en expliquant qu'il y était.*

Selon Aimé Blanc il ne pouvait avoir assisté à quoi que ce soit, puisqu'ils se trouvaient tous les deux à une petite centaine de mètres, dans le véhicule de commandement. Version confirmée par l'un des hommes du patron de l'Office du banditisme qui l'accompagnait. Grosse colère de Broussard qui va jusqu'à évoquer une plainte en diffamation contre son ancien collègue. Il ne l'a jamais déposée ! Mais le plus risible dans tout cela, c'est que le célèbre collier de barbe de la police française pourrait avoir la mémoire qui flanche, car il commence à se faire vieux. Eh bien c'est tout le contraire ! Les années lui inspirent parfois des souvenirs jamais évoqués jusque-là.

Été 2018, France 2.

Nouvelle version de Robert Broussard sur la mort de Mesrine. Je la découvre au fil d'un *replay* d'un magazine de France 2. Broussard ajoute un détail inédit à son antienne habituelle :

— *C'est à ce moment que j'ai effectué une manœuvre boulevard Ornano pour me rapprocher du lieu de l'intervention.*

Tentative désespérée pour faire coller sa vision à l'histoire : il a pu percevoir les fameuses sommations puisqu'il s'est rapproché pour donner le top départ. Un point de vue qui ne résiste pas à l'analyse. D'ailleurs, dans ses mémoires, son vieux pote Fiamenghi ne parle pas non plus de quelconques injonctions, tant l'action s'est déroulée en une poignée de secondes. Enfin, s'il faut encore expliquer la gêne de Robert Broussard il suffit de visionner un programme diffusé par La 5, pour l'un des « anniversaires » de cette histoire. David Pujadas a notamment invité Martine Laroche-Joubert, une des journalistes qui étaient Porte de Clignancourt pour la 2. À l'époque elle n'est pas encore le grand reporter qu'elle deviendra plus tard, présente, avec talent et courage, sur les conflits les plus improbables de la planète. Le 2 novembre 1979, elle est jeune journaliste, mais elle a déjà un caractère bien trempé. Ce qui, en plateau, lui permet d'expliquer à Robert Broussard qu'en arrivant sur les lieux elle avait été envahie par un malaise qui ne la quitta pas durant plusieurs heures !

— *Comme si tout ce que je voyais sortait d'un scénario bien organisé, destiné à nous faire filmer ce que l'on voulait que le public sache.*

Puis, après cette saillie iconoclaste, au détour de la conversation, la jeune femme demande à un moment donné au commissaire :

— *Et vous, vous étiez où ?*

À ce moment précis du direct, j'ai cru que Broussard allait enfin répondre quelque chose de cohérent. Ce jour-là, aucune enquête n'est ouverte sur les conditions de la mort de Mesrine. Aimé Blanc est loin d'avoir écrit ses mémoires, Fiamenghi encore moins. Martine Laroche-Joubert interrogera une seconde fois l'ancien patron de la BRI :

— *Mais vous étiez où ?*

C'était trop tard, le briscard de la police était déjà parti vers d'autres horizons, lâchant un écran de fumée digne des spécialistes de la brigade des gaz.

Question subsidiaire et cependant fondamentale : Mesrine est-il mort lors d'une tentative normale d'interpellation qu'il refusa ou est-il tombé dans un guet-apens ?

Dès lors se pose le problème de la présence et de la mission dévolue au fameux camion des tireurs. S'il est là pour se fondre dans le paysage et engager lui aussi la filature derrière la voiture de Mesrine, rien à redire. Quoi qu'il en soit, après coup, il aurait dû rester sur place jusqu'à ce que l'identité judiciaire ait effectué l'ensemble de ses constatations pour les besoins de l'enquête. Que nenni ! Les armes se sont à peine tues, que Christian Lambert et son équipe de fines carabines se carapatent. Comme si les autorités ne voulaient pas que l'on connaisse trop le rôle qui leur était dévolu ou qu'elles avaient décidé de le cacher, pour un temps en tout cas. À tel point qu'au fil du temps certains faisaient même semblant de les ignorer. Charles Pellegrini, l'adjoint d'Aimé Blanc à l'OCRB à l'époque, toujours plus enclin à prendre les patins de Broussard que ceux de son ancien patron, explique lors d'une interview télévisée :

— *On savait que Mesrine partait pour la région parisienne. Vous imaginez un camion pour filocher une BMW ?*

Seulement voilà, trois personnes dignes de foi l'ont vu et bien vu ce plateau bâché. Les deux premiers sont les gardiens de la paix qui l'ont verbalisé pour stationnement sur un emplacement non autorisé. Eux faisaient leur boulot. Difficile d'en dire autant du troisième, Max Lejeune de l'OCRB.

Vendredi 2 novembre 1979, porte de Clignancourt.

La mission de Lejeune dans le dispositif aux trousses de Mesrine était pour le moins curieuse. Armé d'une caméra, il était là pour filmer. Pourquoi pas, me direz-vous ? Dans une opération de cette envergure, mieux vaut des images que du blabla. Les dessous du boulot du caméraman amateur mais vrai flic, sont moins justifiables, administrativement s'entend. En fait, l'idée vient de Charles Villeneuve, longtemps lié à Pellegrini. Collaborant à Paris Match, il sait que le journal sera intéressé par le meilleur de ce qui pourrait être tourné. Du côté de l'hebdomadaire, rien à redire. Un pigiste lui propose ce qui peut être un énorme scoop, il ne va pas le refuser ! C'est même le journal qui organisera le développement des deux cassettes. Le laboratoire français choisi pour l'opération ne peut en fait travailler le format choisi qui est très particulier. Le labo va fermer pour le week-end et l'hebdomadaire voudrait bien visionner les films avant son bouclage du lundi soir. Un billet de Concorde Paris New York est donc acquis et le matériel développé en catastrophe aux États-Unis. Une grosse mise de fonds pour un piètre résultat. Officiellement, les deux photos exploitées par Match, extraites des deux bobines, sont techniquement et éditorialement médiocres. Sur la totalité de la vidéo, seules 4 minutes 30 sont lisibles. Et encore s'agit-il d'images des préparatifs de l'opération et des filatures entreprises les jours précédents. Le policier-caméraman de l'OCRB n'aurait-il pas été présent place de la porte de Clignancourt ? Oh que si ! Sur la copie d'un reportage télévisé, je l'ai même retrouvé juché caméra au poing sur le toit d'une voiture ! Alors, il n'aurait pas (ou mal) tourné l'intervention ? Quel manque de réflexe, ou de chance ! En tout cas, rien sur la fin de Mesrine, pas plus sur le camion des tireurs, ni de ceux-ci, ni de l'action. Une chose est certaine : si les fameuses sommations n'ont jamais existé, et que le film en question le montrait, mieux vaut expliquer qu'un incident technique a bousillé une bonne partie des deux cassettes. Encore plus si l'on veut éviter que soit employé le mot guet-apens ! D'ailleurs, le magistrat-instructeur, un temps chargé d'enquêter après la plainte de la famille du malfrat, n'aura connaissance de ce film qu'en 2001... vingt-deux ans après les faits ! Et il ne visionnera que les 4 minutes et demie d'images exploitables, qui plus est montées. Mais au fil du temps, d'autres témoignages sont apparus, ne laissant guère de doute sur la manière dont certains avaient décidé de gérer ces moments-là.

Mars 1983, Paris. Avril 2020, Nessa (Haute-Corse)

Parmi ceux qui ont éclairé ma lanterne sur l'opération de la porte de Clignancourt, il y a d'abord celui que j'ai recueilli personnellement auprès d'une vieille connaissance à moi. Il s'appelle Jean-Pierre Caillot. C'est un ancien inspecteur divisionnaire de la BRI, surnommé Satanas, à cause d'une barbe en pointe façon diablotin. Outre un excellent flic, Caillot est syndicaliste, à l'époque où sa brigade pourchasse Mesrine. Et Satanas est autant imprégné de la juste cause que représente sa mission de poulet, que de celle que le syndicalisme lui impose. Ce qu'il raconte et qu'il m'a confirmé pour la rédaction de ces lignes, est important pour tenter d'expliquer ce qui s'est passé le 2 novembre 1979 porte de Clignancourt, et surtout les journées précédentes. Quarante-huit heures avant que ses collègues flinguent Jacques Mesrine, Caillot fait partie du dispositif chargé de neutraliser l'homme en cavale. Jusqu'à une ultime réunion de cadrage. Le guet-apens devient plus lisible pour tous, le renfort des tireurs est définitivement acquis. Et ce soir-là, le diablotin pète un câble.

— *Broussard ne nous a pas dit « on va le tuer ! », mais entre les détails de l'opération tels qu'on venait de nous les exposer, la façon dont sarbrou* (Broussard en verlan de flics, de voyous et de journalistes) *insistait sur le fait qu'il fallait en finir, et que nous ne devions prendre aucun risque, moi j'ai tout de suite compris qu'on ne serait pas là pour l'interpeller. Alors j'ai dit au bubar* (barbu en verlan) *: vous m'excuserez, mais moi je suis officier de police judiciaire, il y a un Code de procédure pénale, mon boulot c'est d'arrêter les voyous... Et j'ai annoncé que j'irais sur le dispo Bauer, le complice de Mesrine, que nous devions sauter quartier Saint-Lazare...*

Jean-Pierre Caillot, qui considérait que ce n'était pas son rôle d'aller voir les magistrats chargés du dossier après coup, n'a jamais été entendu par la justice... Faut-il ajouter à cela l'opinion de Georges Moréas ? Lui aussi, plus tard, a été responsable de l'OCRB. Chef de la BRI de Nice, il était avec ses hommes en renfort au siège de l'Office central de répression du banditisme, 127 rue du faubourg Saint-Honoré, pour la neutralisation de Mesrine.

Moréas, qui n'est ni un farfelu ni un hâbleur, explique :

— *Lors d'un briefing auquel j'assistais, le procureur de la République, Christian Legunehec, face au danger que représentait Jacques Mesrine, avait énoncé la notion de légitime défense permanente. Une interprétation audacieuse du Code pénal !*

Et Moréas d'ajouter :

— *Quelques jours avant le 2 novembre 1979, lors d'un bureau de liaison auquel je participais, les instructions étaient sans ambiguïté. Ni le procureur, ni le directeur de la PJ Maurice Bouvier, n'ont dit, il faut l'abattre. Mais ils le pensaient tellement fort qu'on l'a entendu de l'Élysée au Quai des Orfèvres...*

Dans *Le Matin de Paris* dont il est l'un des fondateurs, Roger Colombani longtemps l'un des « maîtres » du fait divers et des affaires de flics à France-Soir, n'écrit-il pas dans un « dossier Mesrine » daté des 10 et 11 novembre 1979 :

Une enquête exemplaire pour une fin
qui le fut beaucoup moins.

La plupart de ces explications simples n'ont jamais été posées en ces termes. Mais il reste encore un détail pas très ragoûtant à évoquer : le coup de grâce dans la tête de Mesrine. Dans son excellent blog publié régulièrement sur le site du Monde, le commissaire Georges Moréas écrivait le 12 octobre 2008 :

— *Après le tir des trois policiers dissimulés dans le camion bâché*[5] *un quatrième a fait feu sur Mesrine. C'était un poil trop tard. Il était déjà mort.*

Et ce flic qui lui aussi connut à Nice une terrible aventure dont il souffre encore, qui s'était terminée par la mort de deux gardiens de la paix tués par des membres de sa brigade, de commenter :

— *Durant ces années à lutter contre le grand banditisme, j'ai constaté à plusieurs reprises que lors d'opérations dangereuses, la montée d'adrénaline est telle qu'il est parfois difficile de s'arrêter. Un peu comme si l'on était emporté par son élan (...) Le comportement humain est parfois... déroutant.*

Moréas est tout sauf un farfelu. Alors, quand il indique à propos d'un témoignage laissé par un de ses lecteurs :

— *Je ne sais pas ce que vous en pensez, mais ces propos ont un réel accent de vérité.*

On lit avec attention le post émis à son attention :

— *Oui, il a bien reçu une balle dans la tempe, pour le finir (...), mais inutile, car on peut dire qu'après les vingt balles haute vélocité des tireurs d'élite du camion, Mesrine était déjà mort (...). À l'époque, j'étais gardien de la paix et je suis intervenu en renfort, après la mort de Mesrine, pour juguler la foule (...). Autour de Mesrine des gens (qui) s'étreignent en s'embrassant comme du bon pain, j'ai compris ce jour-là que (je) ne ferais pas carrière dans la police et (j'ai) remis ma démission 5 ans après (...).*

Des hurlements de dénégation ont suivi cette balle de trop. La petite histoire de la PJ a longtemps voulu qu'elle ait été tirée par un inspecteur divisionnaire de ma connaissance. Mais surtout, avant qu'il meure dans un accident de la route, retour de mission, c'était le frère d'un garçon brillant devenu un ami. Aujourd'hui encore le malheureux qui admirait son frangin n'a pas fait le deuil de ce « détail » de l'affaire. Il se raccroche tant bien que mal aux dénégations qui lui ont été maintes fois répétées.

Dans un tel cas, on a peur d'imaginer qu'un ultime coup de feu, totalement gratuit, ait été tiré pour que son auteur puisse

5. NDA : selon Fiamenghi, ils étaient quatre.

juste affirmer sa présence en ce lieu et à ce moment hautement symboliques.

3 novembre 1979 18 heures 45, Direction centrale de la police judiciaire (DCPJ). Flashback.

— *Mesrine a ouvert sa portière et, s'il était sorti en levant les mains, l'affaire aurait pris une autre tournure*, vient de nous déclarer Maurice Bouvier le DCPJ[6].

En 2016, ça n'apparaîtra pas dans le récit de Fiamenghi. À l'issue de la conférence de presse des pontes de la sécurité en France, je tends mon micro à Lucien Aimé Blanc qui s'est fait fort discret durant toute cette séance d'autosatisfaction des uns et des autres. Je lui demande ce que signifie pour lui la mort de Jacques Mesrine. Il me répond avec son accent marseillais reconnaissable entre mille :

— *Ça représente la fin d'un certain cauchemar, parce que depuis quatre mois j'entends parler tous les jours de Mesrine et je commence à en avoir marre. D'autre part, mon service a été* (il hésite, il a failli dire humilié) *mis plusieurs fois en échec. Et les policiers comme les gangsters n'aiment pas les échecs. Monsieur Mesrine n'aimait pas les échecs, moi je ne les aime pas non plus.*

Et à la question, partagée avec Gérard Fusil d'Europe 1, de savoir s'il aurait préféré le prendre vivant, le beau Lulu assume :

— *Certainement, oui ! D'abord parce que j'aurais aimé discuter avec lui, c'est certainement un personnage intéressant. Et puis d'autre part on ne se réjouit pas de la mort d'un adversaire hein ? Ça demeure un homme quand même. Et... franchement, je ne vous dirais pas que j'ai de la peine, mais enfin une certaine émotion, c'est certain !*

Lucien Aimé Blanc signait une de ses plus belles déclarations de presse. Elle est bien conservée aux archives sonores de RTL...

6. Directeur central de la police judiciaire.

Histoires belges

Où l'on s'aperçoit que l'on peut avoir un scanner et ne rien comprendre à ce qui se dit sur les ondes de la police.

Où l'on voit des journalistes belges faire la nique à des Français.

Où le proverbe rien ne sert de courir... s'avère d'actualité.

Où on peut frôler le drame pour un scoop.

Mardi 19 septembre 1989, autoroute du Nord, direction Liège...

Mon collègue de RMC et moi ne sommes pas peu fiers en nous dirigeant vers la Belgique. Fiers et bien heureux de nous rendre à nouveau dans ce pays où nous avons déjà suivi pas mal d'histoires toutes plus tordues l'une que l'autre, et surtout où nous nous sommes fait de bons potes parmi nos confrères belges et quelques indics chez les flics, les gendarmes et les magistrats. Depuis la veille, Jean-Noël Coghe, l'excellent correspondant de RTL pour le Nord–Pas-de-Calais et la Belgique voisine, a posé sa voiture sérigraphiée dans une rue tranquille de Tilff, un joli village de la vallée de l'Ourthe, à une quinzaine de kilomètres de Liège. C'est à la lisière des Ardennes. Si nous nous apprêtons à jouer les fiers à bras vis-à-vis de nos confrères et néanmoins amis belges, c'est que nous avons appris à les respecter depuis longtemps, eux et leur travail. La Belgique est peut-être un pays de petite superficie, mais sa presse n'a rien à envier à la nôtre, bien au contraire. Que ce soit le regretté René Haquin du Soir de Bruxelles, son jeune homologue Alain Guillaume, qui devint au fil du temps plus qu'un copain et un spécialiste incontesté des affaires criminelles, ces gars-là font dans le dur, tant au niveau de la qualité de leurs informations que de leurs plumes. Je pense aussi à leur collègue néerlandophone Hans Deridder, sans oublier un certain Marc Metdepenningen, qui fait encore aujourd'hui les grandes heures de la rubrique judiciaire au Soir.

Deridder porte le même nom qu'un général de la gendarmerie belge, ce qui constitue un sérieux avantage lorsqu'il téléphone à des enquêteurs qui ne connaissent pas tous l'absence totale de lien de parenté entre ce haut gradé et lui !

En fait, Alain Guillaume et Hans fonctionnent comme nous. L'un s'adressant à son public en français l'autre en flamand, ils ne se sentent pas vraiment concurrents. Tout comme moi avec mon alter ego de RMC. Ce que dit Hans du job, colle aussi à l'époque à son collègue Guillaume :

— *C'est un boulot qui se fait sur le terrain pas derrière un écran dans un bureau paysager.*

Ces années-là, il intervenait pour De Standaard, puis il est passé à Het Nieuwsblad. Selon lui, il en avait pour la vie entière à courir les histoires à raconter au public. Il se trompait. Il est devenu rédacteur en chef de l'ensemble des publications de son groupe de presse, ce qui n'est pas rien ! Alain Guillaume a quitté la profession en même temps que Le Soir.

Quoi qu'il en soit, en ces temps bénis, nos deux collègues nous ont fréquemment surpris par les trésors d'ingéniosité qu'ils déployaient sur le terrain. Ainsi nous ont-ils habitués au maniement des matériels les plus sophistiqués dont ils se sont dotés : des scanners destinés à écouter les fréquences de la police et de la gendarmerie en premier...

Mardi 19 septembre 1989, Tilff, milieu de matinée.

Et c'est précisément pour cette raison que nous sommes assez contents de nous ce jour-là. Ils allaient voir ce qu'ils allaient voir, les Belges ! Dans notre voiture, deux *scans* : un de poche, pas plus gros qu'un talkie-walkie, planqué dans la boîte à gants. Un autre, plus conséquent, que nous avons par avance destiné à l'une de nos chambres d'hôtel, afin de pouvoir nous reposer tout en restant au fait des évènements en cours. Qu'il fallait donc être présomptueux ! En arrivant à Tilff, et après avoir parlé avec Guillaume et Deridder, notre enthousiasme se prend une douche glacée ! Au bout des ondes, captées sur nos scanners, les autorités de police, de gendarmerie et de justice belges devisent... en flamand, ce qui ne semble pas anormal en Belgique, pays bilingue... Impossible donc de piger quoi que ce soit, sans la traduction de nos collègues et amis locaux, ce qu'ils s'empressent de faire, sans la moindre condescendance... Ce qui n'aurait pas forcément été réciproque de la part de certains de nos confrères français. Il nous reste cependant une petite chance de voler quelques bribes de conversation, quand les fonctionnaires de la PJ de Liège échangent entre eux... en français. Peut-être est-ce pour que les gendarmes belges aient plus de mal à les comprendre ? La guerre des polices existe aussi en Belgique. À cette époque, elle était même peut-être plus exacerbée qu'en France...

Malheureusement pour moi, c'est seulement après cette affaire que je me suis lié d'amitié avec le commissaire de la PJ liégeoise qui mène les négociations. Un ancien de l'Office du banditisme français, mon camarade Christian Bordoni, me le présenta. La vieille école. Couillu et malin, Jacques Léonard, chargé de la chasse aux beaux voyous sur son territoire liégeois ! Il n'a pas pris en main les discussions avec Delaire à Tilff par hasard. C'est le chef de la bande qui l'a choisi comme unique interlocuteur. Léonard a déjà eu affaire à lui, ils se connaissent et se respectent. Philippe Delaire est français. Il a 28 ans. De part et d'autre de la frontière entre la France et la Belgique, les différents services de police qui l'ont eu dans leur collimateur le classent parmi les types dangereux.

Mardi 19 septembre 1989, Tilff, 13 heures.

Après être intervenu dans le journal d'Henri Marque, j'apprends comment tout a commencé ici. Le samedi précédent, la bande de trois malfrats, puissamment armée de colts, d'un pistolet-mitrailleur et de grenades, a pris en otage l'épouse et les deux enfants du banquier liégeois Guy Jeuris. But de la manœuvre : attendre celui-ci, puis repartir avec lui jusqu'à son agence pour lui faire ouvrir les coffres. Mais il réussit à fausser compagnie à ses geôliers pour aller prévenir la police qui mène depuis un énorme siège dans tout le quartier. Delaire et le commissaire Léonard entament dès lors des dizaines d'heures de négociations au téléphone. Il faut avoir entendu les enregistrements de ces conversations, que Jacques Léonard m'a fournis par la suite, pour comprendre la tension qui règne.

— *Tu m'connais p'tit gars ! Y aura pas de rémission !*

Dès leur premier contact, le voyou met la barre haut.

— *On va pas sortir les mains en l'air ! On va sortir sur une civière ou en petits morceaux.*

Le flic tente une parade :

— *Et les otages ?*

À laquelle Delaire répond :

— *Ben pareil, hein ! Qu'est-ce tu veux faire, hein...*

Jacques Léonard lui explique ensuite que la seule chose qui intéresse les autorités, c'est la femme et ses enfants.

Philippe Delaire réplique :

— *C'est la vie, ils valent de l'or pour nous. J'préfère les gosses qu'un flic ! Mais j'irai à fond.*

Jacques Léonard lui parle alors de la même façon qu'il l'a déjà fait quand ils se sont retrouvés face à face dans son bureau :

— *Faut pas que tu ternisses ton image de marque de beau voyou...*

Nouvelle conversation entre le négociateur et Gaëlle, 10 ans :

— *Ne pleure pas, ça va s'arranger, tu sais, tout ça. Tu sais, ils ne sont pas si méchants que ça. Ils ont l'air méchants comme ça, mais ils font un peu du cinéma.*

Petite voix traînante de l'enfant teintée d'un soupçon d'accent local :

— *Ça c'est pas vrai... J'ai très peur.*

Le commissaire :

— *Ils sont pas méchants, moi je les connais. Ce sont même de gentils garçons. Faut pas t'effrayer, ils te feront pas de mal. Ils me l'ont promis. Ne pleure pas Gaëlle, tout ça va s'arranger.*

Et là, la fillette sèche le flic ! Elle lui répond du tac au tac :

— *Faut encore espérer... mais il a une grenade dégoupillée et le fusil.*

Et son interlocuteur de tenter une fois de plus de la rassurer :

— *Mais la grenade dégoupillée, c'est pas une vraie. Il te montre ça pour te faire peur, mais c'est pas une vraie.*

Et la petite Gaëlle de demander :

— *C'est vrai ce que vous dites ?*

— *Oui c'est vrai, je t'assure. Mais ne leur dis pas. Tu le dis à ta sœur et à ta maman. C'est pas une vraie grenade. Et puis, ils vont pas faire de mal à deux petites filles et à une maman !*

Avant de prendre congé la gosse rétorque visiblement dubitative :

— *Oh... oh... Bon, au revoir...*

Mercredi 20 septembre 1989, Tilff, 11 heures.

Les scanners tournent à plein régime. Une première fois, le procureur du Roi nous dira en connaître l'existence en nous priant de cesser de nous en servir. Compte là-dessus ! D'autant que lorsqu'il vient nous faire un point, c'est plus pour que nous ne racontions pas n'importe quoi que pour nous informer. Nos confrères belges, et nous, ne prenons garde à son avertissement. Sauf, bien entendu, ceux... qui n'ont pas de dispositif d'écoute. Notamment le correspondant permanent en Belgique d'une radio française, grand déontologue devant l'éternel. À plusieurs reprises il tentera de nous donner des leçons de journalisme.

Peu familier des faits divers, il se sentait sans doute en difficulté. Il s'y est très mal pris, frisant la collaboration avec les autorités. Nous n'allions tout de même pas le tondre !

Le plus gros souci de Jacques Léonard, c'est la santé des deux fillettes. Celui de Delaire, c'est de tirer parti de la situation. Il veut du fric, beaucoup de fric et une puissante bagnole pour se faire la malle. Le commissaire organise le *room-service*. Le passage de commande, entre les reclus et lui, prend parfois des allures surréalistes.

Amène-nous donc six boulets-frites[1] *elles meurent de faim les filles*, annonce Delaire au téléphone.

Comme le policier confond boulets-frites et poulet, Delaire rectifie :

— *Non, des boulets, comme à Lantin*[2] *!*

Les enfants insistent pour avoir de la sauce tartare. Une autre fois, c'est Gaëlle qui fait le menu du petit-déjeuner :

— *Heu, des brioches... des petits pains au chocolat. Pas des chimiques ! Hier, y avait du chimique, c'était dégueulasse !*

Mais dès le lundi 18 septembre, veille de notre arrivée, Delaire n'a qu'une idée, obtenir la rançon qu'il convoite : 40 millions de francs belges dans trois sacs à dos. Du lourd.

— *Si possible pas fluo les sacs*, plaisante-t-il en ajoutant, *plutôt kaki*. L'homme de la PJ exige des garanties.

— *La garantie, c'est toi qui vas nous la donner*, lui répond le voyou en poursuivant :

— *Parce que tu le sais que je vais les laisser partir. J'ai toujours laissé partir les otages que j'avais pris.*

Les premières dispositions sont actées entre malfrats et autorités... Jusqu'à ce qu'un dérapage journalistique vienne perturber le cours des choses. Je suis bien placé pour le raconter, j'en suis l'auteur. Et très rapidement je n'en ai pas été fier. C'est le scanner qui nous amena l'info. Apparemment, les responsables belges n'avaient pas réuni la totalité de la rançon, et s'apprêtaient à jouer la partie avec 30 millions seulement. Comment imaginer que Delaire écoutait RTL ? À ce moment précis, j'avais oublié qu'il était natif du Nord. Il m'a entendu en direct balancer mon scoop, sans doute très content de moi... Et il s'est mis en colère ! Le commissaire Léonard lui explique alors que ce qu'a dit la radio est vrai, qu'il n'y aura que 30 millions de francs belges. Ce qui ne l'empêche pas de réclamer la libération

1. Boulettes de viande hachée, spécialité de la région liégeoise.

2. Lantin : le plus grand établissement pénitentiaire de Belgique, où les boulets sont paraît-il souvent servis aux repas...

d'au moins une des otages, la plus jeune. Et là, pour Delaire c'est *niet* ! Le pognon d'abord ! Pour les prisonniers, on verra plus tard ! Cette fois-ci, le procureur nous envoya la garde. En toute illégalité, mais je n'allais pas, en plus, crier à la liberté de la presse... Fouille de nos bagnoles, découverte de nos appareils de poche. La mauvaise humeur reprit le dessus quand on nous annonça qu'ils étaient saisis. La plupart de nos confrères locaux se montrèrent solidaires. Bientôt, on nous expliqua que notre matériel serait restitué à l'issue de l'opération. Heureusement, il nous restait celui de mon hôtel, à deux pas de là, et la paire de talkies. Un pour moi, l'autre pour un copain belge afin qu'il puisse traduire. Professionnellement, j'ai encore par la suite pas mal joué avec le feu. Mais pas de cette façon. Pas avec des conséquences qui pouvaient virer au drame, sauf pour moi peut-être... Et puis, doucement, la raison reprend le dessus. La bande accepte les 30 millions et la libération des enfants. Le jeudi matin Gaëlle, au bout du fil, dit même au policier :

— *Je vous ai fait des dessins.*

Jacques Léonard en aurait presque fondu en larmes. Au combiné, Delaire ordonne à son interlocuteur :

— *Tu ramènes quinze plaques, j'lâche une petite. Tu ramènes encore quinze plaques, j'lâche la deuxième. Amène la bagnole. Pas de Volvo. Une BM ou une Saab 9000I... ou la 900 turbo.*

Le commissaire essaie de détendre un peu plus l'atmosphère :

— *Tu veux pas une Austin Healey de 1960 ?*

Delaire répond :

— *Non, non*, à l'amateur de voitures de collection qui explique :

— *C'est la mienne...*

Puis le chef du commando ajoute l'ultime indication :

— *Ça se fait demain. On a le libre passage ? J'ai ta parole ?*

Léonard :

— *J'te la donne ! Bon, tu veux une heure ? Ce sera 19 heures...*

Vendredi 22 septembre 1989, Tilff, 25 avenue des Ardennes, 19 heures.

Jacques Léonard pose un premier sac de billets sur le pas de la porte de l'imposante villa aux murs de pierre blancs. Un peu plus tôt, il me l'a raconté en cours d'écriture de ce livre, il lui en est arrivé une bien bonne en garant la Mercedes prêtée par la police allemande qui l'a truffée de micros et d'électronique : *réflexe de conducteur, j'immobilise la voiture et... je repars en mettant les clés dans ma poche ! Il m'a fallu faire demi-tour...* De loin, au travers des voitures et des haies bien taillées, dans l'allée qui part de la maison des Jeuris, on aperçoit bientôt une toute jeune fille vêtue d'un polo à rayures, col blanc, queue-de-cheval, qui précède le commissaire et deux de ses hommes. Françoise, 13 ans, vient d'être libérée. Quand Léonard revient avec le second sac de la rançon, un long face à face s'installe avec le chef de la bande. Il avait son pistolet-mitrailleur à la main, mais il n'était pas menaçant, racontera plus tard le policier. Il m'a dit :

— *Maintenant Jacques, ça va passer ou ça va casser !*

Il a désigné l'argent :

— *Avec tout ça je vais pouvoir me faire incinérer.*

À ce moment, j'ai compris qu'il sentait que la partie n'était pas gagnée. Il a ensuite parlé de ses complices pour me dire :

— *Mon grand tort, tout au long de mon activité criminelle, c'est de m'être toujours entouré d'incapables.*

La petite Gaëlle recouvre alors elle aussi la liberté. Quelques minutes plus tard, Delaire monte dans la Mercedes amenée par la police, Marie-Madeleine Jeuris menottée à l'un de ses poignets. Quatre ou cinq véhicules de l'Escadron spécial d'intervention de la gendarmerie le prennent en chasse. La meute de journalistes enquille derrière le convoi, mais celui-ci va trop vite pour nous. Mon collègue de RMC et moi, essayons de suivre… à l'oreille. Il nous semble comprendre que les fuyards tentent de passer la frontière. En déboulant sur le *ring*, le périphérique liégeois, nous partons donc dans cette direction. C'est un pur hasard si, depuis ma place passager, j'aperçois des dizaines *de feux bleus* (c'est ainsi que nos amis belges appellent les gyrophares), à quelques centaines de mètres de cette voie rapide. Ils semblent à l'arrêt au milieu de barres d'immeubles et de tours imposantes. Nous sommes au pont Atlas, sur la commune de Droixhe, à la sortie de Liège. Demi-tour sur les jantes dans des conditions formellement interdites par le Code de la route, qu'il soit belge ou français, et navigation à vue jusqu'à une habitation haute d'une quinzaine d'étages, au pied de laquelle s'est massé le gros des forces de police et de secours. Le temps que mon collègue trouve le meilleur emplacement pour surveiller et décrire plus tard les opérations en cours, je gicle de l'habitacle. Au pied de l'immeuble, j'aperçois et j'enregistre sur mon Nagra ce qui semble être un colonel de gendarmerie. Il s'égosille dans un mégaphone :

— *Rends-toi Delaire ! C'est fini ! Il ne te sera fait aucun mal ! Montre ton intention de te rendre. Dirige-toi vers un faisceau lumineux.*

De puissants projecteurs enveloppent maintenant l'imposante construction. Tout en haut sur la terrasse, un homme laisse pendre ses bras le long de la façade. La litanie du mégaphone continue, comme une longue plainte.

— *Rien ne sera tenté contre toi, Philippe ! Nous voulons simplement voir ton intention de te rendre. La partie est perdue, Philippe. Rends-toi ! N'entraîne pas ton copain dans la mort. C'est une mort stupide. C'est une mort imbécile. Et tu n'es pas un imbécile. Continue à te battre, continue à vivre, mais rends-toi !*

L'officier supérieur doit avoir terminé le passage du manuel réservé à pareille situation, car un silence sépulcral s'empare du pied de la tour infernale.

Nuit du 20 au 21 septembre 1989, Droixhe, banlieue de Liège.

C'est à ce moment que je vois les premiers billets. En fait, nous piétinons des centaines, des milliers de billets de banque ! Scène surréaliste. Pris au piège, les malfrats ont balancé la rançon du haut du toit, provoquant une bousculade parmi les badauds agglutinés, puis un embouteillage monstre d'automobilistes en quête eux aussi de quelques francs belges. D'ailleurs, je me retrouve braqué par deux poulets dont je ne saisis pas bien ce qu'ils attendent de moi. Tentative de fouille en règle, refus catégorique de ma part et demande d'explication. En fait, les deux fonctionnaires veulent savoir si, comme d'autres, je n'ai pas ramassé un peu de la manne tombée du ciel !

— *Rends-toi Delaire ! Il ne te sera fait aucun mal !*

Tu parles ! Dans l'escalier qui le menait tout là-haut, Delaire ne pouvait pas entendre cette supplique. Il était déjà mort, percé d'au moins une balle dans le crâne. Longtemps, nous crûmes que les tireurs de l'ESI avaient eu raison de lui. Les autorités belges réussirent à persuader leur opinion publique que le truand avait préféré se suicider plutôt que de repartir en taule. À cet instant, si nous n'avons pas pu briller avec nos superbes scanners, nous allons bien nous rattraper auprès de nos amis de la presse belge, grâce à notre paire de talkies-walkies. À vrai dire, je ne me souvenais pas de cette croquignolesque anecdote. C'est Hans Deridder qui m'a rafraîchi la mémoire quand je lui ai parlé de ce livre. Cette nuit-là, Alain Guillaume du Soir et lui nous rejoignent. Nous cherchons une base pour transmettre nos papiers, et surtout un téléphone. La plus proche se révèle être un restaurant asiatique. Sauf qu'il est bondé. Il se vide alors à la seule vue de quatre gaillards décidés, dont deux équipés de radios portatives de pros.

— *Ils nous ont pris pour des flics*, rigole encore aujourd'hui Hans. Et quand nous leur avons demandé si nous pouvions installer un PC dans leur salle, ils ont préféré faire évacuer l'endroit...

Avant de rentrer à mon hôtel du Casino à Tilff vers 3 heures du matin, je trouve un bistrot toujours ouvert pour acquérir une bouteille d'eau pour la nuit. Grossière erreur ! Je tombe sur une équipe de joyeux lurons de la presse écrite liégeoise. Il y a là des confrères du quotidien national publié à Liège, *La Meuse.* Ceux du bureau régional du *Soir*, de *La Dernière Heure*, de *La Gazette.* Les rotatives ont fini de rouler. Leurs journaux sont imprimés et au comptoir tous refont l'issue fatale de Delaire. Ils sont tous à la bière. Et me voici entraîné dans cette espèce de fête, surtout destinée à voir retomber l'adrénaline des dernières heures, et la fatigue accumulée durant presque six jours. Je leur explique bientôt qu'il va me falloir les quitter, car je dois enregistrer des éléments pour mes éditions du matin orchestrées par Jean-Claude Larrivoire. Pas question ! On ne laisse pas si vite en plan une bande de journaleux en goguette. Surtout quand on est un petit Français. Qu'à cela ne tienne ! On me tire le téléphone jusqu'à une table à laquelle je suis sommé de m'installer. À partir de là, je vais vivre plusieurs heures entre joie et cauchemar. Tandis que j'écris ce que je peux, que j'appelle les studios de RTL à Paris pour intervenir à l'antenne, les collègues s'occupent de mon ravitaillement en vol. Tant bien que mal, je vais ainsi assurer cinq journaux, en direct ou après avoir enregistré mon papier quelques minutes avant... prudence est mère de sûreté ! Le dernier, celui de 9 heures, sera mis en boîte bien avant... avec beaucoup de difficultés... J'ai dû aller me coucher peu après. J'avais encore un direct de prévu pour le *Journal inattendu*, l'incontournable rendez-vous de 13 heures des samedis rue Bayard...

Samedi 23 septembre 1989, Tilff, hôtel du Casino, 12 h 50.

Des coups... Des coups sourds qui me résonnent dans la tête. La vague impression que ça vient de la porte de ma chambre. Mais quelle chambre ? Je suis où ? Et puis, me voilà secoué comme un olivier au moment de la récolte. Quelqu'un parle fort à mon oreille. On m'appelle par mon prénom. Je finis par sortir du trou noir qui m'enveloppe. J'ai envie de gerber. *Le cœur au bord des lèvres*, aurait plaisanté ma brave femme de mère. Debout près du lit, c'est mon acolyte de RMC qui a réussi à me réveiller. Je ne comprends qu'une question :

— *T'as pas un 13 heures à faire ?*

— *Oui, mais bon, j'ai le temps*, lui dis-je avant qu'il constate à mon intention :

— *Tout juste, il est 12 heures 50 !*

Je m'aperçois que je me suis allongé tout habillé sur les couvertures. Pire, j'ai même gardé mes godasses ! En fait, je suis tombé là, raide comme une saillie. Pas de mal à citer Brel, nous sommes en Belgique. La rédaction me bascule sur le studio Jean Farran, le A, celui des grands journaux. Le réalisateur m'explique :

— *Tu passes presque tout de suite, après la pub.*

La dernière consigne en provenance de la régie relaie celle, impérative, de Jean-Claude Larrivoire, le présentateur de cette heure d'information dirigée par un invité :

— *Tu fais court !*

Jean-Claude me lance, je me lance et… je lui sabote une partie de son programme ! Il ne peut plus m'arrêter ! Je connais mon sujet par cœur, mais je n'ai rien eu le temps d'écrire. Donc, j'improvise. Mais improviser et faire court ne vont pas forcément de pair, surtout quand vous tenez votre histoire. Au bout du fil, j'entends bien Jean-Claude qui, à plusieurs reprises, tente en studio de reprendre la main. Rien n'y fait ! Il a tout de même réussi à me couper le sifflet. Le retour sur Paris, où m'attendait encore le journal de 18 heures fut très pénible. Dans ma tête, le TGV Paris-Bruxelles faisait la course avec l'Eurostar. J'ai assuré le journal du soir présenté par l'excellentissime Jean-Pierre Tison et je suis rentré chez moi pour dormir… pendant dix heures d'affilée, un pack d'eau minérale près de ma couche… J'avais désormais une raison supplémentaire de graver ces nouveaux souvenirs belges dans ma mémoire. Il faut dire que j'en avais de nombreux depuis mon premier déplacement en Belgique…

4 décembre 1976, bois de la Cambre, Bruxelles, flashback.

Premier reportage en Belgique pour RTL. Mes souvenirs me font défaut, mais si j'étais là c'est que le correspondant de la radio dans la capitale belge, le costaud au cou de taureau, le magnifique Jean-Charles de Keyser, devait couvrir autre chose. Voilà plusieurs jours que je planque avec un confrère photographe parisien. Pas n'importe lequel… l'homme du mage de Compiègne, à la Volvo rouge et au catogan en bataille, Jean Ker. Il est sur son terrain Odekerken ! Enfin… il a beau être dans son pays de naissance, n'empêche que 48 heures après notre arrivée au pied de la luxueuse maison de la famille Berbers, nous avons failli être virés ! Ça ne devait pas encore se faire de dormir dans sa voiture de reporter à Bruxelles pour attendre l'issue d'un rapt. Le 30 novembre précédent, Johanna Berbers, une adolescente de 13 ans a été enlevée. C'est vrai qu'aucun de nos confrères locaux ne nous avait emboîté le pas dans notre initiative de nous installer en bas de la villa. L'immatriculation belge de mon collègue n'a pas suffi, nous avons été balancés à la police municipale bruxelloise. Des patrouilleurs nous ont *tapés aux fafs* et, ne pouvant pas nous empêcher d'exercer notre métier, ils nous ont conseillé de nous poster un peu en retrait. Quatre jours après l'enlèvement nous sentons un peu de fébrilité, tant chez les parents de la jeune fille que parmi les inspecteurs de la PJ belge. Et pour cause ! Une rançon de 50 millions de FB a été versée, tout le monde attend la libération.

Et elle intervient !

Le 5 décembre 1976, je remporte un vif succès dans les journaux du matin de RTL. Je passe dans celui de 6 heures, mais surtout en ouverture de *l'heure Z* de *big Léon*… Zitrone. La classe ! Surtout quand on est à l'antenne entre la chronique politique de Jean Ferniot et la rubrique écolo de Jean Carlier ! Une petite couche supplémentaire au flash de 10 heures avec les dernières infos, et retour Paris !

Je n'aurais même pas le temps de voir de Keyser. Heureusement nous nous rattraperons ! En Belgique j'ai couvert jusqu'à des sommets européens. Sur la sécurité, *of course* ! Il n'y a pas eu beaucoup de correspondants permanents de RTL-France en Belgique. Après Jean-Charles c'est une espèce de nounours barbu et ébouriffé, « Didi » Bernus, qui a pris le relais. Merveilleux garçon, excellent journaliste avec un accent à couper au sabre (vu de Paris… car personnellement ça ne m'a jamais gêné) et fêtard face à l'éternel. Il en est mort d'ailleurs. Une attaque cardiaque dans un commissariat où il avait été transporté dans un état très avancé. Par la suite, c'est le bureau de Lille qui envoyait ses pointures, les Jean-Yves Le Huédé, Michel Cellier, Jean-Noël Coghe. Combien de fois faudra-t-il dire qu'infiniment rares ont été et sont encore les reporters de RTL détachés enprovince, qui ne sont pas des cadors de notre profession ?

Les ravisseurs de Johanna Berbers ont fini par être retrouvés dont un au Brésil. Celui-ci fut condamné à perpétuité et s'est réconcilié ensuite avec la famille de sa victime... Y a qu'en Belgique...

Vendredi 19 octobre 1984, Bruxelles, siège de la Police judiciaire.

Depuis le temps que ça me titillait ! Je fais un rapide aller-retour pour vérifier si l'extrême gauche française n'aurait pas rejoint son homologue belge, car on nous en parle depuis un moment. Action directe (AD) *versus* CCC (Cellules communistes combattantes) en quelque sorte. Ces dernières ont été fondées à l'été 1983. D'octobre l'année suivante à décembre 1985, la Belgique sera secouée par une vingtaine d'attentats à la bombe. Cette extrême gauche du plat pays a de quoi faire ! Le 12 mai 1984, elle a dérobé quelque vingt fusils automatiques légers et des pistolets-mitrailleurs dans une caserne de Vielsalm. Non sans tirer quatre balles sur un militaire de garde qui s'en sortira. Et le 2 juin, certains de ces activistes ont piqué 816 kilos d'explosifs dans une carrière d'Écaussinnes, de la tolamite, de l'irémite, du triamite et de la dynamite. Et à chaque fois, ces braquages serviront tant à ces irréductibles Belges qu'à leurs amis d'AD.

Mon déplacement en cet automne 84 a deux autres buts : d'abord des gens d'Action directe sont apparemment en cavale de ce côté-ci de la frontière. Ensuite, les autorités belges viennent de déclencher l'*Opération Mammouth*. Elles vont à la pêche aux armes et aux munitions clandestines et organisent pour cela rien moins que 92 perquisitions ! Aucune des personnes interpellées ne sera convaincue d'appartenir au mouvement.

Vendredi 23 août 1985, Uccle banlieue de Bruxelles

La gendarmerie belge a frappé fort, mais peut-être un peu trop vite. Rue des Cottages la descente rapporte deux fusils d'assaut, un pistolet-mitrailleur, trois pistolets automatiques, des faux papiers et du cash. Mais les antiterroristes français sont verts ! La PJ de Versailles leur avait en effet passé l'adresse d'un café bruxellois où devaient se réunir les têtes des CCC. Les policiers français pensaient qu'une partie des leaders d'AD étaient planqués en Belgique.

— *Fallait planquer mais pas intervenir ! On se faisait les Belges et les Français*, explique un inspecteur parisien !

Peut-être, mais le ministère de l'Intérieur et le gouvernement belge gèrent d'abord leurs problèmes. Qui les en blâmerait ?

Retour en Belgique 48 heures début décembre. Le vendredi 6, je raconte dans le 18 heures qu'une bombe a pété le matin au tribunal de Liège. Un mort ! Il s'en fallait de peu que le ministre de la Justice Jean Gol soit là, en présence d'une foule d'avocats, pour la rentrée de leur barreau. On pense que ce sont les CCC. Ce n'est pas le cas. Le 7, je livre quelques explications sur ce groupuscule dans l'un des journaux présentés par Jean-Jacques Bourdin. Et le 16 décembre je reviens une nouvelle fois : les CCC viennent d'être décapitées ! Pierre Carette leur principal responsable a été arrêté, en même temps que ses trois plus importants complices. Au quotidien Le Soir l'inusable René Haquin et Alain Guillaume s'en donnent à cœur joie ! Le lendemain, j'interroge Jean Gol. Nous ne sommes pas en France ! Même s'il m'a fallu prendre rendez-vous, je suis reçu immédiatement et sans tralala ! Beaucoup de Belges sont, jusque dans des couches relativement élevées de leur société, l'exemple parfait du dicton :

Faire les choses sérieusement sans se prendre trop au sérieux.

Certains chez nous devraient y réfléchir ! Ainsi, avant de rencontrer Jean Gol, avais-je fait la connaissance d'un des membres influents de son cabinet. Allez donc essayer de tomber sur un homme de ce rang dans un bistrot sympa à proximité du palais de justice de Paris. Le jour en question, il doit être un peu plus de 18 heures, j'ai rendez-vous avec Alain Guillaume du Soir dans un estaminet sur une placette accueillante pas loin du tribunal. Et je m'amuse de voir et d'entendre un petit bonhomme bien mis, classieux, rire à pleine poitrine en écoutant et en racontant des histoires belges... et françaises. Alain se pointe, je lui demande qui est ce joyeux luron :

— *C'est Burstin, le conseiller presse de Gol !*

Et de me le présenter. Après cette rencontre... et celles qui suivirent, mes rendez-vous avec son ministre s'en sont trouvés pas mal facilités !

14 octobre 1988 Bruxelles, palais de justice.

La salle d'audience est bondée, les mesures de sécurité extrêmes : le procès des *hooligans* du stade du Haysel s'ouvre aujourd'hui. Pas de RMC avec moi, mais je vais avoir le temps de soigner mes copains Alain Guillaume et Hans Deridder, je reste dix-sept jours ! Récemment j'ai lu une interview d'un chef des infos de RTL qui expliquait à un confrère que, de nos jours, il était difficile de tenir une histoire tout au long d'une journée !

Dix-sept jours !

Mardi 17 janvier 1989, Bruxelles avenue Roosevelt.

Je rentre d'Arménie, et RTL et RMC viennent de nous lâcher à nouveau en Belgique, mon complice habituel et moi. Samedi dernier, Paul Vanden Boeynants ancien Premier ministre, ex-bourgmestre de la capitale, arrivait chez lui dans ce quartier cossu. Vers 18 heures 25, après avoir rangé sa voiture au garage, plusieurs hommes l'agressent et l'enlèvent. Selon les premières constatations, la bagarre a été âpre, et VDB (tout le monde ici l'appelle par ses initiales) ne s'est pas laissé faire. On retrouve par terre, une chaussure, son appareil auditif et sa pipe. Je suis resté d'abord huit jours sur place. Puis je suis revenu quelque temps, lorsque l'enlèvement a été revendiqué au nom d'un groupuscule bidon et qu'une demande de rançon faramineuse, d'environ 500 millions de francs belges, a été formulée. Et enfin, avec mon compère, nous sommes remontés peu après la libération de l'otage. Nous nous sentions si bien chez nos potes wallons que nous avons fait en sorte de rester un peu plus longtemps. Interrogé, Hans Deridder croyait se souvenir que nous avions raconté une grosse fable à nos chefs de RTL et de RMC. En y repensant, pas tant que cela ! Nous avons en effet appris sur place que VDB devait avoir été séquestré en France, vraisemblablement dans le Nord. J'ai aussitôt appelé l'OCRB et j'ai eu confirmation de recherches entreprises. J'ai donc expliqué à la rédaction que je pouvais en savoir plus, grâce à mes contacts à l'Office du banditisme. Jusqu'à ce que soit découverte une villa au Touquet ! Nous avons eu ainsi quatre jours de rab'... Pour la petite histoire, l'ex-Premier ministre belge était un personnage d'une telle trempe que durant son mois de captivité enchaîné, il a négocié le montant de sa rançon pied à pied. Il a fini par emporter le morceau à 63 millions de FB. Patrick Haemers, le cerveau de l'affaire et de multiples attaques à main armée sanglantes, s'est finalement suicidé dans sa cellule...

4 février 1992, Belsele, Brabant, Belgique.

Belsele en Belgique c'est dans la province de Flandre-Orientale, la Région flamande pour faire simple. En fait, c'est un bourg qui dépend d'une petite ville, Saint-Nicolas. Mais ici on dit : Sint-Niklaas. Et là, en radio hexagonale, c'est juste imprononçable ! Est-ce alors parce que ces *sagouins* de journalistes de l'audiovisuel, qui plus est français, articulent le nom de leur village en le francisant que les habitants de... Saint-Nicolas semblent ne pas avoir beaucoup d'aménité pour nous ? Peut-être pas tout à fait, car depuis que nous sommes arrivés comme une meute de chiens courants, ils ne portent pas beaucoup plus d'intérêt à nos confrères wallons.

Nos deux compères Guillaume et Deridder nous en ont réservé une bien bonne. Sentant, à juste raison, que l'affaire qui venait de se déclencher ici allait durer, ils se sont installés sur le terrain à bord d'un camping-car prêté par un correspondant régional du Soir. Non seulement les deux reporters voulaient être à l'aise pour travailler et envoyer leur copie, mais ils désiraient aussi pouvoir se reposer et se restaurer à peu près correctement, sur les lieux mêmes de leurs exploits. Grosse impression sur la bande de journalistes qui ont envahi le village ! Un peu moins sur les gens du cru... Nous sommes là parce que quelques heures plus tôt, le jeune Anthony de Clerck (11 ans), fils d'un des patrons de l'empire textile éponyme, a été enlevé par des inconnus. Et tandis que nos potes Alain et Hans ne s'en font pas trop pour l'intendance, il va nous en arriver une belle à RMC et à moi ! Je vous la mets de côté pour la fin...

À Belsele, nos collègues belges qui ont le sens du raccourci, ont eu vite fait de trouver un surnom pratique au père de l'enfant pour titrer leurs pages. C'est ainsi que ce dernier devient le fils du *roi du tapis* ! En tout cas, s'il y en a qui doivent faire avec nous, ce sont justement les parents. Dès le 6 février, sa maman lance un appel aux ravisseurs qui se termine dans un flot de sanglots et par :

— *Anthony tu es un chouette gamin ! Nous prions pour toi...*

Oui... car chez ces gens-là, on prie. Mais on va bientôt être aussi obligé de compter, car les inconnus réclament deux millions en francs français, un million en florins, deux autres en marks et six en dollars. Le 9 février c'est l'oncle du jeune de Clerck qui s'exprime à nos micros. Ce que nous ne savons pas c'est que la famille est d'accord pour payer ! Les de Clerck doivent passer dans la *Gazette d'Anvers*... pardon, la *Gazet van Antwerpen*, une petite annonce rédigée telle que l'indiquent les malfaiteurs. Mais ceux-ci vont trop écrire et ça va les perdre ! Dans un de leurs messages, ils lâchent un détail concernant une autre tentative de rapt survenue le 13 décembre 1991 dans le Limbourg. La même équipe avait voulu enlever la fille d'un riche homme d'affaires de Maastricht. Ils s'y étaient si bien pris, qu'ils avaient embarqué la secrétaire ! Celle-ci avait été retenue 24 heures dans un pavillon à Engreux dans les Ardennes.

19 février 1992, RTL journal de 5 heures.

Sans nouvelle d'Anthony de Clerck !

Pourtant, sans que nous le sachions, le premier contact avec les ravisseurs a eu lieu !

Quinze jours sans aucun signe ! C'est long ! Pour prouver que le petit garçon est en vie, ses gardiens lui font réciter sur une cassette les résultats des matchs de foot joués la veille.

Premier essai pour remettre la rançon dans la nuit du 27 au 28 février, à proximité d'Eindhoven aux Pays-Bas. Raté ! Le temps de recueillir quelques indiscrétions, et je lâche cette info le 2 mars à 7 heures. Chez le marchand local de journaux et chez les autres commerçants, on continue à nous regarder de travers, mais nous n'y prenons plus garde...

Les voyous vont finir par empocher 250 millions de francs belges très tôt le 5 mars.

Le 6 vers 22 heures 30, le petit sonne à une porte dans une localité proche de la frontière avec les Pays-Bas :

— *Je suis Anthony de Clerck.*

J'annonce sa liberté retrouvée un peu avant minuit. Fin de l'histoire ? Non, les policiers belges, qui ne sont décidément pas moins bons que les nôtres, ont remonté la piste du rapt raté de 1991. Ils ont placé la maison d'Engreux sous surveillance. C'est bien là qu'est retenu Anthony et que se trouvent ses gardiens. Le juge qui mène le bal a décidé d'attendre que l'otage soit élargi.

Quand c'est fait, le 7 mars les trois principaux auteurs présumés sont interpellés et j'interviens dans l'édition du soir. La rançon, marquée à l'encre indélébile, est récupérée. Le lendemain, Martine et Jan de Clerck reçoivent la presse dans... la salle paroissiale du village. Leur enfant a identifié certaines des voix entendues durant sa captivité, parmi les suspects arrêtés.

Décidément, Anthony tu es un chouette gamin !

Les choses graves passées, il est temps de vous conter l'aventure qui nous est arrivée et à laquelle je faisais allusion un peu plus haut. De mémoire, c'était au deuxième jour de notre reportage. Dormir dans la bagnole c'est bien, mais quand la situation s'éternise, on peut s'organiser. Nous voici, mon double habituel et moi, partis en quête d'un hôtel confortable. Nous parcourons quelques kilomètres jusqu'à rouler en forêt. Et nous arrivons à proximité d'un château-hôtel que nous ratons presque, tant il est mal indiqué. Réception, accueil très professionnel, jeune femme souriante, un peu surprise que nous demandions deux chambres. Il est déjà assez tard… pas de restauration ! Toutes les clés sauf les nôtres sont au tableau, pas une automobile sur le terre-plein. Le lendemain matin, toujours pas un seul client et nous prenons nos petits-déjeuners dans une immense salle vide et triste. Retour à Saint-Nicolas puis, ayant des papiers à transmettre, nous rentrons dans l'après-midi à notre hôtel. Nous apercevons cette fois-ci quelques voitures de très belle facture… À l'intérieur, un type descend l'escalier qui mène aux chambres une jolie jeune femme à son bras… Pris d'un doute, je lorgne la réception du haut des marches. L'homme règle, rend sa clé et les deux charmantes personnes vident les lieux. De plus en plus intrigués, nous allons ainsi voir arriver puis repartir quelque temps plus tard, deux ou trois autres couples élégants. Nous étions descendus dans un *claque* ! Ou plutôt une maison de rendez-vous… Mais pas sûr qu'à chaque fois ces dames aient été les régulières de leur compagnon de galipettes ! De très belles escortes devaient s'être faufilées parmi elles. De retour en fin d'après-midi sur la planque, nous avons fait l'unanimité de la rigolade confraternelle !

Et au milieu, coule la Vologne...

Où l'on se dit que l'enquête de 2017 n'était que le prolongement de celle du juge Simon.

Où l'on comprend qu'il avait parlé aux médias à dessein.

Où l'on voit que tout est dans le dossier depuis le début.

Où l'intime conviction d'un reporter en vaut bien une autre.

Lundi 11 septembre 1989, Gérardmer, brigade de gendarmerie, 10 heures.

Le juge Maurice Simon lance une nouvelle offensive. Il a délégué à la section de recherche de la gendarmerie de Dijon une somme de questions à poser à de nombreux témoins. Le directeur d'enquête, le commandant Lamy, est accompagné de dizaines d'hommes, car des interrogatoires doivent sortir des vérifications, des recoupements à effectuer sur le terrain. Et nous voici repartis pour six jours de planque, mais aussi de course automobile sur les routes de la région. La veille s'est terminée par un coup de tonnerre : le président Simon a donné une interview à la 5e chaîne de Berlusconi. Interrogé par Paul Lefèvre le magistrat n'en a pas trop dit. Juste assez pour provoquer l'ire de nombre d'avocats qui s'opposent à lui depuis des mois. Mais pour la première fois qu'il se soumettait aux projecteurs des médias, lui qui revendiquait la discrétion, il ne l'a fait ni pour les beaux yeux d'un journaliste, ni pour la gloriole, ni parce qu'il avait *craqué* comme certains l'interpréteront. Son intervention télévisée préparait tout simplement le terrain aux journées qui s'annoncent, et que nous allons serrer de près. C'est d'abord Gilbert Villemin, le frère de Jean-Marie, qui arrive chez les gendarmes pour être interrogé, puis il repart, planqué sous une couverture. Mais ce que nous attendons surtout c'est la convocation de l'autre frère, Michel. C'est lui qui, le soir de la disparition de l'enfant, dit avoir reçu un appel téléphonique revendiquant le rapt et la mort de ce dernier.

Voilà plus d'un an que je suis entré dans le dossier Grégory, presque par hasard, et que j'en suis l'épilogue, provisoire, avec précaution. L'envoyé spécial permanent de RTL dans l'est de la France, flanqué de son horripilante épouse de l'époque[1], commençait à moins briller dans le suivi de cette affaire. Décidé par la cour d'appel de la Côte-d'Or, le supplément d'information a donc été dépaysé à Dijon et confié à un magistrat *blanchi sous le harnois*. Les responsables de l'information de RTL n'étaient pas mécontents de pouvoir compter sur des yeux neufs pour en observer les péripéties, même si rien n'avait jamais été trop fait pour stopper le correspondant de la radio (basé à Nancy) dans ses (basses) œuvres. Très rapidement, celles-ci avaient consisté à jeter l'opprobre sur Christine Villemin.

Je suis tombé dans le bain à remous de la Vologne à cause d'un couple de journalistes, une rédactrice et un photographe. L'affaire Grégory *première période*, avait eu ses Thénardiers de la presse, il ne serait pas dit que la relance de l'instruction ne connaîtrait pas les siens !

Elle, venait de rompre avec France Dimanche pour lequel elle travaillait surtout sur des informations *people*. Lui avait toujours été *free-lance*. Il squattait mon appartement, et essayait de suivre des faits divers avec moi ou les confrères de RTL que je lui présentais.

Ils m'avaient démarché, car disaient-ils, ils avaient réussi à obtenir un bon contact avec quelques-uns des protagonistes du dossier. Et ils se préparaient à faire de même avec le juge Simon. Par ailleurs, ce qui n'était pas négligeable, ils bossaient sur le terrain avec un reporter du Républicain Lorrain qui commençait à être remarqué, tant par la qualité de ses papiers que par celle de ses infos. Leur seule exigence pour faire tuyaux et enquête communs avec moi : que je fasse mousser leur sujet à l'antenne chaque fois qu'ils auraient l'opportunité de publier un papier dans un des journaux avec lesquels ils traitaient d'habitude. Ma rédaction en chef était partante, top là !

19 février 1988, vallée de la Vologne, Metz. Flashback.

Ce jour-là, c'est la première fois que Jean-Claude Hauck, un de nos compères, fait un coup d'éclat dans cette histoire : l'*affaire des cordelettes*. Quand le corps de l'enfant est repêché dans la Vologne, on constate que Grégory a été ligoté par de

1. Elle n'est plus sa femme aujourd'hui, ni même sa veuve, car le malheureux en a divorcé avant de prématurément décéder.

minces morceaux de ficelle. Les gendarmes en trouvèrent une pelote chez Georges Jacob, un grand-oncle du gosse. Mais rien ne pouvait lui être reproché. Les militaires finissent par être dessaisis, au profit du service régional de police judiciaire de Nancy. Les limiers du commissaire Corazzi se lancent alors à la recherche d'autres liens, du même type que ceux qui entravaient le bambin. Corazzi et ses hallebardiers eurent bien de la chance ! Des morceaux de la ficelle tant espérée leur tombaient sous la main, comme les champignons après la pluie dans la forêt spinalienne. Ils en découvrirent jusque dans le sous-sol et sous une soupente de la demeure des Villemin. Pour les flics de la PJ c'était pain béni, eux pour qui, seule la mère pouvait avoir enlevé puis tué Grégory. Qu'importe que David Martial qui, entretemps, avait prêté la main aux époux Villemin pour déménager, explique que la maison avait été complètement nettoyée et qu'aucune cordelette n'avait été remontée de la cave. Qu'importe qu'une voisine, Régine Thelier, déclare avoir aperçu un homme sur le toit du couple, quelques jours avant la perquisition de la police judiciaire. Qu'importe que Gérard Dittinger, le beau-frère de Christine, ait fait remarquer aux inspecteurs, au cours de leur perqui's, que plusieurs tuiles étaient empilées sur le faîtage. L'un des officiers de police judiciaire lui avait répondu que c'était sans doute le vent. Qu'importe ces anomalies, le commissaire Corazzi avait *tiré sa pelote*, et il s'en servait contre la mère de Grégory.

Plus tard, dans un épais mémoire établi afin de disculper sa cliente, l'un des avocats des Villemin, l'excellente Marie-Christine Chastant-Morand, revenait sur cette histoire de cordelettes litigieuses. Prudente, mais avant tout professionnelle du droit, elle mettait surtout l'accent sur plusieurs erreurs de procédure imputables aux policiers de Nancy. Pour la femme de loi, ils avaient été déloyaux. Des scellés renfermant des bouts de ficelle posaient question. Des procès-verbaux aussi. Mais notre confrère Jean-Claude Hauck, malheureusement disparu depuis, n'est pas homme de robe. Le jour où il sort le premier *l'affaire des cordelettes* dans *Le Républicain Lorrain*, il ne s'embarrasse pas de périphrases. Le couple de journalistes indépendants qui travaillaient avec lui et moi, embraya dans le *Figaro Magazine* qui titra :

Christine Villemin innocente. Voici pourquoi !

Et RTL en remit une couche ! Pour sa part, Hauck, fait-diversier régional, avec tout ce que cela pouvait augurer de ses relations futures avec la maison poulaga, n'y allait pas par quatre chemins. Dans son papier, qui s'étalait sur deux pages, avec appel à la Une, il évoquait : *des témoins manipulés, des scellés trafiqués, des signatures imitées, des preuves matérielles fabriquées.* Dans un seul but, assénait notre confrère : *faire craquer Christine Villemin* ! Sa thèse, partagée par *Le Figaro* avait le mérite d'être limpide. Ayant assez rapidement trouvé un rouleau de cordelette identique à celle qui enserrait les poignets de Grégory, la PJ n'en coucha pas la saisie sur procès-verbal. Pour Hauck, il ne restait plus qu'à en semer des petits morceaux dans les combles des Villemin, dans la cave, et dans quelques sachets de plastique contenant d'autres scellés... Le ban et l'arrière-ban de la police judiciaire, régionale et nationale, crièrent au scandale. Hauck et les deux pigistes se retrouvèrent poursuivis en diffamation. Et condamnés ! Les conseils du Républicain Lorrain et du Figaro avaient été si maladroits, que les témoins des reporters ne furent jamais appelés à la barre. L'avocat du premier avait omis de préciser leur situation professionnelle dans leurs citations. Et dans son offre de preuve, celui du second n'avait pas souligné tous les passages de l'article qu'il voulait défendre. Blanchi de tout soupçon, le commissaire Corazzi n'en vécut pas moins un très mauvais quart d'heure, lors du procès de Jean-Marie Villemin en 1993, le président de la cour d'assises décidant de laver en public cette histoire de liens. L'audience n'apporta pas de réponse à la question : *Des cordelettes ont-elles bien été déposées chez les Villemin, qui les a mises là et quand ?* En revanche, une chose est certaine : la récupération de la ficelle de Georges Jacob par le SRPJ de Nancy quelque temps plus tôt, n'a jamais fait l'objet d'aucun procès-verbal de saisie !

Mercredi 31 août 1988, vallée de la Vologne, dans la matinée.

Second coup d'éclat de notre petite cellule d'investigation, l'histoire du *foulage* retrouvé, par Denis Klein, gendarme expert en écriture à Metz, sur la lettre de l'un des corbeaux de la Vologne, revendiquant l'enlèvement et le meurtre de Grégory Villemin.

Une trace de *foulage*, c'est ce qui reste en creux sur une feuille ou une liasse de papier, sur laquelle a été posée la page où a été inscrit quelque chose. Celle-ci dessinait en fait deux initiales : LB. Pas besoin de faire partie des *Experts* (à Miami, à New York, où vous voulez...) pour déduire qu'il pouvait s'agir de celles de Bernard Laroche. D'autant qu'apparemment, celui-ci signait toujours ainsi : le L de son patronyme précédant le B de son prénom. Partant, Laroche pouvait être soupçonné d'être, à tout le moins, le corbeau. Le 12 novembre 1984, le gendarme Klein envoie au juge Jean-Michel Lambert le fruit de son propre examen : les photographies du foulage, accompagnées de son rapport. Celui-ci précise : *les éléments observés par la majorité des personnels présents le 30 octobre 1984 à la section de recherches de Nancy, juxtaposés aux documents fournis par M. Laroche Bernard, laissent apparaître des similitudes graphiques.*

Mais le procès-verbal de la réunion du 30 octobre 1984 a été annulé par la chambre d'accusation de Nancy, pour non-respect du Code dc procédure pénale. Restent le rapport de Denis Klein et les clichés qu'il a pris. Mais lorsque le juge Maurice Simon veut les consulter, ces éléments d'enquête sont introuvables ! Disparus du dossier ! Interrogé plus tard par le juge Simon, son collègue Jean-Michel Lambert sera incapable d'expliquer ce que ces pièces de son instruction ont pu devenir. Mais c'était sans compter sur le professionnalisme du gendarme Klein ! Le 12 septembre 1988, le gendarme-expert remet au président Simon une copie qu'il a conservée de son envoi du 12 novembre 1984, et trois photographies du *foulage* retrouvées sur un fond de bobine. Il faudra encore quelque temps pour que la petite équipe que je forme, avec le couple de confrères indépendants et Jean-Claude Hauck du Républicain Lorrain, recueille des détails nouveaux sur cette trace qui désigne donc toujours Laroche. Puis, nous décidons de publier. Pataquès dans les médias !

11 septembre 1989, retour à Gérardmer, brigade de gendarmerie.

C'est maintenant au tour de Michel Villemin, autre frère de Jean-Marie, de répondre aux questions des enquêteurs. Un rendez-vous qui permet à RTL de titrer :

Le juge Simon est sur une piste !

À l'époque, ce dernier imagine que Michel Villemin a pu, à tout le moins, renseigner le corbeau de la Vologne à plusieurs reprises sur la vie quotidienne des Villemin, et d'autres protagonistes de l'affaire. La veille du drame, lui et son épouse avaient été invités chez Jean-Marie et Christine, qui avaient fait étalage de leur récente acquisition, un canapé en cuir à 25 000 francs (3 810 euros) payé à crédit. Et ils avaient aussi parlé de celle qu'ils projetaient : une voiture neuve. Les gendarmes, qui avaient découvert que Bernard Laroche et Michel s'étaient ensuite rencontrés le 16 octobre 1984, jour du crime, avaient demandé à ce dernier ce qu'ils avaient fait ce jour-là. La seule réponse qu'ils avaient obtenue c'est que les deux cousins avaient *feuilleté* un catalogue... Pour le juge Simon, il était impossible qu'ils n'aient pas évoqué les dépenses de Jean-Marie. Raison supplémentaire d'attiser la jalousie de Laroche... et du corbeau ! En ce mois de septembre 89, les gendarmes du président Simon suivent donc la piste *Michel Villemin.*

Mercredi 18 octobre 1989, RTL bulletin de 7 heures 30.

La petite bombe que je lâche ce matin dans l'édition de Jérôme Godefroy, c'est encore avec Match que je la partage. Mais c'est la journaliste avec laquelle nous faisons cause commune, qui en a recueilli les éléments les plus importants. Il s'agit du contenu de l'audition de Louisette en avril 1989 par le juge Simon. Elle est la tante de Murielle Bolle. Après cette entrevue, celui-ci estime qu'il détient une carte maîtresse face aux dénégations de cette dernière. Et à l'automne 89, alors que nous passons douze nouveaux jours dans la région, ma consœur rencontre Louisette. Certes elle est un peu simplette. Mais, même sa famille reconnaît qu'elle n'est pas folle. À la mort de Bernard Laroche, virée de la maisonnette dont il lui avait laissé la jouissance, Louisette Jacob vit désormais dans une HLM, loin d'Autmonzey. Il a suffi que la journaliste lâche le prénom de Murielle pour que la vieille dame qui fuyait les reporters déroule le reste :

— *Quand Grégory a été tué, Murielle, en voyant sa photo dans la presse, elle a pleuré. Je venais de lui dire : c'est le fils de Jean-Marie. Elle m'a dit qu'elle était en voiture avec Bernard et son fils Sébastien, et Grégory. Elle ne savait pas pourquoi Bernard n'était plus avec le gosse. Elle m'a dit qu'elle était allée le chercher avec lui, mais qu'elle n'avait pas bougé de la voiture. Elle lui avait demandé s'il l'avait foutu dans la Vologne, il avait répondu que ce n'était pas lui.*

Et, selon Louisette, sa nièce Murielle avait alors ajouté :

— *De toute façon, si c'était lui, il l'aurait pas dit.*

Après s'être confiée, Louisette avait ajouté :

— *Tout ce que j'ai dit aujourd'hui, faut pas le répéter à Marie-Ange. Elle m'a dit que je devais foutre les gendarmes et les journalistes à la porte. Mais les gendarmes, ils sont venus. Et après eux, il y a eu un vieux avec les cheveux blancs et avec lui il y avait une bonne femme*[2]*. Il m'a montré sa carte et j'ai signé son papier.*

Pour Maurice Simon, Louisette reviendra même sur ce jour où Murielle lui a tout raconté, en précisant :

— *Elle a pleuré, beaucoup, beaucoup...*

Selon elle, la veille de son unique tentative d'audition par le jeune juge Lambert en 1984, Marie-Ange Laroche lui aurait fait prendre un bain, histoire sans doute de présenter mieux. Et, durant ces ablutions, elle l'aurait aidée à réciter ce qu'elle devrait dire au magistrat le lendemain. Mais Jean-Michel Lambert avait mis fin très rapidement à l'entretien, tant il avait de mal à comprendre ce que Louisette Jacob lui racontait avec son accent vosgien prononcé... Maurice Simon lui, nota dans son journal de bord, à propos des confidences de Louisette :

Ce qu'elle dit cadre mot à mot avec ce que Murielle avait dit aux gendarmes, les 2 et 3 novembre 1984. Et c'est ce qui confère une force extraordinaire à la déposition de cette femme simplette...

Lundi 23 octobre 1989, Dijon, palais de justice.

Je viens d'apprendre que mon copain Jean-Paul Pradier, redoutable reporter au Nouveau Détective, a rencontré Maurice Simon 48 heures plus tôt. Son hebdomadaire va publier une interview de ce dernier le 25 octobre. Je le connais pas mal, Pradier. Je l'ai croisé sur d'autres histoires, quand je n'étais que correspondant de presse puis, à mes débuts à la radio. C'est un gars bien, un peu plus âgé que moi, qui ne se prend pas pour le nombril du journalisme. Et puis, surtout, c'est un bon. Il ne me cache pas avoir rencontré Maurice Simon, mais je sens qu'il en garde sous le coude. Après avoir fait le point avec l'un des membres de notre association informelle d'enquêteurs, je commence à y voir plus clair. Puis j'appelle un autre copain à la rédaction en chef du Nouveau Détective, qui comprend que j'en sais assez pour lâcher le morceau et leur casser leur scoop. Du coup... il me donne ce qui me manque, et me faxe le contenu du papier signé Pradier et la Une : en haut à gauche, en lettres manuscrites blanches soulignées de rouge, *Affaire Grégory*. À droite, en médaillon, la photo du juge Maurice Simon. Sur le reste de la page, trois lignes centrées en largeur et en hauteur, jaune sur fond noir :

2. Maurice Simon et sa greffière.

INTERVIEW EXCLUSIVE DU JUGE SIMON.

Engagement est pris : j'ai 24 heures d'avance, 24 heures chrono. Mais je promets de citer le Nouveau Détective dès le second jour d'antenne sur le sujet. Juste retour d'ascenseur.

Mardi 24 octobre 1989, RTL, journal de 22 heures.

Nous sommes la première radio à balancer les soupçons de Maurice Simon, ses doutes et ses certitudes. Branle-bas dans le landerneau médiatique et judiciaire. La seule erreur de Simon dans cette affaire va sans doute être de vouloir faire passer Jean-Paul Pradier pour un falsificateur. Quelques jours plus tard, le magistrat s'exprime en effet dans une brève déclaration :

— *Il a transformé un bavardage de trente secondes en interview.*

Au moment d'écrire cet épisode, il suffit d'avoir sous les yeux l'original de l'article pour se dire que, si *bavardage* il y a eu, il a duré un peu plus de trente secondes. Jean-Paul Pradier lui pose vingt-deux questions. Chacune des réponses s'étale en moyenne sur dix lignes. Mais, après les coups de semonce subis à la suite de sa première saillie sur La 5, que pouvait donc faire Maurice Simon après cette seconde incartade au secret de l'instruction ? Sinon démentir, plus ou moins mollement. D'autant que l'on peut se demander s'il ne l'a pas fait à contrecœur. Pour ma part, comme pour le premier entretien à la télévision, je ne suis pas loin de penser qu'il a calculé son affaire. En se servant du *Nouveau Détective*, très lu par les protagonistes de l'histoire, n'a-t-il pas voulu forcer le destin de son dossier, en prévenant ces derniers qu'il en avait sous le pied ? Que ceux qui savaient devaient maintenant parler ! Mais, sa parole mise en doute, son journal soupçonné, Pradier est allé un peu au-delà de ce qu'il avait décidé de faire. Il a donné une ou deux interviews pour répondre au vieux magistrat. Et sa faconde naturelle, teintée d'une pointe d'accent à la Giono, pouvait emporter les faveurs du public.

— *Si monsieur le juge a dit ça*, explique Jean-Paul Pradier à Antenne 2, *c'est qu'il est vraisemblable qu'il en attend quelque chose. C'est certainement pas un monsieur qui, entre la poire et le fromage, dit : « tiens Pradier de Détective est sympathique, si on bavassait un peu ». Même s'il me l'avait dit, j'en aurais été très honoré, mais, auquel cas, je n'aurais rien dit à mon journal.*

Et puis, rendons à Jean-Paul et à son titre ce qui leur appartient, malgré tous les procès d'intention qu'ils vont eux aussi subir, ce qui figure dans cet article se retrouvera plus tard dans le dossier et dans les carnets du juge Simon. Notamment, quand il déclare à notre confrère :

— *Oui, je pense qu'ils étaient plusieurs à commettre ce crime. Mais je me refuse à procéder à des inculpations et à des arrestations dans le but de faire craquer les prévenus...*

Une précaution dont ne s'embarrasseront pas ceux qui prirent la suite de son enquête en 2017 ! L'assassinat de groupe, c'est d'ailleurs la principale et première information qui sera divulguée par RTL, durant cette période bien remplie.

9 janvier 1990, Dijon, Gérardmer.

Les grands-parents de Grégory, ainsi que Jean-Marie et Christine, comparaissent à nouveau devant Maurice Simon. Je réussis à rattraper le journal de 18 heures de Chapus deux minutes avant la fin.

Mercredi 28 février 1990, Paris, Dijon palais de justice.

Nouvelles révélations sur RTL, celles de Jacqueline Golbain, l'ancienne infirmière de Jeannine Bolle la mère de Murielle. Elle s'était confiée au juge Simon le 21 novembre précédent. Ce témoin a été signalé au magistrat par Benoît Bartherotte, le patron de Bernard Laroche, qui a évoqué face à Maurice Simon une soignante qui, durant une demi-douzaine d'années, s'est occupée de la maman de Murielle et de Marie-Ange Laroche.

Selon le PDG de l'usine Ancel, elle connaît très bien la famille de son ancienne cliente décédée depuis. Matin et soir, elle administrait à celle-ci une piqûre d'insuline destinée à la soulager d'un rude diabète. Jusque-là, elle n'a été interrogée qu'une seule fois, rapidement, par le commissaire Jacques Corazzi, de la PJ de Nancy. Bizarrement, celui-ci n'a d'ailleurs fait figurer au procès-verbal de cette audition que le nom de naissance de cette femme, Talbuis. De plus, le policier a préféré l'entretenir de Christine Villemin, qu'elle a aussi soignée. Jeanine Lavallée-Bolle en avait fait sa confidente. Au juge Maurice Simon, l'infirmière raconte ce dont cette dernière lui a fait part. Madame Golbain explique que Jeanine avait souvent et longtemps questionné Murielle, tant la *journée du 16 octobre 1984* la préoccupait. Et le témoin ajoute que la mère de Murielle avait acquis la conviction que celle-ci n'avait pas menti lors de son premier interrogatoire par les gendarmes. Jeannine disait que Bernard Laroche était bien venu chercher sa fille à Bruyères et était monté avec elle et son fils Sébastien jusqu'à Lépanges où il s'était emparé de Grégory. Mais pour madame Bolle, ni Murielle, ni Bernard n'avaient pu faire de mal à l'enfant. Selon elle, Laroche avait été manipulé par un tiers qui, à un moment donné, avait pris le relais ! Pour Jacqueline Golbain, quand celle qu'elle piquait avait appris, le 24 décembre 1987 la mise en liberté de Jean-Marie Villemin, elle avait pu interpréter ceci comme un élément à charge contre son gendre Laroche. Elle aurait dès lors cessé de lutter contre la maladie. La mère de Murielle et de Marie-Ange était décédée une semaine plus tard... De plus, l'infirmière confirmait les pressions exercées sur Murielle par sa famille. Et selon elle, la situation persistait. Durant le recueil de ce témoignage, Maurice Simon présente à la praticienne le sachet de protection, qui accompagnait la seringue retrouvée à l'endroit où Grégory a pu être immergé. La jeune femme reconnaît que la façon d'ouvrir l'enveloppe plastifiée, qui est très particulière, est la sienne. Jacqueline Golbain sera entendue encore deux autres fois, et ne variera pas dans ses déclarations. Ni pour en retirer quoi que ce soit, ni d'ailleurs pour en ajouter.

Ce 28 février 1990 dans le journal de 13 heures, mon récit va plus loin que les affirmations sur procès-verbaux de l'infirmière. Car à *Paris Match*, avec lequel je partage le *scoop*, elle en a dit plus. Selon elle, seule Murielle Bolle savait faire des piqûres à sa mère. Et lorsqu'un rapprochement lui est proposé entre la seringue découverte au bord du ruisseau et celles qu'elle utilise habituellement, elle déclare que ce sont les mêmes. D'abord parce que, dit-elle, celles qu'elle détient et celles vendues chez les pharmaciens sont différentes. Les seringues commercialisées sont monobloc : l'étui est fixé au réservoir et on ne peut l'ôter. Les instruments qu'elle achète dans un laboratoire possèdent des aiguilles qui peuvent être montées et démontées. Pour *Match*, elle revient sur sa façon très personnelle de déchirer l'emballage enveloppant l'engin : q*uand on n'est pas habitué à ce geste particulier, on n'ouvre pas le sachet de cette manière.* Et surtout, elle emploie une insuline similaire à celle que contenait le réservoir retrouvé sur les berges de la rivière... Madame Golbain évoque ensuite la famille Bolle, qu'en effet elle connaît bien.

— *Dans ce milieu, on gueule*, explique-t-elle. *Pour se faire entendre, se faire respecter, obtenir une réaction, il faut crier aussi fort qu'eux, sinon plus. On doit parler leur langage et répondre avec la même brutalité verbale.*

Puis elle en arrive à la soirée du 5 novembre 1984 chez les Bolle. Bernard Laroche est en prison depuis peu. Les membres de la famille de Murielle s'isolent dans le pavillon jaune qu'ils habitent à Laveline. Jeanine et Lucien, les parents, Murielle et Marie-Ange, les sœurs, et deux frères.

— *Je pense,* confie l'infirmière, *que Marie-Ange et son père Lucien Bolle ont corrigé Murielle. Elle a pris des coups. Jeanine me l'a dit.*

Présenté ainsi, il s'agit donc d'un témoignage indirect. Il sera par la suite livré autrement et amélioré. Plus tard, beaucoup plus tard, elle ajoutera de nouveaux détails. C'était en 2007. Jean-Marie Villemin lui téléphone pour évoquer avec elle ce qu'elle peut savoir sur le soir du 5 novembre 1984 chez les Bolle. Il la prévient qu'il enregistre la conversation. Elle rappelle la rouste que Marie-Ange Laroche et leur mère auraient passée à Murielle en précisant qu'elle y a assisté.

— *Je suis un peu intervenue parce que c'est vrai qu'ils y allaient avec un peu tout ce qui leur tombait sous la main.*

Mais surtout, elle raconte au père de Grégory une scène incroyable qu'elle a, selon elle, partagée avec Murielle Bolle. C'était un jour anniversaire de la mort de Jeanine, la mère de cette dernière, Jacqueline Golbain, et la jeune fille se rendent sur la tombe de Jeanine Bolle.

On a parlé toutes les deux, confie-t-elle au téléphone à Jean-Marie Villemin. *Je lui ai dit :*

— Tu sais, maintenant que ta maman est partie... Parle-lui, ça a beau être qu'une pierre, mais parle-lui... T'as pas pris le car, ce soir-là, Murielle ?

Alors elle s'est mise à pleurer, elle me dit :

— Non ! Mais Bernard, Bernard, Bernard...

Je dis :

— Oui ! Mais pourquoi tu t'es rétractée ?

— J'ai reçu des roustes [...].

Selon elle, l'infirmière aurait essayé de faire avouer les faits à Murielle.

Je lui dis :

— Oui, j'ai vu, mais bon, c'est trop grave !

Et avant de se refermer comme une huître, Murielle aurait seulement ajouté :

— De toute manière, j'peux plus dire, c'est fini.

Il aura fallu un peu moins de trois mois pour que le contenu de la déposition de l'auxiliaire de santé vienne aux oreilles de notre petit *pool* de journalistes. Et cela ne devait pas être si insignifiant puisque le témoin sera entendu en 1993, par la cour d'assises qui juge Jean-Marie Villemin pour l'assassinat de Bernard Laroche. À cette époque, madame Golbain ne reviendra jamais sur les propos qu'elle avait tenus depuis l'instruction dijonnaise. Après sa mort, son ex-mari évoquera lui aussi l'anecdote du cimetière :

— *Jacqueline était constante dans cette révélation. Durant les dix-huit années que nous nous sommes côtoyés, à chaque fois que nous parlions de l'affaire, Jacqueline me disait cela.*

Les enfants de madame Golbain, sa sœur, deux de ses amies, relateront aux gendarmes de Dijon, les pressions et les menaces. De son côté, l'ex-assistante du juge Maurice Simon leur assurera que Jacqueline Golbain a bien dit au magistrat que Murielle avait pris la *rouste de sa vie.* Un élément à rapprocher des déclarations passées de l'ancien greffier de Jean-Michel Lambert, qui avait été entendu par le président Simon. Celui-ci l'interrogeait sur le jour où, au tribunal d'Épinal, Murielle Bolle était revenue sur ses accusations contre Laroche. L'auxiliaire de justice se rappelait fort bien que la jeune fille n'avait plus *la spontanéité de la veille, qu'elle semblait réciter une leçon.* Même l'une des sœurs de Murielle racontera à des copines d'atelier que ça ne s'était pas bien déroulé pour elle à la maison, le 5 novembre 1984 au soir. Elle aura beau ensuite tenter de moduler ses dires, ceux de ses deux amies qui les avaient confirmés étaient actés. D'ailleurs, les avocats de Bernard Laroche, de son vivant, puis de sa veuve Marie-Ange, et ceux de Murielle Bolle, n'ont pas trop cherché à trouver des témoignages qui auraient pu contredire la somme de ceux qui semblaient indiquer que le premier récit de Murielle était le bon et que, si elle était revenue sur ses dires, c'est à la suite de pressions familiales. Ils préférèrent, quand ils le sentirent opportun, attaquer le dossier sur ses aspects juridiques et faire apparaître les vices de forme qui, malheureusement, ont été nombreux.

L'une des plus récentes déclarations qui contredit la version dans laquelle s'enferme Murielle depuis novembre 84, date du 5 juillet 2017. À l'occasion du redémarrage de l'affaire, l'Est Républicain est retourné dans la Vologne. De l'excellent boulot d'enquête de proximité. De la belle ouvrage de fait-diversier. Ses reporters ont rencontré les anciens voisins des Bolle, à Laveline-devant-Bruyères. Une dame qui désherbe ses fleurs, leur raconte la fameuse soirée à cause de laquelle Murielle serait revenue sur ses aveux :

— *J'avais quitté mon travail à 19 heures. J'étais à la maison depuis peu de temps lorsqu'on a entendu des gens parler fort, des cris.*

Il faisait nuit, je suis allée dehors pour voir ce qui se passait. J'ai tout de suite compris que les hurlements provenaient de la maison habitée par les époux Bolle. C'était violent. Toute la famille était là. On entendait Murielle se plaindre. Pauvre gamine, c'était terrible. Je suis alors rentrée de peur qu'on me voie. Mon mari est sorti à son tour. Quelques minutes plus tard, Murielle s'est sauvée. La mère est sortie pour partir à sa recherche.

Mardi 18 septembre 1990, RTL 18 h 20, journal de Jacques Chapus.

Maurice Simon allait mieux. Victime d'une crise cardiaque en Haute-Savoie, alors qu'il s'y reposait chez sa fille, il avait d'abord été transporté à Dijon, où il se remettait doucettement de son sérieux malaise. Chaque jour qui passait le voyait plus optimiste et il espérait rapidement reprendre l'étude du lourd dossier Grégory. Illusion ! En fait, Maurice Simon a subi un choc très grave au niveau du cœur, mais celui-ci a aussi été suivi de lésions neurologiques importantes. Ainsi, il a été transporté dans un service cardiologique de pointe où il est hospitalisé depuis plusieurs semaines. Voici encore quelque temps, Maurice Simon était victime d'amnésies partielles préoccupantes. Il ne se souvenait pas, à 5 minutes d'intervalle qu'une personne venait de le visiter sur son lit de malade. Depuis, son état s'est amélioré, mais les médecins qui le suivent sont formels : il ne pourra plus travailler ! Que peut-il alors se passer dans l'affaire ? Eh bien, la chambre d'accusation de Dijon peut le dessaisir et confier l'enquête à un autre magistrat. On n'ose imaginer combien de temps traîneront alors les investigations, alors même que Christine Villemin attendait impatiemment de la même chambre d'accusation un non-lieu pour elle, toujours accusée de l'assassinat de son enfant.

Quand je lis ce papier en direct, je sais déjà que le juge est remplacé. Le lendemain, je donne le nom de son successeur, Jean-Paul Martin, dans le journal de 13 heures d'Henri Marque. S'il ne trouva pas lui non plus l'assassin de Grégory, il mit la dernière main à la clôture du dossier de Christine Villemin, et à des réquisitions de non-lieu pour *absence totale de charges*, une première dans le domaine judiciaire, qui sera suivie d'effets.

Octobre 2018, Nessa (Haute-Corse). L'intime conviction d'un reporter.

Pas question ici de jouer les « sachants », les professeurs ès-Grégory, les analystes de haut vol. Ceux-là ont déjà frappé et frapperont encore. À l'été 2017, on nous a offert un nouveau rebondissement de l'affaire, alors qu'il ne s'agissait que d'une continuité de celle-ci, un peu artificielle. À cette occasion, sur les plateaux radio et télé, j'en ai rencontré des spécialistes de cette affaire. J'en ai parfois croisé qui n'en avaient jamais suivi le moindre épisode, et qui la contaient comme si elle venait de se produire. D'autres décortiquaient un dossier qu'ils n'avaient même pas dans leurs archives. Personnellement, j'ai été obligé, lors de certaines de mes interventions, de bien insister sur le fait que je n'étais pas présent au début de l'histoire. Certains voulaient en effet me présenter comme *L'Expert* de ce dossier à tiroirs. Ce sont les coulisses de l'enquête menée aux basques du juge Maurice Simon, qui relançait l'instruction, que vous venez de lire. Les dessous d'un jeu de dupes plein de rebondissements, de succès et de déboires, de satisfactions et de déconvenues. Un *making-of* qui, au même titre que ceux des autres histoires narrées dans cet ouvrage, est parfois bien plus éclairant que toutes les informations prétendues primordiales. Concernant l'affaire Grégory, son traitement judiciaire et médiatique en est arrivé à un tel point, qu'il ne serait pas très courageux de ne pas tenter d'aller un peu plus loin. L'analyse, le sentiment personnel d'un reporter, qui doit en jouer le moins possible, valent pour ce qu'ils sont : *une intime conviction.*

Le 10 mai 2017, les experts du département Sciences de l'analyse criminelle de la gendarmerie nationale, basé à Pontoise, signaient un rapport aussitôt remis au juge Claire Barbier, désormais en charge du dossier. La conclusion de ces 48 pages est sans appel :

Nous pouvons affirmer que Bernard Laroche est l'auteur de l'enlèvement de Grégory.

Selon eux, le 16 octobre 1984, le petit garçon a bien été kidnappé par Laroche, accompagné de Murielle Bolle. Et ces experts ajoutent que le « couple » n'a sans doute rien à voir avec l'assassinat du gosse, perpétré par une deuxième équipe. À partir de là, l'enquête va se précipiter. Pour en arriver à ces conclusions, les techniciens ont mis en œuvre le logiciel AnaCrim. Dès lors, il convient d'évacuer une légende. Tout au long de sa mission, Maurice Simon avait tenu à jour des carnets. Dès la relance de l'affaire, au printemps 2017, certains ont dit – ou écrit – que cette manière de journal personnel, et ce qu'il contenait de précieuses réflexions, a été proposée à *l'intelligence artificielle* d'AnaCrim, en plus du dossier d'instruction alimenté par le magistrat défunt, puis par son successeur. La vérité est juste contraire ! Les travaux du juge et ses petits cahiers ont carrément inspiré la nouvelle enquête ! Il suffit de refaire la rapide chronologie de cette phase des dernières investigations. Les notes du président Maurice Simon ont été confiées à la justice par son fils, fin janvier 2016. Le logiciel AnaCrim a été sollicité à l'automne de la même année ! Les enquêteurs et les magistrats, qui viennent alors de relancer l'affaire, avaient en main les secrets de Maurice Simon depuis neuf mois ! Ils n'ont plus eu qu'à marcher dans ses pas. Ce qui permet de répéter que tout était dans le dossier… et depuis longtemps. À condition de s'en servir correctement… D'ailleurs, au fur et à mesure des opérations qui vont suivre, on va s'apercevoir que la plupart des conclusions de Maurice Simon, déposées avant que la maladie l'empêche de mener à bien la fin de cette interminable instruction, sont reprises et exploitées par la juge Barbier, le procureur général et les gendarmes de la section de recherches de Dijon.

Le 14 juin 2017, ces derniers interpellent Marcel et Jacqueline Jacob, grand-oncle et grand-tante de Grégory Villemin. Le 16 juin, ils sont mis en examen pour arrestation, séquestration et enlèvement sur la personne de leur petit-neveu. Placés en détention durant quatre-vingt-seize heures, les deux septuagénaires sont libérés le 20 juin et soumis à un strict contrôle judiciaire. Ils sont séparés et, assignés à résidence, s'apprêtent à vivre loin l'un de l'autre, le temps que la justice le voudra. Huit jours après, le 28 juin 2017, pas moins de sept voitures bondées d'uniformes se garent au pied du pavillon de Murielle Bolle, à Granges-sur-Vologne. Quelque onze minutes plus tard, les gendarmes emmènent la presque quinquagénaire (elle a 48 ans) pour audition. Le 29 juin 2017, elle est mise en examen pour enlèvement suivi de mort. Incarcérée à la maison d'arrêt de Dijon, elle est placée en liberté provisoire le 4 août. La voici exilée dans la Nièvre, loin de la Vologne.

Que reproche la justice aux époux Jacob ? Pour un expert en écriture commis par la nouvelle juge d'instruction, Jacqueline

Jacob serait l'auteur de deux des quatre lettres anonymes rédigées par le corbeau, et envoyées aux grands-parents et aux parents de Grégory Villemin. De plus, des éléments d'investigation les plus récents, gendarmes et magistrats ont retiré qu'au moins une altercation, entre Jean-Marie Villemin et les Jacob, montrait la rancœur que ceux-ci nourrissaient contre le père de l'enfant noyé. Au fil du temps, ils n'auraient pas supporté la réussite sociale du couple de jeunes parents. Et puis, les enquêteurs voudraient aussi savoir quel lourd secret existe entre les époux Jacob.

Dans une lettre datée de 1991, qui a été découverte et saisie, Jacqueline Jacob explique avoir été *forcée et contrainte* de revenir vivre avec son mari Marcel, à la suite d'une rupture. Comment Marcel Jacob a-t-il pu ainsi faire pression sur sa femme, pour lui faire réintégrer le domicile conjugal ? Pour ceux qui mènent désormais les investigations sur ce dossier-fleuve, cette énigme ne peut que concerner l'affaire Grégory. Encore faut-il le prouver...

Enfin, les enquêteurs proposent un élément technique qui fera se gausser nombre d'observateurs. Dans un enregistrement de la voix d'un des corbeaux, les experts de la Division criminalistique ingénierie et numérique de la gendarmerie ont pu isoler des bruits de pas d'un individu descendant un escalier. À l'écoute, ils ont compté treize marches. Or, la maison des Jacob, un chalet vosgien, comporte justement un escalier de... treize marches ! Où un fait divers vosgien rejoint un polar japonais signé en 2016 par Kazuaki Takano[3]...

Seulement voilà ! À part ça, les deux vieillards, soupçonnés d'avoir formé la « deuxième équipe », ont un alibi pour le jour du crime. Selon eux, le 16 octobre 1984, de 13 heures à 21 heures, ils étaient au travail dans leur usine de tissage d'Autmonzey. Ils présentent même à l'appui de leurs déclarations un compte rendu, conservé par Marcel Jacob, d'une réunion de délégués du personnel qui aurait duré presque toute l'après-midi, et à laquelle ils assistaient. Dès le début de l'affaire, cet alibi avait fait l'objet d'une vérification par un des gendarmes locaux. Un mois après le crime, un tableau des emplois du temps de plusieurs suspects avait été réalisé. Mais une question demeure, car personne ne sait quel militaire a effectué cette vérification concernant les époux Jacob, et auprès de qui il y avait procédé à l'usine...

3. *Treize Marches*. Kazuaki Takano, Presses de la Cité, 2016.

Par la suite, les vérifications avaient montré qu'il était en fait difficile de savoir qui était présent aux ateliers, et quand. Il n'y avait pas de pointeuse et les absences n'étaient pas forcément signalées...

Quant à ce qui est reproché à Murielle Bolle, on le sait depuis longtemps. Pour les nouveaux enquêteurs, les explications qu'elle avait fournies à leurs collègues, durant sa garde à vue de 1984, restent d'actualité en juin 2017. Avant de passer à l'action ce mois-là, les gendarmes de Dijon ont effectué de nombreuses vérifications. Dans le dossier d'origine qu'ils avaient à leur disposition, d'abord. Puis ils ont à nouveau entendu certains témoins déjà interrogés. Ils en ont même trouvé d'autres. Ils ont quadrillé la Vologne, à la recherche d'habitants qui seraient enfin prêts à se confier, fût-ce sous le sceau du secret.

Et ils ont ensuite demandé à l'IRCGN de Pontoise de filtrer l'essentiel de tous ces éléments, au travers du fameux logiciel AnaCrim[4], mis en place par son service d'interprétation des données. De quoi déjà se forger une certaine conviction...

Pour commencer, la déposition de Murielle Bolle en 1984, une des clés du dossier. Depuis son revirement à 180°, elle n'en démordait pas : si elle avait raconté ce que les gendarmes avaient couché sur procès-verbal, c'est parce que ces derniers l'avaient forcée. Ils lui faisaient peur. Mais à part ça, jamais personne ne s'est d'abord posé une première question : pour quelle autre raison Murielle aurait-elle pu inventer la fable qu'elle avait servie à ceux qui l'interrogeaient ? Pourquoi cette adolescente de 15 ans aurait-elle imaginé son périple automobile, à la recherche de Grégory, en compagnie de Laroche ?

Avait-elle abandonné, même pour un court laps de temps le domicile familial, ce qu'il lui fallait expliquer par un mensonge ?

Non !

Y avait-il eu une dispute chez elle qui l'aurait fait sortir de ses gonds et s'en aller quelques dizaines de minutes loin de là ? Non !

A-t-elle voulu cacher à ses proches l'existence d'un petit ami qu'elle serait allée voir ?

Non !

Alors, pourquoi Murielle Bolle accuse-t-elle un beau jour Bernard Laroche d'être allé, en sa compagnie, récupérer Grégory

4. « *Dans le cas de l'affaire Grégory, cela a nécessité la reprise minutieuse de 12 000 procès-verbaux, des 2 000 lettres anonymes et des centaines de témoignages et d'auditions réalisées* ». Lieutenant-colonel Karine Lejeune, porte-parole de la Gendarmerie nationale. (À propos du logiciel AnaCrim. Interview au magazine *Science et Avenir* - juin 2017).

au pied de la maison de ses parents, de l'avoir transporté au bord de la Vologne, puis d'être retourné jusqu'à sa voiture sans le garçonnet ? Quand elle raconte cela à ceux qui la questionnent, l'adolescente explique qu'elle s'est décidée à le faire après avoir vu la photo de Grégory dans le journal, avec l'annonce de la mort de l'enfant.

Bien sûr, Murielle est revenue ensuite sur ses déclarations de l'époque. Elle a accusé les gendarmes de violences verbales, de forfaiture. Et, à chaque fois qu'ils l'ont pu, ses avocats ont rappelé les doutes qui pesaient sur les confidences qu'elle leur avait faites. Sauf que, dans cette affaire, beaucoup de ses conseils se sont fait une spécialité de choisir, parmi les milliers de cotes du dossier, celles qui les arrangent le plus. Ainsi, quand ceux de Murielle Bolle et leur cliente continuent de jeter la suspicion sur son interrogatoire, ils oublient que la justice a tranché. Il y a très longtemps ! Qui plus est après une plainte de... Marie-Ange Laroche. Les parents de Murielle Bolle auraient pu le faire. Non, c'est la veuve de Bernard Laroche qui a attaqué la gendarmerie, pour les propos que celle-ci a recueillis auprès de Murielle ! En novembre 1988 et mars 1989, les deux recours aboutissaient à des non-lieux après passage en appel pour l'un, jusqu'en Cassation pour l'autre. Les gendarmes étaient lavés de toute suspicion !

Ceci n'empêcha jamais les avocats de Murielle, et ceux de Marie-Ange Laroche, tout comme leurs clientes, de resservir à la presse durant des dizaines d'années les errements de la Gendarmerie nationale, lors de cette audition. À contrario, à chaque fois que la moindre annulation de pièces, la plus petite décision de justice va dans leur sens, ils demandent à tout le monde de ne plus jamais évoquer les écritures antérieures.

Le 16 mai 2018, les mises en examen des époux Jacob et de Murielle Bolle sont annulées pour vice de procédure.

Le 15 novembre 2018, le Conseil constitutionnel déclare la garde à vue de Murielle en 1984, contraire aux textes régissant aujourd'hui un tel acte d'enquête concernant un mineur. Annuler ou pas les procès-verbaux de l'audition de Murielle,telle est la question ? Reste à savoir ce qu'il adviendra des propos que la jeune fille avait tenus aux gendarmes, *avant* son placement en garde à vue dans lesquelles elle disait déjà tout ! Et puis, que faire de ce qu'elle avait déclaré ensuite au juge Jean-Michel Lambert ? D'ailleurs, ce qu'elle a raconté au magistrat, lorsqu'elle avait renouvelé ses accusations contre Bernard Laroche, n'a jamais été mis en cause... Telles sont les interrogations que je me pose à l'automne 2018...

Le 15 janvier 2020, la cour d'appel de Paris annule les PV de la garde à vue de Murielle Bolle, mais... proroge ses allégations antérieures et celles faites devant Jean-Michel Lambert ! Malgré les cris de victoire de certains, la question demeure entière.

22 juillet 2020, prieuré Saint-Pierre, Nessa (Haute-Corse).

L'intime conviction d'un reporter ne peut se forger qu'à partir des éléments d'un dossier en sa possession. Tout comme celle d'un jury ressort de ce qu'il a appris durant l'audience. Je me tourne donc vers le travail du juge Simon même si, par moments, il a pu être soupçonné de parti pris par ceux qu'il disait suspecter. Pour lui, dès fin 89, le crime de la Vologne est le fruit d'une sordide histoire de vengeance familiale, et un assassinat à plusieurs mains. Là aussi mon intime conviction avait évolué depuis mon arrivée sur l'affaire, alors que je pensais Bernard Laroche impliqué seul dans cet enlèvement suivi de mort. C'est Maurice Simon qui m'a fait réfléchir. N'a-t-il pas expliqué à La 5, qu'il ne soupçonnait pas un, mais des personnages d'être à l'origine de la disparition tragique de Grégory Villemin ? Prédisant que tout cela ne se terminerait pas sans rebondissement (sic). En possession des mêmes informations que Jean-Paul Pradier du Nouveau Détective, RTL n'a-t-elle pas révélé ensuite que le magistrat pensait fermement qu'ils étaient plusieurs à commettre le crime ?

À l'époque, pressé par le petit *pool* informel de journalistes que nous formions, il avait fini par nous faire savoir que, selon lui, les auteurs étaient quatre ou cinq, sans jamais accepter de nous livrer des noms. Peut-être d'ailleurs n'était-il pas certain de pouvoir le faire sans coup férir ? Une chose est sûre pour le président Simon, si Bernard Laroche a enlevé Grégory, il l'a quitté vivant sur les bords du Barba, le ruisseau qui coule à Docelles, avant de se jeter dans la Vologne. Pourquoi vouloir être plus royaliste que le roi ?

Le 8 février 1989, Maurice Simon confiait à son journal de bord :

Ce Marcel Jacob, voisin de Laroche, marié avec une femme haineuse, qui déteste les parents Villemin. Piste Jacob ? Piste à suivre...

Le 21 mars 1989, Albert Villemin, le grand-père de Grégory est chez le juge. Il dit des Jacob que ce sont des vipères.

Et le 20 juillet 89, au bout de deux ans de contre-enquête, Maurice Simon note dans ses cahiers :

L'assassin était à Autmonzey, dans le triangle A (Bernard Laroche et son entourage) B (Michel Villemin et sa femme) C (Marcel Jacob et sa femme)

Avant d'entendre ses parents durant l'été 2017, les enquêteurs de Dijon interrogent leur fille Valérie. Ils en arrivent au courrier de Jacqueline Jacob à son époux, daté de 1991. À l'époque, Jacqueline est partie avec un autre. Valérie Jacob reconnaît parfaitement la calligraphie de sa mère, mais elle est fort étonnée de la teneur de la missive.

Elle ne revient ni pour mon père qu'elle n'aime plus, ni pour moi à qui elle renonce d'après ce qu'elle écrit. Je pense qu'ils ont un lourd secret entre eux pour qu'il l'ait convaincue [de revenir], relate *L'Est Républicain*, après cette audition.

Entendu, Marcel Jacob n'a rien apporté aux enquêteurs. Jacqueline a déclaré n'avoir rien à faire dans ce dossier, tout en invoquant son droit au silence. Quand les gendarmes lui ont demandé pourquoi elle s'en réclamait, si elle n'avait rien à se reprocher, la septuagénaire leur a simplement répondu : parce que mon avocat m'a dit de le faire ! Une saillie qui a au moins le mérite d'être claire !

Mais on pourra retourner le mystère dans tous les sens, le premier verrou du complot familial se nomme Murielle Bolle. Quoi qu'il soit advenu de certaines des pièces du dossier relatant ses déclarations de 1984, c'est autour de celles-ci que tourne la clé de l'énigme.

Et si trente-quatre ans plus tard, Murielle avait fourni la raison profonde de ses accusations contre Laroche ? Dans une interview au *Parisien-Aujourd'hui en France*, donnée pour assurer la promotion du livre qu'on lui fait signer en novembre 2018[5], celle qui est devenue une maîtresse-femme s'exclame en effet :

Jamais je n'aurais pu cacher un tel crime, c'est horrible ! L'assassinat d'un petit garçon, c'est la pire chose qui puisse arriver !

Et si justement, pour ces raisons, elle l'avait dite, la vérité, au moins une fois... un beau jour de novembre 1984 ?

5. *Briser le silence - Au cœur de l'affaire Grégory.* Muriel Bolle (Éditions Michel Lafon).

Chemins de traverse

Où le chaos n'est pas forcément criminel.
Où le grand-reporter n'est pas forcément « de guerre ».
Où l'anecdotique n'est pas forcément négligeable.

5 janvier 1989, Institut de chirurgie d'Erevan, après le coup de colère de la terre arménienne.

Allongé sous les draps blancs de son lit d'hôpital, le gosse nous sourit à pleines dents du haut de ses 7 ou 8 ans. Il a été sauvé quatre-vingt-seize heures plus tôt du séisme dans la région de Spitak.

J'étais arrivé à Erevan dans la nuit du 3 au 4. Je venais de passer douze jours à Bangkok pour l'assemblée générale d'Interpol, qui avait sacré président, le directeur de la police française. En rentrant, j'avais filé trois jours à Nevers, pour le procès opposant Sacha Distel à Chantal Nobel, grièvement blessée dans la voiture du chanteur qui, en avril 1985, était allé s'écraser sur un poteau.

Lorsque j'étais descendu de l'avion qui m'amenait de Moscou, le baromètre des victimes du séisme pointait à 15 000 morts environ, et l'immense thermomètre accroché à la tour de contrôle de l'aéroport Zvartnots était gradué jusqu'à -40° ! Dans la journée du 4, j'apprenais que le Rire Médecin, une ONG française, avait envoyé des clowns pour adoucir un peu la douleur des gosses arméniens hospitalisés. Proposant à une équipe de feue La 5 de Berlusconi de m'accompagner, nous voici au chevet de ce gosse joyeux. Grâce à une infirmière bilingue nous savons qui il est, quelle école il fréquente et ce qui lui est arrivé. La litanie du malheur. La terre qui se fâche, des tuiles, des ardoises, des briques, des pierres, des maisons, des immeubles qui tombent et qui vous ensevelissent. Au pied du lit, le chirurgien qui l'a opéré se tient droit comme un garde rouge. Il nous explique que, grâce à une formidable intervention, lui et son équipe l'ont sauvé d'une mort quasi certaine.

— Enregistrez, enregistrez ! Regardez c'est un véritable miracle si nous l'avons sorti de là !

Et de tirer d'une manière presque théâtrale la couverture et le drap qui cachent le corps de son petit patient… doublement amputé. Plus de jambes, à 7 ou 8 ans ! Sauvé, vivant, mais cul-de-jatte… C'est cet instant que celui-ci choisit pour chuchoter à l'oreille de sa maman. Celle-ci se penche vers l'infirmière qui traduit :

— *En fait, les seuls mots de français qu'il connaît, c'est une chanson qu'il a apprise à l'école. Et il est tellement content que vous soyez là qu'il voudrait vous la chanter.*

Mon magnétophone tourne déjà. Le caméraman de La 5 règle sa focale, et le petit bonhomme nous sert d'une seule traite un *Ami Pierrot* que je n'avais pas entendu depuis la maternelle. La voix est juste, assurée et le gosse termine. Sa bouille s'illumine. Cette fois-ci il rit ! Et nous, nous ne savons plus où nous mettre. Moi en tout cas… Lui a-t-on au moins claqué une bise à ce petit cul-de-jatte fier et enjoué ? Trente-deux ans plus tard, je n'en suis même pas sûr. Rentrée à l'hôtel, la journaliste de La 5 que je connais un peu me laisse la primeur du lendemain matin pour me remercier de l'avoir emmenée sur ce coup. J'envoie un papier d'ambiance à RTL en leur annonçant un autre sujet à l'aube. Puis je file au bar et, en me remémorant le gosse amputé chantant de tout son cœur, je me soûle la gueule ! Quand je pense qu'un jour j'ai entendu *un grand reporter… de guerre* expliquer à un confrère qui l'interviewait qu'il se faisait un principe de ne pas *s'impliquer dans les choses qu'il traversait, auprès des gens qu'il côtoyait.* Quel con ! Je me couche le cœur au bord des lèvres, la tête en friche. Au petit matin j'ai un peu de mal à travailler ma bande magnétique pour monter une minute et demie de l'*Ami Pierrot*, mais j'y arrive. Je transmets le tout avec un mode d'emploi pour les présentateurs. Ils n'ont pas besoin de trop de détails pour comprendre ce que je viens de leur envoyer. Ma consœur de la télé m'a trahi, son sujet est passé au *20 heures* la veille au soir…

6 janvier 1988, Erevan, 6 heures du matin. Bilan final, entre 25 et 30 000 morts…

Spitak, Leninakan, la zone de fracture court sur une vingtaine de kilomètres entre les deux villes. Avec des collègues, nous découvrons en montagne ce qu'il reste des agglomérations, des villages et des hameaux, c'est-à-dire pratiquement plus rien ! Une fois encore… Comment décrire le chaos, qu'il soit provoqué par les colères de la planète, un assassin sanguinaire, un conflit sans déclaration de guerre ou un terrible accident mécanique ? Il n'y a plus qu'à se raccrocher à de misérables objets, de ceux qu'en vieillissant on conserve parfois soi-même pour se souvenir, sans toujours savoir de quoi. Une photo, pauvre photo..., un bijou, un vêtement... Et quand vous avez réussi à trouver ces accessoires indispensables à l'accroche d'un papier, il reste à planter le décor. Là, il sautait aux yeux : des tentes de l'armée soviétique par dizaines, sous lesquelles des malheureux au regard perdu s'agrippaient avec l'espoir de recevoir un peu d'aide. Des vieux, beaucoup de vieux et des enfants. Nous passons un moment autour d'un poêle, avec quelques personnes reconnaissantes à ces étrangers d'être venus pour raconter leur tragédie au monde. Une grand-mère, un fichu sur la tête, vêtue d'une sorte de grande blouse, de plusieurs pulls enfilés les uns sur les autres, s'adresse à mon traducteur. Elle s'inquiète pour son petit-fils en espérant qu'il ait suivi des oncles et tantes à Erevan. Je l'enregistre doublée par le chauffeur. En repartant, par la lunette arrière je l'aperçois qui nous fait des signes. Je fais arrêter la grosse bagnole, et elle nous rejoint. Avec un pauvre sourire, elle me tend alors une pomme... pour la route. C'est tout ce qui lui restait pour dîner ce soir-là.

Dans l'avion qui m'avait amené en pleine nuit de Moscou jusqu'à la capitale arménienne, j'avais rencontré un type formidable. L'un des principaux responsables à l'époque de l'organisme Aide médicale internationale. Il était en possession de quelques adresses d'habitants d'Erevan et il m'avait proposé de l'accompagner chez eux pour le Noël orthodoxe. Deux fois nous avons été reçus comme des rois. Dans un petit appartement erevanais, plusieurs personnes réfugiées du désastre s'entassaient, logées par leur famille. Elles avaient tout perdu et nos hôtes n'étaient économiquement pas mieux lotis. Pour nous faire déguster toutes les spécialités arméniennes que les femmes avaient préparées, ils avaient dû s'endetter auprès des commerçants. Et en plus, après deux soirées qui finirent au petit matin, je repartais avec des histoires à écrire.

Pour ce sujet, comme pour la plupart des autres, je ne me suis jamais éloigné des méthodes utilisées pour suivre une affaire criminelle : aller voir, récupérer des infos et des témoignages, les recouper toutes et tous, et enfin raconter en y mettant de l'ambiance. Y ajouter parfois une réflexion plus générale sur les gens et les situations rencontrés, en évitant les analyses fumeuses. Des histoires, il y en a à relater, en dehors des faits divers. Surtout quand on est reporter de radio, et que cela consiste à tout couvrir. Il n'y a donc pas qu'en m'occupant de ma rubrique fétiche qu'il a pu m'arriver de curieuses aventures ou que j'ai vécu celles de mes collègues. Les quelques exemples suivants en sont les preuves incontournables...

4 avril 1974, Paris église de Saint-Louis-en-l'Isle. Requiem pour un Président.

Georges Pompidou a refusé les obsèques nationales. Seule une messe solennelle est dite à Notre-Dame puis, la cérémonie proprement dite, a lieu aujourd'hui. La veille, le brave curé a reçu une petite délégation de journalistes. Il tenait à leur expliquer le déroulement de l'office, la plupart des médias n'y étant pas conviés. Tandis que nous écoutons religieusement l'abbé, Claude Fouchier, qui devait assurer le commentaire le lendemain, visite... les bénitiers. Et dans quelques-uns de ceux qu'il trouve secs, il dépose un mini-micro préparé par les techniciens de RTL. Claude veut pouvoir entendre en direct la liturgie et surtout les chants choisis par la famille. Le moment venu, pendant qu'il est à l'antenne dans la voiture émettrice, il reçoit le son en provenance de l'église dans une oreillette branchée sur un simple transistor bloqué sur la fréquence des émetteurs planqués.

Quant à moi le soir de ce 3 avril 74, j'attends que les occupants d'un appartement qui m'ont promis l'accès à une fenêtre sur rue soient de retour. Mais il faut tenter d'échapper aux flics des RG qui expulsent la presse. Ma seule chance, ce sont les W.C. désaffectés qui dans ses vieilles constructions existent encore entre deux étages. Je vais ainsi passer une bonne partie de la nuit dans une chiotte d'à peine un mètre au carré, assis sur la cuvette. Cela dit, en cas d'envie pressante, je suis paré !

Au cimetière d'Orvilliers, une petite vingtaine de personnes assistent à l'inhumation. Le 3 au soir, l'envoyé spécial de RTL Yvan Brazov trouve une planque pour son technicien, la DS break émettrice et lui. Des dizaines de journalistes ont payé un abri à prix d'or, les CRS les délogent ! Celui de Brazov et de son compagnon est accolé à une maison en construction. Ils règlent la location, mais achètent aussi les briques et le ciment entassés à proximité. Et toute la nuit le rédacteur et l'homme de la technique, après avoir rentré la Citroën dans la grange et sorti l'antenne par la toiture, vont bâtir un mur en dur ne laissant que de quoi passer pour le reporter le moment venu. À l'heure dite, Yvan quitte l'endroit un émetteur sur le dos. Il découvre un appentis avec vue sur les tombes en compagnie d'un photographe et tous les deux montent dessus. Des gendarmes ouvrent la porte sans vérifier plus haut. Le corbillard s'avance, l'avion de RTL relaie la voiture dissimulée et Yvan Brazov est en direct ! Son boulot de maçonnerie improvisée l'a-t-il épuisé ? Est-ce l'émotion de savoir qu'il est en train de réussir l'impossible ? Au moment où il s'apprête à décrire le fourgon mortuaire, il perd ses moyens. Il tente de limiter le « blanc » au maximum et jette :

— *Eh bien... oui, voilà maintenant que s'approche la... le... camion qui transporte le président de la République défunt.*

Ce camion fera longtemps les belles heures du bêtisier de la rue Bayard.

20 juillet 1975. Première arrivée du Tour de France sur les Champs-Élysées. Une chute providentielle.

Les plus grandes signatures de RTL comme les plus humbles reporters sont de la partie.

Michel Drucker est sur la terrasse Martini.

Léon Zitrone au rond-point des Champs au balcon de l'immeuble rococo de l'hebdomadaire *Jours de France.*

Guy Kédia le chef du service des sports est aux manettes. Roger Zabel, dont c'est le premier Tour et Jean-Jacques Bourdin qui le rejoindra bientôt, sont l'un au coin de la place de la Concorde et du jardin des Tuileries, le second à l'opposé, à la descente vers le sous-terrain du Louvre.

Roger, le cyclisme c'est son truc. Il sera de sept autres Tours. Un jour, il va même inventer une épreuve à l'antenne. C'est l'époque durant laquelle le futur grand patron de RTL, *metteur en scène, écrivain, parolier, jamais prix Goncourt* présente les flashs du week-end ! De permanence, Zabel décide de lui montrer que personne n'est à l'abri d'une foirade. Il se planque dans un studio un peu éloigné de celui des infos, un technicien lui a pré-enregistré des bruitages « ambiance Tour de France », Fabrice, un complice, annonce au *flashman* qu'à la fin de son intervention il aura en direct *Roger Bouchu* qui couvre la *Ronde Béarnaise.* Le canular, dont on n'a jamais été sûr qu'il ait fait marrer sa victime, a duré trois bulletins de suite. L'intéressé a fini par se douter d'un loup tellement il avait exceptionnellement de spectateurs hilares en cabine, derrière la vitre qui sépare le présentateur du technicien.

Et puis *Rodgeur* puisque c'est son surnom, va aussi devenir le spécialiste du cri du cochon. Le soir à l'étape il était réputé pour hanter les couloirs d'hôtels et se pointer à la porte des confrères accompagnés de leur épouse ou de leur petite amie. Et, au moment clé de ce genre de tête-à-tête nocturne, Roger poussait des rugissements de goret tels qu'on se croyait dans une porcherie !

Dans le dispositif de ce 20 juillet 1975, je suis positionné juste après Bourdin, à la sortie du tunnel des Tuileries, à l'angle de la rue de Rivoli. Après moi c'est Pierre Douglas qui intervient depuis la place de la Concorde.

Il manquait du personnel, fan de vélo, je me suis porté volontaire. Mais c'est long et fastidieux vingt-cinq tours de circuit ! Et puis, à l'heure du déjeuner, le traiteur qui nous a tous ravitaillés à bien fait les choses. Même mon copain Georges Martin, photographe à Détective et fou de Tour, a eu sa part !

Sur chaque point, un technicien assure la liaison. Trois personnes, raison de plus pour dealer du rab de rouge et de blanc ! Combiné au soleil, est-ce cet excès qui m'a tout à coup donné une très curieuse et très casse-gueule idée ? Après un énième passage, je dis à mon pote :

— S'il ne se passe rien d'ici le prochain, je les fais chuter ici !

Il comprend et répond :

— Arrête tes conneries tu vas être viré !

Je suis à peine titularisé ! Sans doute n'aurais-je pas poussé le bouchon, si un incident technique ne m'avait ouvert la voie. Trois échappés virent de la place de la Concorde sur le quai des Tuileries. Zabel commente et passe le relais à Bourdin. Pas de réponse. Relance. Toujours pas de réponse. Tranquille, Roger m'appelle. Je ne vois rien ! Je meuble en continuant en aveugle le mano à mano des trois isolés commencé par Zabel, jusqu'à ce que je les aperçoive. Et je me tiens parole à moi-même, je décris une chute au milieu des poursuivants. À cet instant Georges Martin avait raison, j'étais sans doute viré, à tout le moins très freiné dans mes espoirs professionnels. Les coureurs m'ont sauvé… et Pierre Douglas ! À peine lui avais-je passé le relais que des vélos s'affalent à quelques dizaines de mètres de mon point d'intervention !

Et Douglas de me répondre en direct :

— En effet Alain Hamon une belle chute ! Mais apparemment tout le monde se relève…

J'ai attendu des années après mon départ de la radio, pour avouer ce bidonnage puéril à l'inoubliable et si rigoureux Guy Kédia. Eh bien, même avec le temps, ça ne l'a pas fait vraiment rigoler…

3 avril 1976, 21 heures, Paris Palais des Congrès. Le président.

De permanence, on me demande si ça me fait marrer d'aller faire les coulisses de la première cérémonie des Césars. Dingo de grand écran comment pourrais-je refuser ? Et puis c'est la première, et le président d'honneur est une de mes idoles, Jean Gabin ! Ma première mission est d'ailleurs d'obtenir quelques mots et ce n'est pas gagné ! L'homme est sauvage et les journalistes pas forcément sa tasse de thé. Bon, avec Rémo Forlani, le si talentueux *monsieur cinéma* de RTL c'est autre chose ! Stéphane Boudsocq qui tient aujourd'hui ce rôle me semble être son digne successeur. Arrivé porte Maillot, *Monsieur* Gabin fait sa tête de lard. Si mon père me voyait, lui qui a placé l'acteur en haut de son panthéon cinématographique, juste à côté de Lino Ventura ! J'insiste tant, que je finis par me faire rembarrer un peu sèchement. Poliment, mais fermement. C'est Michèle Morgan vers les yeux de laquelle je suis en train d'effectuer un cent mètres brasse qui va me sauver la mise.

— *Jean, sois gentil avec ce jeune homme. Il ne fait que son métier.*

Depuis ce jour les quelques mots de Jean Gabin sont archivés et ressortent chaque fois que mes confrères reviennent sur la première cérémonie des Césars.

18 août 1979, Le Havre digue nord, 13 h 02 heures. Ne m'appelez plus jamais France !

Face à moi, nos visages tout près l'un de l'autre, le technicien-motard hors pair François Guézille, costaud débonnaire, pleure à chaudes larmes en me tenant le micro. Je ne les ai pas vues immédiatement, mais j'en aperçois deux ou trois perler dans sa barbe. Nous venons de prendre l'antenne dans le journal de Jean-Claude Larrivoire. Nous avions expliqué aux gars du CDM[1] que s'ils laissaient notre retour en sourdine dans la cabine du réalisateur du 13 heures, lorsque celui-ci percevrait les premiers coups de sirène, il pourrait faire signe au présentateur de me donner la parole. Lui aussi était prévenu. Et ça a marché ! On s'entend à peine, tant le son des puissantes cornes auxquelles répondent des dizaines d'autres plus fluettes nous transperce.

Le 18 août 1979 à la sortie de l'avant-port, le *France* quitte définitivement Le Havre. Ce paquebot c'est toute mon enfance !

1. Centre de modulations.

J'avais onze piges lorsqu'il a été mis en service. En 6e, au lycée municipal, nous excipions de notre qualité de *reporters du journal*, pour aller rendre compte des départs du bateau pour New York. Surtout quand il y avait à bord des personnalités et des « vedettes ». On ne connaissait pas encore le mot *people* dans les années 60 ! Le *France* qui s'en va c'est une partie de mes années de gosse qui foutent le camp. Et sans même m'en apercevoir, je pleure aussi, au risque de planter mon papier. Avec Jacques Hardouin, le magnifique correspondant de RTL en Normandie, nous sommes sur le pont depuis la veille. J'ai suggéré la moto, en plus d'une voiture technique, car c'est le seul moyen d'accéder à la digue nord, au plus près du bateau quand il passera. Et l'antenne rendue à Paris, je montre du doigt les larmes de François, en lui disant :

— *Ben mon gars, tu craques !*

C'est ce moment qu'il choisit pour prononcer un truc du genre :

— *Eh, tu t'es pas vu !*

23 juin 1990, Iran région de Mangil. Une impression de déjà vécu…

Avec Joël Maury, qui m'avait assisté lors de la mort de Mesrine, nous débarquons à l'aéroport de Téhéran avec sa valise satellite d'au moins 100 kilos. Trois jours plus tôt dans la nuit, un séisme très violent a ravagé les provinces de Jilan et de Zandjan.

Dès le vendredi 22 à midi, les estimations très provisoires faisaient état de 28 950 victimes. Mais le bilan définitif sera bien plus lourd. Les autorités iraniennes, comme souvent, avaient été un peu dures à la détente pour appeler la communauté internationale au secours. Affaire de nationalisme exacerbé sans doute, mais aussi de suspicion généralisée. Or, notre première vision des contrôles de police à notre arrivée dément largement cette dernière hypothèse. Joël et moi avions des visas, mais ce n'était pas le cas des dizaines de journalistes américains qui faisaient le pied de grue dans les files d'attente devant et derrière nous. Spectacle étonnant de ces envoyés spéciaux du *Grand Satan* laissés libres de pénétrer dans un pays où quelque temps plus tôt les gardes-frontières de la gendarmerie iranienne les auraient immédiatement *faits aux pattes*. La deuxième vision que je retiens de ce nouvel épisode du malheur international c'est ce reporter d'une télé française et de son équipe faisant rejouer leurs fouilles de la veille au soir aux secouristes de la

Protection civile, au petit matin du troisième jour. Elles avaient permis d'extraire un survivant, mais la caméra n'était pas là. J'avais connu ce garçon quand il travaillait pour une radio. Un très bon journaliste, doublé d'un excellent confrère. Après ses débuts à la télévision il devint la coqueluche de la chaîne. Ce à quoi nous assistions Joël Maury et moi aurait pu lui rapporter une statuette, mais... au Festival de Cannes pas pour le prix Albert-Londres ! Et la dernière image que je garde de ce séjour dans les décombres et la souffrance, c'est celle de Joël en pleurs dans un petit bureau des flics iraniens alors que nous allions prendre le vol du retour. Il devait faire passer la douane à la valise satellite tandis que je faisais quelques emplettes au *duty free*. En revenant, je ne le trouvais plus. Au bout d'une enquête rapide j'ai fini par le récupérer, interrogé par des types qui ne rigolaient pas du tout. Joël était persuadé qu'il allait rester à croupir dans une geôle téhéranaise car ils le soupçonnaient d'être un espion. En fait, c'est l'équipement qu'ils visaient trop contents de l'avoir à bon compte ! Mais ils m'ont laissé libre. Je leur ai planté un souk dans l'aéroport qui n'avait rien à envier à celui de leur capitale ! J'ai même fait intervenir l'ambassade dont j'avais le numéro de téléphone et qui nous a envoyé un porte-parole. Nous avons sauvé la valise. Et Joël est rentré chez lui. Mais il a eu des histoires à raconter une fois de retour à Paris !

DIVERSES « GUERRES »

11 avril 1982, Buenos Aires. Guerre à huis clos.

Dans son journal de 13 heures, Henri Marque ne se précipite pas sur le sujet. Mon papier d'*atmosphère* passe vingt minutes après les titres. Je suis arrivé le matin. C'est Raymond Castans le *big boss* qui a voulu mon départ. En deux séjours je vais rester trente-huit jours en Argentine, un record ! Le lendemain de mon installation, une journaliste américaine se fait embarquer sous nos yeux dans une Ford bien reconnaissable des services secrets de la Marine, les plus dangereux. Ceux qui balancent les bonnes sœurs françaises depuis des hélicos en vol ! Va tout de même falloir se méfier...

Je ne vais rentrer à Paris que du 27 au 30 avril pour enquêter sur le conte improbable de l'enlèvement de Jean-Edern Hallier. C'est en planque devant chez lui rue de Birague, que je fais la connaissance d'une consœur de France Inter, Brigitte Renaldi. C'est une super reporter, elle est mignonne comme tout, mais elle est encore jeune. Est-ce une raison pour lui faire la vacherie que je lui fais ce jour-là ? Qu'aurait-elle fait à ma place ? Je ne sais pas, mais avec le recul je m'en repens. Dix minutes avant un journal de mi-journée, je coince en douce un copain de la criminelle qui sort de chez l'écrivain. Caché sous les arcades de la place des Vosges il me donne quelques éléments intéressants. Le meilleur donne le ton, même si mon contact me demande de ne pas en faire part trop en détail : ils ont entendu deux témoins qui leur ont déclaré avoir vu l'écrivain dans Paris APRÈS son soi-disant rapt. Et les trente inspecteurs (!) mobilisés sur l'enquête les croient dur comme fer !

De retour à la voiture émettrice, à la question de Brigitte, je réponds ne rien avoir de plus. Et quelques minutes plus tard, elle entend mes infos en cours de diffusion sur RTL. Elle m'a fait la gueule, mais plus tard nous nous sommes bien rattrapés. Je la retrouverais souvent en Corse, alors qu'elle était devenue correspondante permanente d'Europe 1 à Nice. Nous avons surtout couvert des affaires politiques, des campagnes et des échéances électorales, mais aussi de spectaculaires et dévastateurs feux de forêt. Peu de faits divers « purs », à part quelques règlements de compte qui font partie du « paysage » insulaire. Et là, plus question de vaine concurrence entre nous ! Entretemps, Brigitte était devenue une très grande journaliste !

2 mai 1982, retour à Buenos Aires. Las Malvinas son Argentinas !

Mister Exocet, mister Exocet ! Thank you, thank you la France !

À mon micro, les *Portègnes*[2] sont comme des fous ! La veille un missile français a touché le HMS *Sheffield* un destroyer anglais. Il est 7 heures du matin, sur les trottoirs de la capitale argentine, je choppe les lève-tôt qui vont au travail et c'est la fête ! À Paris il est midi, c'est du matériel pour le journal de 13 heures. Heureusement le directeur de RTL a eu la fine idée d'envoyer Philippe Chaffanjeon à Londres, sinon aujourd'hui l'antenne serait argentine ! Déjà, en passant au bureau d'Air France j'étais tombé sur un jeune handicapé d'une jambe qui voulait tout faire pour partir faire la guerre... Quelle guerre ? Nous ne la verrons jamais. Au Sheraton l'état-major argentin, malin, a installé une salle de crise destinée à la presse étrangère. Et dans le genre

2. Habitants de Buenos Aires.

bourrage de crâne, ils s'en donnent à cœur joie les militaires ! Heureusement pour nous détendre il y a au dernier étage un restaurant-discothèque dont la musique égale la carte. C'est là qu'un soir Jean Pax Meffret, grand-reporter au Figaro Magazine, va nous régaler. Car non seulement il enquête et écrit bien, mais il chante divinement. Devant les envoyés spéciaux et les bourgeois locaux il va la jouer *crooner*. Un festival ! C'est Claude Fouchier *plutôt de gauche* qui m'avait présenté ce confrère *plutôt de droite*. Mais le talent et l'amitié ont-ils une couleur politique ? À Paris, au Sully d'Auteuil, nous passions nos nuits à refaire le monde et à l'écouter au piano. Nous avons même un soir participé au bouclage d'une chanson qu'il a inscrite à son répertoire : *Le Journaliste.* Cette nuit-là, à Buenos Aires, il a interprété certaines des siennes, mais aussi du Bécaud, du Aznavour, du Montand.

21 mai 1982, Rio Gallegos, Patagonie.

Ça faisait quelques jours que nos rédactions respectives nous alertaient, Jacques Tillier et moi, sur les papiers de deux envoyés spéciaux de quotidiens français. Ils décrivaient la guerre presque comme s'ils étaient aux Malouines. En fait, ils se trouvent à Puerto Belgrano une grosse base navale à 600 kilomètres de Buenos Aires. C'est encore à 1 450 kilomètres des îles reprises à l'Angleterre ! C'est un peu comme si les combats se déroulaient à Tripoli en Lybie et que, pour vous en rapprocher, vous alliez les raconter depuis Toulon ! Mais bon, ils sont au pied des navires argentins qui ramènent les morts et les blessés et qui rembarquent des troupes fraîches et du matériel. Ils ont de la matière. Et ça nous met les boules ! Tillier est devenu grand-reporter au Journal du Dimanche. Nous avons vidé le contentieux qui nous opposait depuis Mesrine, et nous décidons de partir ensemble, au plus près de cette guerre à huis clos jamais officiellement déclarée. Nous voici quelques jours en Patagonie. Il y a de quoi alimenter un reportage : des Argentins enthousiastes, d'autres moins, certains ont un membre de leur famille au combat et les journalistes locaux pas plus mal informés que d'autres, sont coopératifs. C'est d'ailleurs une de leurs publications qui un beau matin signale dans un articulet le début à Ushuaïa de la campagne des chalutiers russes... Des bateaux de pêche arrivés de Russie en pleine bataille navale ! Ça vaut le coup d'être vu et raconté ! Eh hop ! 350 kilomètres et un vol à bord d'un bimoteur, nous voici en terre de feu. L'émission de Hulot n'existe pas encore, mais pourtant la ville est connue. En dehors de leur saison d'hiver, des Européens friqués et des écoles de ski viennent y évoluer sur des pistes superbes.

24 mai 1982. Atlantique sud, Terre de Feu.

Ushuaïa, banquise, manchots et hôtel de luxe.

L'automobile-club argentin a ceci d'intéressant qu'il possède de beaux établissements un peu partout. C'est le cas ici où nous nous installons dans une sorte de Novotel. Ligne directe avec Paris et bain moussant. Quand j'ai la secrétaire des infos elle me fait répéter deux fois le nom de l'endroit d'où j'appelle, se tourne vers le planisphère et me bascule immédiatement au studio d'enregistrement de peur que notre communication soit vite coupée. *Déjà beau qu'il y ait le téléphone dans ce bled !* Le soir, nous voici mon confrère et moi cherchant, trouvant et photographiant les chalutiers russes, dont nous constatons que les batteries d'antennes sont peut-être un peu trop sophistiquées pour aller à la pêche. Quoique... ça dépend, *à la pêche à quoi ?*

Le lendemain matin nous sommes contrôlés par le commissariat du coin qui nous remet dans l'avion du retour en nous faisant comprendre que des curieux professionnels, si près d'une zone de conflit, ça ne passe pas. Escale là d'où nous venons, et vol vers Buenos Aires. C'est en bout de piste, au moment où l'avion allait amorcer son demi-tour pour se mettre dans le sens du décollage, que j'ai compris que nous étions mal. Des voitures de la police militaire ont entouré le Boeing, l'ont fait stopper, une passerelle s'est approchée et trois malabars nous ont foncé dessus. C'est parti pour 48 heures d'une garde à vue musclée, fouille au corps, doigt dans le fondement et tout le toutim ! Ils veulent nos pellicules planquées dans mon Nagra. Il a fallu l'intervention d'un pilote de Mirage ayant suivi un entraînement en France pour que nous soyons remis dans un autre zing. Un jeune mec qui parlait le français comme nous, courtois et lucide. Il nous a expliqué que nos geôliers étaient des lourdauds de l'armée de terre, que ça allait mal se terminer. Nous avons fini par leur sortir les pelloches et nous sommes repartis sur Buenos Aires. Au Sheraton où nous avions gardé nos chambres, une réceptionniste nous a indiqué que des *messieurs du ministère de la Marine* repasseraient. J'ai téléphoné à RTL, foncé à l'aéroport et le 27 mai 1982 Jacques Chapus me faisait raconter mes aventures dans son édition du soir.

Mercredi 22 novembre 1989, Beyrouth Ouest. Un journal très inattendu.

Le Président libanais maronite René Mouhawad, élu dix-sept jours plus tôt en appelant à la réconciliation nationale vient d'être pulvérisé dans un attentat. Il y a encore un mois, je naviguais entre Épinal et Dijon pour la contre-enquête du juge Simon sur la mort de Grégory. Me voici arrivant à Beyrouth. Et ce n'est pas aisé. Aucun avion ne se pose. Il faut passer par le port chypriote de Larnaca et débarquer à Jouhnié, à une vingtaine de kilomètres de la capitale libanaise. C'est la seconde fois que je viens ici. La première c'était en plein affrontement entre factions. J'étais resté plus longtemps dans la cave de l'hôtel que dans les rues de la ville.

Jeudi 23 novembre 1989 sur la route entre Jouhnié et Beyrouth.

Cette fois-ci, avec les quelques confrères français et étrangers qui ont partagé avec moi la location de plusieurs taxis collectifs, nous croyons arriver dans un pays apaisé. Soudain, à un tiers du chemin, nous tombons sur deux blindés légers adverses qui s'affrontent. Un caméraman et un photographe tentent bien d'opérer, les rédacteurs dont je fais partie se jettent sous les voitures ! Ça va durer quelques dizaines de minutes, mais ça canarde sec ! Une fois cette péripétie passée, je rejoins mon confrère Alain Ménargues de France Inter au pied de son hôtel. En levant les yeux au ciel, j'aperçois sur la façade un énorme trou entre deux fenêtres de chambres, au deuxième ou au troisième étage. Ménargues en a vu d'autres et me lâche :

— C'était quand même moins une ! Ma piaule est celle juste après ces deux-là !

Ambiance ! Je vais rester une semaine au Liban, un pays magnifique, même déchiré et défiguré par des batailles sans fin et parfois sans objet… en tout cas incompréhensibles pour un Occidental.

24 novembre 1989, Chtaura, plaine de la Bekaa.

Pour ne pas changer mes habitudes de fait-diversier, je planque ! Cette fois-ci c'est au pied du Park Hôtel, à moins d'une heure de route de Damas. Les Syriens sont partout en ville et ce sont leurs services secrets qui assurent la sécurité des députés.

Le parlement libanais est réuni pour élire un nouveau président. Cela dit, ma planque ne va pas durer longtemps. Même s'il règne un certain malaise dans les rangs, Elias Hraoui est choisi en une demi-heure !

Rentré à Beyrouth, je dîne avec un merveilleux bonhomme, le correspondant de RTL à Beyrouth, rédacteur en chef adjoint au quotidien respecté *L'Orient-le-Jour*, Roger Geahchan. Accompagné de son épouse, il m'accueille dans un de ses repaires du bord de mer. Sans aucun doute, il voulait me mettre à l'épreuve. Il ne savait pas qu'il dînait avec un fils de bistrote ! Nous faisons tout le repas à l'arak. Normalement, ça se boit allongé d'eau avec des glaçons. Il préfère l'ingurgiter *à la libanaise* : sec ! Les spécialités et les carafons défilent. Certes, je ne rentre pas à l'hôtel Cavalier en ligne droite. Mais le lendemain, la femme de Roger me dit simplement au téléphone, en roulant sympathiquement les R :

— *Roger est encore couché... Il a très mal à la tête.*

25 novembre 1989, Zghorta, Nord-Liban.

L'écho des vingt et un coups de canon, tirés à proximité de l'église Notre-Dame, résonne dans la montagne libanaise. Entre les gendarmes libanais et les hommes de la *Marada*, la milice de Souleiman Frangié, le service de sécurité est pléthorique... et très nerveux. J'ai fait connaissance avec Frédéric Presles, un sympathique et efficace photographe qui a commencé à *shooter* les maux du monde au Salvador.

Jusqu'à l'église où a lieu la cérémonie pour René Mouhawad, il y a 500 mètres à parcourir sous les jets de pétales de roses et les pleurs infinis des zghortiotes[3]. Un peu partout, des types en gilets pare-balles, grenades accrochées au torse, le doigt dangereusement placé sur la queue de détente des Kalash semblent de plus en plus fébriles. Et, à un moment donné, Frédéric et moi nous apercevons que nous nous sommes laissé enfermer en plein milieu du cortège, sans porte de sortie possible en cas de pépin. Difficilement, en jouant des coudes, des regards noirs de femmes endeuillées nous transperçant, nous réussissons à nous extraire du piège.

3. Habitants de Zghorta, connus au Liban pour leur accent très prononcé et reconnaissable.

26 novembre 1989, Beyrouth-Est, palais de Baabda.

Grâce à Roger Geahchan, nous obtenons une longue interview du général Michel Aoun[4] pour le *Journal Inattendu* de RTL. Étrange impression que cette rencontre avec cet homme parlant un français impeccable, physiquement acculé par ceux qui n'ont jamais reconnu son gouvernement de Beyrouth-Est. Singulier bonhomme qui s'adresse directement à François Mitterrand par notre entremise. Je rentre à Paris et dans moins d'un mois j'essaierai de pénétrer en Roumanie secouée par un coup d'État...

22 décembre 1989, Roumanie, Timisoara.
La chute de l'empire roumain...

Plus de voiture à l'aéroport de Bucarest en fin d'après-midi, malgré la réservation de RTL ! La première vague de reporters a tout raflé. Et certains loueurs ont déclaré forfait de peur de voir revenir leurs véhicules de Roumanie en lambeaux. Dans l'avion je voyageais en compagnie d'un photographe allemand commandité par le magazine Stern. Il ne fait pas dans le détail. Il fait *péter* les *Deutschmarks*, et récupère l'auto d'un particulier ! Le confrère connaît la frontière et comment la passer en douce alors qu'elle a été fermée. Nous allons tout de même jusqu'à la barrière et... nous traversons les doigts dans le nez ! Sur la route, nous croisons des manifs improvisées scandant *Liberta ! Liberta !* Mon collègue photographie et j'enregistre. Première pancarte annonçant *Timisoara*. Nous cherchons un hôtel avec une seule idée : les liaisons avec nos rédactions. Ce sera le *Timisoara*, on ne peut faire plus simple.

— *Des chambres pas de problème mon bon monsieur, mais le téléphone... et en plus pour l'étranger ! Vous n'y pensez pas !*

Je pose mon maigre baluchon dans une piaule et je pars en ville, direction l'Opéra,

— *C'est là que ça se passe et c'est à deux pas*, m'ont dit les réceptionnistes.

Je croise un blindé dépenaillé dont les occupants restent invisibles, j'entends quelques coups de feu lointains et pas très nourris. Dans la rue Märäsesti qui longe le Théâtre national, je trouve une porte. L'entrée des artistes ? Elle s'ouvre au moment où j'allais avancer vers une rumeur qui enfle à proximité. Un type

4. Michel Aoun est l'actuel Président du Liban (depuis le 31 octobre 2016).

me toise, il baragouine un peu anglais. Quand il apprend ma qualité, il me fait rentrer. Et me voici dans la ruche, entre membres du parti communiste local rebaptisé *Front démocratique roumain*, quelques « révolutionnaires de palais » bruyants, et d'authentiques artistes lyriques. Ioan Paüna, le premier violon de l'Orchestre national parle un français impeccable. Je mets en boîte son témoignage : la journée du 17 durant laquelle l'armée a tiré sur la foule massée sur la place devant l'Opéra. Depuis lors, la police politique, la Securitate, hante toujours les rues et surtout les toits, afin de pouvoir viser les passants isolés. Malgré le danger, des milliers de personnes sont là tous les soirs. Il m'entraîne au balcon et je découvre en effet le rassemblement. Pour calmer son monde, il prend son instrument, s'avance et entame La Ballade pour violon et piano de Ciprian Porumbescu. Ça fera un bon fond sonore pour certains de mes papiers !

22 décembre 1989, 23 h 30, opéra de Timisoara

La nouvelle tombe, officielle : Ceaucescu et sa femme sont en fuite ! Je prends des kilos de notes dans un cahier à spirales jaune et bleu que je conserve trente et un ans plus tard. Vers minuit 45, des coups de feu et des cris retentissent ! Un violon au balcon, des tireurs sur les toits... Les plus proches sont planqués en haut d'une immense tour surplombant la place de la cathédrale et celle de l'Opéra où je me trouve. Bilan : deux morts et dix-neuf blessés ! J'explique à mon musicien que je dois téléphoner à Paris. Il chope un barbu par le bras, conciliabule, sourires, ils m'entraînent vers un réduit sur le mur duquel est fixé un combiné hors d'âge. L'homme à la barbe décroche, compose le numéro du central téléphonique de Timisoara, me passe l'appareil et je donne à l'opératrice le numéro de RTL. La rue Bayard n'attendait que cela ! Je transmets d'abord des papiers et des sons préenregistrés sur mon Nagra.

Premières images d'un pays libre, des gosses, une petite cinquantaine au beau milieu d'une manière de village défilant, drapeau roumain et calicots d'insultes à Ceaucescu en tête, des gosses hurlant : Ceaucescu est viré, la Roumanie est libre ! Premières images d'une ville martyre et joyeuse à la fois. Timisoara. C'est de là que tout est parti alors les insurgés l'ont baptisée Timisoara la rebelle. Place de l'Opéra des milliers de voix s'époumonent : À mort Ceaucescu, vive la liberté ! Et l'on boit et l'on danse et l'on applaudit le Comité d'action du front démocratique qui distribue un trac intitulé : la tyrannie est tombée !

Des papiers comme celui-ci je vais en transmettre une demi-douzaine au studio. Puis, avec un journaliste de la rédaction, nous improvisons de « faux directs », questions-réponses. Vient le moment fatidique. Des dépêches d'agences évoquent un *charnier* à la périphérie de la ville. Dans un de mes enregistrements, j'y ai fait brièvement allusion et j'ai surtout interrogé là-dessus Ioan Paüna. Je suis enfermé dans cet opéra depuis des heures ! Autour du téléphone des types me confirment du geste l'existence de l'horreur dans les faubourgs. En studio, le confrère se fait plus pressant. En juillet 2020, mon copain Xavier Béneroso m'a raconté cette folle nuit. Il était rue Bayard. Plus de trente ans plus tard, il n'en revient encore pas de cette joute verbale entre l'envoyé spécial et sa rédaction. Il n'en croit toujours pas ses oreilles de m'avoir entendu expliquer que faute d'avoir vu personnellement ce charnier comment en parler plus que cela ! Et puis, l'insistance autour de moi de ces récents communistes convertis à la démocratie à confirmer cette atrocité m'a fait douter. Ils en font trop !

24 décembre 1989, hôtel Timisoara…

Ensuite, les jours passant les rumeurs les plus folles courent la ville. Des chars arrivent en banlieue… des mercenaires libyens ont été parachutés sur Timis'. Celle-là, je l'ai même entendu d'un reporter d'une radio nationale française, en direct ! Le seul blindé que j'ai vraiment vu de près venait déloger un tireur, paraît-il embusqué sur notre toit. Mais le servant de la mitrailleuse lourde ajustait si mal que la façade en prenait autant. À la réception tout le monde était couché sous les meubles. J'ai découvert la scène en descendant de ma chambre. Le char, si proche qu'on aurait dit qu'il allait rentrer tout entier jusqu'au comptoir, la mitraille, les vitres qui volaient et, debout au milieu de tout cela… une consœur de la BBC en direct au téléphone ! Elle ne s'est pas départie de son calme une seule seconde. Comprenant qu'elle discutait ensuite avec l'un de ses chefs, je lui ai demandé de ne pas raccrocher et de me le passer. Chaque jour depuis ma nuit à l'Opéra, j'étais obligé de retourner à la frontière hongroise midi et soir pour être sûr d'avoir une liaison avec Paris. Épuisant et contre-productif ! J'avais des papiers et des sons d'avance à envoyer à RTL. J'ai demandé aux confrères anglais à Londres s'ils ne pouvaient pas appeler la rue Bayard et me les passer. Ça a marché comme sur des roulettes ! Grand moment de radio ! Chapeau les *roastbeefs* !

Pour Noël, je suis bien content de retrouver mon ami Alain Guillaume du Soir de Bruxelles. Son journal l'a envoyé couvrir ce qui ressemble de moins en moins à une révolution et de plus en plus à un coup d'État. Afin d'écrire un récit avec interviews, je suis allé à la télé locale. J'y ai rencontré Alexandru Vajda, un collègue qui parle notre langue. Mais il m'indique que son épouse Iléana est prof de français ! L'après-midi, je réalise avec elle un long entretien dans lequel elle me résume les évènements des quinze derniers jours. Puis Iléana m'invite à passer le réveillon avec elle et les siens. J'accepte en lui demandant deux faveurs : pouvoir amener mon collègue belge et faire le récit de ce *premier Noël libre* d'une famille roumaine. Banco ! À l'hôtel des consignes de prudence courent la communauté journalistique : sortir le moins possible, car des tireurs sont embusqués. Encore moins la nuit, l'éclairage public faisant défaut. C'est ainsi qu'Alain Guillaume et moi allons traverser la moitié de Timisoara en un drôle d'équipage, abrités sous le tableau de bord, le passager guidant tant bien que mal le chauffeur qui conduit sans presque voir la route. Et aucun tireur, ni à l'aller ni au retour ! La veillée de Noël est grave et gaie à la fois, douce et lumineuse. Ceux-là aussi ont dépensé le peu qu'ils avaient pour confectionner un magnifique dîner. Violetta la fille des Vajda piaffe d'impatience à l'idée de nous donner nos présents. Car eux y ont pensé ! À minuit ils nous offrent, bien enveloppés dans du papier-cadeau, chacun un livre. Sur l'une des pages de garde du mien Iléana a écrit : *Noël 89 Timisoara, troisième journée de notre liberté.* Tous ont signé. Et son mari a ajouté : *les Roumains n'ont jamais eu peur des balles, seule la honte est mortelle. Aujourd'hui nous pouvons respirer la tête haute.*

Le 25 décembre le sujet passe à l'antenne de RTL à 8 heures 52. Le téléphone fonctionnait à l'hôtel. Je rentre à Paris le 30 après un détour par Sibiu, le fief du fils Ceaucescu dans les Carpates, où ses sbires ont fait des ravages. Nous ne rencontrons pas de vampires, juste des assassins !

Jeudi 2 août 1990 au soir, Dahran, Arabie saoudite.

Nos visas pour Dubaï ne nous ouvrent pas les portes de l'Arabie, mais notre correspondance ne s'affichant pas avant le lendemain matin nous sommes, une poignée d'envoyés spéciaux, confinés pour la soirée et la nuit dans les salons de l'aéroport international sous surveillance de la police saoudienne.

Les Irakiens viennent d'envahir le Koweït tout proche et là coup de bol ! La famille royale koweïtienne en fuite est installée dans un hôtel voisin, et son arrivée n'est pas passée inaperçue. À tel point que nos hôtes, flics et employés de l'aérogare nous la racontent avec force détails. Nous téléphonons même à l'établissement pour soutirer quelques détails de plus. Ce sera le premier papier sur la situation dans la région. Il sera diffusé le 3 août dans le journal de 8 heures puis dans celui de 13 heures. Ensuite je vais rester à Dubaï jusqu'au 7 septembre ! Mission... attendre la guerre. J'ai lu une fois le récit qu'a fait après coup, Charles Lynch, de l'agence Reuter, envoyé spécial canadien de 24 ans sur Juno Beach, le 6 juin 44. Décontenancé par l'absence de combats il écrivait :

— *Qu'est-ce que c'est qu'un champ de bataille ? Quand sait-on qu'on est au cœur de l'action ? Y a-t-il d'ailleurs un centre de l'action ou bien une multitude d'éclats, d'opérations dispersées, d'avancées décisives, mais peu spectaculaires ? C'est quoi, décrire la guerre (...) C'était un drôle de métier que celui de correspondant de guerre. Moins dangereux qu'on ne le croit parfois, car nous étions rarement en toute première ligne (...).*

Et lui, c'est le débarquement de Normandie qu'il couvrait ! Dans le Golfe c'est pire pour moi, j'attends la guerre et elle ne vient pas ! Ce n'est pas que je l'appelle de mes vœux, tant s'en faut ! Mais *quand faut y aller, faut y aller !* Deux confrères de télés françaises, copains comme cochons, ont résolu le problème. Ils ont acquis un fax, l'ont branché dans une de leurs chambres et se font envoyer les dépêches d'agences par leurs rédactions. Grâce à cela ils enregistrent des duplex sous l'un des palmiers du jardin, prenant tout de même la précaution de ne pas choisir chacun le même... Quant à utiliser la production des confrères agenciers autant aller à la source. Je l'avais déjà fait à l'AFP de Pékin en juin 89 après les évènements de Tien an men. Ça m'avait d'ailleurs valu une engueulade du chef de poste. Car l'intérêt ce n'est pas de lire les dépêches-*retour* envoyées aux rédactions, mais les papiers à *l'aller* qui sont transmis à un *desk* régional ou central avant d'avoir le feu vert pour publication. Ce stratagème ne laisse pas beaucoup de temps, mais parfois assez pour être sur le podium. À Dubaï est implanté un bureau de Reuter. Je vais donc y faire mes emplettes deux fois par jour. E les collègues s'en foutent que je consulte leurs envois au siège par-dessus leurs épaules. C'est tout bénéfice !

Pour le reste, étant le seul envoyé spécial de RTL dans la région, je vais d'abord faire la navette entre les conférences de paix au Caire et les pourparlers internationaux avec le ministre des

Affaires étrangères de Saddam Tarek Aziz à Amman. Je vais aussi rapporter le récit de leur exil par des sportifs koweïtiens réfugiés à Dubaï, évoquer le pâtissier, le bistrot, le cuisinier français installés dans la capitale des Émirats. Je vais interviewer vingt-trois Français relâchés de Bagdad à leur retour en Jordanie et, depuis ce pays relater la rencontre Perez de Cuelar – Tarek Aziz. J'aurais même le temps de voir arriver les premiers Mirage français dans le Golfe.

En plein désert, avec des confrères, je vais aussi tenter plusieurs passages en force de la frontière jordano-irakienne, et me faire virer par la police irakienne. Mais de guerre point ! Plus tard, les reporters de RTL en Irak vont bien assurer, aux côtés de l'armée française. Et cela me rappelle une autre interrogation de Charles Lynch au lendemain du D-day : *quand, pour satisfaire le pays, entretenir le moral des lecteurs, tout prenait sous notre plume l'allure d'une bonne nouvelle... Ce journalisme manichéen ne devrait-il pas s'appeler propagande ?*

18 juin 1992, milieu d'après-midi, abords de l'aéroport de Butmir. Sarajevo mon amour.

Nom de Dieu, pourquoi faut-il que lorsque je me remémore ces instants, je pense immanquablement à la *Chevauchée des Walkyries* dans *Apocalypse Now* ? Sur la droite de notre R25, au loin, la tour de contrôle. Quoi qu'il arrive, pas question pour les soldats de l'ONU d'ouvrir le feu sur ceux qui pourraient nous tirer dessus. Ils nous laissent déjà passer par-là, c'est bien assez pour eux.

Paris, 14 juin 1992, RTL 22 rue Bayard. Flashback.

France Inter, RMC et RTL ont décidé d'unir leurs forces et leurs moyens pour affronter les nombreuses difficultés d'un improbable reportage : *suivre un convoi pour Sarajevo.*

RTL prêtait la valise satellite que j'accompagnais, France Inter le technicien pour la faire fonctionner avec un rédacteur, et RMC louait une grosse bagnole prise en compte par un reporter. Partis de Lyon, nous traversons une bonne partie de l'Europe au cul d'une interminable file de camions chargés à ras la gueule de 180 tonnes de denrées et de matériel de première nécessité à destination des reclus de la ville assiégée. Si nous ne trouvons pas toujours de quoi nous restaurer en chemin, nous emportons des rations de l'armée. Et nous ajoutons des friandises. Notre collègue de RMC s'occupe de l'intendance. Un matin, il découvre qu'il n'a pas son compte de sucreries en tout genre. La nuit suivante, il surveille le magot. Et... il prend notre ami de Radio France en flag, tentant de piquer des douceurs. Les explications de gravures furent serrées, en finissant tout de même par se marrer car l'instant était assez cocasse. En route, nous réalisons plusieurs duplex avec nos stations, via la valise satellite planquée dans un des poids lourds. Un soir, à cause de cette valise, j'ai d'ailleurs un vif échange avec un *philosophe* qui réclame à tout prix de l'utiliser. Outre que la présence de ce matériel aurait dû rester secrète, tant les belligérants auraient pu vouloir s'en emparer, elle n'était pas prévue pour des communications privées... L'homme à la chemise immaculée a eu beau hurler, menacer, presque en venir aux mains avec moi, ce à quoi j'étais tout à fait prêt, car le personnage m'est insupportable ! Et pourquoi la voulait-il cette liaison ? Pour appeler la force onusienne à laquelle il voulait demander une escorte pour entrer dans Sarajevo, après avoir abandonné les humanitaires bloqués depuis des dizaines d'heures à un barrage croate. L'*écrivain* a plus tard expliqué comment il les avait rejoints :

— *Je reçois un fax d'une ONG lyonnaise qui propose à toutes sortes de gens (députés, maires, personnalités diverses) de l'accompagner dans une expédition un peu folle destinée à apporter des couvertures et des vivres aux habitants de la ville bombardée. Je n'hésite pas. Je dis oui.*

Ce qu'il oublie de dire en racontant cela, c'est qu'il est aussi commandité par l'hebdomadaire *Le Point*... Il n'est pas le seul, Jean-François Deniau que, lui, je respecte infiniment, a répondu à l'appel de ce *convoi de l'espoir*. Et lui, c'est Paris Match qui doit publier son carnet de route. Il est d'ailleurs accompagné d'un reporter et d'un photographe, le magnifique Georges Morillon si ma mémoire ne me fait pas défaut. Impatients, ces deux *envoyés très spéciaux* vont finir par laisser choir l'ONG qui les avait sollicités, selon eux, sans pour autant réussir à obtenir la protection des casques bleus.

17 juin 1992. Aux portes de Sarajevo.

Les responsables logistiques de l'opération humanitaire ont calculé tous les itinéraires possibles pour entrer dans la ville et éviter au mieux les terrains découverts en zone urbaine, persuadés que les artilleurs serbes vont tout faire pour empêcher les camions d'arriver à destination. Au cours de l'ultime briefing, ils nous expliquent que l'unique façon de passer au plus court, au plus rapide et au moins problématique, c'est de traverser les pistes de l'aéroport. Histoire de nous rassurer, ce qui produit immédiatement l'effet inverse, nos logisticiens précisent que pour garder un maximum de poids lourds intacts en cas de bombardement, le plus judicieux est que ceux-ci foncent de front, sur plusieurs lignes, la première protégeant les autres. Nous sommes les seuls à bord d'une voiture légère et notre pilote du jour comprend instantanément l'avantage de la manœuvre… pour nous. Sur notre gauche, côté artillerie serbe des rangées de camions chargés à mort nous abritent. Et nous voilà partis ! Tranquillement d'abord. Mais plus nous approchons des pistes, plus les rapports des boîtes de vitesses des gros culs vocifèrent. Nous franchissons l'unique point de passage possible à toute allure, et nous commençons notre progression sur le tarmac. Il ne nous manque que la musique. Mais ces *Walkyries* je les ai si fort en tête qu'il s'en faut de peu que j'entonne leur chant, au risque de passer pour un dangereux malade aux yeux de mes compagnons. Donc, je ferme ma gueule ! Du plus loin que je me souvienne, je crois avoir entendu un ou deux tirs, mal ajustés, vite stoppés. Ce n'est pas là que les servants des canons serbes nous attendent. Une heure après, ils arrosent le déchargement des secours !

Des cris, du sang, mon Nagra jeté trop loin pour pouvoir le déclencher. Ça ne dure pas, mais ça paraît une éternité. Plus tard, délaissant un peu la voiture, il nous faut franchir un pont enjambant la Miljacka. Il est connu pour être parfois la cible de tireurs embusqués. Chacun notre tour, nous allons mettre un temps infini pour le traverser en courant en zigzag, le buste plié, ou pour moi à plat ventre en poussant le magnétophone devant moi. Retour à la R25 et arrivée à l'Holyday Inn. Bombardé, mitraillé, une caricature d'hôtel. Nous sommes sales comme des peignes. Pas d'eau dans la chambre pour prendre un bain ! Qu'à cela ne tienne ! Je déroule une lance à incendie depuis le couloir et je remplis la baignoire… C'est froid, mais c'est bon. Nous restons cinq jours. Avec le voyage aller nous sommes partis depuis dix. Retour dans le monde où les gens se croient bien vivants… pas plus que les Sarajéviens !

L'Agence

Où l'on revit une époque à laquelle les reportages se vendaient en topant dans la main.

Où le fait divers peut mener aux Miss France et à Ségolène.

Où des talents éclosent...

Dimanche 15 juillet 2018, Paris, Champcevrais (Yonne), Nessa (Haute-Corse).

L'agence de presse CREDO frappe à nouveau ! Aujourd'hui c'est dans *Le JDD*. À la suite d'une enquête serrée que j'ai réalisée conjointement avec le fidèle photographe Hervé Rovira, nous apportons des éléments inédits sur une énigme qui fit trembler le Gouvernement, et plus particulièrement le ministre de l'Intérieur de Nicolas Sarkozy entre décembre 2003 et mars 2004. Grâce à nous, *Le Journal du dimanche* peut titrer :

Qui formait vraiment le groupe qui menaçait
les lignes SNCF d'attentats en 2003 ?

Tout commence le 11 décembre cette année-là. Des lettres anonymes envoyées place Beauvau et à l'Élysée exigent une rançon de 1 million d'euros et de 4 millions de dollars, sinon des bombes seront déposées sur les voies ferrées. Les prétendus terroristes signent AZF. Un étrange dialogue s'engage, *via* les petites annonces de *Libération*. Le groupuscule paraphe ses messages *Mon gros loup* et nomme les autorités *Suzy*, contraction de Sarkozy. Quelques échanges téléphoniques ont lieu. Une voix de femme, ferme et déterminée, donne ses instructions. Ces détails, la presse ne les connaît pas. À Paris rue des Acacias, à CREDO, c'est le rédacteur en chef qui va nous alerter. Le journaliste de RMC avec lequel j'ai partagé tant d'aventures nous a rejoints... sans trop d'enthousiasme, il faut bien le dire. Selon lui, c'est un de ses *contacts* aux RG qui lui a refilé le tuyau. Nous aussi, ainsi que le réclame le ministre de l'Intérieur, nous allons rester *sages comme des images*. Étant agence de presse, il suffirait que nous diffusions le moindre petit papier sur le sujet pour que les rédactions au courant de l'affaire se sentent déchargées de leur engagement de silence.

Samedi 21 février 2004, viaduc de Folles près de Limoges (Haute-Vienne). Flashback.

Une bombe sophistiquée est découverte sous un ballast de la ligne Paris-Toulouse. C'est le groupuscule qui a guidé la police jusqu'à l'engin, histoire de montrer qu'il ne rigole pas ! La puissance de la bombe est confirmée par les tests. Nous débarquons sur place avec Rovira et nous assurons texte et photos. C'est de la *mise en boîte* pour le jour où nous pourrons publier. Commence alors pour nous une partie de poker menteur avec l'Intérieur, qui va finir par me taper sur les nerfs. Que l'on nous demande de nous taire, c'est déjà fort de café ! Guéant, le dircab' de Sarkozy place Beauvau a expliqué qu'il s'agissait de « *ne pas provoquer un vent de panique dans la population* ». Tu parles, c'est d'abord que la SNCF a la trouille de voir sa clientèle abandonner les voyages ferroviaires !

Voilà sept ans que notre structure existe. Des histoires tordues, des scoops, des ratages nous en avons déjà connu quelques-uns (et nous en vivrons d'autres...), mais une telle assemblée de faux-culs chez les flics, et surtout leurs grands chefs à plumes c'est assez rare !

Des rumeurs de paiement de rançon viennent à nos oreilles. Maintenant ça suffit, je vais tenter un truc ! J'appelle Claude Guéant. Nous nous croisons assez souvent, notamment lors des congrès de syndicats de police. Il ne m'aime pas et doit me prendre pour un dangereux personnage incontrôlable. Je ne peux pas le piffer non plus, ainsi la balance est équilibrée. Pourtant, il me répond rapidement. Doit y avoir le feu au lac. Je lui explique que nous aussi, nous sommes sur le coup, il me renouvelle le black-out en insistant sur le :

— *Vos confrères l'observent.*

Mais je ne suis pas mes confrères... et il le sait très bien ! Je lui parle rançon, remise, et il finit par me demander :

— *Alors, vous voulez quoi ?*

Ma réponse est limpide, tandis qu'une bonne demi-douzaine de mes journalistes sont pendus à mes lèvres :

— *Vous nous tenez au courant des avancées de l'enquête et, s'il y a une opération dépôt d'argent nous sommes dans le coup !*

Et là, l'homme qui en janvier 2019 sera définitivement

condamné à un an de prison ferme pour détournement de fonds dans l'affaire des *frais de police*, essaie de botter en touche :

— *Il faut que je voie cela avec les responsables de la PJ, ce sont eux qui sont aux commandes...*

Il m'aurait rétorqué *procureur de la République*, j'aurais pu le croire. Mais qui est au-dessus de tous les chefs des flics : lui ! Plus haut, c'est Sarko le ministre ! Après cette réponse, je sais que Guéant va me balader.

Lundi 1er mars 2004, Paris, Villacoublay, 10 heures.

Le paiement est prévu aujourd'hui en Seine-et-Marne. Je l'ai appris tôt le matin d'une façon toute bête. Un jeune gardien qui appartient à une CRS, a appelé son père à l'aube pour lui expliquer que lui et ses collègues faisaient partie d'un dispositif monstre, près de 600 poulets tous services confondus disséminés sur l'Yonne, la Seine-et-Marne, le Loiret... Le père, flic lui aussi, m'a sonné à son tour. Monsieur Guéant lui ne l'a toujours pas fait... Et puis, nous apprenons au Raid qu'un hélico doit être du bal ! Nous tirons des plans sur la comète en nous demandant d'où il pourrait s'envoler. Je le sens bien à Villacoublay que je connais pour y avoir décollé pas mal de fois à bord d'avions de l'Armée de l'air. Un peu persuadé, un peu au hasard, j'envoie là-bas Rovira avec ses appareils et un téléobjectif très longue portée. Il est accompagné de Frédéric Sanguinetti, un jeune mec sympa, sensible et qui promet dans le métier. Il ne nous a jamais déçus. Depuis, il est décédé bien trop tôt et bien trop douloureusement...

Arrivés sur zone, ils m'appellent :

— *Y a des flics partout, ils nous ont déjà contrôlés en deux points différents. On doit pas être mauvais, car nous avons croisé une équipe de France2. Et maintenant, on fait quoi ?*

Pour le moment, ils sont installés sur le parking d'une concession automobile, au bout des pistes, mais ils peuvent se faire virer à tout instant. C'est à ce moment que je me souviens avoir été reçu dans un hôtel tout proche de la base aérienne. Je les rappelle et leur explique :

— *Vous essayez de le trouver, vous y allez, vous prenez une chambre, mais vous insistez pour la choisir. Et vous en trouvez une avec visuel sur le tarmac, de mémoire ça existe !*

Ni une, ni deux, une demi-heure plus tard, Rovira téléphone à nouveau. C'est lui qui a découvert l'Holiday Inn :

— *Ça y est ! Nous sommes installés, vue sur la piste.*

Puis, dix minutes après :

— *Un hélico vient de se pointer, il s'est juste posé dans notre axe !*

Et nos deux gars vont ainsi apercevoir une équipe de types du Raid porteurs de lourds fardeaux, genre sacs postaux. Hervé Rovira mitraille ! Les sacs sont déposés au pied de la machine. Clic-clac ! Ils sont montés dans l'habitacle. Clic-clac ! L'appareil décolle. Clic-clac ! Les maîtres chanteurs ne seront pas au rendez-vous. Ils ont bien fait, car, nous le saurons par la suite, le comité d'accueil était copieux : deux hélicoptères, deux avions légers, un Awacs et ses deux chasseurs d'escorte ainsi qu'un C-135 transportant un commando du Raid. Jamais cela ne se serait fait pour libérer une personne kidnappée : la rançon était bien réelle ! Les dollars, impossibles à trouver en si grande quantité dans un établissement bancaire français avaient été convoyés par vol régulier depuis New York ! Nous visionnons les images d'Hervé et nous nous apercevons tous que nous tenons un beau sujet pour *Match*. Sauf que le magazine, lui aussi, observe le silence imposé. Je veux à nouveau m'adresser à Guéant pour lui dire :

— *Voilà ce que nous avons et maintenant on fait quoi ?*

Il s'est mis aux abonnés absents, il se planque ! Il m'aura *manqué* jusqu'au bout et surtout il nous prend pour des billes. Tant pis pour lui !

Lundi 1er mars 2004, place des Ternes, 22 heures.

J'appelle mon pote Jean-Claude Souléry le rédacteur en chef de La Dépêche à Toulouse. Nous nous connaissons depuis qu'il faisait le chroniqueur judiciaire pour son quotidien, moi pour RTL. Il a bien grimpé les échelons ! Dans un premier temps, je lui donne une explication un peu vaseuse :

— *Peux-tu vérifier si dans votre coin il n'y aurait pas des menaces sur la ligne SNCF qui mène chez vous via Limoges ?*

Pas de réaction particulière ! Je crois comprendre que La Dépêche n'est pas dans le secret de l'affaire. Le mardi 2 mars dans la journée il me rappelle :

— *C'est énorme ! J'ai eu le patron des RG toulousains avec lequel je suis assez pote. Il a craqué et a commencé par me dire : alors vous aussi vous êtes au courant ! Et il m'a donné le reste en me faisant promettre de n'en rien faire. La balle est dans le camp de mon directeur.*

À partir de là, je lui lâche ce que nous avons et tout ce que nous avons vécu jusqu'à maintenant. Je n'évoque pas nos photos, car sa publication n'aurait pas les moyens de nous les payer à leur juste valeur... Le soir il me sonne à nouveau :

— *Alain, on balance !*

En fait, Baylet le proprio du journal a envoyé Guéant aux pelotes. Le dircab' de Sarkozy a fait poireauter le patron de La Dépêche. Plus tard, il lui a encore demandé de surseoir et l'autre lui a déclaré :

— *C'est fini ! Fallait revenir vers moi plus tôt, les premières éditions sont déjà en cours d'acheminement !*

J'essaie d'avoir Jean-Alphonse Richard de RTL. Il ne répond pas et ne me rappelle pas. Je joins un petit gars que j'aime bien et qui est super bon à Europe 1, Alain Acco. Je lui dis simplement :

— *Sur l'affaire AZF, signale à ton correspondant à Toulouse de se rencarder. Je crois que La Dépêche du Midi mange le morceau !*

Mercredi 3 mars 2004, Toulouse, Paris à l'aube.

Menace sur les lignes ferroviaires !

Souléry n'y va pas avec le dos de la cuillère. La position de son titre est claire : valait-il mieux prévenir le public qu'un danger existait ou laisser une bombe faire des victimes et pleurer ensuite, ou pire tenter de *planquer la poussière sous le tapis* ? D'autant que si le plus gros de la troupe médiatique était au courant depuis une semaine de ce qui se tramait, c'est parce que l'Intérieur avait fait passer une note aux rédactions dévoilant la réalité et la nature des menaces... pour réclamer à tous le silence ! En résumé, si Guéant n'avait pas pris cette fine initiative, pas mal de journalistes n'auraient été au courant de rien. De notre côté, nous signons quatre pages dans *Paris Match* qui ouvre son sujet avec les fameuses photos d'Hervé des sacs de pognon ! Cela me vaut de me retrouver dans les bureaux de la police des polices (IGPN) qui veut savoir qui nous a rencardés sur Villacoublay. Avec Hervé Rovira et Frédérique Sanguinetti j'ai préparé nos auditions au cordeau. Au sortir de la sienne, Fred me dit : « c'est toi qu'il veut ! » J'accepte l'invitation informelle d'un commandant de l'IGPN à passer à son bureau... qui au bout de vingt minutes veut me traiter comme un voyou. Je me lève, j'enfile mon pardessus posé sur la chaise et je commence à plier bagage. Le type éructe et quand il me demande ce que je fais, je lui réponds : « Je n'ai reçu aucune convocation officielle, je n'ai même pas laissé mes papiers à l'accueil, je me tire ! » Après qu'il s'est calmé, je lui raconte une fable dont il ne croit pas un mot mais qu'il couche sur PV. Et là je lui dis : « Et puis, certaines de nos informations, je les tiens de Claude Guéant lui-même. Et lui, je peux donner son nom, c'est le patron ! » Le policier arrête de taper son PV et j'insiste : « Notez ça au PV sinon je ne le signe pas ! C'est le juge chargé du dossier qui va être intéressé ! » Je n'ai plus jamais entendu parler de cette histoire...

Claude Guéant a bien essayé de se venger, plus tard... Un couple de confrères a en effet pondu un bouquin dont la plupart du contenu était la compilation des infos et des interviews qu'il leur avait données. Et au milieu de ce fatras, il a laissé passer l'idée que notre agence, puisqu'elle rendait compte, en plus des affaires criminelles, de l'activité de la police et de ses syndicats, faisait de la propagande pour ces derniers. J'ai donc fait condamner définitivement ma consœur et mon confrère pour avoir porté atteinte à notre honneur. Ils ont mis du temps pour nous payer nos dommages et intérêts, mais ils ont fini par le faire !

Mardi 26 juin 2018, retour à Paris, sous-direction antiterroriste de la PJ.

Les policiers de la SDAT n'ont eu qu'à se baisser pour les ramasser. Quatorze ans après les faits, voici donc les cerveaux et en même temps exécutants du groupuscule AZF poursuivis. Michel D. et Perrine R. sont mis en examen pour *association de malfaiteurs terroristes.* Lui est incarcéré. Il sera placé en liberté provisoire en 2019. Elle, est dehors sous contrôle judiciaire. La complice du prévenu a en fait été balancée par un ancien compagnon qui lui en voulait de leur séparation. Mais elle lui avait trop parlé ! Le mobile de cette folle histoire ? Michel D. a expliqué aux policiers qu'en décembre 2003, il était en colère. Son ex-principal associé Daniel Tronel raconte pour *Le JDD.*

— *Vita Safe, sa première société, marchait bien. Il avait pas mal d'employés. Dans le Sud-Ouest, un seul de ses clients représentait 80 % de son chiffre d'affaires de vente de purificateurs d'eau sans intervention chimique. Mais celui-ci a mis la clé sous la porte en partant avec la caisse.*

Quasi ruiné, en voulant à la terre entière et aux pouvoirs publics, Michel D. a conçu dans son coin sa campagne de menaces sur le réseau ferré français. Il a fabriqué ses bombes artisanales, mais sophistiquées. Son employée et complice l'a rejoint chaque fois qu'il a fallu faire passer des messages ou téléphoner aux policiers. Et si *AZF* a piégé la ligne Paris-Toulouse, peut-être était-ce en référence au client indélicat de Michel D. qui était de la région...

Lorsque nous lâchons cette histoire, l'agence de presse CREDO a dix ans ! Déjà dix années que j'ai quitté la radio pour revenir à mes premières amours, la presse écrite...

15 juin 1993, 22 rue Bayard, Paris 8e. Flashback.

Voilà ! Je rends mon tablier. Sans regret, car à part quelques anicroches, j'ai tout de même passé plus de deux décennies à faire ce que j'aimais, comme je le voulais ! Sans doute la vie à RTL durant les quinze premières années y est-elle pour quelque chose. Une *famille* a-t-on tendance à dire dans ces moments-là. Je ne sais pas... une équipe très soudée, ça j'en suis certain, une bande de potes un peu fous, mais capables de tout donner à leur travail.

La « famille » RTL

Je me souviens par exemple de l'incroyable ambiance qui régnait aux *Petits matins*. Les *déconnades* perpétuelles avec Maurice Favières qui assurait le lien entre les différentes éditions des journaux. Michel Drucker qui, journaliste avant tout, ne manquait pas une occasion, quand il arrivait, de glisser la tête dans la rédaction avant de rejoindre son studio. Et son frère Jean, trop vite disparu, qui fut à mes yeux l'un des meilleurs dirigeants de la station, avec Jean Farran et Raymond Castans. Même la configuration de la maison était pour quelque chose dans cette ambiance studieuse, mais jamais ennuyeuse. D'abord, à moins de se rendre à son poste ou son émission par le 22, ceux qui passaient par l'arrière parcouraient forcément le long couloir qui jouxtait la rédac'. Si eux ne venaient pas tous nous voir, il y avait des chances pour que nous allions à leur rencontre. Et puis l'architecte, à la demande de la direction sans doute, avait eu la bonne idée d'installer un minuscule bar, dans une sorte d'écrin aux murs de bois vert d'eau, à la porte de nos bureaux. Les gens des *programmes* et les journalistes s'y retrouvaient forcément, à un moment ou à un autre. Comment oublier la folie communicative de Fabrice *l'Empereur* de la rue Bayard toujours suivi de près par son complice Jean-Louis Gaget, ou celle de Francis Zégut sorte de lutin déjanté branché *toutes musiques* ? Comment ne pas penser à la belle humeur et à la bonne gueule de Max Meynier qui me fit faire mes premiers directs, au moment des manifestations de routiers bloquant la capitale. Comment ne pas aimer les Belges, avant même d'avoir mis les pieds chez eux, lorsqu'on a croisé (presque) quotidiennement, des années durant, un André Torrent inoxydable. Sans oublier les merveilleuses Anne-Marie Peysson et la magnifique Évelyne Pagès. Et Jean-Pierre Foucault dont on percevait souvent le rire sonore d'un bout à l'autre de l'allée centrale. Comment ne pas encore écouter aujourd'hui les *Nocturnes* de Georges Lang quand on a reçu autant d'encouragements qu'il m'en a prodigués, s'intéressant à un sujet qu'il avait entendu dans ma voix, alors que rien ne l'y obligeait. Et Dominique Farran, digne fils de son père, toujours une idée d'avance et qui ne se prenait surtout pas pour le Pape de la radio, partageant nombre de fêtes chez l'un ou l'autre d'entre nous. Je n'oublie pas le *pilier* Claude Hemmer, réalisateur *tout terrain, homme de cœur* qui l'a prouvé récemment au décès de notre pote Jean-Benoit Vion. Nous avons vu arriver des petits jeunes qui ne demandaient qu'à éclore et qui y ont brillamment réussi, les Patrick Sabatier, Julien Lepers, les fous complets Groucho et Chico (*d'agneau*), un certain Naguy dont on sait maintenant qu'il avait bien choisi sa voie. Je me souviens d'un grand échalas qui venait nous regarder travailler, juste pour le plaisir comme je l'avais fait avant lui depuis l'Oise de mes débuts. Il se nomme Emmanuel Chain et il est aujourd'hui le PDG de la belle société de production Éléphant et Cie. Et puis aussi, un p'tit gars qui partagea un stage avec nous, il y a très longtemps. Le 18 mars 2018, lors de la fantastique fête que les journalistes de RTL nous offrirent si spontanément pour le départ de RTL de son adresse mythique, Marc-Olivier Fogiel m'a salué très chaleureusement. Nous n'avions jamais travaillé ensemble et ce geste m'a posé un instant question. Jusqu'à ce que je me souvienne que je l'avais connu *môme*, découpant les dépêches. Lui aussi se le rappelait et ça m'a fait chaud au cœur. Et puis qu'aurions-nous été sans la « brigade des assistantes-secrétaires » et les techniciens de haut vol qu'étaient ceux chargés des voitures émettrices. Pour les premières les matinalières Josée de Martin, Émilie Boutiaux et Monique Frequin, prêtes dès l'aube. Dévolues aux différents services de la rédaction, Michèle Lebré, Arlette Bataille et Maryvonne Pouponneau, notre « pouponnette ». À la frappe des principaux journaux, le « titi parisien » Josette Beroul dite Zézette, la jolie plante Annie Chazarin et Martine Bonnavent. Et encore, la sérieuse Christiane Rivoalen, la magnifique Jacqueline Faucheux et la toujours souriante Christine Sudre. Sans oublier Michèle Angelidès dite Mimi, surnommée aussi Minnie (sa taille devait y être pour quelque chose...). Et, plus tard, Élyane Depoisier qui a réveillé ici mes souvenirs. Pour ce qui concerne les « Mozarts » de la voiture technique, comment oublier Jean-Paul Lefure, tragiquement disparu le 14 janvier 1986 dans le crash de l'hélico du Paris-Dakar, Émilien Lereste notre Mimile, Joël Maury, Christian Boudas le « maître du Dakar », Régis Barrier, Jean-Pierre Moisset, Alain Durantet dit « Duduche » et encore Jacques Moisy. Outre qu'ils étaient capables de nous faire passer à l'antenne dans n'importe quelles conditions, ce furent avant tout de magnifiques compagnons d'aventures. Tout comme les « artistes de la console », les réalisateurs des grands journaux que furent Alexis Agricoliansky, Jean Thibout et Christian Landier... En 22 ans de RTL, j'aurais inscrit à mon compteur quelque 1 023 faits divers (sans compter les affaires de police, de justice et de sécurité), et 120 procès (dont ceux – fleuves – des assassins de Jean de Broglie, de ceux du juge Michel et même à Bangui celui de Bokassa accusé de faits de cannibalisme sur des enfants). Le tout scrupuleusement collationné et calligraphié par les merveilleux maîtres des archives sonores que furent Michel Sapin, José Sourillan et sa « successeuse » la délicieuse Chantal Gramain.

En cette mi-juin 1993, je tourne donc le dos à RTL sans amertume ni nostalgie. Comment d'ailleurs être amer alors qu'en septembre 1992 mon dernier « grand reportage », en compagnie du délicieux et efficace Jean-Michel Rascol des sports et de Joël Maury à la technique, aura été la couverture pour la radio du 1er rallye Paris-Moscou-Pékin. La Biélorussie, la Russie, le Kazakhstan, le Turkménistan, l'Ouzbekistan, la Kirghizie et enfin la Chine, autant de papiers « couleur » et de sujets d'ambiance dans des contrées qui flirtent parfois encore avec le Moyen Âge ! Et, pour pimenter le tout, une descente de milice dans ma chambre pour avoir dragué une jolie fille. Et, surtout, le passage en Chine en toute clandestinité, enfoui sous un monceau de bagages dans un avion gros porteur : je ne retrouvais plus mon visa pour Pékin !

Rien ne me manquera, alors que je ne sais pas encore que je vais rester dans le moule. J'en suis loin puisque des idées de bistrot me viennent à l'esprit, fort de ce que m'a appris la mère Hamon en cuisine. Souvent des collègues, des amis, des proches me poseront la question :

— *Mais ça ne te manque pas la radio ?*

Pas une seule seconde, du jour où je suis parti je suis passé presque à autre chose, en gardant vingt-deux années de souvenirs tous plus intense l'un que l'autre !

C'est Paul Lefèvre, ancien chroniqueur judiciaire reconnu d'Europe 1 et de la 2 qui va faire fondre mes envies de me mettre au comptoir et aux fourneaux. Courant 1993, il est directeur de la collection *Crimes et enquêtes* chez l'éditeur de livres de poche J'ai lu. Il m'appelle pour que je lui prépare un manuscrit sur l'affaire Marcel Barbeault, *le tueur de l'ombre.* Il arrive bien ! Juste avant mes velléités de restauration, j'avais commencé à en élaborer un. J'ai pas mal de chapitres d'avance. À tel point que le petit bouquin sort en novembre 1993 ! À partir de là, j'étais retombé dans la bassine. D'ailleurs, le mois précédent, avec quelques amis nous avions déposé les statuts d'une *société de presse* qui n'était pas encore une *agence.* Le siège social de CREDO a été installé chez moi dans le loft de Saint-Denis qui en verra tant passer ! En juin 1995, nous allons le déménager pour une *vraie* rédaction dans les anciens bureaux des célébrissimes Studios Harcourt au 30 de la rue des Acacias. Un grand bonheur.

Le 14 novembre 1997, nous recevons notre sésame avec inscription au Journal Officiel de la République ! Nous pouvons dès lors nous revendiquer *CREDO : Agence de Presse* et faire travailler des journalistes...

Après l'affaire AZF, s'il y en a une seconde qui va nous donner bien du tracas, c'est bien celle des soi-disant *apprentis terroristes* de Tarnac. Certes, elle se passe en 2008 et nous avons eu le temps de couvrir d'autres sujets que j'évoquerai plus loin. Mais elle est emblématique de ce qu'une équipe de fait-diversiers décidés peut arriver à sortir pour peu qu'on leur en donne les moyens...

18 novembre 2008, Tarnac (Corrèze), après-midi.

Guidé par notre correspondant à Limoges pour le texte, Hervé Rovira reprend l'enquête sur ce qui va devenir *l'affaire de Tarnac.* Le 12, des jeunes gens installés dans la ferme du *Goutailloux*, ont été interpellés par les hommes de la sous-direction antiterroriste de la PJ nationale, ainsi que des potes à eux à Rouen. On les accuse, et ils en seront plus tard lavés, d'avoir voulu faire dérailler des TGV, ou à tout le moins, d'avoir tenté de bloquer le trafic SNCF en posant des obstacles sur certaines caténaires de plusieurs lignes à grande vitesse.

À Tarnac, la ferme du Goutailloux, gérée par Julien Coupat, Gabrielle Hallez et le Franco-Belge Benjamin Rosoux, ainsi que les deux appartements que le groupe occupait au village, ont été fouillés de fond en comble. Des ordinateurs, des disques durs, du matériel de propagande ont été emportés par les officiers de police judiciaire. Ils ont aussi saisi une perche qui ressemble à celles des électriciens d'EDF lorsqu'ils interviennent sur les lignes à haute tension. L'engin aurait pu servir à agripper les caténaires visées. Un coupe-boulon, découvert dans la ferme, a pu être employé pour découper l'épais treillage censé empêcher l'accès aux voies TGV. Mais d'équipement directement lié aux sabotages, pas de trace. À Paris, maître Irène Terrel, qui partage la défense des mis en examen avec plusieurs confrères, m'explique quand j'évoque des éléments de preuve qui pourraient exister :

— *Lors des perquisitions, rien n'a été retrouvé, par exemple, qui ressemble au matériel utilisé pour neutraliser les caténaires, comme ces morceaux de fers à béton dont certains exemplaires ont été récupérés en bordure des voies.*

Ce qu'elle ne sait pas c'est qu'avant de lui parler, j'ai eu une conversation avec l'équipe sur place. Hervé tout excité m'a dit :

— *Alain, nous sommes allés dans un des logements visités par les flics. Ils sont peut-être passés à côté d'un truc. Grâce à un môme qui nous accompagnait et qui nous l'a remis, on a avec nous un calepin. Et dedans, dans des listes de courses, on a trouvé... des fers à béton !*

À ma demande, il photographie les pages intéressantes pour me les envoyer par mail, avant de remonter dare-dare à Paris ! Revenu rue des Acacias, Rovira m'explique que le petit carnet noir anonyme à spirales était posé sous un monceau de documents qui, contrairement à beaucoup d'autres, n'avaient visiblement pas été touchés. De plus, il appartient sûrement à l'une des personnes interpellées, car mes deux gars ont pu joindre plusieurs de leurs amis dans la région grâce aux noms et numéros de téléphone qui y sont inscrits. Et en effet, il contient deux listes d'emplettes dressées par son propriétaire. L'une est écrite à même une page du carnet, l'autre sur un Post-it. Au milieu d'autres matériaux, on note la mention *fers à béton de diamètre 10 et 12.* Or c'est ce genre de matériel qui a été utilisé pour s'attaquer aux caténaires de la SNCF. Comme je l'indique dans le papier que je prépare pour nos clients, « *si cette mention peut servir à charge, elle peut tout aussi bien s'expliquer par des travaux qu'auraient envisagés Julien Coupat ou ses amis.* » Mais ce qui nous intrigue, c'est pourquoi ce calepin n'a pas été récupéré par les policiers au cours de leurs fouilles. Partant, j'ajoute ces questions dans ma copie : « *ce carnet a-t-il été déposé après la perquisition ou a-t-il été laissé là par les enquêteurs ? Délibérément ou non ?* » Je vais être sympa avec les flics. Je bigophone au patron de la SDAT qui dans un premier temps se fait *tirer l'oreille* pour me rappeler puis, quand je l'ai au bout du fil, pour me parler. Je lui prononce alors une phrase qui m'a souvent réussi avec les gens de sa partie :

— *Ah, mais je ne vous joins pas pour vous soutirer des infos, mais pour vous en donner.*

Parfois ce n'est pas vrai. Mais, piqué au vif, l'interlocuteur peut se lâcher. Ou bien, si j'ai quelques bribes d'abord je lui expose :

— *Bon, si j'écris ça... je me plante ou je suis bon ?*

Avec les moins obtus, ça marche ! Certains même tombent dans le piège et complètent... Cette fois-ci, je comprends qu'ils sont bien emmerdés les *antiterros* ! Je laisse s'organiser leur chef et je lui communique mon heure limite. Car juste avant, j'ai trouvé un acheteur pour le texte et les documents ramenés par Hervé.

22 novembre 2008, Paris, rédaction de CREDO, Levallois-Perret siège du Journal du Dimanche.

Comme d'habitude, pour vendre le sujet ça a été une véritable discussion de maquignons :

— *T'en veux combien ?*

— *Écoute je veux pas te ruiner, mais si j'attends Match la semaine prochaine ils vont m'en donner cher* (c'est faux, je les ai déjà appelés, ils ne veulent pas traiter le sujet, quant à VSD ils sont bouclés et le journal est plein...).

— *Je t'en donne... XXXX euros !*

— Ah non, là tu me prends pour un clochard ! Non non ! À ce prix je récupère mes billes. D'autant qu'on a eu pas mal de frais...

— J'te les rembourse !

— Eh bien voilà ! Je savais qu'on pouvait faire affaire toi et moi !

Et ce marchandage est valable pour tous les journaux que nous servons, ce qui donne parfois des échanges savoureux. Même quand c'est eux qui passent commande, il faut systématiquement discuter le prix du texte, des photos, les frais... C'est plus épuisant que de partir en reportage.

Le 23 novembre 2008, Le JDD titre : Tarnac, le carnet noir oublié.

Le 27 novembre, une équipe de gendarmes et de la SDAT effectue une nouvelle perquisition. Ils ont déclaré au maire chercher le *petit carnet noir* trouvé par Le JDD. Normal puisque je leur avais expliqué l'avoir remis à sa place... Ils en ont profité pour saisir un téléphone portable qu'ils avaient donc lui aussi oublié lors de leur premier passage. Le carnet me vaudra quatre heures d'interrogatoire serré à l'antiterrorisme, dans une salle réservée à ce genre d'« exercice » : table scellée au sol, pas de fenêtre, lumière crue dirigée sur l'interrogé, anneaux dans les murs pour accrocher les menottes. Pour dégager leur responsabilité, j'ai expliqué sur procès-verbal que j'étais sur place avec mes gars et que c'était moi qui avais récupéré le carnet. Et comprenant que les flics nous auraient bien fait « tomber » pour violation du domicile où il était, j'ai ajouté qu'en fait un témoin dont je ne me souvenais pas du nom avait trouvé le répertoire et nous l'avait apporté. En signant le PV l'un des officiers m'a dit : « Je ne crois pas un mot de tout cela ». J'ai rétorqué : « Faudra faire avec ! » C'était le fils de Christian Lambert, le soi-disant tombeur d'Yvan Colonna condamné pour l'assassinat du préfet Érignac.

3 janvier 2009, le Teilhet (Puy-de-Dôme).

Notre *localier* de Limoges nous a fait part d'un tuyau en provenance d'un de ses contacts, désignant un berger de la région comme étant un témoin *sous x* ayant dénoncé la violence du groupe de Tarnac. Il n'est pas question pour moi de balancer l'information sans l'avoir vérifiée. Et qui pouvait mieux le faire pour nous ? Avec Hervé Rovira, quand nous sommes entrés à la ferme de la Boge, le soleil nous faisait encore de l'œil. Nous en sommes repartis sous une neige drue accompagnée d'un froid de gueux, des conditions de route épouvantables. Mais nous tenions nos recoupements dans une interview de l'intéressé ! Et surtout, nous sommes arrivés avant la SDAT ! Après l'histoire du *carnet noir oublié*, nous n'allions pas nous faire que des copains à cette adresse-là ! L'info de notre correspondant limougeaud précisait que le « *témoin X* » avait dénoncé « *la dangerosité naissante de Julien Coupat et de certains de ses amis.* » Le paysan qui nous ouvre sa caravane n'est pas d'accord :

— *C'est vrai que nous étions ensemble dans certaines manifestations, dans la région. Pour le reste, je ne les reconnais pas du tout dans le portrait de terroriste que l'on a tenté de faire d'eux (...) franchement, je ne les vois pas en train de passer à la lutte armée...*

Avant que nous partions, il se met en colère et nous gueule, au sujet de sa supposée déposition anonyme :

— *Que répondre à une telle ineptie. Enfin... si vous voulez, écrivez donc que j'ai bien témoigné contre eux. Vous pouvez même ajouter qu'en représailles, ce sont eux qui se sont attaqués à mes bêtes...*

À l'époque, il a en effet porté plainte, car plusieurs de ses brebis ont été égorgées. Selon lui, les premiers gendarmes à être venus pensaient que les coupables étaient du coin. Ils auraient alors été écartés de l'enquête sur intervention d'un élu local. Du coup, il nous expliquait que c'était eux qui racontaient cette fable de dénonciation *sous x* pour se venger. Avant que nous le quittions, il nous dit plus calmement :

— *C'est faux, toute cette histoire est fausse !*

Le lendemain de notre passage, un officier de la SDAT m'appelle pour s'alarmer de ce que j'allais écrire de cette entrevue, me menaçant d'être poursuivi, car il est possible de le faire si l'on dévoile l'identité d'un témoin X. Il tentait de me dissuader de diffuser quoi que ce soit, ce qui m'incitait encore plus à le faire !

J'ai mis un papier en ligne le 4 janvier 2009 à 21 heures 28 sur le site de notre agence.

Nous étions les premiers à révéler le nom du jeune homme. Là encore, la SDAT n'a pas été très contente. Et pour cause ! Cette cacophonie a une explication : cette dernière avait bien entendu ce garçon anonymement. Mais voyant l'ampleur que tout cela pouvait prendre, plus particulièrement à cause de nous, les enquêteurs sont retournés l'enregistrer cette fois-ci sous sa véritable identité. Et sur ce PV-là, il dédouanait le *groupe de Tarnac* de toute envie de dérapage terroriste. En tout cas, notre berger avait au moins raison sur un point : c'était bien un gendarme qui avait balancé l'histoire à notre confrère de Limoges... Épilogue tout à fait inattendu de cette histoire, le 11 février 2010, je reçois la visite de David Dufresne. Je le lisais quand il bossait à Libé. Je l'avais classé parmi les journalistes un peu trop *engagés* à mon goût. Récemment, c'est lui qui s'est mis à comptabiliser sur Internet les violences policières durant les manifs de Gilets jaunes. Il vient me voir à l'agence pour m'interviewer, car il prépare ce qui deviendra sa magnifique enquête publiée chez Calmann-Lévy, *Tarnac magasin général*. Je me demande si, dix ans avant ce que j'écris aujourd'hui, il n'est pas l'un de ceux qui m'auront le mieux analysé :

Hamon était excité comme jamais. Sa fierté d'avoir été le premier sur l'information avait quelque chose d'amusant (...) Hamon aimait son boulot comme peu de journalistes aimaient l'exprimer. Ce type ne carburait qu'à ça, l'exclusivité.

Années 1998-2002, Paris, rue des Acacias, agence de presse CREDO. Flashback.

Le premier vrai, grand, photographe à nous rejoindre s'appelle Jean-François Deroubaix. C'est Claude Fouchier qui me l'a envoyé. Ah Jean-François, un poème ! Il a été capable au fil du temps de me détester, mais de dire aussi qu'il avait tout appris avec nous ! Jean François, qui depuis a pris une énorme place dans la photographie française, peut tout faire ! Sur un fait divers, il sait anticiper pour comprendre où il lui faudra être au bon moment. Sa photo est le mélange de l'efficacité et de la sensibilité. Avec lui nous avons d'abord fait la chasse aux pédophiles dans des dossiers qui nous avait révulsés. Lui peut-être encore plus, car il était papa de deux petits. Ainsi, courant 1998, en compagnie de l'une de nos toutes premières rédactrices, Christine d'Authuile[1], il a enquêté, planqué, récupéré des images des proies de Jacky Keysersmertz instituteur de Cosne-sur-Loire. Le dossier est sans précédent ! Ils ont rencontré des parents, des éducateurs qui savaient ce qui s'était passé. L'affaire s'était terminée par le suicide d'un policier des CRS, victime quand il était adolescent du *monstre de Cosne*. En juin 2001 à son procès, celui-ci avouera 72 viols et agressions d'enfants.

1. Christine fut l'une des premières à assurer la parité dont je suis fier en rejoignant la rédaction de CREDO, après l'incomparable et toujours fidèle Barbara Deleplace sans laquelle tant de choses n'auraient pas été possibles. Une autre de mes pensées va à ma Bretonne préférée Marie Le Blé, vraie et grande pro qui aujourd'hui aux USA affronte comme une grande la covid 19 et les conflits raciaux.

Pour Le Parisien, c'est mon bon copain Alain Lemaître qui me sauva la mise à Troyes sur l'affaire Patrick Henry, qui couvre l'audience que nous suivons nous aussi. Deux ans plus tard, nous nous intéressons au premier réseau pédophile français, celui de Michel Albenque arrêté en Roumanie en flagrant délit, au lit avec des gosses ! En France, après une enquête qui patinait, c'est un couple de policiers de la brigade des mineurs de Melun qui avait fini par mettre au jour les meilleurs éléments qui constitueront le dossier.

Et puis, personnellement, je suis allé avec Deroubaix sur deux sujets à l'étranger. À Budapest, nous avons fait un séjour à l'académie du FBI, chargée de former les flics de l'ancien bloc de l'Est. J'ai appris d'un bon gros agent spécial américain comment faire un vrai barbecue et les travers de porc à la bière. Depuis, je n'ai pas changé de recette. En revanche, bien des années plus tard, j'ai retrouvé plusieurs des chefs policiers éduqués par les *Guys* mis en cause dans de très sérieuses affaires de corruption. Ils avaient fait aussi vite pour se déformer que pour être formés !

L'autre sujet était une histoire de dingues : le trafic des cigarettes entre l'Albanie et l'Italie. Un reportage incroyable à Brindisi et dans toute la région. Nous avons tourné avec les carabiniers qui ne savaient plus comment se protéger des malfaiteurs qu'ils avaient face à eux. Ceux-ci chargeaient les cartons de blondes dans des véhicules types *Mad Max* ! Et quand ils se sentaient pris aux pièges des flics italiens, ils fonçaient sur leurs voitures avec leurs chars d'assaut équipés d'immenses éperons d'acier à l'avant. Tous nos sujets firent un tabac, entre *Paris Match, VSD, Le Figaro Magazine*, les périodiques étrangers. Je ne ratais pas une occasion de les voir paraître, même dans un quotidien s'il n'y avait pas d'autre option...

Mercredi 27 mai 1998, Linas Montlhéry (Essonne), circuit automobile.

Sous les frondaisons et les taillis, nous avançons à pas comptés vers les pistes grillagées. Nous avons eu un tuyau en or. Jean-François Deroubaix a sorti ses plus gros téléobjectifs pour photographier... la reconstitution de l'accident de Lady D ! Ou plutôt celle de la course entre la Mercedes de la princesse et les motos des photographes qui la pourchassaient. Jean-François avait déjà réussi une magnifique image de Mohamed al Fayed, le père de Dody, le petit ami de Diana, mort avec elle dans l'accident du tunnel de l'Alma. Nous avions déjà planqué au palais de justice à Paris, sans nous faire repérer par la garde, mais aujourd'hui, c'est plus sportif ! C'est Xavier Béneroso, mon successeur à RTL qui m'a prévenu de cet évènement. Il s'en souvient encore ! À part *Paris Match*, notre reportage va alimenter la presse internationale. Nous passons même un accord avec SIPA-Presse, une des plus grosses agences photo parisienne ! L'agence de presse CREDO se portait bien et nous allions continuer sur notre lancée[2] !

Décembre 2006, Paris, rédaction de CREDO.

Nous avons un nouveau rédacteur-en-chef, Xavier Périssé. Le fait-div' n'est pas forcément son truc. Mais c'est un homme d'idée et de *coups*. Il a fait des merveilles au sein de la célèbre agence photo Sygma. Je me séparerais de Xavier quelques années plus tard de façon un peu injuste, et même si je ne lui ai pas dit, je le regrette. Lui ne m'en veut plus depuis longtemps, c'est un bon mec ! L'idée de réaliser des portraits de candidats aux élections présidentielles est de lui. Mais nous n'avons pas changé un pouce de nos habitudes de travail. Pour apporter à VSD *Ségolène Royal, l'enfance d'un chef*, notre reportrice a fait le tour des témoins, amis, ennemis, copines, concurrentes... Elle a raflé des photos à chaque fois, recoupé des infos, fermé des portes. Du vrai boulot d'enquête ! Il n'y a guère que Pierre Royal, l'oncle de l'impétrante qui se soit bien *planté* dans son témoignage. Totalement à l'opposé des idées politiques de sa nièce, il avait pourtant déclaré à notre envoyée spéciale :

— *Elle sera présidente de la République !*

24 mai 2007, Ajaccio (Corse du sud).

Deux adolescentes corses de 14 et 15 ans se sont jetées par la fenêtre simultanément de leurs appartements respectifs. J'envoie immédiatement Maxime Blondet, que je recommande auprès de mes contacts locaux, assez nombreux depuis que j'ai passé des années à couvrir des évènements dans l'île pour RTL. Il nous ramène une histoire à peine croyable de véritable pacte de mort.

2. Le 3 septembre 1997, j'avais signé une tribune dans *Le Monde* intitulée : « Un mauvais procès ». Elle fait suite à la harangue lancée contre les « paparazzis ». J'y rappelle que la plupart des photographes spécialisés dans les « grands de ce monde » sont tous porteurs d'une carte de presse délivrée par une Commission particulièrement stricte. En ajoutant : *ceux qui s'offusquaient hier dans nos rangs ont profité eux aussi du sujet. Ils sont loin de l'avoir traité comme un accident de la route du samedi soir...*

Elles se seraient lancé une sorte de défi morbide, écrit *Le Monde* que notre reporter emmène avec lui. Et selon les infos de Maxime, il y a pire ! Des listes d'autres de leurs condisciples voulant faire la même chose, ont été trouvées. Les policiers de la ville essaient de comprendre s'il n'y aurait pas une chaîne du suicide qui se serait formée, prête à leur exploser au visage ! Des histoires bien ficelées, il nous en ramènera d'autres le gars Blondet qui a appris le fait divers, l'enquête parmi nous. Il nous a quittés pour faire de la télé, domaine dans lequel il a aussi excellé. À chaque fois qu'il le pouvait, il expliquait comme d'autres que s'il maîtrisait désormais son job, c'était grâce à CREDO...

7 novembre 2007, VSD numéro 1576.

La douce et jolie Marie Nossereau et le placide Julien Mignot, deux futurs cadors dans le métier, signent un sujet légèrement déjanté que nous avons monté avec Xavier Périssé. Ça nous a coûté un peu cher, mais le journal prend les frais à son compte. La double page qui ouvre les quatre autres qui suivent, toutes illustrées par Rovira, montre une bande de femmes et d'hommes habillés en bagnards, tout sourire aux lèvres et agitant leurs calots, grimpés sur les coursives métalliques du patio d'une prison entièrement refaite, propre comme un sou neuf et... fleurie ! Les quelques lignes qui accompagnent cette image résument l'histoire :

Transformées en hôtel, des prisons désaffectées proposent des séjours ou des « divertissements pénitentiaires ». Entre frisson et mauvais goût.

Tout est dit ! Ça se passe à Langholmen en Suède, à Trois-Rivières au Québec, ou à Goli Ottok une île croate. Deux pages de textes et neuf photos ! Un des sujets le mieux illustré que nous n'avons jamais publié. Pour une fois, Marc Simon excellent mais ombrageux chef de la photo à VSD n'a pas hésité et la rédaction non plus. Peut-être la présence comme conseiller éditorial de mon vieux copain Philippe Boggio, ancienne très belle signature du Monde, y est-elle pour quelque chose ?

15 novembre 2007, cap Canaille, Cassis.

Depuis la veille, la cour d'assises de Draguignan, juge Jean-Claude Douliéry pour l'assassinat en 2005 de Jean-Pierre Faure, le mari de sa maîtresse, la jolie blonde Béatrice Frustiéry.

Celle-ci est accusée de complicité dans ce dossier. Mais depuis 2001, Douliéry est aussi soupçonné d'avoir tué sa compagne de l'époque, la rousse et rieuse Dominique Ortiz. Faute d'éléments déterminants, les poursuites pour enlèvement et séquestration de cette dernière avaient cependant été abandonnées.

Or, ce 14 novembre 2007, appelée à s'expliquer sur la mort de son mari, Béatrice Frustiéry craque en déclarant au président et aux jurés :

— *Je sais où sont les corps !*

Et de raconter qu'à quatre ans d'intervalle, Douliéry a jeté les cadavres au même endroit, du haut des falaises de cap Canaille.

Aussitôt, Jean-Frédéric Tronche part pour Cassis, non seulement parce que ça commence à faire beaucoup de morts brutales dans l'entourage de ce Douliéry, que certains en évoquent d'autres à venir, mais aussi parce que cap Canaille, l'endroit désigné par Béatrice Frustiéry, a une histoire. Dans le milieu marseillais les voyous l'ont surnommé le triangle des Bermudes. Jean-Frédéric c'est un très bon lui aussi. Transfuge de France-Soir comme Marie Nossereau qu'il a fait venir à l'agence après leurs départs respectifs du quotidien en décrépitude. Notre reporter va nous expliquer cette affaire à tiroirs dans le moindre détail. Il écrit en attaque d'un premier papier qu'il nous envoie.

C'est une affaire extraordinaire et un dossier émaillé de nombreux cas de disparitions et de morts suspectes.

Au final, Douliéry a été condamné à trente ans de réclusion criminelle pour la mort du mari de Béatrice Frustiéry et celle-ci à vingt ans pour complicité. Il a aussi écopé de vingt ans pour l'assassinat de sa compagne précédente Dominique Ortiz.

Jean-Frédéric Tronche nous rapportera la phrase d'un avocat de la partie civile évoquant Douliéry :

— *Il présente une dangerosité d'autant plus impressionnante qu'il n'a pas livré ses secrets, qu'il tue avec méthode et qu'il perfectionne son crime.*

Cependant, aucun autre meurtre ni disparition n'a pu lui être imputé jusque-là.

Jean-Frédéric Tronche signera encore plusieurs reportages et enquêtes toujours rondement menés. Parmi ces sujets, l'affaire des *Routards du crime*, comme *Match* titrera notre article. Dans la nuit du 28 au 29 juillet 2008, Stéphane Moitoiret accompagné de sa compagne de galères, poignarde Valentin Crémault, 11 ans, de 44 coups de couteau dans une rue à Lagnieu. Ce soir-là, le petit Valentin faisait du vélo dans une ruelle du centre-ville, à une cinquantaine de mètres de la petite maison en pierre, où il était en vacances chez un ami de sa mère... Personne ne s'était aperçu de son absence... C'est donc un crime de hasard. Les assassins ne connaissaient pas son prénom ! Pourtant l'enquête établira qu'auparavant et dans une autre région, ils avaient voulu d'abord enlever un autre Valentin, âgé de 5 ans celui-ci, puis l'acheter à sa famille !

Ce sont en fait deux illuminés qui parcouraient la France à bicyclette en vivant d'expédients. Tronche et Rovira dégoteront le bon témoin qui leur confiera une photo unique et exclusive résumant la quête des deux personnages : ensemble devant leurs vélos. Ce sera la double page d'*ouverture* du papier de l'hebdo.

Dimanche 20 avril 2008, Paris, rue de Rivoli, 4 heures du matin.

Susanna Zetterberg, une superbe Suédoise quitte la discothèque La Scalla. Quelques heures plus tard, une promeneuse découvre un corps féminin en partie carbonisé en forêt de Senlis. À Paris, Véra, la colocataire de la jolie jeune femme fait part aux policiers d'un SMS inquiétant que Suzanne lui a envoyé la nuit passée :

Je suis dans le taxi, le chauffeur est bizarre.

Au CHU de Creil (Oise), le cadavre brûlé est formellement reconnu, c'est celui de Susanna Zetterberg ! Elle a été tuée de quatre balles dans la tête ! Le 25 avril un homme de 51 ans identifié depuis plusieurs jours, Bruno Cholet, est interpellé. Chez lui on découvre un sac portant l'inscription *Suzanne 777*, trois paires de menottes, un pistolet. Son casier judiciaire est lourd comme un cheval mort, il est en état de récidive. La ministre de la Justice Rachida Dati déclare le 28 avril :

— *Il y avait un suivi, mais le suivi était déconnecté de sa dangerosité et d'autres faits, en partie de nature sexuelle.*

Suzanne en a été la victime !

Le 30, *VSD* titre l'enquête de Julie Pacorel, illustrée par les photos de Priscilla Fattelay, de CREDO elle aussi :

Susanna Zetterberg : un taxi vers la mort.

Dans le reportage, c'est simple, il y a tout ! Julie nous en sortira quelques autres de la même eau. Ensuite, elle a parcouru l'Amérique du Sud en tant que reporter indépendante. Récemment, elle avait rejoint le bureau de l'AFP-Marseille. Quand elle a su que je préparais ce livre, elle m'a envoyé ce message :

— *La seule chose que je te reproche c'est de m'avoir laissé partir de CREDO.*

Le problème avec elle comme avec tous les autres, c'est qu'à l'agence tout le monde est pigiste. Moi le premier. C'est le prix de la survie et de l'indépendance ! Mais quand on a déjà charge de famille ou que l'on veut en fonder une, ce statut ne suffit pas forcément à faire bouillir la marmite. Que dire lorsque certains annoncent qu'ils ont trouvé quelque chose de plus stable ? *Bonne chance*, c'est tout ce qu'on peut leur souhaiter.

Avril 2010, île de Retz, après la tempête Xynthia.

Pour Sylvain Auffret, je n'ai pas fait que lui souhaiter *bonne chance*, le jour où il m'a dit que sa compagne et lui attendaient un bébé et que les piges ne suffiraient plus... Mon jeune et talentueux confrère et copain Baptiste Laureau, chef du service police-justice de Paris Normandie, cherchait un rédacteur. Je lui ai envoyé Sylvain. En juin 2020 il y était encore, même si le journal souffrait beaucoup.

Il nous était arrivé du Nouveau Détective. L'hebdomadaire a changé de nom en 1982. Je savais déjà avoir une recrue à la hauteur de notre spécialité. En attendant, il n'a pas fait que du fait divers pur à CREDO ! La preuve : en avril 2010 je l'envoie à l'île de Retz. Mission : nous monter un *beau sujet* sur l'*après-Xynthia*. Les photos sont assurées par un type génial, Michel Barret qui ne travaillera pas assez pour nous à mon goût... Sylvain a ramené une carte postale de Retz écrite par les sinistrés. Et Michel a réalisé une image de toute beauté qui a fait une double page : un couple de retraités septuagénaires, lui assis jouant du piano, elle debout à ses côtés jouant du violon devant leur maison classée en zone noire, qui doit être rasée. Le vieux monsieur, ancien ambassadeur de France, a confié à Sylvain Auffret :

— *Ceux qui sont épargnés le sont parce que ce sont des patrons du CAC 40 ou des artistes tels Lucchini, Jean Becker, Madeleine Chapsal, ou des politiques comme Jacques Toubon...*

VSD, qui fait pourtant aussi dans le *people* n'a rien coupé du papier et utilisé quatre photos sur quatre pages. Une très belle parution !

20 mai 2010 dans la matinée, Villiers-sur-Marne (94).

Des braqueurs tentent d'échapper à la police sur l'autoroute de l'Est. Des coups de feu ont déjà été échangés. Comprenant qu'ils ont affaire à des tueurs, les premiers policiers visés lancent un message radio général en donnant la description d'au moins un véhicule en fuite :

Ne pas intercepter, ne pas contrôler, signaler la progression.

Que se passe-t-il quelques minutes plus tard ? Deux policiers municipaux de Villiers se retrouvent sous les tirs des malfrats armés jusqu'aux dents. Le premier est blessé, sa collègue Aurélie Fouquet grièvement atteinte, décède quelques heures après. Arrivés très vite sur place, Sylvain et Hervé Rovira vont récupérer des documents qui illustrent parfaitement le portrait de la jeune victime. Mais Hervé va aussi réussir à fixer plusieurs images d'un des véhicules abandonné par les fuyards et de la voiture de la police municipale que couvrent des agents pour la préserver avant les constatations. C'est *Match* qui publie cet excellent travail. Hervé commence à être habitué, mais pour Sylvain Auffret, signer dans ce journal, c'est un début de consécration.

4 septembre 2011, en soirée, Touvois (Loire-Atlantique), Allonnes (Maine-et-Loire).

Pas besoin de grands reporters de guerre pour couvrir ce conflit. CREDO a décidé d'assister aux demi-finales d'élections de Miss France qui poussent comme du chiendent. Nous sommes obligés d'avoir deux photographes sur le coup puisque les hostilités se déclenchent à la même heure à 189 kilomètres de distance. Pourquoi cette lutte fratricide ? Parce que la dame au chapeau, Geneviève de Fontenay, fait sécession. J'assure la copie, mais ne pouvant être partout à la fois je demande à nos deux illustrateurs d'ouvrir leurs obturateurs mais aussi leurs oreilles.

Sur les quatre pages que nous sort *VSD*, ça donne deux titres inoubliables :

La Mata Hari des podiums reste impénétrable
et
Les miss sans madame de Fontenay,
ce serait la Bretagne sans beurre salé !

Et comme c'est la représentante de cette région qui le dit, on est prié de la croire.

Les exemples d'évènements que nous avons couverts sont si nombreux qu'il faudrait un bouquin pour eux seuls. J'arrête donc là cette sorte d'hommage à toutes celles et ceux qui ont fait CREDO jusqu'à aujourd'hui.

Sans eux, l'agence n'aurait pu exister. J'ai la faiblesse de penser que sans elle tous n'auraient peut-être pas atteint les sommets qu'ils ont tutoyés...

Fourniret ou la descente aux enfers

Où l'on explique comment faire du Fourniret sans le connaître.
Où l'on finit par avoir tort d'avoir eu raison trop tôt.
Où les coups bas semblent servir d'exutoire...

Mardi 27 mai 2008, 15 heures 15, Charleville-Mézières, palais de justice.

La cour d'assises des Ardennes s'est retirée pour délibérer. Mais ce qui nous inquiète un peu, nous et les centaines de confrères qui couvrent le procès des Diaboliques Michel Fourniret et Monique Olivier, c'est que nous les avons vus partir dans un bus pour un lieu inconnu. Mais où peuvent donc aller les neuf jurés, leurs six suppléants, les trois magistrats et celui qui accompagne en cas de coup de mou de l'un de ses collègues ? *Enquête et filature* comme disait un bon copain à moi en rigolant. Et si leur destination devait rester secrète, c'est raté ! Du coup, des dizaines de cameramen, de photographes et de reporters se retrouvent au 197 rue de Warcq. Il n'y a pas dix minutes entre le palais de justice et le cantonnement de la CRS où ils ont eu l'idée de ce lieu de repli.

— *Le choix a été fait afin que le délibéré puisse se faire dans les meilleures conditions*, explique le chargé de presse de la Chancellerie qui suit les débats depuis le début.

Les reclus sont couvés par une vingtaine de policiers dont on nous dit qu'ils sont là pour s'assurer que les jurés *ne sont pas en contact avec des personnes extérieures et qu'aucune intrusion ne viendra gêner la sérénité de leurs réflexions.*

Cela n'empêche pas leurs faits et gestes d'être scrutés par quelques-uns d'entre nous.

Mardi 27 mai 2008, Charleville-Mézières siège de la CRS 23, 17 heures.

L'énorme dossier a été décortiqué durant huit semaines d'une audience parfois lourde et tendue. Même si, comme l'a écrit mon excellent copain et talentueux confrère Yves Bordenave dans

Le Monde : on a ri au procès Fourniret. Un grand, un vrai fou rire qui a secoué la salle tout entière, à la suite du dérapage verbal d'un témoin interrogé par le président Latapie, lors de la 22e journée. Ce n'était peut-être pas si drôle, mais voilà, le président a enchaîné avec une blague, le fou rire est parti et il a été bêtement, simplement, bon. Parce que, comme l'a dit Gilles Latapie en retrouvant son calme :

— *On n'a pas eu jusque-là trop d'occasions de rire.*

Il serait cependant étonnant que la Cour en ait beaucoup d'autres.

Pour ce qui nous concerne, nous allons en revanche avoir l'opportunité de nous distinguer. Nous nous sommes aperçus que la rue de la Petite Couture qui longe la CRS 23 est bordée d'arbres plantés assez serrés. Tout au bout, à condition de faire un grand détour derrière des habitations, on y trouve même des fourrés qui peuvent nous cacher à des yeux aguerris. Ce qui fut dit fut fait ! Après avoir attendu la tombée de la nuit, nous nous sommes approchés, Hervé Rovira le photographe et moi, au plus près du bâtiment au milieu duquel se joue le sort de Fourniret et de sa compagne Monique Olivier. De larges rideaux bouchent les fenêtres, mais en nous déplaçant à découvert, nous pouvons voir ce qui se passe devant le préfabriqué. En fait, nous sommes commandités par Paris Match pour assurer les *à-côtés*. Delphine Byrka, l'envoyée spéciale du journal s'occupe de la chronique judiciaire. Mais comme l'hebdomadaire ne se sentait pas de faire des numéros portant uniquement sur des comptes rendus d'audience, le service des infos et les responsables de la photo nous ont demandé de trouver des idées de sujets.

Mercredi 28 mai 2008, Charleville-Mézières siège de la CRS 23, 7 heures.

Nous avons la plaque des croissants[1] qui arrivent. Pas de quoi faire une double page ! Le verdict est prévu pour le début d'après-midi. Nous recommençons nos séances d'approche le nez dans l'herbe jusqu'au moment où, dans la matinée, nous apercevons deux ou trois hommes sortis pour fumer. Le moteur du Canon d'Hervé ronfle. C'est dans la boîte ! Mais j'ai commis une erreur. Nous aurions dû les jours précédents photographier les jurés le soir quand ils rentraient chez eux. Il n'y a pas de petite

1. Photos.

faute dans ce métier. Impossible de savoir exactement qui nous venons de shooter. J'envoie les images à notre commanditaire et, dans la légende, faute de mieux, j'indique : *membres de la Cour sortis pour fumer sur le perron du bâtiment de la CRS 23 où ils sont au secret.*

Le jury a du boulot ! Soixante-quinze questions auxquelles apporter une réponse, même si le sort des deux accusés est joué depuis longtemps et si tout est affaire *d'intime conviction.* La seule qui puisse voir sa peine atténuée c'est Monique Olivier. Qu'on le veuille ou non, le problème se pose de son degré de responsabilité dans certains des derniers crimes en tant que complice. Six jours plus tôt, au cours de la 32e journée de procès, dans son réquisitoire, l'avocat général Nachbar n'avait pourtant pas fait de différence entre les deux. En revanche, il avait fait sursauter pas mal d'observateurs, et même des magistrats, en employant un vocabulaire volontairement grossier. Avant de clore son intervention par un :

— *À gerber, Fourniret, à gerber, Olivier !*

Il avait qualifié le premier de *monstre nécrophile*, la seconde de *sorcière sournoise*, de *grosse araignée visqueuse à la face flasque et aux yeux cruels*. Et il avait fini par les affubler d'une épithète commune de *fêlés.*

Après lui, Xavier Lenoir, l'avocat général suppléant, avait cependant posé un postulat intéressant que peu relèveront :

— *Si les crimes ont été commis par des monstres, ni vous, ni moi, n'avons notre place ici...*

Le lendemain dans son compte rendu d'audience pour *Le Figaro*, Stéphane Durand Soufflant (dont j'avais côtoyé l'extraordinaire reporter qu'était son papa Jean-Marie), après avoir comme les autres cité la diatribe de M. Nachbar, lançait une pierre dans le jardin de celui-ci qui, en fait, éclaboussait l'institution judiciaire tout entière.

M. Nachbar, il faut lui en donner acte, n'oublie rien. À part, peut-être, le classement sans suite en janvier 1988, par le parquet d'Auxerre, au bout de six semaines, de la disparition d'Isabelle Laville. Ou encore le classement, en 1998, de la plainte d'un truand dont les Fourniret avaient assassiné l'épouse. Si cette procédure avait prospéré, deux jeunes filles auraient peut-être été sauvées, écrivait notre confrère ce 23 mai au matin. Cinq jours plus tard, au cours des plaidoiries de la défense, l'excellent Pierre Blocquaux lui répondait, comme en écho :

Pour l'accusé, qui refusait d'être défendu, car s'estimant « indéfendable », la seule défense utile aurait été de le défendre contre lui-même, de l'arrêter, mais l'ensemble des rendez-vous manqués et les incuries de la justice ont empêché de stopper à temps le tandem meurtrier qu'il formait avec son épouse.

Et le remarquable avocat, au même titre que tous les autres commis d'office d'ailleurs, tant pour Fourniret que Monique Olivier, d'enfoncer le clou :

— *Pourquoi la plainte des parents d'Isabelle Laville a-t-elle été classée sans suite en février 1998 ? Pourquoi en 1992 alors que Fourniret est un RMIste propriétaire d'un château et d'un appartement à Sedan, ça n'éveille pas la curiosité ? Et pourquoi en 1998, aucune suite n'a été donnée par le parquet de Créteil, à la plainte de Jean-Pierre Hellgouarch qui accusait Fourniret d'avoir fait disparaître Farida sa compagne ?*

Nous y étions ! Et quand Durand-Soufflant estimait que deux victimes auraient pu être évitées, encore ne comptait-il pas Estelle Mouzin, dernière affaire qui retient aujourd'hui la fermeture définitive d'un dossier jamais traité en France. Sans oublier la Belgique, car faut-il le rappeler, ce sont tout de même des flics belges qui ont résolu l'histoire, notamment en *retournant* Monique Olivier dont ils étaient certains qu'elle en était la clé.

Mercredi 30 juin 2004, 8 heures 45, Dinant (Belgique), police fédérale, flashback.

C'est l'instant où tout a basculé, pour Fourniret, pour Monique Olivier, pour les justices et les polices belges et françaises, pour des familles en attente de connaître un jour la vérité sur la disparition de leurs enfants.

Le commissaire Jacques Fagnard, la moustache vagabonde et le regard astucieux, accompagné de l'inspecteur principal Stéphane Brasseur, font comparaître devant eux pour interrogatoire, *Fourniret Michel*. L'homme, détenu depuis un an pour une tentative de rapt en Belgique, tient d'abord à faire une communication liminaire :

— *J'ai entendu à la radio ce matin que mon nom était cité dans le cadre de plusieurs enlèvements ou meurtres de jeunes filles ou de jeunes femmes. Vous m'expliquez que cela est consécutif à plusieurs déclarations que mon épouse, Monique Olivier, a faites à vos services ou à Monsieur le juge d'instruction ces derniers jours (...) je marque mon accord pour m'expliquer effectivement sur plusieurs meurtres que j'ai commis.*

Les deux officiers de police judiciaire feignent de ne pas s'émouvoir, mais en eux-mêmes ils se disent *cette fois, on y est !* Il était temps ! Depuis un an, après l'arrestation de ce type pour avoir vainement tenté d'emmener avec lui une gosse de 13 ans, ils avaient consulté leurs homologues français. Le pedigree et la peine de prison effectuée par leur client à Fleury-Mérogis, pour des affaires d'agressions sexuelles, leur avaient donné l'idée de rouvrir plusieurs dossiers de disparitions en Belgique. Mais un an d'interrogatoires, de recoupements, de recherches n'avait rien donné. L'homme allait être remis en liberté provisoire, le temps de comparaître pour ce rapt raté. Jusqu'à la veille, mardi 29 juin, où à force de la pressurer la PJ belge avait réussi à faire craquer Monique Olivier, l'épouse du détenu. Lequel continue son propos introductif :

— *Dans la conversation que nous venons d'avoir ensemble, nous avons établi en commun une liste de jeunes filles dont les noms ont été cités dans le dossier et j'ai fait le tri en désignant celles qui sont effectivement mortes de mes mains.*

Puis Michel Fourniret, froid comme la banquise, attaque enfin :

— *Il s'agit d'Elisabeth Brichet, étranglée, pas violée. Une jeune femme dont je ne connais pas le nom, abattue d'un coup de fusil près d'un terrain militaire à Mourmelon. Une jeune fille de Nantes, prénommée Natacha je crois, pas violée, morte par étranglement. Jeanne-Marie Desramault, non violée, étranglée. Une prénommée Isabelle, dans la région d'Auxerre, morte par étranglement, non violée. Une prénommée Farida, compagne de Jean-Pierre Hellegouarch, morte à l'extérieur, étranglement aussi.*

Et Fourniret d'ajouter à cet instant :

— *Je ne suis par contre pas l'auteur de l'enlèvement et du meurtre des nommées Cécile Saison, Estelle Mouzin et Mananya Thumpong...*

Les procès-verbaux tant d'enquête que d'interrogatoires, par les policiers et le juge belges chargés de l'affaire, que se procureront très vite les reporters de notre agence, prouveront qu'il a menti sur les cas Saison et Thumpong. Reste Estelle Mouzin. Sa disparition non élucidée le 9 janvier 2003 à Guermantes (Seine-et-Marne) va rythmer seize années de procédures.

Courant 2004, Dinant (Belgique), police fédérale.

Le commissaire Fagnard, on ne la *lui fait* pas si facilement ! Il va donc y revenir à l'affaire Mouzin, face à Fourniret !

C'est d'abord Monique Olivier qui fait état d'un appel téléphonique de son mari Michel, depuis leur domicile de Sart-Custine en Belgique, à Jean-Christophe son premier fils, le soir où la petite Mouzin se volatilise. Un alibi béton ! Fagnard reprend Fourniret en main. Fagnard louvoie, il parle de choses secondaires, puis il attaque dans les grandes largeurs les relations que le prévenu peut avoir à distance avec sa famille, ses gosses...

Et le *flic à l'ancienne* dit au tueur :

— *Vous ne leur passez jamais un coup de fil ?*

Réponse de celui qui en a pourtant avoué d'autres tout récemment :

— *Je ne téléphone jamais à mes enfants !*

Fagnard insiste :

— *Pas même pour une fête, un anniversaire ?*

Fourniret est bref :

— *Pas plus !*

Et lorsqu'on lui demande où il se trouvait le 9 janvier 2003, il clôt là-dessus :

— *Je ne me souviens pas !*

Il y a donc une contradiction entre Monique et Michel ! À l'époque, c'est maître Castaigne, un des avocats belges du prévenu qui rapporte cela aux envoyés spéciaux de l'agence CREDO.

Aussitôt, le procès-verbal d'audition est transmis à la PJ de Versailles, *cellule Estelle Mouzin*. Le 1er février 2005, Jean-Christophe V. le fils aîné de *Fourniret* est entendu par les policiers versaillais. Il leur déclare n'avoir jamais reçu d'appel téléphonique de celui-ci le soir de la disparition d'Estelle Mouzin. Il ajoute même :

— *Pour moi, Fourniret est un parfait inconnu.*

Mais ces enquêteurs ne sont pas les seuls à avoir rencontré l'aîné du criminel. Nous aussi le cherchions depuis pas mal de temps. Il a suffi d'une adresse dans un procès-verbal pour que nous en retrouvions une autre qui était celle que nous voulions.

C'est d'abord la compagne du fils aîné de Fourniret qui va nous faire des confidences. Elle a épousé Jean-Christophe le 1er juin 1985 et lui a donné deux jolies petites filles. Elle se souvient bien de coups de téléphone de son beau-père, mais pas le jour choisi comme alibi :

— *Si ma mémoire est bonne, il a sonné*[2] *à la maison trois ou cinq fois. La dernière c'était en janvier 2003.*

Mais notre interlocutrice ne peut préciser la date. En revanche, elle développe :

2. Téléphoné.

— C'était à chaque coup tard dans la soirée. Une fois il voulait parler à son fils, je lui ai dit que Jean-Christophe était à l'hôpital, de rappeler le lendemain. Il ne l'a pas fait !

Le sang de notre journaliste ne fait qu'un tour, car... Estelle Mouzin a disparu en fin d'après-midi. Ce que Sandrine V. a vite compris c'est que son beau-père ne désirait pas avoir affaire à elle :

— Il ne m'a jamais demandé qui j'étais, si nous avions des enfants. Dès que je signalais l'absence de mon époux, il raccrochait !

Deux choses sont certaines, si Fourniret téléphone bien le soir de l'anniversaire de son fils c'est tard, et si celui-ci n'est pas là, comme d'habitude, il n'insiste pas. Nos reporters vont être obligés de *planquer* (ce n'est pas une manie, c'est le métier) Jean-Christophe V.[3] à la sortie du centre hospitalier où il exerce. Il n'a pas trop de temps, mais il est catégorique :

— Des enquêteurs de la PJ de Versailles appartenant à la cellule Estelle Mouzin sont venus m'interroger. D'après un relevé des services de télécommunication belges, Fourniret aurait joint mon domicile dans les jours qui ont suivi l'enlèvement de la jeune Estelle Mouzin, ou celui de sa disparition, je n'ai jamais reçu cet appel ! Donc, je n'ai jamais répondu ! J'ai expliqué à ces policiers que Michel Fourniret ne m'a jamais fêté aucun de mes anniversaires ni envoyé une carte de vœux pour ceux-ci !

Voilà qui se rapproche beaucoup plus des confidences recueillies par la PJ belge, même si le tueur finira par s'emparer de cette *preuve téléphonique* de son absence de Guermantes au moment crucial. Plus tard les gens de la PJ de Versailles diront que Jean-Christophe V. était moins formel avec eux qu'avec nous... Avouons-le franchement, sans dénigrer pour autant l'énorme travail qu'ils ont effectué autour de cette disparition, à ce moment-là ils ne croyaient plus à la piste Fourniret !

Jeudi 21 novembre 2019, palais de justice de Paris, cabinet de la juge Khéris.

En mars 2008, pour un bouquin qui sortait un peu avant la tenue du procès de Charleville, j'écrivais à propos de cette histoire d'alibi téléphonique :

Quand bien même un appel a-t-il été lancé de ce numéro, si aucune conversation n'a eu lieu, il a pu être effectué par n'importe qui pour protéger Fourniret.

3. Jean-Christophe a changé de patronyme pour ne plus porter celui de son père, mais il nomme celui-ci par le sien.

Selon son avocat, maître Richard Delgenes, Monique Olivier avait envie de parler depuis pas mal de temps. Il l'y a invitée puis aidée, la juge Khéris chargée maintenant du dossier a fait de même, et aujourd'hui la prisonnière vient d'avouer. C'est elle qui a passé le coup de téléphone du 9 janvier 2003, jour où Estelle ne rentre pas chez son père ! Tonnerre dans le landerneau judiciaire et médiatique. Monique Olivier précise que son compagnon, après le petit-déjeuner ce jeudi-là, lui a demandé de joindre le numéro de son fils aîné le soir, de laisser sonner deux fois puis de raccrocher. Mais Monique Olivier a hésité. Dans un premier temps, elle voulait le faire le matin. Puis elle a fini par obéir, et a lancé l'appel à 20 heures 08, sans attendre de réponse. Et elle insiste sur le fait que Fourniret était donc parti de chez lui tôt, et pour une bonne partie de la journée. Mais la justice et la police désireraient qu'elle explique où était le tueur, et à quelle heure exacte il est rentré. Faute d'établir cet emploi du temps, les enquêteurs manqueront d'éléments. Le 16 décembre 2019, sous ma signature et celle de CREDO, j'écris un papier dans VSD intitulé :

L'ogre des Ardennes est-il l'assassin d'Estelle Mouzin ?
Fourniret : le grand manipulateur.

Et j'explique que, malgré l'aide incommensurable apportée à la justice par Monique Olivier, il faut encore garder raison. D'abord, en citant Claude Domèce, le père de Marie-Angèle, disparue sur une route de l'Yonne le 8 juillet 1988, qui avait dit aux reporters de l'agence « *vouloir offrir une sépulture décente à sa fille, ne pas la laisser dans la nature comme un chien !* En concluant : *pour ça, il faut faire cracher la vérité à Fourniret !* » J'ajoute alors :

— *Mais personne ne lui a jamais rien fait cracher ! Il est toujours resté maître du temps !*

Et tout à coup, voici que lors de sa propre audition chez la juge Khéris, après le revirement de Monique, Fourniret va plus loin concernant Estelle. De lui-même, il en parle. Verrait-on la lumière ? Bruyamment, les représentants de la partie civile évoquent déjà sa confession, en expliquant que Fourniret *n'a pas nié avoir enlevé l'enfant.* Éric Mouzin, le père de celle-ci préfère, comme moi, être aussi circonspect qu'il est digne, et propose l'expression *aveux en creux.* Deux choses pourraient définitivement répondre aux questions que l'on se pose dans cette affaire : que dans une diatribe dont il a le secret, Michel Fourniret se coupe et révèle un détail de l'enquête connu des seuls policiers et magistrats, ou bien alors qu'il emmène ceux-ci jusqu'aux restes d'Estelle.

Vendredi 6 mars 2020, site Internet du Point, 20 heures 56.

Scoop sans appel de Nicolas Bastuck :

Exclusif ! Michel Fourniret a reconnu
le meurtre d'Estelle Mouzin.

Entendu par la juge Sabine Khéris, le tueur en série, surnommé l'ogre des Ardennes, a avoué ce jeudi avoir tué la fillette âgée de 9 ans. Le lendemain, *Le Figaro* fait réagir Éric Mouzin égal à lui-même :

— *Je n'accorde aucun crédit aux déclarations de Michel Fourniret. Pour moi ses déclarations sont vides de sens tant qu'il n'y aura pas des éléments de preuve.*

Au *Parisien*, il formule sa prudence légèrement différemment :

— *Je n'ai aucune confiance en Michel Fourniret, je ne sais pas s'il dit la vérité ou occupe juste le terrain. Il ne m'intéresse pas. Mais j'ai confiance en la juge et les enquêteurs pour aboutir à la vérité.*

Le 1er août 2020 à 18 heures 50, j'ai appelé Éric Mouzin pour lui demander si sa position avait changé depuis le mois de mars précédent. D'une voix un peu lasse, mais toujours avec autant de fermeté et de tact, il m'a répondu que non. Comme Claude Domèce un temps, sans peut-être vouloir trop le dire pour ne pas raviver la douleur, mais comment pourrait-elle encore augmenter, le papa d'Estelle n'espère qu'une chose : qu'on lui retrouve ce qui reste d'elle pour pouvoir aller se recueillir sur sa tombe quand il le désirerait.

Lundi 22 juin 2020, Ville-sur-Lumes (Ardennes).

Rebondissement ! Des fouilles débutent dans une ancienne maison de l'assassin. La juge Khéris a depuis peu un atout dans sa manche. Sur un matelas saisi là dès 2003, l'ADN d'Estelle Mouzin a été isolé. À la perspective de trouver quelque chose à cet endroit, Fourniret a répondu que ce pouvait être pertinent. Mais avec lui, l'impertinent l'emporte souvent sur le pertinent. Gardée secrète jusqu'en août 2020, la découverte de l'ADN emporte des aveux supplémentaires de Monique Olivier. Le 21, elle explique que Fourniret lui a raconté qu'il a enlevé Estelle, l'a entraînée jusqu'à Ville-sur-Lumes, l'a violée et étranglée. Il doit être entendu les 25 et 26 août. Quatre jours avant, j'explique sur BFMTV qu'il ne faut rien en attendre. Fourniret ne dira rien ! Le 26 août 2020, Éric Mouzin risquait bien de comprendre qu'il ne pourrait jamais se recueillir sur la tombe de sa fille...

Jeudi 3 avril 2008, Charleville-Mézières, palais de justice, retour à l'audience.

Rien ne va plus ! Dans quelques dizaines de minutes Delphyne Birka, l'envoyée spéciale de Paris Match va se voir retirer son accréditation au procès. Le motif est simple, mais fait grand bruit : *Paris Match* publie aujourd'hui une photo de Fourniret assis en pull bleu canard dans son box ! Interdit ! Mais pourquoi ? Parce que l'article 38 ter de la Loi sur la liberté de la presse dispose que :

Dès l'ouverture de l'audience des juridictions administratives ou judiciaires, l'emploi de tout appareil permettant d'enregistrer, de fixer ou de transmettre la parole ou l'image est interdit. Le président fait procéder à la saisie de tout appareil et du support de la parole ou de l'image utilisés en violation de cette interdiction. Toutefois, sur demande présentée avant l'audience, le président peut autoriser des prises de vues quand les débats ne sont pas commencés et à la condition que les parties ou leurs représentants et le ministère public y consentent.

Monique Olivier a accepté de se laisser photographier, pas Fourniret ! En l'espèce, indirectement la loi empêche donc les Français loin du tribunal de découvrir la tête dans son box d'un assassin, qu'à l'issue de l'audience l'avocat général traitera de *monstre nécrophile...* Cette image, c'est nous agence CREDO qui l'avons réalisée. Et si c'était à refaire, face au même genre de tueur, j'en prendrais à nouveau la responsabilité ! Sans doute aurais-je été moins serein si j'avais appartenu à l'Association de la presse judiciaire (APJ) qui gère les accréditations de ses membres, mais aussi des journalistes qui n'en font pas partie. J'ai longtemps porté cette carte au titre de RTL. Je ne l'ai plus, mais ce n'est pas l'APJ qui m'a permis d'avoir une place. C'est une ancienne rédactrice de RTL devenue communicante à laquelle la Chancellerie a fait appel, compte tenu de l'importance de l'évènement. La photo a été prise dans des conditions épiques. Au pied des marches du palais se dresse une tente pour accueillir les reporters, trop nombreux pour avoir chacun un siège dans la salle principale. Cette annexe sert aussi de coin-repos où des boissons nous sont proposées. Les confrères assignés là peuvent suivre les débats sur grand écran. Il aurait suffi aux organisateurs de ne pas y laisser pénétrer les gens d'image et de les diriger vers un autre endroit sans récepteur pour que rien n'arrive. Comme si nous avions été les seuls à avoir lorgné sur cet écran en pensant photo ! Avec Hervé nous nous y sommes pris à plusieurs reprises. Nous ne devions être vus ni des gardes à l'entrée, ni de nos confrères afin de ne pas les mettre en porte-à-faux. Et puis vint le moment où à la porte, le policier s'est absenté quelques minutes, durant lesquelles j'ai été victime d'une énorme et longue quinte de toux pour couvrir le bruit du moteur du Canon. La farce était consommée ! Le jour de la parution, notre consœur de Match a bien été obligée de faire semblant de tomber de l'armoire. Je l'avais pourtant mise au parfum le soir du bouclage. Le journal en avait-il fait autant ? Je ne sais pas mais elle était prévenue. À l'annonce de la sanction qui privait son titre d'audience, Olivier Royant le directeur de l'information de l'hebdomadaire a été parfait et courageux, comme d'habitude. Dans un communiqué, il a commencé par expliquer :

— *Depuis dix ans, Paris Match par ses reportages et ses enquêtes approfondies a couvert tous les aspects de l'affaire Fourniret. À plusieurs reprises, nous avons révélé des épisodes peu connus de cette affaire.*

De nombreuses fois avec l'étroit concours de l'agence CREDO d'ailleurs, mais cela, il n'avait pas à le préciser... puis il a défendu son envoyée spéciale :

— *Le procureur a affirmé qu'il allait lancer une enquête. Mais il condamne, sans procéder à aucune enquête, une journaliste qui matériellement n'a pas pu prendre cette photo.*

Puis, sans nous nommer, il nous a parfaitement couverts :

— *En ce qui concerne l'origine de cette photo, nous n'avons pas à divulguer nos sources.*

Le président Gilles Latapie est outré ! L'avocat général Nachbach est vert de rage. La défense se marre et laisse les magistrats se débrouiller avec cette peau de banane. Ceux-ci semblent d'ailleurs avoir complètement oublié un incident survenu le 29 mars précédent. Ils l'avaient pourtant dénoncé comme scandaleux et illégal face à une caméra de télévision. Fourniret venait de faire passer au président un parchemin clos par une faveur. À part son charabia habituel, il expliquait dans ces pages que si la Cour désirait obtenir sa collaboration aux débats, il exigeait le huis clos. En quelques minutes des photocopies d'une pièce d'audience qui n'avait pas encore été exploitée, ni lue aux différentes parties, se retrouvaient dans la salle des pas perdus, consultée par une nuée de journalistes. Mais là, pas de sanction, pas d'investigation, pas de procès en atteinte à la déontologie.

— *Que voulez-vous que je fasse ?*, avait simplement commenté le procureur Nachbar.

Une enquête monsieur, comme pour ma photo d'audience ! Cela dit, nous n'avons jamais plus entendu parler de celle-ci... La cour d'assises est un théâtre, m'avaient expliqué mes grands anciens dans la chronique judiciaire, le tonitruand Frédéric Pottecher d'Europe 1, le bonhomme Raymond Thévenin de RMC, le brillant Théolleyre du Monde ou bien encore le placide Pierre Bois du Figaro. J'ai eu le temps ensuite de comprendre que chacun se devait en effet d'y interpréter un rôle. Pour ma part, je ne me suis jamais résolu à endosser celui de guignol. Et puis, les chemins de la bien-pensance et de la bienséance journalistique ont très souvent été bien trop étroits pour moi. Si en cinquante ans les auditeurs et les lecteurs ne s'en sont pas aperçus, il est trop tard ! D'ailleurs, à Charleville, après l'incident de la photo et trente-six heures de négociation, Delphyne Byrka retrouvait son siège dans les rangs des chroniqueurs. Elle non plus ne nous avait pas balancés !

Courant avril 2008, Charleville-Mézières, palais de Justice, au fil de l'audience.

Paris Match nous fait toujours confiance, la preuve : nous publions quatre belles pages sur l'une des mères de victimes, Kanyarat Thumpong, une jolie femme de 42 ans aux traits doux, même lorsque les douleurs et la fatigue les creusent. Elle va être l'ultime maman à s'adresser à Michel Fourniret, l'assassin présumé de sa fille Mananya, la dernière martyre recensée sur l'agenda criminel du tueur des Ardennes. Elle a tout accepté, une longue interview à l'abri d'un café de sa ville de Sedan, la séance photo qui s'est terminée par un beau portrait d'elle qui s'étale sur deux pages, et elle m'a dit :

— *Pour moi, Fourniret est un enfant, c'est resté un gosse et on doit lui parler comme tel. On dirait un gamin à qui ses parents auraient subtilisé ses jouets et qui boude. Il faut lui donner, si on veut essayer de recevoir. En tout cas, je n'ai pas l'intention d'être violente avec lui. Je désire lui parler avec douceur, oui, c'est cela, comme on parle à un enfant...*

Bientôt, le procès de Michel Fourniret terminé, Kanyarat fermera son commerce et rentrera définitivement dans son pays. Alors, qu'obtenir encore de lui ?

— *Je souhaite juste connaître ce qui s'est passé entre le moment où il a enlevé Mananya et l'instant où il a abandonné son corps. Le reste, pourquoi et comment il l'a tuée, je ne désire même pas l'entendre. J'aspire surtout à en savoir plus, beaucoup plus sur lui. Je voudrais qu'il m'explique sa vie, son enfance. Je connais des habitants de Sedan qui sont allés à l'école avec lui. Ils m'ont raconté qu'il était si malingre que les grands étaient obligés de le protéger...*

Et la tendre Kanyarat de conclure :

— *J'espère pouvoir m'approcher de Fourniret le plus près possible pour lui demander pourquoi il est resté ce gamin tel qu'il m'apparaît. Il a dû ne pas avoir beaucoup d'amour quand il était enfant. Ses parents n'ont pas dû lui en donner beaucoup pour qu'aujourd'hui il en exige tant des autres. Il semble tout faire uniquement pour lui. Il ne pense, ne parle que de lui. Moi, moi ! Oui, il a dû manquer de beaucoup de choses et je veux savoir, qu'il me dise...*

Incroyable petit bout de femme qui, contrairement à certaines autres parties civiles, trouve encore des mots de commisération. Ce n'est pas la première fois qu'un reporter de l'agence CREDO la rencontre. Le dernier en date, c'était l'excellent Arnaud de Sercey.

Le 5 juillet 2004, un an après l'arrestation de Fourniret, la mère de Mananya avait accepté que lui et un photographe l'accompagnent alors qu'elle allait prier devant un modeste autel bouddhiste. Elle l'avait érigé en forêt, à portée de la frontière belge, à l'endroit où les restes de son enfant avaient été retrouvés. Un sujet poignant que nous avions intitulé :

La jeune fille aux trois beautés !

Et nous chutions sur l'explication de ce titre : trois beautés : le corps, l'esprit et le visage, Mananya en langue thaï. Mais en fait, c'était déjà la seconde rencontre avec cette femme courageuse. Car, en même temps que nos confrères du Parisien à l'agence, nous avons fait du *Fourniret* avant qu'il existe ! Pas question de faire la course à l'échalote pour déterminer qui était le premier dans cette enquête au long cours. Il n'empêche... Tout avait commencé pour nous à la mi-juillet 2000, presque trois ans avant que Michel Fourniret soit appréhendé en Belgique !

Nous travaillons depuis quelque mois sur celui que l'on surnomme *le dépeceur de Mons*, soupçonné d'au moins cinq assassinats de femmes. Il pourrait avoir aussi frappé en France. À cette époque, nous rencontrons Maryline et Jean-Pierre Saison, la mère et le père de Céline (18 ans) disparue le 16 mai précédent. Les restes d'un corps ont été retrouvés samedi 22 juillet dans la forêt côté belge, et les Saison tremblent à l'idée que ce soit celui de leur enfant. Interview, photos du couple, récupération d'images de la jeune fille et nous diffusons à nos clients un article abondamment illustré titré :

Un faible espoir pour les parents de Céline.

Il est accompagné d'un encadré intitulé : *Maman, j'ai rencontré quelqu'un de vraiment très sympathique...* Sa mère nous a en effet raconté que la veille du jour où elle s'est volatilisée, Céline lui avait dit après être allée chez l'opticien :

— *Tiens j'ai parlé à un monsieur qui cherchait son chemin. Il était vraiment très sympathique...*

Et Maryline Saison nous confie que, compte tenu du caractère de sa fille, pour qu'elle engage une conversation avec un quidam il a fallu que celui-ci soit très abordable : *comme quelqu'un qui essaie d'apprivoiser la personne à laquelle il s'adresse...* Nous touchions Fourniret du doigt et nous l'ignorions, les enquêteurs aussi ! D'ailleurs, ils ont découvert, bien après nous, cette rencontre de Céline avec un inconnu. Malheureusement, c'est bien Céline qui a été trouvée sous les frondaisons du bois de Sugny.

Le 10 mai 2001, nous rapprochons cette histoire de la disparition à Sedan d'une adolescente de 13 ans, Mananya Thumpong. À l'époque, lorsque nous lui parlons au téléphone, son beau-père s'emporte :

— *On a suffisamment perdu de temps ! Comme pour Céline, les policiers ont d'abord pensé à une fugue ! Quand on n'a pas emmené ses affaires et que l'on a 19 francs en poche, on ne fugue pas !*

La suite, c'est le 4 mars 2002 dans *Le Parisien* un article de Stéphane Albouy devenu par la suite le directeur de l'information du journal. Il relate la découverte la veille de la dépouille de Mananya, lui aussi abandonné sous les frondaisons en Belgique. Il renvoie à deux autres cas. Celui de Céline Saison et d'Aline Jacquier, poignardée durant la nuit de la Saint-Sylvestre 2001. Son corps avait été découvert sous un tas de bois. Pour ce meurtre, l'auteur sera retrouvé et condamné à vingt ans de réclusion.

Le 5 mars 2002, Frédéric Marais notre correspondant dans l'Est auquel nous envoyons un photographe, rencontre Kanyarat Thumpong puis visite le couple Saison qui, bien entendu, lui confie faire le rapprochement entre ces deux horribles histoires. À réception de son reportage, je titre notre article sur ces affaires qui se déroulent entre Sedan, la Belgique et Charleville-Mézières :

Le triangle de la mort.

Mais c'est surtout la question posée dans les derniers mots du chapeau qui est importante : *un tueur en série hante-t-il ce triangle de la mort ?* C'était le cas ! Et pour deux de ces victimes, il se nommait Michel Fourniret... En plus des deux années qui s'achèvent, nous allons encorc vivre trois ans au cœur du dossier qui va s'ouvrir. Cinq ans d'une enquête hallucinante.

Jeudi 26 juin 2003, Ciney, Belgique.

Michel Fourniret vient d'être arrêté. Cette affaire nous interpelle, car la façon dont la jeune fille qu'il a tenté de faire monter dans sa camionnette, et surtout l'existence même de cette camionnette, ramène à l'enlèvement de Céline Saison. Nous allons donc voir sur place, mais plus pour tâter l'ambiance que pour autre chose. Cela nous permet tout de même de faire connaissance avec le placide commissaire Fagnard qui, s'il est persuadé d'avoir un sérieux client entre les mains n'arrive pas à l'accrocher. Jusqu'aux aveux de Monique Olivier. Dès lors, une équipe de CREDO sera détachée quasi exclusivement sur cette enquête, moi à la barre et de temps à autre en renfort sur le terrain. Sans compter que je prendrai en main deux sujets pour la télé sur ce dossier. Trois années ! Durant trente-six mois nous allons dormir, manger, boire, voyager Fourniret. En Belgique, nos reporters, rédactrice et photographe, récupèrent les premiers procès-verbaux. C'est une mine d'information pour l'avancée de notre travail. Car certains contiennent des éléments de la vie de Fourniret et de Monique Olivier. C'est ainsi que nous allons parcourir la France et la Belgique, des Ardennes à la région parisienne, de l'Indre à Nantes, de l'Yonne à Nice. Dans un premier temps, les documents sont plus aisés à trouver en Belgique. Une fois la procédure transférée en France, nous faisons en sorte de tisser un réseau de contacts étroits avec les avocats des deux mis en examen, mais aussi des familles que nous rencontrons toutes ou presque. Ces auxiliaires de justice ne peuvent nous donner copie des pièces du dossier. J'explique alors la marche à suivre à notre reporter. C'est un truc simple et vieux comme le fait divers. Quand on a la possibilité de seulement consulter tout ou partie d'une procédure, dans un endroit tranquille d'un cabinet, il suffit de le faire dictaphone en main. Et de lire à haute voix en enregistrant le contenu des pièces les plus intéressantes. Non seulement cela va nous amener, au fil du temps, à découvrir les horribles aveux du couple, les résultats des expertises psychiatriques diligentées par l'instruction, mais encore plus de points de chute à visiter. Il n'y a pas un ami d'enfance, d'école communale, de lycée, d'usine où qu'elle se soit trouvée, pas un membre de la famille, pas un proche de Fourniret que nous n'ayons vu ! Et parfois, c'est même lui qui va nous indiquer les gens à rencontrer. Car un beau jour, sans doute parce qu'il en a assez de notre harcèlement, un des défenseurs belges du tueur lance à nos journalistes :

— Mais si vous voulez en savoir plus, écrivez donc à mon client ! Il vous répondra peut-être !

Merci maître, c'était une bonne idée. Et face à Fourniret, c'est forcément une femme qu'il faut aligner. Sauf que, si tout au long de cet incroyable échange de courriers le détenu de la prison belge de Forest pense s'adresser à une correspondante isolée, il a en fait affaire au collectif de notre rédaction qui peaufine les lettres et surtout les réponses à ce personnage si tordu dans son expression que mieux vaut s'y mettre à plusieurs ! Ces courriers, nous n'en avons utilisé que des extraits dans les différents récits de notre enquête au long cours proposés aux journaux. Longtemps égarés au fin fond des archives de notre agence, j'en retrouve aujourd'hui la totalité. Les passages rapportés ici sont donc inédits.

Lundi 18 octobre 2004, Paris, 30 rue des Acacias, agence CREDO.

Notre première lettre est envoyée le 18 octobre 2004. C'est une demande de correspondance avec l'intéressé auquel il est précisé qu'ayant rencontré beaucoup de gens qui le connaissent il serait souhaitable de recouper ce qu'ils nous disent de lui. En ajoutant qu'il nous importe d'en savoir plus sur sa personnalité et qu'il est le mieux placé pour nous en entretenir. L'administration pénitentiaire belge a cela de surprenant (à moins que Fourniret y ait déjà assez pris ses marques pour avoir un réseau postal parallèle à sa disposition), que sa réponse est datée du 20.

Il écrit :

— *J'adhérerais volontiers à l'enthousiasme passionné qui me semble caractériser votre démarche, si votre job ne me faisait l'effet d'une douche froide.*

C'est donc une fin de non-recevoir dans laquelle il indique tout de même avoir sous le coude un bon bout d'une biographie intitulée : *Le faubourg des Enclos*. Il termine cependant par un compliment :

— *Chapeau pour avoir de si loin perçu la vibration sensible vers laquelle votre attention vous a dirigée en écartant de votre chemin le grotesque et le frelaté.*

Que n'aurions-nous pas inventé pour le faire réagir dans le courrier que nous avons envoyé deux jours plus tôt ? Pour la *vibration sensible*, ou il fait semblant de nous croire ou l'assassin madré est-il encore naïf ! N'attendant même pas un retour de notre part, il récidive le 23 octobre. Et là, il part dans un délire sur son service armé au bout duquel il jette toute son aversion pour la chose militaire. Au fait de sa soi-disant recherche de virginité pour expliquer ses crimes, nous pensons tout de même voir dans ce fatras quelque chose où, en parlant de lui à la troisième personne il y ramène peut-être :

— *Lui-même né dans les Ardennes aux brumes pleines de mystères, ne se trouvait-il pas déjà engagé dans son propre combat mythique, interminable celui-là, contre les obstacles que le concret des réalités s'ingénie à opposer à la force souveraine de la quête d'absolu...*

Ce qui est sûr, pour lire du Fourniret, il faut s'accrocher !

Cela dit, il nous réclame du papier à lettres pour nous répondre, ce que nous joignons à notre courrier suivant, le 9 novembre 2004. Dans ce dernier, nous y allons, nous aussi, de citations à l'emporte-pièce censées l'inciter à se livrer un peu plus, telle celle-ci de Théophraste Renaudot l'un des pairs du journalisme moderne :

La rétention de l'information est une forme de constipation du savoir.

À sa question sur l'agence, pourquoi CREDO, c'est l'un d'entre nous qui propose : *CREDO comme croire, croire en la bonté foncière des Êtres.* Fourniret va bien nous aider, dans une lettre du 7 décembre 2004. Nous n'avions pas localisé sa première épouse et voilà qu'il nous demande de lui faire parvenir du courrier à une adresse qu'il nous indique ! Certes, il pense partager avec une jeune femme, mais il sait quel métier elle exerce ! Il faut donc être bien naïf pour lui remettre de tels éléments… Il précise tout de même :

— *J'ai opté pour la confiance à votre égard.*

Quelques jours plus tard, notre équipe était en planque en bas de chez sa première moitié, Annette R… Dans le même courrier, après que nous l'ayons dans l'un des nôtres relancé là-dessus, il évoque sa biographie inachevée pour nous signifier :

— *Ces 66 pages, si vous les retrouvez, elles sont pour vous.*

Dans un long envoi daté du 10 décembre 2004, il énumère ensuite dix-neuf noms d'anciens collègues à lui, certains accompagnés d'une adresse, voire d'un numéro de téléphone. Aussitôt lus, ceux que nous ne connaissions pas encore aussitôt contactés puis visités, photographiés et interviewés. Plusieurs d'entre eux nous confient même des photos d'époque de Fourniret, ouvrier à Martizay dans l'Indre. Puis il s'ouvre un peu sur ses familles passées.

Enfin !

— *J'ai bien assez de reproches à me faire au niveau de l'égocentrisme (…) j'ai bridé mon entourage en surévaluant mes utopies ! Mon mea culpa est tardif, mais sincère.*

Ce courrier du 10 décembre 2004 est très long, car le détenu en reprend le fil après parfois une nuit de sommeil. Ainsi, le cinquième des six feuillets envoyés est daté du 12 décembre. Et celui-là va provoquer une tornade entre notre rédactrice, signataire de nos correspondances de groupe et Fourniret !

Dimanche 12.12.04 matin.

Bonjour, avez-vous bien dormi ? C'est moi qui tends à vous utiliser (…) je vous demande le service suivant : adresser la carte Ps 143-86 à mon fils. Ce serait bien qu'il reçoive ce signe à l'aube de 2005 (…) Voici son adresse : Sélim Jean-Pierre Olivier, chez Monsieur M., 8 rue Henri-Pourtalet 06… V. (…) Recevez un bouquet de pensées positives.

Il vient de nous offrir l'un des points de chute que nous n'espérions plus obtenir et un prétexte pour nous y rendre ! L'équipe de CREDO descend à Nice et débarque au pied de l'immeuble indiqué, dans une cité sensible sur les hauteurs de la ville.

Après enquête de voisinage, nos envoyés spéciaux repèrent Sélim alors âgé de 16 ans. D'autres informations nous ont précisé qu'il effectue un apprentissage dans un grand établissement niçois afin de poursuivre un cursus dans la restauration. Notre journaliste prend contact avec son maître de stage en lui réclamant la discrétion. Un soir, nos deux reporters notent que Sélim emprunte un bus pour rentrer chez ses demi-frères. L'un d'entre eux le suit après avoir réalisé des photos au téléobjectif à l'arrêt du car, l'autre monte en même temps que le jeune homme dans le véhicule et se présente. Sans oublier de lui dire qu'elle a pour lui un courrier de son père. Et durant de longues dizaines de minutes, pendant le trajet puis dans l'appartement de M. M, il confie ce qu'il a sur le cœur ! Il est mineur, nous garderons donc les images à jamais, sans publication. Plus : conscients de ce que pourrait provoquer pour lui une mise à la Une de ses sentiments vis-à-vis de son géniteur, et du point de vue qu'il a sur l'affaire, nous ne nous servirons de ses déclarations qu'au fil d'articles que nous fournirons à la presse magazine. Sans nouvelles de Michel Fourniret pendant assez longtemps, nous demandons à son avocat dinantais, maître Castaigne, ce qui ne va pas. Il nous rétorque que Sélim a fait savoir à son père qu'une journaliste lui a donné son enveloppe en main propre et que son client est fou de rage.

Le 5 juillet 2005, nous expliquons à Fourniret la principale raison de notre rencontre avec son fiston : le barrage que fait son tuteur légal à toute communication concernant le détenu. La réponse de Fourniret à cet épisode ne nous parviendra que plus tard. En fait, il l'a rédigée dès qu'il a connu notre initiative, mais elle a été bloquée. Il nous en envoie donc une copie datée 29 juillet 2005.

Et c'est quelque chose !

Madame,

C'est après avoir reniflé de dégoût que je viens vous cracher au visage (...) en vous attaquant à mon fils, Madame, vous venez de me galvaniser, de me donner des forces pour vivre. Pour vivre avec pour cibles des gens de votre sorte (...) si cette feuille porte six impacts de postillons, vous saurez quel crachat je vous ai jeté. Je suis allé vers vous avec confiance. Si j'avais eu deux sous pour commander les timbres je les aurais expédiés directement (...) grâce à cette mission confidentielle vous accédiez à un périmètre intime (les séquelles vous importent peu, vous êtes en guerre !) Quant à me cataloguer, je n'accepte pour juge que celui qui, comme moi, a attendu son mariage pour connaître quelqu'un au sens biblique. D'ores et déjà nous saurons qu'il n'y aura pas foule (avant l'ouverture de son procès, il exigera des jurés *vierges au mariage). Je m'adresse à l'infime parcelle de dignité qui, peut-être, subsiste en vous : laissez mon fils tranquille (...) soyez libérée de mon amicale confiance, ma répulsion vous salue.*

Manque de dignité, de parole envers lui-même, grand ennui dans sa cellule, curiosité ? Fourniret reprendra pourtant ses échanges avec nous jusqu'en juin 2006. Le 6, nous lui envoyons une lettre pour lui parler d'Anne, une de ses filles qui vient de se suicider. Lasse de porter ce patronyme et de n'avoir pas encore pu en changer, elle a préféré disparaître. Elle était devenue l'amie de notre reporter et, par extension, la mascotte de notre rédaction. Nous proposons à Fourniret de lui livrer les confidences de celle-ci le concernant, car c'est ce qu'elle aurait voulu. Il ne lèvera pas un cil. De notre côté, croyant être de notre devoir de rendre hommage à cette courageuse et jolie petite bonne femme, nous avons livré un sujet texte et photos à un hebdomadaire pour lequel nous n'avons rien réclamé.

Jeudi 4 octobre 2018, Paris.

Sélim Fourniret (30 ans) sort un livre écrit à quatre mains avec un journaliste d'investigation dont je ne me souviens même pas du nom. Et celui-ci va profiter de quelques passages radio, télévisés et dans des articles pour expliquer que jamais Sélim n'a rencontré de gens de presse avant leur amitié éditoriale. Sélim confirme à chaque fois. Qu'il ne se rappelle pas, je le veux bien, il était si jeune ! Que son *récitant* fasse mal son boulot d'enquête, je le conçois moins... s'il est ce qu'il dit. L'histoire qui précède suffit à leur répondre ! Les dernières confidences de ce *reporter*, faites à la presse allemande sous forme de *révélations*, indiquent que Fourniret aurait été franc-maçon... peut-être ? À vérifier, comme tout ce qui vient de cette source. Mais quand bien même ? Cela empêche-t-il l'intéressé de passer le reste de sa vie en taule ? La réponse est dans la question ! Pour finir, je lis dans un CV de cet *investigateur* daté de juin qu'il est *en quête d'opportunités au Québec.* D'ici à ce qu'il nous fasse savoir qu'il est en fait là-bas pour se protéger de menaces d'une obédience maçonnique ou d'une autre, il n'y a pas loin ! Les confrères québécois ont intérêt à s'accrocher...

Ce n'est pas la première polémique à laquelle nous sommes confrontés à la suite de cette interminable enquête. Quelque temps après la sortie de notre livre en 2007[4], nous avons affronté une cabale assez virulente. Des familles de victimes, au départ pas toutes, nous accusaient en quelque sorte d'être trop entrés dans le dossier pour écrire notre ouvrage. Le dossier, rien que le dossier mais tout le dossier professait maître René Floriot vedette du barreau de l'après-guerre ! Que ces personnes dans la peine se soient senties frustrées de lire la procédure de l'instruction dans un bouquin avant sa mise à plat publique, je peux l'entendre. En revanche, certaines disaient avoir été choquées par des passages concernant la mort de leur enfant. Mais leurs conseils leur avaient déjà tout expliqué ou alors ils n'ont pas fait leur travail. Les magistrats les avaient reçues pour leur livrer la vérité. Et puis surtout, sous nos signatures ou celles de bien d'autres de nos confrères, tout avait été rapporté au fur et à mesure des révélations de l'enquête. Mieux, comme le rappelait peu avant le procès de Charleville, notre collègue belge Michel Bouffioux dans *Paris Match* Belgique, madame Bouzet, la maman d'Élisabeth Brichet enlevée et tuée en Belgique, avait tout raconté dans un document télévisé. Elle avait cité la description de Fourniret de la mort de sa fille en utilisant les mots terribles qu'elle avait lus dans les dépositions de celui-ci ! En rendant ces passages publics, comment pouvait-elle déclarer ensuite que de notre côté nous atteignions à la vie privée ?

Mais là n'est pas la cabale.

Quelques mois avant la parution, un témoin des exactions de Fourniret dans le temps rencontre une de nos journalistes qui évoque la sortie de notre ouvrage :

— *Ah bon, tu sors un livre ? Tu aurais pu me prévenir !*

Visiblement vexée, la personne en question prépare aussi le sien. C'est elle qui alimentera le travail de sape qui suivra. Jalousie ? Peur de la précision de notre ouvrage ? Mais, contrairement aux déclarations péremptoires des uns et des autres, aucun procès ne sera fait pour interdire quoi que ce soit ! Notre livre restera exposé encore longtemps après l'annonce que le stock ne serait pas renouvelé...

Mardi 29 avril 2008, 15 heures 10, Charleville-Mézières, palais de justice.

Le président Gilles Latapie, annonce le verdict : Michel Fourniret 66 ans, et Monique Olivier 59 ans sont condamnés à la réclusion criminelle à perpétuité, avec une peine de sûreté

4. *Michel Fourniret et Monique Olivier : Un couple diabolique* – Éd. Anne Carrière (4 avril 2007).

perpétuelle pour lui et de vingt ans pour elle. Avec Hervé Rovira, nous nous sommes cachés à une fenêtre, dans un appartement où nous avons passé pas mal de journées, et même deux nuits, accueillis par l'habitant. Nous avions en effet découvert qu'avant la fermeture complète de la porte du garage du palais sur le fourgon cellulaire, l'accusé pouvait être aperçu et sa photo serait inédite. L'occasion ne s'est pas présentée. Après l'énoncé de la sentence, nous avons préféré redescendre à hauteur de rue où opéraient des dizaines de photographes. Sans intérêt pour nous. En 2006, j'avais écrit dans un papier que personne ne sortirait indemne de cette affaire en ajoutant : *nous non plus !* Il m'arrive de me réveiller la nuit en pensant aux crimes de Fourniret...

Ilan n'aurait jamais dû mourir

Où l'on démontre que le jeune homme n'aurait pas dû mourir.
Où l'on s'aperçoit que les experts ne sont pas infaillibles.
Où l'on comprend qu'une enquête de voisinage bien faite aurait pu tout changer.

Lundi 13 février 2006, Sainte-Geneviève-des-Bois (Essonne), le long des voies ferrées du RER, 9 heures.

Les employés de la SNCF qui s'activent le long du ballast ne se sont pas trompés. C'est bien le corps d'un jeune homme qui gît devant eux. Ils préviennent aussitôt les secours. Tout sera tenté pour sauver le blessé de 23 ans, mais son état est beaucoup trop grave. Ce corps nu, torturé et menotté c'est celui d'Ilan Halimi enlevé à Paris le 21 janvier précédent. À l'agence, nous suivons l'histoire depuis le début et nous allons aussi beaucoup travailler dès que nous en saurons plus sur les circonstances de la séquestration de cet employé d'une boutique de téléphonie. L'affaire Halimi vient de se terminer tragiquement. Celle du *gang des barbares* ne fait que commencer.

Entre l'enquête de terrain des reporters de CREDO, ma récolte de tuyaux au 36 quai des Orfèvres et une longue conversation avec un informaticien vers lequel m'a envoyé un inspecteur de mes amis, nous allons finir par reconstituer le scénario digne d'un film d'horreur, et comprendre les cafouillages de la police judiciaire, les tiraillements entre flics et hiérarchie, la concurrence entre experts de la PJ et privés. Ajoutons à cela les informations inédites récupérées depuis et conservées jusqu'à l'écriture de cet ouvrage, et vous n'allez pas en croire vos yeux ! Tout commence en effet par une autre affaire, deux ans plus tôt...

Lundi 27 décembre 2004, Paris. Cabinet du docteur P...

Le praticien est consulté par un dénommé *Christophe Aubry.* En février 2006, ce médecin nous raconte :

— *Je lui ai donné un congé maladie de deux ou trois jours. Puis j'ai reçu par courrier la photocopie de son arrêt de travail, jointe à des articles sur les sanctions du Conseil de l'ordre en cas de prescriptions abusives. Ensuite, j'ai eu un coup de téléphone : « T'as compris ? Réfléchis... » Jusqu'à la fois où, en arrivant à mon cabinet, j'ai trouvé des démineurs dans le hall : il y avait une grenade.*

Mardi 28 décembre 2004, Paris. Adresse professionnelle de la docteure Danielle M.

Un jeune homme la consulte :

— *Il m'a dit avoir mal au genou droit et s'appeler Christophe Aubry. Il voulait un arrêt maladie. Je lui ai consenti deux ou trois jours.*

Puis la docteure M. reçoit des courriers l'alertant sur les poursuites contre les médecins qui signent des ordonnances de complaisance.

— *Le harcèlement est monté en puissance, continue la docteure. Il voulait de l'argent, 500 000 euros, puis 300 000. Il disait : « T'as toujours pas compris ? Tu vas payer ? »*

Une semaine après, elle réceptionne un petit cercueil dans un colis. Le vendredi soir suivant, un inconnu appelle et demande 600 000 euros. Puis, dans une enveloppe, des balles de revolver de gros calibre sont envoyées au cabinet. À chaque fois, les messages sont signés la *mafia africaine.* Quand, à l'agence, nous avons découvert ces histoires de racket de toubibs, nous avons ramé pour retrouver leurs noms et leurs coordonnées. Puis nous les avons rencontrés en leur montrant les photos de certains des membres du gang que nous avions récupérées. Parmi celles-ci, l'une représente Jérôme R. le petit ami d'Audrey qui a servi d'appât pour la bande. Et le premier témoin nous confirme en se rappelant la visite du menaçant Aubry :

— *Il s'agit bien de la personne qui est sur le cliché que vous me faites voir.*

Dernier détail d'importance qui nous interpelle : à plusieurs reprises, le faux Christophe Aubry, comme tout patient, a été obligé de laisser une adresse. Une fois, c'était le 6, rue Serge-Prokofiev dans le 15e arrondissement de Paris. Adresse inconnue ! Une seconde fois, il a donné la même, mais dans le 16e. On y trouve bien la rue, sauf que le numéro n'existe pas. Mais la rue Serge-Prokofiev nous la découvrons aussi en allant sur place à... Bagneux. C'est là qu'Ilan Halimi a été détenu avant de mourir ! En décembre 2004, puis plusieurs autres fois courant 2005, c'est la brigade de répression du banditisme qui s'occupe de ces dossiers de tentatives d'extorsion de fonds. Et elle va trouver une chose bien intéressante qui va m'être confiée par un de ses inspecteurs. L'un des malfrats avait visiblement créé plusieurs boîtes aux lettres électroniques anonymes. Mon informateur me raconte :

— *Mais il avait une manie qui a tout de suite sauté aux yeux de nos informaticiens : il utilisait un élément biologique comme nom de code (l'eau, la terre, le feu...) qu'il faisait suivre d'un nombre toujours identique. Or, son tic, c'est que pour composer ce nombre sur le pavé chiffré d'un ordinateur il tapait instinctivement en diagonale, de droite à gauche, à l'envers ou bien de haut en bas. Mais d'une façon si caractéristique qu'elle laissait des traces informatiques.*

À cette époque, les hommes de la BRB s'aperçoivent de plus que la plupart des messages anonymes menaçant les médecins sont partis du sud de Paris, plus particulièrement des 12e, 14e et 15e arrondissements. Des articles de presse alertent bientôt sur cette opération mafieuse et celle-ci cesse. Des affaires similaires refont surface en décembre 2005... un mois avant l'enlèvement du jeune Halimi ! Mais cette fois-ci, des tentatives de rapts sont aussi mises au jour. À Sceaux, le commissariat en recense neuf dans une seule rue ! Cependant, les éléments concrets manquent. Jusqu'à l'aventure que vit un homme qui la raconte aux policiers. Estimant qu'une blonde l'a sollicité un peu trop aisément, il envoie un copain à sa place. La fille ne s'étonne même pas de ne pas retrouver le garçon qu'elle a aguiché et embarque en voiture celui qui le remplace ! Arrivé à l'adresse qu'elle présente comme la sienne, son passager ne comprend pas que le bip de sa compagne ne puisse pas actionner l'ouverture du parking souterrain. Tandis qu'elle s'éloigne un instant, il récupère son téléphone portable dans son sac à main et constate qu'aucun numéro n'y figure, comme si la propriétaire de l'appareil les effaçait après chaque appel. Sentant le mauvais coup, il s'arrache !

Puis, vers le 15 décembre 2005, Jimmy 20 ans, un producteur de musique d'Antony accueille une jolie fille qui vient de frapper à la porte de l'appartement familial. Le soir du 6 janvier 2006, quatorze jours avant la disparition d'Ilan, l'inconnue récidive. Jimmy n'est pas présent. Qu'importe, elle se rabat sur son père ! Il accepte de la suivre jusqu'à une cité pas très reluisante de Bagneux. La jeune femme fait entrer le quinquagénaire dans un hall d'immeuble et là deux gros bras lui tombent dessus ! Les mains entravées par une paire de menottes, le malheureux est traîné à la portière d'un véhicule garé tout près. Mais les voisins qui ont entendu des cris ont appelé police-secours qui arrive. Un portrait-robot de la belle est établi, mais il n'est pas publié ! Les flics ne croient pas beaucoup en ce genre d'exercice. Quelques jours plus tard, Ilan disparaît dans les mêmes conditions et la brigade criminelle fait le rapprochement entre les affaires de 2004/2005 et l'enlèvement. Les témoignages des anciennes victimes affluent. Mais jamais personne ne parviendra à remonter la *mafia africaine* rebaptisée *gang des barbares*. Personne ne se pose non plus de question sur le détail de la rue Prokofieff. Et, quand durant la séquestration d'Ilan la PJ débarque dans la cité où elle imagine pouvoir trouver une trace de lui, aucun de ses policiers n'ira jusqu'à cette artère. Plus tard, certains docteurs reconnaîtront apparemment plusieurs de leurs anciens maîtres-chanteurs parmi les prévenus qui leur seront présentés au milieu d'autres inconnus, à travers une vitre sans tain.

Quant à Ilan, son sort avait été scellé dès la mi-janvier 2006...

Mardi 17 janvier 2006, boulevard Voltaire, Paris 11e arrondissement. Flashback.

Dans le magasin de vente de téléphones cellulaires où il travaille, Ilan Halimi vient de se faire ouvertement draguer par une bien jolie jeune femme. Elle finit par obtenir un rendez-vous avec lui pour le 21 janvier suivant à 23 heures.

Vendredi 20 janvier au soir, Paris 11e. Flashback.

En attendant de rejoindre la belle, Ilan va boire un verre avec son pote Fred. Mais l'inconnue qui le rappelle, apprenant qu'il est accompagné lui demande de ne pas amener son copain. Selon un autre ami du jeune homme rencontré par une journaliste de CREDO, elle lui aurait dit : *Moi, je ne veux que toi.*

— *Elle tenait vraiment à ce qu'il vienne tout seul*, précise le témoin. *Ilan est parti confiant. Il était beau gosse.*

Plus tard, au volant de sa Twingo grise, il rejoint en effet celle qui s'est présentée comme *Emma*. Ilan Halimi la retrouve à Sceaux. Une dernière fois, il se sert de son portable puis la trace de celui-ci disparaît des bornes-relais de son opérateur. Ensuite, la jolie fille qui l'accompagne l'emmène jusqu'à un endroit où se sont dissimulés trois gros bras qui, après avoir roué de coups Ilan, le balancent dans le coffre d'une voiture qui attend à proximité.

Direction : un studio au troisième étage du 4 rue Serge-Prokofiev à Bagneux.

Si Ilan, qui a l'habitude de draguer, mais moins de l'être, ne s'était pas laissé griser par un sourire enjôleur, sans doute ne serait-il pas tombé entre les griffes de ses tortionnaires... Mais entre charmer une jolie fille, se laisser entraîner par son joli minois et finir enchaîné au fond d'une cave, l'affaire est trop grave !

Samedi 21 janvier 2006, Paris, 20e arrondissement, boutique du père d'Ilan, Didier Halimi.

Un appel téléphonique anonyme vient de lui parvenir. Une voix inconnue l'a averti que son fils a été enlevé et que la rançon est de 500 000 euros

Samedi 21 janvier 2006, 58 avenue du général Michel-Bizot, domicile de la mère d'Ilan.

Cette dernière a reçu par e-mail une photo de son enfant, les yeux bandés, un large adhésif argenté sur la bouche, un quotidien du jour dans les mains et un pistolet pointé sur la tempe à bout touchant. La tête de celui qui le tient est coupée sur l'image. Cependant, un des policiers de la brigade criminelle va découvrir un infime détail. Entre le haut du gant qui dissimule la main armée de l'homme et le bas du vêtement qui habille son bras, on aperçoit un mince morceau de peau foncée... noire ! Le type est tout de suite identifié comme étant de *race noire*. Pourquoi sinon cacher ses mains ? Et dans l'esprit de quelques flics, ça fait tilt : la *mafia africaine* ! D'ailleurs, une fois de plus, le mail a été envoyé du sud de la capitale ! Les communications Internet sont relayées par un système de plaques disséminées dans les quartiers de chaque ville desservie. Sur chacune, pénètre entre 250 et 300 lignes d'abonnés qui en ressortent par un seul câble. C'est de cette façon que l'une de ces plaques mènera les enquêteurs au bon endroit assez rapidement. De plus, ils sont persuadés d'être en présence d'une signature électronique répertoriée. Elle est en effet identique à celle de l'individu qui menaçait les toubibs deux ans auparavant ! Invisible pour le profane, elle l'est aussi de celui qui s'en sert. Il s'agit plus d'une caractéristique de comportement, qui a tout à voir avec la psychologie de l'auteur des messages, et rien avec la technologie. Une chose est certaine, à chaque fois qu'il écrit il se trahit ! Aussi sûrement que s'il utilisait une machine comportant un défaut sur l'une de ses lettres. À partir de cela, plusieurs façons d'opérer existent. Aussitôt confirmé que la photo de l'otage a été envoyée par la même personne que celle repérée en 2004/2005 dans l'affaire de racket, des alarmes sont réactivées sur les ordinateurs publics de boutiques spécialisées dans le sud de Paris. Et c'est là que le travail de la PJ va partir en vrille, comme me l'explique succinctement à l'époque un de mes indics au 36 qui, aujourd'hui à la retraite, me valide ses déclarations.

— *Ces sonnettes n'ont été que partiellement réinstallées. De plus, il aurait fallu réquisitionner le meilleur expert et lui désigner rapidement le cadre juridique dans lequel il allait évoluer. Mais l'inertie hiérarchique et judiciaire a grippé la machine.*

Le maître incontesté il existe ! Je l'ai rencontré durant l'enquête sur la mort d'Ilan. Il s'appelle Alexis H. Il a déjà travaillé avec la première division de la PJ sur un énorme dossier de transferts de fonds illicites. Selon lui, le fait que les courriels passent par des relais à l'étranger (c'est le cas pour l'affaire Halimi) ne pose aucun problème de détection formelle de l'endroit d'où ils sont partis initialement, ni l'installation d'alertes. Si on le suit, dans un tel cas la véritable difficulté est d'ordre juridique, pas technologique. Il faut en effet délivrer une commission rogatoire internationale. Et, le temps qu'ils l'obtiennent, les enquêteurs peuvent dire adieu à leur dossier.

Ensuite, Alexis H. me parle boutique :

— *En une dizaine de secondes, on peut enclencher une alarme à partir de critères d'identification d'un message. On peut aller jusqu'à fabriquer un logiciel tout exprès. Il suffit alors de programmer des mots-clés. Puis on met au point un signal qui se déclenchera dès leur apparition dans un mail. Celui-ci peut être très sophistiqué, il peut faire sonner les portables des enquêteurs ! On peut même obtenir le verrouillage des portes du local d'où part le message ou lancer l'enregistrement d'une caméra dissimulée pour filmer les personnes qui viennent d'opérer !*

Seulement, après la réception de la première photo d'Ilan Halimi, certains lieux d'émission potentielle de courriels sont en effet équipés d'alarmes. Mais d'autres pas !

Lundi 6 février 2006, Paris, un cybercafé de la porte d'Orléans.

Autour des endroits où il n'y a pas de sonnettes électroniques, des planques classiques sont organisées. Bizarrement, plutôt que de conserver le maximum d'effectifs pour mieux les assurer, sur ce point-là il y a les deux : alerte automatique ET surveillance ! Quand la BRI aperçoit un individu qui est identifié de race noire, malgré la cagoule qui cache une partie de son visage, les inspecteurs pensent aussitôt *mafia africaine.* Mais un dispositif ayant été programmé à cette adresse, ils attendent son déclenchement. Rien ! Et pour cause, l'homme n'est pas venu envoyer un ou des courriels, mais créer de nouvelles boîtes anonymes. Du coup, lorsqu'il ressort il n'est même pas *filoché*, mais juste pris en photos.

Après la neutralisation de toute la bande, des flics compareront celles-ci avec celle de Youssouf Fofana considéré comme le chef de file. Certains se demandent encore s'ils n'auraient pas dû le prendre en filature porte d'Orléans, car la ressemblance est troublante !

— *Nous avons été victimes de plusieurs choses inadmissibles qui sont venues polluer nos investigations*, me confirme en avril 2020 un autre ancien du 36, solide et pourtant écœuré.

En 2006, il m'avait déjà fait part de son émoi :

— *D'abord nous avons subi un manque cruel de confiance de la part de notre hiérarchie. Ensuite s'est ajoutée une absence de coordination entre nous, les magistrats et les techniciens informatiques qui aurait pu être décisive. Exemple : un groupe a été chargé de l'affaire, le reste de la brigade intervenant en renfort. Mais interdiction nous était faite de communiquer entre nous ! Du coup, quand nous réclamions certaines vérifications, ou des demandes d'aide à la technologie, nous ne pouvions savoir si cela avait été fait par ailleurs.*

Bref, pendant l'enquête, les flics de la crim' sont amers et le demeureront longtemps. J'en connais certains qui aujourd'hui encore font de mauvais rêves lorsqu'ils pensent à la fin d'Ilan Halimi.

Jeudi 9 février 2006, Paris.

Ceux qui détiennent Ilan Halimi suggèrent à sa famille que la rançon soit déposée sur plusieurs comptes à l'étranger, au travers de virements de la Western Union. C'est un procédé souvent utilisé par la pègre internationale. Avant cette ultime consigne, ils ne sont jamais venus aux rendez-vous qu'ils avaient pourtant eux-mêmes fixés pour récupérer l'argent. Sans doute certains rendez-vous avaient-ils même été pris tout en sachant qu'ils ne se déplaceraient pas... Les inconnus ont d'abord réclamé qu'on leur apporte ce qu'ils voulaient du côté de la place du Châtelet. *In extremis*, ils se sont ravisés, en exigeant que la rencontre ait lieu dans les couloirs de la gare du Nord. Enfin, arrivés là, ils indiquent qu'il faut maintenant monter dans un train pour Bruxelles.

La police lâche l'affaire.

Ce 9 février, c'est la dernière fois que les malfaiteurs se manifesteront... La PJ demande alors à la famille de ne plus tenir compte des tentatives de contacts qui lui seront adressées.

Le 19 février Ruth Halimi, la mère du supplicié, mettra en cause les autorités françaises :

— Cinq jours avant qu'Ilan soit retrouvé, la police nous a ordonné : ne répondez pas au téléphone, ne répondez pas aux textos ! Nous avons reçu des douzaines d'appels sans décrocher et Ilan a été retrouvé agonisant. Il est certain que si nous avions répondu, Ilan n'aurait pas été exécuté !

Lundi 20 février 2006, rédaction de Paris Match Levallois-Perret.

C'est *Paris Match*, notre hebdomadaire fétiche qui va publier les premiers éléments de l'enquête des reporters de CREDO.

Nous avons d'abord apporté au journal des photos exclusives. La première, est celle de l'*appât* qui avait servi plusieurs fois à la *mafia africaine*. C'est une jolie jeune femme aux cheveux clairs et le portrait-robot dessiné d'elle lui ressemble tant que c'est ce qui l'a perdue. Cette image a une histoire qu'aujourd'hui encore j'ai du mal à digérer. Un peu plus tôt, j'ai réussi à localiser le père de la blonde en question dans un EHPAD parisien. Une de nos journalistes est allée lui rendre visite. Le vieux bonhomme avait gentiment répondu à l'interview, mais n'avait pas voulu lâcher la photo de sa fille, posée dans un cadre sur sa table de chevet. Pourtant, ma collaboratrice l'avait ramenée à l'agence. Selon elle, ce document avait été obtenu normalement. C'est quand, des semaines plus tard, j'ai reçu un appel d'une fliquette de la PJ parisienne, enquêtant après une plainte du papa d'*Audrey*, la blonde de la photo, que j'ai compris. Il n'empêche que lorsque l'on est responsable d'une rédaction, on défend et on protège ses troupes, quoi qu'il puisse en coûter. D'autres l'avaient fait pour moi à RTL ! J'ai raconté sur procès-verbal que cette image était parvenue anonymement dans la boîte aux lettres de CREDO. J'ai même fourni l'enveloppe ! L'officier de police judiciaire qui m'entendait ne m'a pas cru, elle me l'a dit, mais elle a été obligée de faire avec. N'empêche ! Entre quatre yeux, ma journaliste a un peu changé de version pour approcher la vraie, celle qui me pose encore question et qui me fait toujours lui en vouloir de ce grave dérapage.

PARIS MATCH : LA FABRIQUE DES SCOOPS

Le dossier Halimi n'est pas le premier que l'agence CREDO fournissait à Paris Match. Entre ce dernier et moi, c'est une vieille histoire. J'y ai eu une pige régulière durant deux petites années alors que je bossais pour RTL. Je me suis fait des copains, des concurrents, quelques ami(e)s. Comme avec tous les autres journaux qui utilisent nos sujets, j'ai d'abord lutté pied à pied avec la rédaction en chef de Match pour que le travail de nos journalistes soit reconnu en les signant. Les responsables de la publication de ce prestigieux titre auraient pu ne pas accéder à ma requête. Qu'une agence valide sa production de son nom c'est logique. Que ceux de ses rédacteurs l'accompagnent, ce n'est pas obligatoire. Les photographes-agenciers ont gagné cette bagarre depuis longtemps. Ce n'était pas évident pour nous qui fournissions *textes et illustrations.* À pas mal de reprises, j'ai dû revenir sur le métier pour que tel ou telle des nôtres puisse signer. Dans tous les périodiques que l'agence CREDO a servis, je me suis fait un devoir (et un plaisir) d'être auprès de mes confrères qui mettaient nos efforts en musique les soirs de bouclage. De plus, je pouvais ainsi mieux contrôler ce que je voulais ne pas voir passer à la trappe. À Match, ces nuits-là étaient épuisantes, exaltantes mais aussi bon enfant. Ah les nuits passées aux côtés de mon ami rédacteur en chef Fréderic Musso, qui s'évertuait à parer de luxueux habits la copie de chacun, y compris de certains des envoyés spéciaux de son journal qui jetaient leurs notes de reportages aux sténos par téléphone, avant de repartir sur le terrain ! La mine de Fréderic quand il se disait (et qu'il s'en ouvrait à moi) que tel ou telle aurait pu faire un effort d'écriture un peu plus prononcé. Lui qui, passé la porte de Paris Match, rédigeait de la poésie ou des romans ciselés. Il en va de même d'ailleurs pour l'ensemble du service *rewriting* et du secrétariat de rédaction de ce canard pas comme les autres. Combien de fois il m'est arrivé de me retrouver avec notre copie pour relecture ou titrage, auprès d'une consœur ou d'un confrère qui, son boulot de journaliste terminé, publiait des polars ou des fictions de très grande qualité ! Avec Fréderic c'était différent et encore plus chaleureux, je le connaissais de la rue Bayard. En fait, il est le gendre de Raymond Castans, qui a été mon dirlo à RTL. Quand il passait le voir, nous prenions souvent des pots à la terrasse de *Pépita*, la redoutable Espagnole du bistrot d'en face, ou un *en-cas* roboratif à la table de *Savy*, le Corrézien, juste à côté de chez elle. Ce que nous avons fait aussi plus tard à Levallois-Perret le mercredi midi, une fois le journal (presque) sorti avec notre sujet.

Dans ce numéro de *Match* daté de la dernière semaine de février 2006, notre enquête sur Ilan Halimi était supervisée par les deux représentants de l'hebdo chargés du dossier. Ce ne sont pas les moins bons : Grégory Peytavin, qui deviendra chef des infos et la sémillante Flore Olive, passée grand-reporter. Elle balade maintenant sa silhouette menue et son agréable minois sur les points chauds du globe, avec un talent qu'elle avait déjà sur les faits divers. Un jour à Levallois, elle est venue me voir avec un large sourire :

— *Vous connaissez mon père, je crois ?*

Je n'avais pas tout de suite fait le rapprochement, mais elle est en effet la fille d'Alain Olive, très grand syndicaliste de l'époque, avec lequel j'avais pas mal d'atomes crochus. Notre conversation à peine terminée nous nous tutoyions. Depuis, je suis son parcours sans fautes.

Outre la photo de l'« appât », nous avons aussi fourni à Paris Match un portrait de son petit ami, un des membres du gang, et une autre réalisée en planque. Un pote à moi de la brigade criminelle m'avait en effet averti, après la mort de l'otage, que la PJ avait retrouvé l'un des cybercafés depuis lesquels étaient envoyés des messages à sa famille. Nous y avons précédé la descente de la *crim'* et shooté au téléobjectif les enquêteurs sur le trottoir.

Et puis, nous avons enfin livré à Match les éléments de nos propres investigations. Nous révélions ainsi que la police avait totalement échoué dans ses surveillances des commerces de communications électroniques où pouvaient venir les ravisseurs. Un des malfaisants a bien utilisé un ordinateur à l'une de ces adresses, mais les alarmes sonores branchées sur les terminaux n'ont pas fonctionné !

Et nous ajoutons, dans le papier de Flore Olive et de Peytavin, que même l'antigang s'est plantée ! Elle veillait devant une boutique du 11e arrondissement lorsque l'un des tueurs s'est pointé et les superflics l'ont raté.

Jeudi 23 février 2006, Le Parisien toutes éditions.

Quelques jours plus tôt, deux des reporters de CREDO ont écumé les adresses, au plus près de la barre d'habitations au pied de laquelle Ilan Halimi a été détenu dans un local de chaufferie. Et dans l'entrée de la HLM où il a vécu son calvaire, ils sont tombés sur le gardien. Le sujet n'a intéressé que nos amis du quotidien, mais ils nous offrent une belle place :

Gilles Serrurier aurait prêté au moins un studio vacant au gang des barbares. Il a été interpellé par la police judiciaire la veille. Nous l'avons rencontré le week-end dernier. Gilles habite à l'entrée n°5 de la rue de Kirovakan. C'est le seul accès à la longue barre d'appartements. Au troisième étage, un jeune homme pousse la lourde porte blindée de l'appartement de Gilles et sort sans nous lancer un regard :

— Gilles dort. Il ne faut pas le déranger !

Finalement, un grand gaillard blond se présente à l'entrée de l'appartement. Il a une quarantaine d'années. Des cernes creusent son visage défait. Le concierge déclare :

— Ne dites pas mon nom, je n'ai rien dit à mon père. J'ai une femme et des enfants... Il reste sept frères de Fofana dehors. Youssouf Fofana était très violent, tout le monde le sait ici. J'ai peur.

L'homme, à bout, ne veut pas expliquer comment il a pu prêter l'appartement où Ilan Halimi semble avoir été longtemps séquestré, hall n° 1, 3e étage :

— Les policiers m'ont dit de me taire. Et puis, de toute façon, j'ai peur.

Dimanche dernier, Gilles ne soupçonnait pas qu'il serait, à son tour, interpellé. Les enquêteurs pensent en effet qu'il a prêté plusieurs appartements où se sont réunis les membres responsables de l'enlèvement, de la séquestration et de la mort d'Ilan[1].

Dimanche 26 février 2006, 15 rue Galvani, Paris. Bouclage de VSD.

Paris Match ne publiera pas cette semaine de suite au sujet, malgré nos nouvelles informations, qui auraient pu compléter dans le moindre détail ce que nous avions raconté dans l'édition précédente... Nous nous tournons donc vers *VSD* pour livrer nos derniers inédits, sur la PJ et ses errements. Le journal nous offre deux pleines pages titrées :

Les ratés de l'enquête.

1. *Le Parisien* du 23/02/2006 (Fabienne Ausserre, agence CREDO).

J'attaque le papier par : *La police judiciaire connaissait l'un des ravisseurs d'Ilan ! Ou plutôt, elle connaissait sa signature électronique.*

Nous revenons sur les rapprochements établis entre la disparition du jeune vendeur de téléphones et les anciennes menaces adressées à des toubibs, en affinant nos infos publiées dans *Match* quatre jours plus tôt. Et nous mettons l'accent sur les incohérences de l'enquête.

Pendant ce temps, une équipe de CREDO passe à nouveau au laser, la cité de la Pierre-plate à Bagneux, là où Ilan a été détenu. Les commerces sont rares. Nos reporters vont commencer par s'intéresser à la mère de Youssouf Fofana, le chef désigné des *Barbares*. Il n'y a pas d'accès libre aux immeubles tout en hauteur. Il faut d'abord interroger le digicode. Madame Fofana vit rue des Pruniers-Hardis, appartement 422, 2e étage. Elle décroche son interphone. On entend sa voix avec difficulté.

— *C'est pas possible que mon fils il a fait ça !*

Tout à coup, elle pleure. Entre chacun de ses gémissements, elle répète :

— *Non, c'est pas possible que mon fils il a fait ça.*

Une jeune parente surgit, très soignée, les cheveux longs et bouclés. Son discours devient vite intarissable, elle se met en colère :

— *Vous ne pouvez pas nous laisser tranquilles ? Arrêtez de nous faire chier !*

Au 4 rue Prokoviev, Paul, un retraité, avait repéré quelques ados et leur manège bizarre :

— *J'avais dit à ma femme qu'il y avait des choses pas claires ces dernières semaines. Tous les jours, à partir de 6 heures 30 jusqu'au soir, depuis environ 15 jours, j'ai vu monter et descendre du haut de l'immeuble jusqu'à la cave des jeunes Maghrébins et Noirs africains. Ces allées et venues, c'était la première fois que ça se produisait ici. Je me demandais s'ils montaient au 10e ou au 11e car l'ascenseur s'arrêtait souvent au 10e.*

Pour accéder au 11e, il faut en effet emprunter l'escalier. Son épouse, elle, est formelle :

— *C'est au 10e qu'ils allaient !*

C'est bien à cet étage que les enquêteurs ont perquisitionné l'appartement A11 laissé vacant, et que le concierge monsieur Serrurier a prêté à Youssouf Fofana.

Paul continue :

— Ils disaient bonjour, mais c'est tout et ils avaient le visage renfrogné. Lundi ou mardi matin dernier, je sortais de l'ascenseur à 6 heures 30 comme d'habitude, un type est entré dans le hall, il m'a contourné et il est descendu à la cave. Il a frappé et il a essayé d'ouvrir. Il a lâché : « merde ! C'est fermé ! » Il est remonté et m'a à nouveau croisé sans dire bonjour. Jusqu'à tôt vendredi où des hommes nous ont lancé « police » en montrant leurs cartes !

Au sous-sol plusieurs portes de bois ont été défoncées au cours de l'intervention. Celle de Paul y est passée ce qui le laisse interdit. Au fond d'un dédale de couloirs, des scellés ont été posés sur la chaufferie, une pièce aux dimensions réduites, au sol et aux murs de béton. Une grande tache indéfinissable s'étale à terre. On n'ose imaginer le calvaire d'Ilan, s'il a bien été séquestré ici.

Rue de Kirovan habite Salah Mustapha, le père de Nabil, un des interpellés. Il ouvre sa porte rafistolée après le passage brutal des gens du 36. L'homme se protège la bouche à l'aide d'un masque anti-poussière. En fait, il répare les dégâts occasionnés chez lui par la descente. Voilà vingt-quatre heures que son fils est soupçonné d'être un des membres du gang des ravisseurs. La veille, Salah a déclaré à France-Soir qu'il était sûr de l'innocence de son gosse. Aujourd'hui, le ton est beaucoup moins ferme. Il explique d'une voix blanche :

— Il faut laisser l'enquête se poursuivre.

Mais à aucun moment il ne songe à défendre sa progéniture. Avenue Ravera, le tenancier de la pizza-kebab en veut aux jeunes accusés :

— Ils ont massacré le quartier. On se croirait dans un film américain, pas dans un film français...

Chez le coiffeur voisin, la responsable du salon lâche :

— Ça fait trente ans que je vis ici, j'ai vu le quartier se dégrader...

Et son unique cliente, prudente, ajoute :

— Ici, moins on en dit, mieux on se porte...

Vendredi 3 mars 2006, Paris, place Dauphine, restaurant le Caveau du palais.

Paris Match nous a commandités pour poursuivre l'enquête pour eux. Les conditions sont clairement énoncées : Si pas d'infos : facture minimale ; des infos sans parution : un peu plus. Et s'ils utilisent des éléments à nous dans un prochain numéro, on discute d'un nouveau forfait !

En contrepartie, ils ont le droit de *premier regard* sur le matériel que nous pouvons récolter, informations, documents, photos. Mais, quoi qu'il advienne, remboursement des frais.

J'invite donc un flic dans cet excellent restaurant qui a longtemps été mon favori, derrière le palais de justice. RTL comme Match ne regardait pas à la dépense... tant qu'il y avait des résultats !

Un jour à mes débuts, Jean Farran le grand patron m'avait fait cette réflexion, averti que pour partir à l'étranger j'avais voyagé en classe touristes : *J'espère que dans l'avion vous n'avez pas dit que vous étiez de RTL !*

En sortant de déjeuner ce 3 mars 2006, j'ai dans mon carnet les premières déclarations aux enquêteurs d'un des principaux complices de Fofana. Jérome Ribeiro est le petit ami d'Audrey L., la jeune femme blonde dont nous avons été les premiers à diffuser la photo. Après s'être spontanément présentée à la police, elle a balancé son jules. Et, une fois interpellé à son tour, Ribeiro a donné toute la bande, et a essayé de minimiser son rôle dans ce qui était arrivé à la victime :

— *Au départ, Ilan Halimi n'a pas été trop malmené...*

Mais Ribeiro pouvait-il dire autre chose, alors qu'il avait avoué qu'il avait fait partie des geôliers ? Selon les nombreuses confidences qu'il a faites ensuite, confirmées par les recoupements effectués avec les déclarations de certains de ses complices, Ilan a très vite servi d'exutoire aux adolescents de la cité de la Pierre-plate, qui se relayaient dans sa prison pour le surveiller. D'abord, ce furent des coups. Puis les fumeurs l'ont brûlé avec leurs cigarettes. Enfin, il a subi des sévices que, tout à l'heure, mon convive osait à peine décrire, des violences sexuelles notamment.

Ses gardiens lui interdisaient de faire ses besoins aux toilettes et de se laver. Il ne pouvait se nourrir qu'à l'aide d'une paille, car jamais ses tortionnaires ne lui ont enlevé l'adhésif argenté qui lui barrait le visage, laissant juste l'interstice de la pipette. Enfin, le jour où ils l'abandonnent le long d'une voie ferrée, ses bourreaux après l'avoir grièvement piqué avec un couteau et bourré de coups de pied, l'aspergent de white-spirit et l'enflamment pour faire disparaître toute trace ADN.

Ilan Halimi aurait eu 24 ans le 11 octobre 2006...

Flics, voyous et reporters...

Où l'on peut être ami avec des flics sans aimer la police.

Où les malfrats qui écrivent leurs mémoires ne sont pas forcément les meilleurs dans le milieu.

Où l'on se dit qu'un reporter doit éviter de choisir un camp...

Décembre 1998, une église à Boulogne-sur-Mer (Pas-de-Calais).

Pierrot s'est fait la malle et nous allons le porter jusqu'au cimetière. Mon Pierrot ! Pas *leur* Pierrot à tous ces officiels qui se pressent de part et d'autre de la nef, tous ces galonnés de la police judiciaire, ces amis de passage, ces faux potes qui lorsqu'il tirait un peu trop sur la corde côté fêtes et *p'tit jaune*, n'en pensaient pas moins et le vannaient en douce. Dans son dos, car ils savaient tous que s'opposer à lui pouvait mal tourner.

Pierrot est mort et je suis loin de tous ceux-là, à la porte d'entrée, me cachant pour chialer comme un gosse. Pierrot ce n'était pas l'*inspecteur divisionnaire* Pierre Malahude, c'était mon grand frère. Courant 1993, il m'avait accompagné jusqu'au bord de la tombe de la mère Hamon, dans le bistrot de laquelle nous avions vécu tant de dégagements que nous ne les comptions plus. Il m'a rarement donné une info, ou alors après coup, et je ne lui en ai jamais demandé. Que voulez-vous que ça rapporte à un flic de filer des tuyaux à un reporter, si ce n'est de grosses emmerdes ? Et puis c'était comme ça, même avec un pote on ne fait pas n'importe quoi ! Ça n'a pas empêché Maurice Bouvier de le sommer un jour, pendant la traque de Mesrine, de ne plus me fréquenter. Le directeur central de la PJ (DCPJ) n'en pouvait plus des incursions de RTL dans ce dossier.

Pierre lui avait répondu :

— *Ne plus voir Hamon, ça va être coton, M. le directeur...*

Et *la pipe*[1] de rétorquer :

— *Et pourquoi ça serait si difficile de ne plus rencontrer ce monsieur ?*

1. Le surnom du DCPJ car il pompait sans cesse dessus, même quand elle était vide.

La réplique fusa, franche comme l'était Malahude :

— *Parce que je vis chez lui, monsieur !*

Pierre c'était le gars qui m'avait expliqué une fois, nonobstant sa qualification de moniteur de tir, que moins on se servait de son arme mieux c'était. Qu'il faut si bien en maîtriser le maniement que lorsqu'un mec enfouraillé est face à toi, il doit comprendre dans tes yeux qu'à ce jeu-là c'est toi le plus fort. Et en même temps, arrive le jour où il vient témoigner à la cour d'assises de Paris de son rôle dans une fusillade. Elle avait précédé la neutralisation d'une belle équipe de truands après un braquage à la perception de Saint-Denis. Le feu avait été nourri. J'assure le compte rendu pour RTL. Et il en fait des tonnes sur ce qu'il avait vécu :

— *Ça commence à partir du côté de nos clients, Monsieur le Président. Je suis derrière l'aile d'un de nos véhicules, un genou en terre, j'aperçois un des malfrats, je le vise, j'ajuste mon tir, et bing bing, deux cartouches ! Le type tombe sur le côté. Je pivote à 90°, j'en vois un second, je vise, et bing bing deux cartouches ! Et bing bing deux autres ! Car je ne suis pas sûr de l'avoir touché. Je recharge.*

Sur les bans de la défense, un avocat se lâche :

— *Ce n'est plus une arrestation, c'est un assassinat !*

Je ne me souviens pas avoir déjeuné avec lui avant cette prestation. J'ai toujours pensé que Pierre avait dû se *doper* à l'heure de l'apéro.

Courant de l'année 78, Paris, 127 rue du Faubourg Saint-Honoré.

Ces années-là, une fois le boulot terminé, il ne fallait pas en effet lui en promettre au Pierrot. Et nous n'étions pas les derniers à suivre ! C'est au bar de l'OCRB que mon copain Jacques Labib a l'idée de son scénario de *La guerre des polices*[2]. Au mur, les flics de l'Office du banditisme avaient placardé des photos d'un polar cinématographique. Sur certaines, deux personnages étaient fort abîmés, le visage en lambeaux. Et des bulles avaient été ajoutées par les inspecteurs de l'Office qui proposaient des dialogues peu amènes envers leurs collègues de l'antigang parisienne. Ainsi, pouvait-on lire dans la bouche d'un des deux flics :

— *Je t'avais bien dit qu'il fallait pas bosser avec la BRI !*

2. *La guerre des polices* (1979). Film de Robin Davis, avec Claude Brasseur, Marlène Jobert et Claude Rich.

Pierre m'aurait donné sa chemise. À l'époque où ma compagne et moi nous avions des velléités de couple et de bébé, il nous arrivait d'aller en groupe déguster une choucroute à La chope d'Alsace, près du boulevard Saint-Germain. C'est lui qui sonnait le signal à la troupe pour me *monter mon trousseau*. Je conserve encore des assiettes et des couverts de l'établissement, joliment décorés d'ailleurs, dérobés par une bande de flics bien chauds, qui planquaient tout ça dans leurs sacoches pour me les offrir à la sortie...

Je me rappelle les déjeuners de folie dans le restaurant des beaux-parents de son copain José Deltorn, le responsable du syndicat des inspecteurs de l'époque qu'il adulait. Ce couple de braves gens tenait un bistrot ouvrier à Courbevoie. Après des apéros à rallonge au Griffon, voisin du 127 rue du Faubourg Saint-Honoré, siège des offices centraux de la PJ, nous décidions parfois de grimper jusque là-bas. Il fallait voir... et entendre le convoi de voitures gyrophares-deux tons remonter les Champs-Élysées comme si leurs occupants partaient sur un gros coup. Quant au retour, selon le déroulement du repas, il pouvait se faire de façon identique, par la même route, mais sur la voie de gauche provoquant des embouteillages monstres. Aujourd'hui, tous ces fonctionnaires seraient interpellés par l'Inspection générale et traduits en conseil de discipline !

19 septembre 1989, Tchad, Ndjamena. Un DC-10 d'UTA vient de se fracasser dans le désert à 650 kilomètres de la capitale tchadienne.

Pierre Malahude y est officier de liaison à l'ambassade. Et sans doute pour la première fois de notre relation amicale, je lui soutire quelques éléments et il me les donne. J'assure deux papiers à l'antenne de RTL. Pour des raisons pécuniaires, Pierre a en effet fini par demander à rejoindre le SCTIP (Service de coopération internationale de police). Et son premier poste est celui-ci. Cet organe qui se nomme aujourd'hui DCI[3] gère les fonctionnaires français chargés d'apporter aide et assistance à leurs homologues étrangers. Leur rôle est de les former selon leurs spécialités. Pierre leur apprend la PJ *à la française*. Je l'ai un peu briefé sur le Tchad car j'y suis allé deux fois pour RTL. La première lorsque ça chauffait très fort au Nord, du côté de

3. Direction de la coopération internationale.

Faya Largeau, et que les cavaliers d'Hissen Habré éperonnaient les engins adverses avec les véhicules de l'avant blindés (VAB) tout neuf offerts par la France, un désastre matériel ! J'avais effectué mon second séjour quand Paris avait été obligé d'envoyer une fois de plus des troupes pour soutenir l'allié tchadien. Et cette fois, avec un super confrère photographe, nous avions eu très chaud, allongés le nez dans la poussière, braqués par un soudard plein de Galla, la bière locale...

C'est l'ami Brice Barillon qui va couvrir la catastrophe du DC-10 pour RTL. Je lui passe les coordonnées de Pierre et je lui téléphone en lui disant qu'avec Barillon c'est comme pour moi. Et ça, Pierre, il respecte. Il va monter à Brice une magnifique embellie, de quoi en tirer un sacré scoop. Le soir même, il lui présente un des pilotes qui a survolé la zone et les débris du DC-10. Avec tant de détails que Brice transmet un ou deux papiers dans lesquels il décrit l'endroit, la carcasse de l'avion, les objets autour, un impeccable récit *couleur*. Mais de façon impersonnelle ! Pas comme s'il y était allé lui-même. À son retour, une polémique déclenchée par *Le Canard*, lui a fait porter le chapeau d'un bidonnage. Le comble ! Brice Barillon s'en est mal remis, d'autant plus qu'à la radio, personne n'a voulu affronter *le volatile du mercredi.* Ce qui ne l'empêche pas de se souvenir aussi de la tournée des boîtes de nuit à vélomoteur avec Pierrot, un soir d'invasion de criquets. Un grand moment selon lui.

Courant 1998, ambassade de France, Bucarest, Roumanie.

Chacun son tour ! Je suis venu passer quelques jours avec Pierre et sa compagne roumaine. C'est le second poste à l'étranger pour mon Pierrot. Il paraît heureux, il bosse fort, il vit avec une Roumaine jolie et qui parle le français à merveille... Bon c'est vrai que lorsque Pierre m'a dit qu'elle était la nièce d'un ex-responsable de la Securitate, j'ai un peu tiqué. Ces *anciens* de ce genre d'officines finissent toujours par se recaser y compris au sein de l'appareil de l'État qui a remplacé celui qu'ils servaient auparavant. Mais mon ami m'a rassuré. Elle travaille à l'ambassade de France et elle a été *criblée* par la sécurité. En revanche, tout enthousiaste que soit le père Malahude pour un important dossier qu'il est en train de monter, ce qu'il me confie à ce sujet m'alerte un peu. Il a découvert la présence à Bucarest de voyous français qui ont implanté une affaire d'importation de café... de Colombie ! Tu parles de café ! Pierre a prévenu l'Office des stups à Paris qui lui a demandé de suivre. Car les officiers de liaison répondent aux sollicitations de tous les services, banditisme, drogue, trafics, voire la DST et le contre-espionnage. Mais selon lui, y a un hic dans l'histoire. Un gros. Des poulets roumains sont mouillés... Peut-être même leur directeur général, jusque du côté du ministre. Et quand il m'annonce que son appartement a déjà été *visité* deux fois, ses fringues et ceux de sa compagne lacérés genre avertissement, mais sans que rien ne soit dérobé genre on cherchait des documents, là je lui suggère de se calmer. Il gueule, on part faire une java et je rentre à Paris. Agence, enquêtes, reportages, la routine...

Décembre 1998, Paris, 30 rue des Acacias, agence CREDO.

En larmes au téléphone, la copine roumaine de Pierrot. Elle m'annonce sa mort. Un immense vide se fait en moi. Comme l'impression d'une longue chute dans un gouffre sans fin. Mais je ne m'écroule pas, car un détail titille mes réflexes professionnels. La jeune femme me signale que, compte tenu des faits récents, elle s'étonne tout de même qu'il n'y ait pas eu d'autopsie. Mon sang ne fait qu'un tour ! Il semble que les autorités roumaines ne veuillent pas en entendre parler, quant à l'ambassade elle cherche à se débarrasser de cette encombrante dépouille le plus rapidement possible. Je raccroche et je ne vois qu'une solution pour que le maximum soit tenté et les *portes fermées* comme disent justement les flics. J'appelle Jean-Louis Bruguières. Ce n'est pas que le personnage soit mon magistrat préféré, j'ai toujours pensé que certaines de ses opérations d'interpellations sur les affaires de terrorisme ressemblaient plus à des rafles. Je lui apprends la mort *du* Pierrot avec lequel il était quelques semaines auparavant pour l'exécution d'une commission rogatoire internationale. Il avait fort apprécié Pierre. Je lui confie ce qui me trouble compte tenu de l'enquête qu'avait initiée mon pote. Ah, il n'a pas réfléchi longtemps le juge ! Quand la dépouille de mon copain est arrivée à Roissy, des inspecteurs de la brigade criminelle du 36 l'ont prise en charge, accompagnés par des employés de l'institut médico-légal. Direction salle d'autopsie quai de la Rapée ! L'examen a confirmé la rupture d'anévrisme constatée par le toubib à Bucarest. Aucune substance toxique n'a été décelée ni dans les tissus ni dans le sang. Mais bon, les Roumains et leurs grands frères soviétiques, ou d'autres républiques voisines étant à une époque les spécialistes de l'empoisonnement indétectable... Ce que je sais, c'est que pour écrire ces lignes je suis allé par hasard sur la toile. Et j'y ai découvert le gros ouvrage rédigé en 2013 par deux chercheurs français, Alain Labrousse et Laurent Laniel[4]. Ils rappellent les positions prises par des politiciens et des journalistes roumains concernant un trafic de cigarettes passant durant cette période par la Roumanie. Pour ces observateurs cités par les auteurs, *le réseau a même utilisé la résidence présidentielle pour stocker ses marchandises.* Et certains de faire un lien entre ce scandale et le décès de Pierre Malahude officier de liaison à l'ambassade de France.

(...) le fait que des étrangers aient fouillé son appartement à plusieurs reprises et qu'il ait reçu des menaces de mort a alimenté des rumeurs selon lesquelles il avait été assassiné (...) Selon certains journaux, Malahude avait transmis à ses supérieurs en France des informations sur les réseaux de trafic de cigarettes et de drogues, impliquant des membres des services secrets, ainsi que le fils du président et des officiers de police hauts gradés (...) Malahude enquêtait également sur plusieurs criminels français des années 1970 et 1980 qui s'étaient lancés dans des affaires en Roumanie, s'intéressant à la drogue, à la prostitution et aux jeux d'argent. Le récent scandale de la drogue en France qui s'est terminé par l'arrestation des frères Perletto, avait à la fois une dimension vénézuélienne et une dimension roumaine, ce qui était également dû au travail de Malahude. Ses enquêtes à cet égard ont tellement déplu aux autorités roumaines qu'au cours du mois précédant sa mort, il n'a pas été autorisé à accéder au quartier général de la brigade antidrogue.

Décembre 1998, retour à l'église de Boulogne-sur-Mer (Pas-de-Calais).

N'empêche, mon copain est maintenant au bout de la travée centrale, dans un cercueil de bois clair, sa famille dont Brice son fils que je connais bien, son épouse aussi que j'avais vue au Rheu en Bretagne, quand Pierre avait été muté à sa demande au SRPJ de Rennes, se serre au premier rang et les hommages posthumes vont défiler. Ça doit le faire marrer dans sa boîte mon grand frangin ! En tout cas, il y a une chose à laquelle je sais qu'il aurait tenu, c'est que des coups soient bus ! Je cesse d'écouter

4. *The World Geopolitics of Drugs*, 1998/1999.

ces simagrées, je sors et je me dirige vers le troquet le plus proche. La journée promet d'être longue…

23 août 1977, bureau de poste de la Butte Rouge, Châtenay-Malabry (92). Flashback.

Si parmi les policiers que j'ai rencontrés, il y a un abruti complet, c'est bien le brigadier Roger Marchaudon. C'était une des premières bavures que je vivais. Ce jour-là, une voisine des postiers appelle police-secours pour signaler des individus suspects qui rôdent. Plusieurs gardiens de la paix se précipitent. À leur arrivée cinq jeunes adultes détalent dont Mustapha Boukhezzer. Un de ses poursuivants le blesse. Des témoins le voient allongé et aperçoivent un gradé qui crie à son collègue :

— *Tue-le, tue-le !*

Et qui tire lui aussi. Une femme entend :

— *Espèce de salaud, maintenant t'es crevé !*

Et elle ajoute :

— *On avait l'impression que ça le défoulait, que ça lui faisait plaisir.*

On apprendra plus tard qu'une des balles a été tirée à bout touchant, c'est-à-dire le pistolet posé sur le corps de la personne visée !

Celui qui en est l'auteur se nomme Roger Marchaudon. Dans son rapport, il indique même que le jeune homme n'était pas armé. Devant ses scanners, Grandes Oreilles a tout capté. C'est le soir, je suis à RTL, le temps d'une confirmation de l'info et de récupérer l'identité du tireur, je m'installe au studio B et j'appelle le poste de police concerné. Je demande à parler au gradé sans trop d'espoir qu'il soit resté au service. La personne qui décroche me dit :

— *C'est moi !*

Je me présente et lui fais raconter ce qui s'est passé. Quand il entreprend d'évoquer ses tirs, il semble ne pas en être content.

— *Des cartouches ont été à côté.*

Puis tout à coup il se ravise :

— *Vous enregistrez ?*

Je réponds :

— *Oui !*

Il grogne :

— *Je ne veux pas que ça soit diffusé !*

Je le rassure :

— *OK, je cesse…*

Et je fais signe au technicien de laisser tourner. Le flic reprend :

— *J'aurais besoin d'aller au stand de tir. C'est exact il n'avait plus d'arme, mais lorsque l'un en porte une, les deux sont considérés de la même façon...*

Pour clore cet inimaginable dialogue, je lui explique qu'à sa demande, je ne passerais pas l'entretien à l'antenne, mais que je m'en servirais pour alimenter mes papiers. Que faire d'autre ? Je suis ulcéré de ce que j'ai entendu. Le lendemain, je fais faire une cassette, j'appelle un copain au Monde et je la lui propose. Il me remercie avec enthousiasme et m'envoie un coursier. Non sans avoir évoqué une pige si son canard l'utilise. Ce à quoi je réponds :

— *Pas question ! Rien ! Je ne vais pas faire du pognon sur le dos d'un jeune assassiné.*

Le lendemain après-midi, le journal fait son miel de cette histoire. Gros cirque chez les flics ! Cela dit, les syndicats de police se démarquent du tireur. L'affaire Marchaudon me vaut tout de même ma première garde à vue.

Septembre 1977, boulevard du Palais, Paris. Préfecture de police

L'IGS veut l'enregistrement. J'explique que dans la mesure où il n'a pas été diffusé et est resté un document de travail, je n'ai pas à le fournir. Et pourtant, je n'ai pas de cadeaux à faire à ce dingue de la gâchette. J'ai donc droit à la petite musique de la garde à vue. Un gentil, un méchant. Rien à bouffer, rien pour dormir. Le *bad cop* revient avec ce qu'il croit être un argument définitif :

— *Vous savez quoi, puisque vous ne voulez pas nous donner l'enregistrement, nous allons aller le chercher à RTL. Et on va vous emmener avec nous. Ça fera pas bien devant votre rédaction !*

Il sort et laisse la place au *good cop* qui me conseille de coopérer :

— *Je le connais mon collègue, il est capable de mettre sa menace à exécution.*

Et comme tous les deux voient que je n'en ai rien à faire, ils m'embarquent direction la rue Bayard ! En fait, à mon arrivée tout le monde se marre, ils savaient où j'étais convoqué. C'est le chef du service politique Robert Bouley qui prend les choses en main. Et pourtant, ce n'est pas forcément un tendre avec les reporters. Après que j'ai montré mes tiroirs dans lesquels il n'y a aucune cassette, ni de ruban magnétique, les deux mecs de l'IGS demandent à descendre aux archives. Et là

Bouley rigole lui aussi car le local est en travaux. Un cochon n'y retrouverait pas ses petits. Dépités, les deux flics me laissent au milieu du bureau et rentrent à la préfecture. Marchaudon prendra cinq ans en cour d'assises... avec sursis total ! Mon ami Pierre Georges cite un passage du réquisitoire de l'avocat général dans *Le Monde* :

Je reproche au brigadier Marchaudon d'avoir tiré sur un homme désarmé qui s'enfuyait, d'avoir méconnu les règles de la police, d'avoir continué à tirer sans nécessité, d'avoir volontairement tiré sur un homme qui était déjà neutralisé et n'était plus en état de nuire (...).

Et mon confrère de commenter :

En somme une thèse de la faute professionnelle grave plutôt que de l'homicide volontaire.

4 août 1978, Paris, 22 rue Bayard rédaction de RTL.

Jacques Mesrine a donné une interview à *Paris Match*. Ou plutôt à une journaliste. Isabelle de Wangen va devenir une bonne copine. Pour une raison qui a aussi facilité son approche du truand : c'est la femme de l'avocat de ce dernier, Jean-Louis Pelletier. Je commence à le fréquenter un peu. J'admire ses plaidoiries à chaque procès dont je fais la chronique lorsqu'il est à la manœuvre. Au final il me défendra dans plusieurs dossiers. Après ce scoop, combien de fois ai-je entendu cette interrogation qui, personnellement, me paraît fort improbable :

— *Et toi Alain, si Mesrine te contacte ou que tu as l'occasion de le rencontrer, tu fais quoi ?*

C'est curieux non, de demander ça à un reporter ?

— *Je fais quoi ? J'enregistre ses réponses à mes questions. Et je ne marche pas dans son cinéma car apparemment il aime ça !*

Et là, il y a deux variantes :

— *Tu dis rien aux flics, pourtant tu en connais...*

Et celle-là, elle n'est pas belle ! Généralement, je rétorque :

— *C'est toute la différence, ils sont poulets, et moi reporter. Vous ne voulez pas non plus que je lui passe les pinces à l'ennemi public number one !*

Seconde version, plus élaborée :

— *Et si quand tu arrives au rendez-vous, tu sais qu'ils sont dehors, tu ne dis rien à Mesrine ?*

The sherry on the cake !

— Alors, je récapépète : je suis re-por-ter ! Pas condé, mais pas complice de Mesrine, pas malfrat non plus. Moralité je mets l'interview en boîte, je me barre avant que ça chauffe et je les laisse se débrouiller entre gens du même monde. Car, quelque part, ils le sont un peu...

Voilà pour une partie de ma position vis-à-vis des flics et des voyous.

Août 1990, Saint-Denis, 22 boulevard Jules-Guesde

Le loft que j'ai eu le bonheur d'habiter à Saint-Denis en a vu des vertes et des pas mûres dans le domaine des relations avec la police... et les voyous ! Une fois, des flics ont failli participer à une nouba alors qu'ils n'y étaient pas conviés ! Mon copain Dominique Rizet était aux premières loges. Il m'avait demandé s'il pouvait organiser chez moi la fête de son anniversaire. Je ne suis même pas là, je suis dans le golfe Persique en train d'attendre le déclenchement de la guerre. Le soir venu, une bonne soixantaine de personnes, peut-être soixante-dix mangent, boivent, dansent. Dominique est accompagné de la splendide Pascale Gerin du Parisien, où il l'a laissée pour partir lui à France-Soir. Les voisins de l'archevêché de Saint-Denis n'en pouvaient mais. Ils ont appelé les flics. Quand ceux-ci ont sonné à l'interphone, Dominique leur a dit de monter. Très service-service ils ont refusé. C'est alors qu'il leur a susurré :

— Mais vous êtes couverts, votre directeur départemental est là !

C'était vrai, Pierre Ottavi, Corse jusqu'au bout des ongles, que j'avais rencontré à Ajaccio en 1980, était de la fiesta ! Un mec sympa, mais avec lui il ne fallait pas se rater ! Malgré mon absence, je ne pouvais refuser ma maison à Dominique Rizet. Môme, il m'entendait à la radio car son papa était un fan inconditionnel de RTL. Et selon Dominique, quand il a appris que nous avions fini par nous connaître, il en était très fier. J'ai rendu une fois une visite aux parents de Dom et c'est vrai que son brave homme de père en était fort aise. La dernière fois que j'ai salué sa maman, elle venait de mourir. J'étais le seul journaliste copain de Dominique présent... et pourtant, il paraît qu'il en a ! Il était au Parisien quand je l'ai vu pour la première fois. Son chef était Michel Menet ex-France-Soir que j'avais beaucoup fréquenté dès mes tout débuts. C'est son adjoint qui m'a envoyé Rizet pour récupérer des infos sur une histoire que j'avais sortie et qu'il voulait traiter. Plus tard Dominique est passé à France-Soir, nous avons couvert plusieurs affaires ensemble. Nous sommes allés à Montréal voir comment les patrouilleurs innovaient dans la lutte contre le crack. Et le soir c'était un festival ! Enfin, surtout pour lui car il était encore accompagné de Pascale ! Et un jour, il est arrivé au Figaro Magazine. Il s'y est vite ennuyé. Alors, quand il avait à traiter des affaires de flics, il commençait par me demander des infos, puis il me laissait lui envoyer un ou deux feuillets et il remettait ça à sa sauce ! Et enfin, il est devenu l'homme du petit écran. Et je lui rappelle volontiers le titre du bouquin de Mazure qui n'est pas mon *auteur* de chevet : *La télé rend fou, mais je me soigne !*

Un jour où j'étais en cuisine, c'est Labib qui est tout heureux de voir Lulu Aimé Blanc, ancien patron de l'OCRB arriver presque en même temps que Jean-Louis Pelletier. Comme ils sont mes invités, Labib est persuadé qu'ils se connaissent. Il leur fait se serrer la main pour la forme. Il venait de mettre face à face pour la première fois de leur vie, l'homme qui traquait Mesrine et celui qui le défendait ! Au bout de cette même nuit, Bernard Deleplace l'intransigeant secrétaire général de la Fédération autonome des syndicats de police ne peut plus quitter Lucien. À cinq du mat', c'est Daniel Nespolo de la brigade de répression du banditisme du 36 qui leur dit :

— *Va falloir y aller avant les premiers bouchons sur le périph'.*

La veille, Deleplace voulait se décommander tant il pensait Aimé Blanc infréquentable.

Avril 1998, Paris, Figaro Magazine, agence CREDO

Très branché *gendarmes*, Rizet se retrouve avec l'un d'entre eux qui lui propose un marché sur une histoire en cours. Ce sous-officier est en possession d'un procès-verbal qui peut faire innocenter un jeune homme emprisonné pour un double meurtre dans l'est de la France. Dominique traite l'affaire pour le Figaro Magazine puis m'appelle pour me demander si elle m'intéresse. Et il me raconte en quoi consiste le document de son contact.

C'est de la bombe !

Ça met en cause un tueur en série qui peut être le véritable coupable. D'accord, on y va ! Puis Dom' revient vers moi assez ennuyé. Et là, j'ai failli tomber à la renverse. Son informateur réclamait de l'argent, beaucoup d'argent pour prix de son doc'. Un officier de police judiciaire voulait vendre à des journalistes une pièce qui entrerait bientôt dans la procédure ! L'affaire a été vite réfléchie ! Il est allé se faire voir, et Dominique nous l'a récupéré autrement. Nous avons fait quatre pages dans *VSD*. Les avocats du condamné à tort étaient ravis. Par la suite leur client a été blanchi.

27 septembre 2000, 15 heures 20, Paris, rue d'Artois, l'Artois club's PMU.

Un motard casqué entre dans l'établissement, et révolvérise Francis Vanverberghe, dit le Belge, 54 ans, bien connu des services de lutte contre le grand banditisme. Sept balles dans le corps plus deux dans la tête. Le tueur ressort et monte sur la Kawasaki qui attend avec un complice. Passez muscade ! À CREDO un scanner tourne. Normalement, les ondes de la police sont désormais cryptées. Mais sur celles de police-secours, rien n'est encore très au point. À moins que ce soit le trafic des pompiers qui nous ait alertés. En tout cas, l'adresse me parle ! Je sais que c'est là que le Belge joue aux courses. Un seul photographe est présent et il roule à moto. Parfait ! En cinq minutes nous sommes sur zone. En traversant un à un les barrages grâce à ma carte périmée d'accrédité au 36, je le briefe. Une marche à l'entrée, on tourne à droite, une grande salle. Si ça s'est déroulé au sous-sol on l'a dans le *baigneur*, car la PJ a envahi les lieux. Si nous parvenons à franchir la porte d'un seul petit mètre, il rafale au Nikon et on s'arrache ! En arrivant aux derniers centimètres, et en quelques fractions de seconde je visualise ce qui se passe à quelques dizaines de mètres, sur le trottoir. Deux commissaires de la sécurité publique très galonnés discutent avec Christian Flaesch venu en voisin du 127 Saint-Honoré, l'ancienne adresse de l'OCRB. Il bosse au SPHP[5] qui est désormais installé là. J'ai à peine détecté ce groupe que Flaesch se penche à l'oreille d'un de ses collègues. J'en suis certain, il nous balance ! Trois flics m'en apportent la confirmation en nous éjectant manu militari moi et le photographe. Tandis que ce dernier trouve une fenêtre en face pour assurer la sortie du corps, j'attends que Flaesch reparte pour son bureau. Il prend par la rue du Commandant-Rivière. Je connais le quartier comme ma poche. Je remonte la rue de Ponthieu en courant, au bout deux fois à gauche et le voici face à moi sur l'autre trottoir. Quand je suis presque à sa hauteur je traverse, je me plante devant lui et je lui dis de tout :

— *Qu'est-ce que ça pouvait vous foutre ce que nous allions tenter ? Vous êtes une minable balance, un gros enculé !*

5. Service de protection des hautes personnalités.

Puis je le laisse passer. Du jour où il est devenu directeur du 36 quai des Orfèvres je n'ai eu de cesse que de lui pourrir l'existence. D'autant plus que Rizet avait appris que ce personnage jasait sur sa vie privée !

En 2013, Flaesch a été limogé, et en septembre 2016 il était placé en garde à vue dans le cadre d'une information judiciaire ouverte notamment pour trafic d'influence, violation du secret et compromission du secret-défense…

Il y en a un autre avec lequel j'ai été un peu violent, un divisionnaire des stups. Il était aux Antilles où, avec l'excellent caméraman Paul Comiti, fils de mon ami Tony, nous essayions de fabriquer un documentaire sur la contrebande de drogue dans les Caraïbes. Nous avons rendez-vous avec ce policier dans les locaux de sa brigade où il est chef du poste. Je l'ai croisé parfois quand il était au siège de son service à Paris. Il ne s'en souvient pas. Je n'ai jamais eu de mauvais retour sur la qualité de son travail. Nous parlons un moment et nous mettons au point les modalités de notre tournage avec son équipe. Puis nous commençons à discuter à bâton rompu, car j'ai une idée en tête. Avant de venir sur le territoire antillais, parmi les nombreuses enquêtes qu'il avait réalisées, il en était une qui avait concerné la famille d'un ami. *Pas une baltringue, un vrai ami comme mon Pierrot* et j'en ai peu ! Et ce qui avait choqué certains de ces braves gens c'est que, prétendument pour les *besoins de l'instruction*, ce policier avait même placé en garde à vue un des leurs, abbé dans sa région. J'amène tout doucement notre flic à en arriver à cette histoire. Mais au lieu de rester *dans les clous*, au moment où il aborde ce dossier, il commence à se marrer en se vantant de la garde à vue du curé ! Et là ça ne passe pas, mais alors pas du tout ! Et je lui dis ce que je pense, et je suis assez grossier. Pour finir par lui signifier que, pour ce qui me concerne, je ne travaillerai pas avec un personnage comme lui. Et je sors du local, suivi par un Paul Comiti effondré à l'idée que son sujet allait s'arrêter à cet instant. Nous sommes allés tourner ensuite avec les garde-côtes US au large de Porto Rico. Un superbe séjour et de très belles images. En revanche, pour les Antilles, je ne sais pas comment a fait Paul. Je le retrouverais pour réaliser avec lui un document télé sur les viols et les crimes du « tueur de l'Est parisien ». Grâce à l'incroyable courage, à l'exemplaire dignité et au merveilleux accueil des familles de ses victimes, nous tenions un sujet exceptionnel. Lorsqu'il est (enfin !) identifié, Guy Georges est recherché dans tout Paris. Grâce à un « indic' » au 36, nous voici à proximité d'une planque de l'antigang du côté de la Bastille.

Après une nuit de veille, contre toute attente, nous entendons avec stupeur RTL balancer le nom du tueur en série dans un des premiers journaux du matin ! Une chance : pour une fois, il n'écoutait pas les infos. Quelques journalistes (dont nous) connaissaient ce nom mais le taisaient jusqu'à l'interpellation... Au moment de son transfert devant le juge Thiel, je place Paul et sa caméra derrière une porte, peu connue des médias, qui mène de la PJ directement au palais de justice. Image exceptionnelle ! Et là, les hommes de la brigade criminelle qui accompagnaient Guy Georges resteront très fair-play avec nous... Des flics qui savent se tenir avec des reporters, j'en rencontrerai encore bien plus tard, à la sûreté départementale de Valence (Drôme). Pour mon agence, j'y réaliserai un long magazine télé destiné à TF1. Ceux de la section « stup's » n'étaient pas « chauds » pour avoir une caméra aux basques. Après une semaine avec eux sans tourner une image, nous étions définitivement acceptés par ces vrais et bons flics du quotidien qui ne se la « jouaient » pas. Nous avons notamment assisté à une exceptionnelle prise de 18 kg de cocaïne que les « grandes brigades » auraient bien voulu signer... Tous sont devenus et restés de merveilleux amis. C'est tout de même assez rare !

Mercredi 29 juillet 2020, San Petru, Nessa (Haute-Corse).

Voilà quels genres de relations peut avoir un reporter spécialisé dans le fait divers avec les policiers et les gendarmes qu'il est obligé de rencontrer souvent pour les besoins de son travail. En fait, mon véritable sentiment à ce sujet remonte à mon père. Et, plus avant, au sien. Contrairement à ce que certains ont pu dire et même écrire à certaines périodes, je n'aime pas la police ! Ni la gendarmerie, pas plus la justice ! Sauf quand elle est bien rendue ce qui laisse parfois à désirer. À mon avis, c'est de l'atavisme paternel qui ne supporte pas l'ordre établi. Pour résumer : j'ai juste beaucoup apprécié quelques flics. Pas nombreux, mais comment peut-il en être autrement quand on en rencontre tant qui ne valent vraiment pas le détour. Ainsi, parmi ceux de l'OCRB que je côtoyais, l'un me serrait régulièrement de près pour une raison très simple. RTL étant partenaire du PSG, nous pouvions récupérer des places, parfois en quantité conséquente. Et ce Jean-Pierre en était gros consommateur. Le manège a duré de très longs mois. Et un jour, un ami commun qui me portait sans doute plus dans son cœur que le garçon en question, qui se disait pourtant être très proche de lui, m'ouvre les yeux :

— *Mais tu n'as rien compris ! Tes billets il les revend !*

Ce côté *rat* je l'ai croisé avec d'autres, qu'ils soient policiers de terrain, en uniforme ou en civil, syndicalistes *à vie* sans plus jamais revêtir la *roupane* histoire de redescendre sur terre en même temps que sur le terrain. Quant à mon amateur de places de stade, je m'étais *vengé* avant même de connaître mon infortune. La sienne fut plus classique, un soir de grosse fête très arrosée. Il ne s'en souvient peut-être pas. Moi si, sa compagne aussi...

Rien à tirer de ce genre de fréquentations. En revanche, je suis capable de me mouiller pour un flic qui compte parmi mes rares amis dans ce corps de presque 110 000 fonctionnaires. C'est arrivé au moins une fois et Jacques Labib m'accompagnait dans cette œuvre de *salubrité publique*. Christian Bordoni, un autre de nos copains, ancien de l'OCRB, chargé ensuite de la sécurité de madame Mitterrand puis du Président, avait sombré dans un piège. Ça tournait autour d'un *calibre* qui ne *voyait pas le jour* et qui était tombé entre les mains d'un flic de l'antigang de Lyon. Un collègue et soi-disant *ami* du nôtre. L'arme *sentait le soufre* et une enquête avait été ouverte. Et voici que, lorsqu'il est interrogé, Frédéric B. déclare :

— *Ce flingue c'est Bordoni qui me l'a donné !*

C'est faux mais sa position est soutenue par son chef, le commissaire Neyret dont personne n'avait encore jamais entendu parler... pas en mal en tout cas ! Bordoni se retrouve au *Tapis vert* : le conseil de discipline. Et nous allons y déposer en sa faveur. Et ça lui réussit plutôt bien ! Anecdote : la réunion a lieu dans l'immeuble Nélaton qui à l'époque abrite, entre autres services, la DST. Et tandis que nous attendons pour témoigner de la belle moralité de notre ami, nous apercevons beaucoup d'allées et venues dans l'ascenseur qui mène aux étages supérieurs. Avec Labib nous l'empruntons en compagnie de deux ou trois types bien mis, et nous nous laissons guider par eux. Jacques et moi passons alors quelques dizaines de minutes verre à la main, au milieu de la crème du contre-espionnage français, nous journalistes, l'ennemi ! Nous nous sommes décidés à lever le camp quand les premiers regards suspicieux ont commencé à se tourner vers nous. Nous n'avions ni badge sécurisé pour cet étage ni invitation à cet immense pince-fesse ! Mais on a bien rigolé tout de même !

Enfin, bien entendu, il y a eu ma relation avec Lulu Aimé Blanc ancien chef des antigangs nationaux. Avant qu'il disparaisse le 19 février 2020, je suis allé lui remonter ses oreillers, le soulager, lui parler, déconner avec lui, refaire trois guerres et tailler des kilos de costards avant qu'il lâche la rampe. Si Pierrot avait encore été de ce monde, il aurait forcément été avec moi ! Mon amitié pour eux était égale.

Courant 1976, Paris, RTL, 22 rue Bayard. Flashback.

Un petit mot dépasse de ma case courrier. C'est Dominique de Saint-Perne, l'assistante de Dédé Lacaze notre directeur de l'info, qui l'y a déposé. André écrit juste :

Un pote à moi peut te faire rencontrer Gilbert Zemmour...

En fin d'après-midi, presque en s'excusant de me mettre sur un coup comme il en a l'habitude avec chacun d'entre nous, la voix basse éraillée par la cigarette, il m'explique :

— *Voilà, un ancien de Match connaît bien les Zemmour. Gilbert est prêt à parler, si tu veux il prend rendez-vous pour toi.*

Banco, on y va. Et quelque temps après, un inconnu se disant le *secrétaire de Gilbert Zemmour* me demande au téléphone si cela ne me dérange pas que celui-ci passe trois jours plus tard... Pas de problème ! À la date prévue, à l'heure choisie, un vigile de la réception de RTL m'appelle sur mon poste, mi-affolé, mi à voix basse :

— *M. Hamon, y a un type à la porte, il a garé sa Rolls en double file, ça commence à klaxonner derrière. Il vous demande, il n'a pas donné son nom, mais il a dit que vous l'attendiez. Je crois bien que c'est un Zemmour...*

Je le fais poireauter, histoire qu'il n'imagine pas que je me précipite, mais je suis un peu fébrile. Et puis c'est quoi cette histoire de Rolls ? Arrivé à l'entrée de la radio, après avoir prévenu Dédé que Zemmour était là, je tombe sur une caricature de nanti, le manteau poil de chameau bien coupé, la veste pied-de-poule, le col roulé clair de belle facture. Congratulations, passage de main dans le dos (ça, j'aime pas trop) :

— *Ça ne vous gêne pas si nous sortons ?*

Dehors j'entends des automobilistes malmener leurs avertisseurs, je vais vite chercher ma sacoche, du cash et je veux traverser avec lui jusqu'à notre annexe, la célèbre Pépita. Gilbert Zemmour fait un pas de côté, me prend par le bras, nous fait faire un demi-tour vers sa Rolls et demande :

— *Ça vous ennuie si je vous emmène dans mon club ?*

Et à cet instant, c'est le genre de détail qui déclenche des tas de trucs dans la tête : qu'ai-je écrit sur lui et ses frangins ? Quel concurrent à lui je fréquente... Ah oui, René Juillet le proprio du Miroir du temps, un resto de nuit rue Balzac où je vais de temps à autre. Ils étaient associés, mais Z a de moins en moins confiance en lui ? Bref, qu'ai-je pu faire qui lui déplaît pour qu'il m'emmène en *balade* ? Et puis je me calme et je me dis qu'il ne le ferait pas lui-même et qu'il ne se serait pas montré devant tant de gens. En route pour la rue Freyssinet dans 16e ! Et en buvant un très bon single malt, tandis que lui est à la limonade, je comprends que ce n'est pas moi qui peux avoir besoin de Gilbert Zemmour, mais le contraire. Enfin... de RTL surtout ! Car, ce qu'il veut c'est une interview. Il veut parler, sur les morts dans sa famille, sur les mauvaises paroles dites sur lui qui n'ont *aucun fondement*, sur les poux qu'on lui cherche dans la tonsure qu'il a très foncée et pas mal fournie... Très franchement, ça ne me plaît pas trop. Je tergiverse, je lui réclame un peu de réflexion, et surtout je lui dis que je peux l'interroger devant un micro, mais, à partir du moment où il est demandeur, il me faut en référer à ma direction de l'information. Il n'exige pas plus d'explication et à compter de cette date, les rendez-vous vont se succéder avec, malheureusement à chaque fois, un petit séjour dans son cercle, des bouffes pas toujours très heureuses et une carpe farcie qui m'est restée longtemps sur l'estomac. Le mieux c'est que c'est lui qui me donnait du *mon ami* et qui, rue Freycinet me présentait comme tel. J'avais un ami dans le haut du panier du milieu français presque malgré moi !

Durant tout ce temps, il m'a refilé beaucoup d'infos sur lui, ses frères, leurs familles, leurs affaires. Mais il me fallait à chaque fois passer des semaines à recouper, car il ne racontait que ce qui l'arrangeait, j'en étais en tout cas persuadé. Il n'y a qu'une idée pour laquelle il a émis un veto inconditionnel, faire un livre. Ce qui, pour moi, prouve au moins une chose : il faisait vraiment partie du milieu, même si pour lui il s'agissait peut-être plus de délinquance en col blanc. Car un type comme celui-ci n'écrit pas ses mémoires. D'ailleurs, quand il en a, c'est juste pour se venger.

Courant 1976 (suite), Paris, 22 rue Bayard, RTL.

Interview et... silence radio. Ainsi résumé ça peut paraître bizarre, mais c'est exactement ce qui s'est passé. André Lacaze me donnant le feu vert, par un après-midi tranquille, la Rolls s'est à nouveau garée devant RTL en double file. Je suis allé récupérer Gilbert Zemmour à la réception. Nous nous sommes installés pour enregistrer, et j'ai mis en boîte avec lui bien plus de choses que ce dont j'aurais besoin. Une photo de notre entretien a été faite par je ne sais qui. De mémoire nous étions peut-être dans le studio Jean Farran, celui des principaux journaux d'information, car il me semble me souvenir de la pieuvre des micros enlacés sur cette belle image noir et blanc que j'ai longtemps gardée, et que depuis je ne trouve plus dans mes archives. Ensuite, je n'ai plus entendu parler directement de Gilbert Zemmour. Jusqu'au jour où mon habituel double de RMC m'appelle, pour m'annoncer que la dépouille de Gilbert Zemmour gisait depuis quelques dizaines de minutes devant son immeuble de l'avenue de Ségur, deux balles dans le corps et une dans la tête. Il me semble même que mon confrère a ajouté qu'un des quatre caniches que leur maître sortait au moment de l'exécution avait été touché par un projectile perdu...

6 janvier 1981, Saint-Maur-sur-Indre (Indre), maison centrale.

Condamné en 1977 à douze ans de réclusion criminelle pour une attaque à main armée qu'il hurle ne jamais avoir commis, Daniel Debrielle est sur le toit de sa prison pour faire passer son message. Il tend une banderole entre ses bras :

Innocent.

Puis il menace de se jeter dans le vide et bientôt le groupe d'intervention de la gendarmerie le neutralise. En 1978, il avait déjà mené une longue grève de la faim. Il voulait voir son procès révisé et on le lui a refusé. Dans la famille Debrielle, je demande... la femme. Inusable Gisèle qui n'avait de cesse que de nous entendre parler du cas de son homme dans nos médias. Grâce à elle, j'avais l'impression de le connaître avant de l'avoir rencontré.

4 août 1981, RTL, 22 rue Bayard, 18 heures 25.

Je récupère de justesse le journal du soir de Jacques Chapus pour l'annoncer : Daniel Debrielle est sorti ce soir de la centrale de Poissy pour une suspension de peine. Nous l'y attendions en compagnie de Gisèle et de Henri Juramy leur avocat. Un peu tortueux Juramy, mais que j'ai appris à connaître et qui m'a bien renvoyé certains ascenseurs. Deux amoureux transis à la porte d'acier d'une prison lugubre. Ils sont beaux et on les envierait presque. Le mitron de Châlons-sur-Marne tombé aussi vite dans le braquage qu'il avait chu tout gosse dans le pétrin, ne cache rien de son passé de voyou. Trop jeune à 20 piges pour vivre au ralenti, il avait enclenché la surmultipliée. Trois arrestations, trois condamnations, trois cases prison. En 1975, il s'est installé en Normandie. Deux vols à main armée assez minables lui sont mis sur le dos. Et ce jour-là il pète un câble : ce n'est pas lui ! Il écopera pourtant de seize ans de réclusion criminelle. À compter de cette condamnation, Debrielle devient un militant de l'innocence bafouée et des QHS[6] dans lesquels l'administration pénitentiaire enferme les garçons comme lui quand ils ne sont pas assez sages.

— *Je suis entré en prison en m'appelant Debrielle, je veux sortir en m'appelant Debrielle, en homme, avec dignité*, avait-il dit lors d'un de ses procès en 1978.

Ce 4 août 1981, Daniel est digne mais ému… À partir de cette première rencontre, je ne sais comment il me percevra. Comme un reporter qui avait choisi de défendre sa cause ? Comme un journaliste qui suivait le mouvement car il était de bon ton de le faire ? Personnellement, je l'ai considéré tel un ami et j'ai fait ce que j'ai pu, ce que l'on doit faire en pareille circonstance. À chaque fois que son dossier ressortait au grand jour, j'étais là !

Le 6 décembre 1984, je fais un papier dans l'édition de 8 heures de Jean-Claude Larrivoire pour annoncer la tenue le lendemain de son procès en révision.

Le 7 au matin, je remets ça et dans le journal de Chapus à 18 heures pour livrer la sentence : cinq ans de réclusion ! Une décision bancale. Daniel est amer, on le serait à moins si l'on se savait innocent, même s'il reste en liberté.

Le 11 décembre je suis aux côtés de Giselle son *amante* qui veut lui lancer un appel à la raison. Et le lendemain, je suis avec lui qui me donne ses premières impressions. Il m'annonce qu'il va reprendre la boulangerie, ce qu'il fera en effet, à Châteauroux.

Puis le 26 octobre 1985, on apprenait sa mort d'un cancer du foie… Il avait 35 ans.

Jeudi 30 juillet 2020, San Petru, Nessa (Haute-Corse)

Mon pote Roland Agret en a écrit lui, des livres. Il était totalement innocent et finit par être réhabilité. À part quelques bêtises de jeunesse, on voulait qu'il paie pour un meurtre qu'il n'avait pas commis.

6. Quartiers de haute sécurité.

Le 21 février 1984, il m'avait invité dans une chambre d'hôtel proche de la chancellerie pour assister en direct à son dernier exploit pour se faire entendre. Et il s'était coupé un doigt sous mes yeux avant de le porter au ministère de la Justice place Vendôme ! Sacré Roland ! Ça m'est même difficile d'ajouter son nom à la rubrique truands. Mais il en a tout de même beaucoup fréquenté, des assassins aussi, pour tenter à chaque fois de rétablir la vérité.

Mais c'est vrai, Daniel Debrielle n'a jamais écrit de livre. Ni sur sa vie d'homme ni sur sa vie de voyou, pas plus sur sa vie de détenu. Il avait pourtant là-dessus pas mal de choses à raconter. Un de ses homologues Roger Knobelspiess en a pondu neuf, dans lesquels comme beaucoup de malfrats signant un bouquin, il ne disait pas tout, tant s'en faut ! Très vite, quand j'étais à RTL, je n'ai plus supporté ses jérémiades précédant souvent les menaces les plus diverses à la face de la terre entière. Et puis, en enquêtant sur ses dossiers, je me suis aperçu que ses cris d'innocence sonnaient faux. Je ne lui ai donc jamais servi la soupe. Même si certaines bonnes âmes le prirent presque comme porte-étendard... qui les trahit à plusieurs reprises ! Daniel a préféré s'adresser à quelques-uns d'entre nous puis nous laisser faire en confiance. En fait, j'ai rarement retrouvé dans les ouvrages de bandits la vérité toute nue de ce qu'ils avaient pu faire.

Voici quelques années j'avais évoqué cette possibilité de publier avec un *beau mec* corse, qui lui aussi en avait vécu des aventures ! Certaines étaient connues de la justice d'autres non, certains dossiers étaient définitivement fermés, d'autres non. Et je n'étais pas sûr qu'il soit complètement rangé des brancards. Quand je lui ai parlé édition, il m'a regardé en se marrant froidement :

— *Et puis quoi encore ! Tu veux pas que j'aille chez les condés signer un procès-verbal de tout ce qu'ils ne savent pas !*

Ne jamais tout dire, tout écrire... C'est peut-être l'un des principaux points communs entre ce que se mettent un jour à coucher sur le papier certains anciens policiers et quelques-uns de ceux qu'ils ont pourchassés. Sous la plume des uns comme sous celles des autres, je n'ai jamais reconnu l'intégralité de ce que je connaissais, de ce que j'avais vécu en même temps qu'eux. Il n'y a guère que quelques reporters qui, de temps à autre, essaient d'aller jusqu'au bout des choses. À condition qu'il ne leur manque pas l'essentiel... la place ! Il m'est arrivé de ne pas en avoir assez... à mon goût. C'était un tort. On peut parfois exprimer autant en 50 secondes de radio qu'en une page de journal, plus en trois feuillets de presse écrite qu'en un chapitre d'un livre. Il en va de même du temps.

— *Le journaliste est stimulé par l'échéance, il écrit plus mal quand il a le temps*, disait l'écrivain autrichien Karl Kraus.

L'important lorsque l'on est reporter, c'est de savoir être au bon endroit au bon moment. Le reportage, grand ou plus modeste, est parfois plus près de soi que l'on croit, au bout de la barre HLM plutôt qu'à 10 000 kilomètres. *Je suis directeur d'une agence de presse, pas d'une agence de voyages* a répondu un jour devant moi à un étudiant en journalisme, mon bon copain, l'incomparable photographe Henri Bureau. Le jeune homme voulait savoir comment pratiquer des reportages lointains... Mais aller au plus près plutôt que très loin est aussi un problème d'humilité. Il en faut pour écouter et montrer les autres où qu'ils soient et ne pas se mettre en avant. Un rédacteur en chef de feue I Télé, à laquelle j'ai collaboré de 2014 à 2016, m'a dit un jour :

— *Tu es là pour incarner l'info !*

Quelle curieuse interprétation de notre métier. Nous sommes là pour l'apporter à ceux qui n'ont pas les moyens d'aller la chercher seuls. Nous sommes là pour raconter la vie mais aussi la mort. Le beau et le plus laid. Le sourire et les larmes. Nous sommes les peintres du réel et de l'instant. Voilà pourquoi, le métier de reporter est le plus beau métier du monde.

Pour aller plus loin…

Entretien avec Jacques Pradel

Jacques PRADEL : ***Je voudrais tout d'abord dire, qu'au-delà des histoires que vous racontez dans ce livre, et des coulisses des enquêtes que vous avez menées pour informer le public, au prix d'une implication personnelle « hors-norme », cet ouvrage est d'abord pour moi une pudique déclaration d'amour à une profession à nulle autre pareille : reporter d'actualité !***

Alain Hamon : Pour moi il n'y a qu'une seule des nombreuses facettes du métier de journaliste qui compte vraiment, c'est d'abord et avant tout le reportage, le métier de reporter… J'admire par ailleurs certains éditorialistes, des présentateurs de journaux radio ou télé, et des journalistes de presse écrite qui sont rarement sur le terrain, mais ma passion a toujours été le reportage. Il faut préciser que je fais partie de ces reporters qui ont commencé tout en bas de l'échelle ! Je voulais être journaliste et reporter dès l'âge de dix ans, à la communale, et j'ai été si bien orienté que je me suis retrouvé dans un lycée technique ! Je faisais des études de technologie appliquée, mon monde c'étaient les outils et les ateliers… pas forcément la meilleure formation pour être journaliste. Il y a mieux, comme on dit !

La chance que j'ai eue c'est d'avoir obtenu *à la course* le bac de ces années d'après-68, et *à la course* je n'étais pas mauvais !! Du coup j'ai commencé au bas de l'échelle comme « *correspondant local de presse* ». Même pas comme journaliste. Le correspondant local fait un métier de journaliste mais il n'est pas reconnu comme tel ! Ma deuxième chance, c'est d'être très vite devenu correspondant de deux grosses entreprises de presse, l'agence France-Presse (l'AFP), et Le Figaro, pour l'Oise et le Val-d'Oise. Correspondant, c'est d'abord du reportage, même si c'est du « *petit ou du moyen* » reportage. Je n'ai fait que cela, dès mes débuts. Et j'ai eu « le pot », l'opportunité, d'avoir sur mon secteur trois affaires incroyables :

Marcel Barbault, le tueur de Nogent-sur-Oise, le mage de Compiègne, René Hénaux, et puis dans un département voisin mais tout proche, l'enlèvement de la petite Sophie Duguet par un certain Michel Fauqueux. Est-ce que c'est le fait d'avoir commencé par le reportage et n'avoir fait que cela ? Toujours est-il que ma conception du boulot, c'est une conception de reporter, c'est-à-dire être là où il se passe quelque chose, ou aller là où il se passe quelque chose, voir, raconter, et pas commencer à tirer des plans sur la comète...

Jacques PRADEL : ***En fait, vous avez commencé par ce qu'on a longtemps appelé « les chiens écrasés ». Ça vient d'où d'ailleurs cette expression ?***

Alain Hamon : Je n'en sais trop rien, mais ça revenait à faire ce que l'on appelle la « tournée », soit physiquement (pour l'AFP ou Le Figaro), soit par téléphone, dans un ordre immuable : le commissariat ou la gendarmerie, les pompiers, l'hôpital... Au bout de quelque temps on finit par avoir quelques « contacts » privilégiés qui vous disent ce qui s'est passé de notable dans la petite actualité du coin. Je faisais cela si possible, deux fois par jour ! Même dans la profession, certains méprisent un peu ce boulot de base. Les « chiens écrasés » ça veut bien dire que c'est parfois considéré comme le bas du panier. Sauf que le fait divers c'est ce qui fait vivre à 80 % une radio populaire comme RTL (où j'ai passé 22 ans), mais aussi, les grands titres de la presse nationale, sans parler de la PQR (la presse quotidienne régionale) dont les lecteurs veulent d'abord savoir ce qui s'est passé près de chez eux ! A l'époque que j'évoque, le fait divers c'est le cœur de métier, y compris pour les rédactions de télévision, après l'économie et l'international. Ça intéresse tout le monde ! Même ceux qui font la grimace, sont souvent les premiers à s'y intéresser !

Pour terminer sur « les chiens écrasés » on cite dans toutes les écoles de journalisme la fameuse phrase attribuée à un lord anglais au XIXe siècle : Un chien mord un homme, c'est un fait divers. Un homme mord un chien c'est un scoop ! Toujours une histoire de chien....

Jacques PRADEL : ***À travers les récits et les anecdotes que vous racontez dans ce livre il y a des infos inconnues du public ou dont il n'a pas conscience. Pour faire ce métier-là, par exemple, il faut aussi beaucoup d'humanité !***

Alain Hamon : Dans mon cas, l'humanité je l'ai acquise en faisant le boulot, sur le terrain, avec des affaires parfois terribles. Pourtant malgré l'horreur des faits, il faut en parler avec les proches des victimes, leur famille, leurs amis. Pour avoir des infos d'abord ! En presse écrite pour avoir aussi des photos, en radio pour obtenir un témoignage ou enregistrer un appel à témoin. C'est toujours très délicat. Je citerai pour mémoire ce que les journalistes de Détective avaient l'habitude de dire pour se faire ouvrir la porte de la famille ou des proches de la victime, quand il y avait une réticence « *Nous sommes là pour rétablir la vérité* ». Et quand ils avaient prononcé cette phrase-là, les gens ouvraient leur porte parce que dans un fait divers, quelle que soit son importance, les proches voient d'abord des policiers ou des gendarmes, éventuellement un magistrat, des sauveteurs, secouristes ou médecins, ou encore le maire du village, c'est-à-dire des gens qui sont là d'abord au titre de leurs fonctions, pas des gens « inhumains » non, mais des gens qui font leur travail ! Donc ils entendent peu de mots pour prendre en considération leur peine, ou partager leurs sentiments d'incompréhension ou d'inquiétude bien naturelle pourtant. Après la sidération consécutive au traumatisme qu'ils ont vécu, il n'y a souvent personne pour les tenir simplement au courant de l'enquête. Ils ont l'impression d'être les « *laissés pour compte* » de l'affaire. Pourtant, c'est bien eux qui sont « les victimes » ! Je me souviens de l'une des journalistes de CREDO, l'agence de presse que j'ai créée en 1995, reçue par la maman d'une adolescente assassinée dans d'épouvantables conditions. La malheureuse partait pour reconnaître le corps de son enfant à la morgue. Elle y allait tellement « à reculons » qu'elle a demandé à notre envoyée spéciale de l'accompagner… ce que celle-ci a fait tant elle a vu cette femme désemparée. Elle est rentrée à Paris complètement bouleversée. Maintenant les choses ont changé positivement. On les ménage plus, on leur porte un peu plus de considération, mais à l'époque ils avaient le sentiment que les juges, les flics, les gendarmes étaient inhumains, ne prenaient pas en compte leur peine bien compréhensible. Alors quand une équipe de reporters comme ceux de Détective leur disaient « *on est là pour rétablir la vérité* », ils leur ouvraient la porte en grand et ils se confiaient à eux, ils racontaient comment ils vivaient la situation, ils disaient *leur* vérité. Et ça c'était de l'humain !

Jacques PRADEL : ***Cela dit, les mêmes reporters disaient aux témoins cette autre fameuse phrase qui est le titre du livre « Bonjour, on vient pour l'affaire » ! Dans les écoles de journalisme, on apprend que la première règle à respecter, c'est de ne jamais dissimuler sa***

qualité de journaliste ! Or il pouvait y avoir confusion, car ces journalistes étaient souvent habillés comme les flics avec les imperméables mastic qu'on voit dans les films de ces années-là... Ils ne disaient pas « je suis journaliste »... C'était assez « ambigu » quand même, comme attitude...

Alain Hamon : Oui mais ils ne disaient pas « Je suis policier » ! Et je dois dire qu'à l'époque, cette formule, je l'avais faite mienne et je l'ai utilisée de nombreuses fois ! Je raconte d'ailleurs dans le premier chapitre que Jacques Labib et moi, on portait ces imperméables, mais c'est une coïncidence, on ne s'est pas habillé comme ça parce qu'on faisait un reportage sur un fait divers, c'était la mode « à la Colombo », tout simplement. En plus on venait d'enterrer mon père. On avait des costumes et sur les costumes, un trench-coat... comme ceux des flics c'est vrai ! Et « *Bonjour, on vient pour l'affaire* », c'était un moyen de susciter un témoignage... donc une ambiguïté assumée...

Jacques PRADEL : ***Mais avec une déontologie qui interdit un certain nombre de pratiques.***

Alain Hamon : Ma conception du métier, c'est que, quel que soit le moyen d'obtenir l'info, parce qu'il faut l'obtenir, ou l'interview, on ne fait pas n'importe quoi ! On ne paye pas un témoignage, on ne paye pas une photo, on ne se fait pas passer pour ce qu'on n'est pas, même si on utilise des petits trucs, comme la fameuse phrase... et on ne bidonne pas ! On raconte ce qu'on a vu, ce qu'on nous a confié, on rend compte du récit des témoins, et c'est tout. Pas la peine d'enjoliver ou d'inventer des détails ! Mais attention ! Il y a 36 façons d'écrire : Il y a l'école de l'AFP, qui veut qu'on n'expose que les faits bruts, rien que les faits. Mais, en presse écrite, en radio, en télé aujourd'hui, on peut rajouter *des couleurs*. Comme disait Jacques Chapus aux journalistes qui intervenaient dans son journal sur RTL : Un fait divers est un conte, mais avec de vraies informations, *de vraies choses qui sont arrivées à de vrais gens* ! Là encore, il faut de la rigueur : comme me le rappelait à mes débuts un chef de service reportage de l'AFP, *une information, deux confirmations* ! C'est-à-dire trois sources. Ou, pour le moins deux sources *béton*. On applique le même principe aux propos des témoins qui paraîtront « *dans le journal* », en photo ou parce qu'on les a interviewés sur le rôle qu'ils ont pu jouer, sur les raisons pour lesquelles la police s'est intéressée à eux, etc. Il faut enrichir ou compléter leurs propos, ou infirmer tel témoignage par un autre ou par plusieurs autres déclarations. Il faut toujours, vérifier, relativiser, remettre ce qui nous est dit dans le contexte général de l'affaire, afin d'éviter d'incriminer quelqu'un et surtout éviter les rumeurs du genre : *Il n'y a pas de fumée sans feu !* En résumé, il faut douter en permanence. Quand un simple témoin parle, il faut se rappeler que le témoignage humain est fragile, même quand les gens sont de bonne foi. Lorsque c'est un flic qui donne une information, il faut toujours aller voir un peu plus loin…

Jacques PRADEL : ***Vous êtes en train de décrire tout ce qui n'a pas été fait, et qui aurait dû l'être, le 11 octobre 2019, quand on a annoncé dans tous les médias que Xavier Dupont de Ligonès avait été arrêté par la police écossaise et qu'il était donc vivant !***

Alain Hamon : Quelle horreur ! Là, je n'ai pas compris. Je précise que je ne me suis pas occupé professionnellement de ce rebondissement supposé de l'affaire. Pourtant j'ai reçu la même info que la majorité des confrères. Deux membres de la police nationale m'ont confirmé ce soir-là, ce dont tout le monde, ou presque, parlait. Cela veut dire que leur système professionnel avait intoxiqué tout le monde, y compris eux, qui étaient loin de cette enquête.

Jacques PRADEL : ***En croisant et en multipliant les vérifications (au moins deux fois) la plupart des journalistes ont obtenu de leurs « sources » la même confirmation. L'info était, pour reprendre votre expression, parfaitement béton !***

Alain Hamon : Vous avez raison. De Glasgow à Paris où tout est centralisé, la grande majorité des flics se confirmaient entre eux une information qui était fausse ! Et si les contacts des journalistes ce jour-là, étaient tous dans la même chaîne hiérarchique, il n'est pas étonnant que toutes les « vérifications » aient été positives ! Du service d'enquête, à l'état-major de la direction centrale de la PJ, et au cabinet du ministre, tout le monde avait la même information. Fausse !

Mais cela dit, ne pas prendre un minimum de précautions avant de livrer l'info… alors là, je dois dire que cette histoire illustre bien les dangers de l'information continue, qui a contaminé l'ensemble des médias et où les journalistes peuvent perdre la notion essentielle du recul toujours nécessaire, poussés par ce système où il faut avoir un avis sur tout, et de préférence avant les autres !

Jacques PRADEL : ***À part cet exemple malheureux, et pour changer de sujet, beaucoup de flics disent encore qu'on ne fait pas de bonne police sans indics. Les indics des journalistes spécialistes de faits divers, ne sont-ils pas surtout, des flics ? Comment être sûr de ne pas se faire manipuler ?***

Alain Hamon : Mais on se fait souvent manipuler. L'important c'est de le savoir. Le doute ! Toujours le doute !

Lorsqu'un flic donne une info à un journaliste, la première question qu'il devrait se poser, c'est *pourquoi me donne-t-il cette info ?* Si c'est un ami, il n'y a pas de problème. Ça peut-être tout simplement pour faire plaisir ! Un flic qui donne une info sur une affaire en cours peut avoir de gros emmerdements… Si c'est un commissaire de police, ou le chef d'une brigade ou d'un groupe spécialisé, il faut vraiment douter. Est-ce qu'il me donne cette info parce que cela va servir sa carrière ? Est-ce qu'il me la donne, parce que c'est son intérêt, dans le cadre de son enquête, de la rendre publique ? Mais elle n'est pas forcément vraie, ou seulement à moitié vraie… C'est peut-être aussi pour faire parler de son service ! Alors que le manque de moyens des enquêteurs est régulièrement rappelé en interne ou par les syndicats de policiers, montrer à ses supérieurs que le travail de son équipe est salué par la presse n'est jamais inutile ! Quand on monte carrément dans la hiérarchie, directeur, directeur central, etc. là, il faut douter un maximum et il faut essayer de comprendre pourquoi on a reçu cette information précise ! C'est quand même assez rare de recevoir un cadeau comme cela pour ses beaux yeux ! Et puis il y a enfin ceux qui donnent les infos, mais à l'issue de l'enquête, pour recueillir, c'est humain, le bénéfice d'un article ou d'une interview qui attribue le succès à ceux qui l'ont vraiment mérité…

Inutile de préciser que le doute s'applique non seulement aux sources policières mais aussi aux gendarmes, aux magistrats et même aux avocats, pour les mêmes raisons !

Jacques PRADEL : ***Votre livre est également un magnifique hommage, le mot est faible, à une femme, que vous appelez par son surnom, « la mère Hamon ». Votre maman, est présente dans presque tous les chapitres, parfois là où on ne l'attend pas ! Grâce à elle, à son souvenir, s'ajoute au récit une dose de tendresse et d'humour, qui permet de prendre nos distances face aux horreurs commises par les anti-héros dont vous racontez les dérives : tueurs de femmes et d'enfants, de flics et d'innocents en tout genre. Cette femme a été le premier témoin de votre passion pour le journalisme…***

Alain Hamon : Absolument. Et si elle n'avait pas été là, j'aurais eu du mal à commencer. Moi, je vis au Havre, mais mon père ne peut pas assurer « la matérielle ». Je suis obligé de bosser mais c'est compliqué. Je suis pompier de nuit pour une société privée ou je fais la plonge dans un restaurant-discothèque. Un jour je décide de rejoindre ma mère, dans la région de Compiègne, à Verberie où elle tenait un hôtel-bistro-restaurant (*L'hôtel Saint-Antoine*), pour la famille de son frère… Elle m'héberge. Je vais donc l'aider dans son commerce. Et je passe les coups de fil de ma « tournée » de localier depuis le comptoir du café, qui fait office de bureau, deux fois par jour, le matin vers 9 heures, 9 heures 30 et l'après-midi vers 17 heures, 17 heures 30. Elle entend son fils de 17 ans qui appelle des capitaines de pompiers, des commissaires de police ou des majors de gendarmerie… Plus tard, à partir de Janvier 1969, interviennent les premiers crimes du « tueur de l'Oise » qui se révèlera être le fameux Marcel Barbault… Elle lit les articles de son fils dans *Le Figaro*, elle sait que je suis également correspondant local de l'AFP… et quand je rentre à la maison après un déplacement ou un reportage, je suis « sommé » de lui donner les détails sur telle ou telle affaire qu'elle a lue dans le journal… Mon père lui, qui est resté au Havre, a découvert cet aspect de la vie de son fils, lors de la parution de mon premier bouquin[1]. Ma mère elle, avait vu au quotidien comment son fils était en train « d'éclore » très rapidement dans ce métier. L'autre femme de mes débuts, Liliane Mermet, rédactrice en chef du Progrès de l'Oise, m'avait, la première, confié l'arrondissement de Senlis, comme correspondant de presse. On peut dire que c'est elle qui m'a permis de faire mes premiers pas dans le métier. En 1972, lorsque j'ai été rattrapé par mes obligations militaires, je décide de ne pas en parler à mes « employeurs » de l'époque ! Je me retrouve pour douze mois à Mulhouse, mais, avec Liliane et ma mère, j'avais trouvé deux complices qui me prévenaient à la caserne de toute demande, et en particulier celles de l'AFP. Grâce à un colonel super sympa, qui m'avait autorisé à continuer mes « tournées » téléphoniques depuis Mulhouse, et qui m'accordait des permissions régulières et généreuses, je pouvais « couvrir » la plupart des demandes. J'avais pensé en effet que, si les rédactions de l'AFP et du Figaro avaient été mises au courant de ma situation militaire, je serais vite remplacé par un autre correspondant. D'où cette décision de ne rien dire.

1. P comme Police.

Jacques PRADEL : ***Ce qui est extraordinaire au sens propre du terme c'est le mensonge de votre mère à l'AFP. Alors que vous êtes dans le train entre Mulhouse et Paris, pour votre prochaine permission, l'AFP appelle la mère Hamon, lui demande où vous êtes, et si vous pouvez couvrir une épouvantable catastrophe : le plan Orsec vient d'être déclenché dans l'Aisne à Vierzy, où un terrible accident de chemin de fer a eu lieu sous un tunnel. Deux rames sont entrées en collision, il y a plus de 100 morts ! Réponse de madame Hamon. « Je ne peux pas vous le passer, car il est en train de se rendre sur place. Il va vous rappeler très vite » !! Vous consacrez tout un chapitre à cet épisode (Ta mère au fond du tunnel), mais on a envie d'en savoir plus. Elle n'est pas journaliste, qu'est-ce qui se passe dans sa tête ?***

Alain Hamon : Elle est comme ça ! Toute sa vie, elle a toujours privilégié l'action dans tous les domaines, sa vie personnelle, son boulot, son fils.... Agir tout de suite ! Faire quelque chose, après on verra bien !

Elle part donc pour Vierzy avec un de ses amis qui a une voiture. Arrivée sur place, personne ne lui pose de questions, les gendarmes, les secouristes ne pensent qu'à une chose : sauver le plus de victimes possible. Elle est là au milieu des ambulances et des sauveteurs. Elle écoute ce qui se dit. Elle glane le plus d'infos possible et elle les transmet à l'AFP, en leur disant, comme je l'ai raconté, que j'étais dans le tunnel et que je lui avais demandé de faire le relais. Elle a assuré la première heure et demie, en sachant que, bien sûr, j'allais arriver ! Et puis elle est rentrée chez elle ! Moi je suis resté trois jours sur place et j'ai collaboré au sujet pour l'AFP. Quand je suis rentré, elle m'a dit : *J'ai fait ce que j'ai pu, j'espère que je n'ai pas fait de bêtises !*

Par la suite elle s'est totalement immergée dans mon boulot, tout en faisant le sien ! J'ai pu continuer ainsi les correspondances pour Détective et pour France Dimanche. Les équipes venaient régulièrement sur place à la Verberie pour couvrir les infos que j'avais données, et pour me rémunérer, tout en s'offrant une étape gastronomique chez la « mère Hamon ». Il faut dire qu'on mangeait vraiment très bien ! Je ne parle pas des apéros interminables où nous refaisions le monde en sa compagnie !

Elle m'a ainsi accompagné pendant des années et quand elle m'a entendu la première fois à la radio comme envoyé spécial de RTL, elle a pleuré !

Après, elle a connu des générations de flics, qui venaient fêter des promotions ou des anniversaires, quand elle a eu une autre affaire, toujours un bistro-restaurant, mais cette fois à Compiègne. Ce qui lui a valu d'ailleurs de se retrouver un jour, elle aussi, dans le journal régional.

Un soir, quelques membres de la brigade antigang, après un dîner copieusement arrosé, vers 2 heures du matin, n'ont rien trouvé de mieux que de finir la soirée par un concours de tir au lampadaire ! Ça s'est terminé avec l'arrivée de Police-secours que des voisins avaient appelé. Trois jours plus tard, *Le Courrier Picard* publiait un encadré avec la photo de ma mère, intitulé : « *Quand l'Antigang visite Mamie* », ce qui était son autre surnom !

Jacques PRADEL : ***Un genre d'incident qui finirait aujourd'hui par une enquête de l'IGPN (Inspection générale de la police nationale) et certainement par des sanctions administratives ! Mais autre temps, autres mœurs, comme on dit. D'ailleurs certains des récits de ce livre nous parlent, à ce propos, d'un monde qui a presque entièrement disparu. Côté flics autant que côté journalistes. Un monde où les journalistes occupent un bureau au cœur même du lieu le plus prestigieux de la police nationale, le 36 quai des Orfèvres. Le siège de la fameuse brigade criminelle. Vous étiez alors les premiers témoins du travail de cette véritable « usine de la lutte contre le crime ». Comment raconter les liens entre journalistes et enquêteurs, à cette époque lointaine où les journalistes ne semblent pas être considérés, a priori, comme des gêneurs ?***

Alain Hamon : Le fameux bureau des journalistes accrédités au quai des Orfèvres a été supprimé sur décision politique de Gaston Defferre[2] par un préfet de police de Paris, Guy Fougier qui se plaignait de fuites dont les journalistes auraient bénéficié. Les flics eux-mêmes l'avaient surnommé « le préfet Pampers » ! J'avais d'ailleurs glissé l'expression dans un de mes papiers à RTL... On a beaucoup exagéré cette histoire de fuite. Il y avait des journalistes accrédités sur place, Le Figaro, France-Soir, l'AFP, etc. Le bureau était situé à côté de l'état-major, et du bureau du directeur de la PJ. Ainsi on savait tout ce qui se passait dans la « grande Maison » mais on ne s'amusait pas à publier n'importe quoi ! Il n'était pas question de traîner dans les couloirs, pour voler je ne sais quelle information... Les infos s'échangeaient d'ailleurs plus volontiers au bistrot du coin, où tout le monde se retrouvait.

2. Ministre de l'intérieur de 1981 à 1984.

Mais tous les flics passaient par là, cela donnait la température de l'activité générale du 36, et on voyait aussi défiler les « clients » habituels du lieu, les suspects, les voyous, petits et grands, qui allaient être interrogés...

Mais ça n'est pas la fermeture anecdotique de ce « bureau-symbole » qui a transformé le monde dont nous parlons. Les choses ont commencé à changer d'un côté lorsque les policiers ont commencé à enquêter avec des moyens techniques nouveaux, de plus en plus modernes. De notre côté à nous journalistes, avec l'information qui va de plus en plus vite, où il faut en parler tout de suite, on va moins sur le terrain pour suivre les affaires ni même pour rencontrer des informateurs potentiels chez les flics. Il ne reste aujourd'hui qu'une poignée de journalistes faits-diversiers, qui continuent ce travail « à l'ancienne ». Maintenant on passe par les porte-paroles des syndicats de police ou par la voie officielle. À part la brigade criminelle qui continue à faire du porte-à-porte sur le terrain, combien d'enquêteurs « travaillent » depuis leur bureau, avec Internet ou avec Google-Earth pour visualiser un lieu sensible. Plutôt que de prendre une voiture et se rendre sur place, ils se réfèrent à la photo de Google-Earth qui a peut-être six mois ! Si on ajoute à cela les « Pages Jaunes » qui permettent de joindre les témoins, les enquêteurs vont de moins en moins sur le terrain. Et les gens peuvent leur raconter n'importe quoi ! Un témoin, il faut l'interroger les yeux dans les yeux, c'est le seul moyen, avec l'expérience, de savoir s'il raconte ou non la vérité. Elle est loin, la police de Papa ! On ne peut pas faire du reportage ou de l'investigation policière en vase clos ! Les changements de méthode de la police correspondent aux changements de méthode des journalistes, sans que les choses soient liées.

C'est le monde qui a changé. L'impact de l'économie, et celle des sacro-saintes « économies » qui font que la présence sur le terrain est de plus en plus problématique. Je me rappelle, à l'époque de l'enlèvement de Revelli-Baumont, que j'évoque dans l'un des chapitres[3], avoir passé deux fois douze jours sur l'enquête de terrain, matin, midi et soir – et même quelques fois la nuit ! Jamais aujourd'hui une rédaction ne mettrait un reporter deux fois douze jours pour une planque sans être sûre du résultat. Parce que ça coûte cher, qu'il y a moins de monde dans les équipes, et peut-être aussi parce que le fait divers est en train de perdre de son « aura », de son attrait ! Mais il y a

3. Voir Chap 9 – *Rapt à l'italienne.*

encore les correspondants des grands médias, dont RTL, qui assurent la chasse à l'info dans leur région.

Pour ma part je suis fier d'avoir exercé ce métier de reporter, et j'ai d'ailleurs continué avec la création de mon agence CREDO, seule agence européenne de presse spécialisée dans les faits divers et les affaires criminelles.

Jacques PRADEL : ***S'il y avait un nom à citer parmi ceux qui vous ont fait partager cette passion ?***

Alain Hamon : J'en citerai deux : Claude Fouchier, celui qui m'a mis le pied à l'étrier à RTL, pour sa voix, son sens du récit, sa rigueur aussi. Le second est l'ancien chroniqueur judiciaire du Monde, Jean-Marc Théolleyre[4], entré au Monde en 1945 comme reporter, qui a ensuite suivi comme grand-reporter la chronique judiciaire des années 50 à 80. Il a aussi couvert, comme envoyé spécial permanent du Monde pour la région Rhône-Alpes, le procès de Klaus Barbie à Lyon en 1987.

Jacques PRADEL : ***Dernière question : Je suis stupéfait d'avoir trouvé sous votre plume tant de détails inédits sur des affaires criminelles parfois très anciennes. Vous avez une « mémoire d'éléphant » !***

Alain Hamon : Pour écrire ce livre, j'ai fait appel bien sûr à ma propre mémoire, mais aussi à celle d'autres reporters et amis, avec qui j'ai souvent fait équipe et que je cite au fil des pages. Vous savez l'importance que je donne au travail d'équipe. J'ai donc passé des dizaines de coups de fil. Mais j'ai aussi – et surtout – retrouvé un véritable trésor qui dormait dans des tiroirs ou dans les dossiers de mes archives personnelles. J'ai retrouvé une masse impressionnante de notes oubliées, la plupart de mes interventions sur RTL ou de mes articles de presse publiés ou non. Ces archives ont été ma machine à remonter le temps. Comme les acteurs des « Visiteurs », j'ai remonté « les couloirs du temps » et – on ne se refait pas – j'ai évidemment vérifié toutes les informations qui se trouvent dans ce livre.

4. Décédé le 12 juin 2001 à Noisy-le-grand. Ancien résistant, déporté à Buchenwald, il a entre autres suivi les grands procès de l'après-guerre : Marie Besnard, Gaston Dominici, Jacques Fesch… Prix Albert Londres 1959 et Prix Louis Hachette en 1988, pour son papier « Klaus Barbie : rien à dire » dans le journal *Le Monde*.

Remerciements

– À Jean-Pierre Otelli, l'éditeur de cet ouvrage qui, lorsqu'il m'a fait « tailler dans le gras », devait avoir raison,

– à Jacques Pradel, directeur de la collection, pour sa confiance, ses encouragements et sa bienveillante relecture,

– à Éric Yung pour ses sympathiques conseils,

– à Jacques Labib pour sa mémoire et son fraternel soutien,

– aux anciens de RTL, journalistes et techniciens (Claude Fouchier, Brice Barillon, Roger Zabel, Roselyne Arno, Xavier Béneroso, Jacques Hardhuin, Jean-Charles de Kayser, Catherine Bellamy, Élyane Depoisier, Danièle Guézille, François Guézille, Jacques Moisy) pour leurs souvenirs,

– à toutes les équipes de *L'Heure du crime* dont Émilien Vinée pour son aide, en m'excusant auprès de ceux que j'oublie mais pour lesquels j'ai une amicale pensée (les autres se reconnaîtront...),

– à Jean-Pierre Meledandri pour le récit de l'extraordinaire vie de son père, notre « Grandes Oreilles » sans qui beaucoup de choses auraient eu moins de « sel »,

– à Barbara Deleplace pour ses archives de l'agence CREDO,

– à Hervé Rovira pour ses souvenirs de reportages,

– à Marie Le Blé ma première « lectrice »,

– à Dominique Rizet mon « petit frère en journalisme »,

– à Michel Mary et Patrick Faure de Détective pour leurs anecdotes, à Frédéric Musso pour les bouclages de Match,

– à Alain Guillaume, Hans de Ridder, Jacques Léonard pour leurs « histoires belges »,

– à Brigitte Renaldi pour ses souvenirs de Corse,

– à Jean Cohadon de La Dépêche pour ses archives,

– à Christiane et Jean-Jacques Lequatre pour leur rappel « Sautriot »,

– aux amis de la PJ : Daniel Neveu, Christian Bordoni, Richard Marlet, Claude Cancès, Jean-Pierre Caillot.

Et là encore, pardon à ceux que je ne cite pas, mais ils savent que je ne les oublie pas...

Bibliographie

P... comme Police
Alain Hamon - Jean-Charles Marchand,
1983, Éditions Alain Moreau

Action directe, du terrorisme français à l'euroterrorisme
Alain Hamon – Jean-Charles Marchand,
1986, Éditions du Seuil

Les Seigneurs de l'ordre public, 2000 commissaires dans leurs fiefs
Alain Hamon - Xavier Périssé,
1991, Éditions Belfond

Un Tueur dans l'ombre. Marcel Barbeault
Alain Hamon,
1993, Éditions J'ai lu

Michel Fourniret Monique Olivier un couple diabolique
Fabienne Ausserre - Alain Hamon
2007, Éditions Anne Carrière

Michel Fourniret Monique Olivier les diaboliques face à leurs juges
Alain Hamon avec Fabienne Ausserre et Hervé Rovira,
2008, Éditions du Rocher

Police l'envers du décor
Alain Hamon,
2012, Éditions Jean-Claude Gawsewitch

Le jour où j'ai mangé mon flingue. Pourquoi policiers et gendarmes se suicident
Alain Hamon,
2015, Éditions Hugo-Doc

SOMMAIRE

Collection Histoires authentiques

ERREURS DE PILOTAGE

Tome 14

Par Jean-Pierre Otelli

Malgré les dénégations de certains, le facteur humain reste le maillon faible de la sécurité aérienne. Manque de formation... Autosatisfaction dangereuse... Négligences routinières... Quelles que soient les raisons, l'homme est presque toujours à l'origine des accidents :

— Le pilote utilise ses inverseurs pour faire une marche arrière avec son Boeing : il finit dans un fossé (photo de couverture).
— Le commandant effectue une approche en Alaska sans respecter les indications de ses instruments. Il se plante...
— L'équipage d'un jumbo-jet ne tient pas compte de la présence d'un énorme orage sur l'aéroport de Dallas. L'avion est pris dans un cisaillement de vent et s'écrase.
— À la suite d'une panne du Pilote Automatique, le commandant d'un Sukhoi RRJ95 ne parvient pas à piloter à la main. Il finit en flammes sur l'aéroport de Moscou Sheremetyevo.
— C'est le premier vol du copilote sur ce trajet. C'est lui qui est aux commandes du Boeing 737-800. La météo est mauvaise. Il rate son atterrissage et finit dans l'eau en bout de piste.

L'auteur :
Jean-Pierre OTELLI est pilote de présentation en salons aéronautiques et en meetings aériens. Avec 15 600 heures de vol, il est également leader de patrouille acrobatique et instructeur de voltige aérienne... Expert aéronautique, consultant pour les médias, il a écrit de nombreux livres à succès sur la sécurité aérienne. Ses ouvrages sont traduits en plusieurs langues : anglais, allemand, finnois, hollandais, japonais et portugais brésilien.

Également, dans la collection
HISTOIRES AUTHENTIQUES
aux Éditions JPO

— JEAN-PIERRE OTELLI —

CATASTROPHES AÉRIENNES - *Les passagers ont le droit de savoir...*
LES MIRACULÉS DU CIEL - *Histoires de survies extraordinaires...*
LE SECRET DES BOÎTES NOIRES - *Enregistrements avant le crash...*
GANGSTERS DU CIEL - *Histoires authentiques de pirateries*
POURQUOI ILS SONT TOMBÉS - *Les faits... la vérité*
LES FOUS DU CIEL - *Ce qui s'est vraiment passé dans les avions, le 11 Septembre*
ERREURS DE PILOTAGE (14 tomes)
PASSAGERS INCONTRÔLABLES - 2 tomes
PILOTES DANS LA TOURMENTE - *Pilotes de chasse & Secret Défense*
CANADAIR - *Ces héros qui nous protègent*
CHARTERS - *Pour ne plus voyager en mauvaises compagnies*
PILOTE D'HÉLICOPTÈRE - *La vie incroyable de Georges Doat*
CARNETS DE VOLS - *Album avec dessins de François BOUSSEAU*
URGENCES À BORD - *Album avec dessins de François BOUSSEAU*
CE JOUR-LÀ - *Album avec dessins de François BOUSSEAU*
ALERTE EN VOL - *Album avec dessins de François BOUSSEAU*

— GERMAIN CHAMBOST —

LE BEA - *Les enquêteurs du ciel*
MISSIONS DE GUERRE
LE CIEL SOUS CONTRÔLE

— PAPPY BOYINGTON —

TÊTE BRÛLÉE - *Ma véritable histoire*

— JEAN-LOUIS BERNARD —

LES HÉROS DE BAGDAD (2 tomes)

— JEAN-MARC TANGUY —

EJECT ! EJECT ! EJECT !
COMMANDOS DU CIEL - *Les pilotes de l'impossible*
COMMANDOS FRANÇAIS - *Les missions des forces spéciales*

— DAN PEDERSEN —

TOP GUN - *La véritable histoire*

— RAMON JOSA —

MARIN & PILOTE - *Servir en mer et dans les airs*

— NEHRU HATTAIS —

RADIO COCKPIT *(2 tomes)*

— ALAIN ROELLINGER —

DE L'ALASKA À L'OURAL - *Les aventures d'un pilote ordinaire*

— CHRISTOPHE SOULARD —

PARLEMENTAIRES MORTS POUR LA FRANCE

— ROBERT GALAN —

MES AILES - *Une carrière dans le ciel*

— JEAN-PAUL SALINI —

LES FOLIES DE L'ESCADRILLE

DERNIERS VIRAGES

* * *

Dans la collection
ALTI-POLAR

— JEAN-PIERRE OTELLI —

OMEGA POINT - *Le piège de Kadhafi*

* * *

Dans la collection
L'HISTOIRE DANS L'HISTOIRE

— ANNE-MARIE MOMMESSIN —

FEMME À SA TOILETTE - *Beauté et soins du corps à travers les âges*

FEMMES CRIMINELLES - *Coupables hier... innocentes aujourd'hui !*

Et bien d'autres ouvrages à découvrir sur notre librairie en ligne :

www.editions-jpo.com